한국의 역사와 문화

한국사교양교재편찬위원회

강원대학교 출판부

책을 내면서

21세기를 맞이하면서 모두들 세계화 · 국제화를 강조했다. 그 결과 한국은 현재 세계 10위권내의 경제대국으로 성장했고, 국제사회에서 G20대회의 개최국이 될 만큼 인정을 받고 있다. 김치와 막걸리가 국제대회의 식탁에서 인기음식이 되고, 한국 먹거리의 대표음식으로 각광받고 있다. 한류가 세계적으로 유행하고 있음을 시사하고 있는 것이다.

자, 이같은 상황에서 우리는 과연 우리문화에 대해 얼마나 알고 있을까. 우리문화의 특징은 무엇일까. 중국문화와 일본문화와의 차별성을 어떻게 설명할 수 있을까. 우리의 생각, 사상, 종교는 어떠했을까. 한국인은 삶과 죽음을 어떻게 느끼고 있으며, 죽은 이의 육신과 영혼을 어떻게 보낼까. 한국인들은 어떤 옷을 입고, 어떤 그릇을 쓰며 생활했을까. 또 자신들의 생각을 일상생활 속에서 어떻게 그리고, 노래하며 표현했을까 등등 우리의 생활 속에서 우리역사를 어떻게 이해할 것인가를 알기위해 이 책을 만들었다.

과거 정치사나 왕조사 중심의 역사에 세뇌된 우리들은 정작 역사의 본 모습을 볼 수가 없었다. 역사를 그저 먼 옛날 우리와 다른 사람들의 전유물로만 느껴 왔다. 그러나 그렇지 않다. 우리 조상들의 역사는 우리의 현재적 삶과 동떨어져 있지 않다.

이러한 이유들이 이 책을 기획하고 발간한 이유이다. 그래서 생활사 중심의 한국사로 재구성했다. 우리 역사의 특징과 생활을 이해하기 위해 생활과 밀접한 14개 주제와 우리가 살고 있는 강원 지역의 역사와 문화를 이해하기 위한 별도의 주제를 삽입하여 총 15개의 주제로 구성했다. 물론 집필자들이 이 분야의 전문가들은 아니다. 따라서 전문적인 학설이나 이론보다는 선학들의 연구를 정리하고 체계화한 수준에서 알기 쉽게 서술했다. 그래서 전문가의 입장에서는 개설서의 수준이지만, 우리는 이 책을 통해 우리문화의 특징을 조금이나마 이해할 수 있지 않을까 기대를 걸어본다.

이 책은 세 개의 키워드를 가지고 서술했다. 첫째, 한국문화사, 생활사를 어떻게 구성할 것인가, 우리문화의 정체성문제이다. 둘째, 이 시대가 지향하는 국제화 · 세계화는 가장 한국적인 것으로부터 시작한다는 점이다. 셋째, 지방사와 중앙사의 조화이다. 위화감과 차별성의 극복은 나의 이해로부터 시작된다는 점이다.

이러한 이유에서 부족하고, 부끄러운 점도 많지만 과감히 이 책을 출간하게 되었다. 이 책을 통해 한국문화사, 생활사에 대한 새로운 시각이 제시되기를 기원하면서 우리 문화의 정체성이 찾아 지기를 기원한다.

끝으로 이 책이 나오기까지 여러분의 도움을 받았다. 우선 강원대학교 이러닝센타의 이러닝콘텐츠개발교재로 동시에 제작된 것이며, 출판부의 지원도 받았다. 이 자리를 빌어 관계자 여러분께 감사를 드린다. 독자여러분의 아낌없는 비판과 사랑을 기대한다.

2010. 2.

한국사교양교재편찬위원 일동

| 목차 |

제1장 한국문화의 형성과 특성

1. 우리나라와 주변지역의 자연환경
2. 한민족의 기원
3. 한민족의 생활영역
4. 한국문화의 특성

제1장 한국문화의 형성과 특성

최복규

1. 우리나라와 주변지역의 자연환경

1) 우리나라의 자연환경

두만강과 압록강이남 한반도의 자연환경은 지리적으로 북위 33°11′~13°52′로서 사이의 바다로 돌출되어 있는 반도지역(半島地域)이며 면적은 22만4천㎢로서 본토와 제주도(濟州道)·강화도(江華島)·거제도(巨濟島)·진도(珍島)·남해도(南海島) 등을 비롯한 3,300여개 정도의 섬으로 이루어졌으며 남북의 길이는 약 1,300㎞, 동서 너비 약 360㎞에 이른다. 북으로는 압록강과 두만강을 경계로 만주 및 연해주(沿海州)와 접하고 남동으로는 동해(東海)와 대한해협(大韓海峽)을 건너 대마도(對馬島)·일본열도(日本列島)와 서쪽으로는 황해(黃海)를 건너 중국대륙과 마주하며 남으로는 더 넓은 바다를 건너 중국 남부 그리고 멀리는 남양의 여러 나라와 연관되어 있다.

이와 같이 삼면이 바다로 둘러싸인 한반도는 온대권 남부에 자리 잡은 계절풍 지역권에 속해 사철의 기후변화가 뚜렷하여 사람이 살고 능률적인 문화 활동을 하는데 좋은 자연조건을 갖추었다.

이러한 기후조건은 자연채집경제사회를 이루고 생산경제단계인 농경사회를 이룩하기에 충분하였고 아시아 대륙 동북부에서 남쪽으로 뻗어 내린 지정학적인 여건 속에서 한민족의 고유문화를 창조하면서 대륙과 바다를 건너오는 성숙된 문화를 흡수 발전시켜 다시 되돌려주면서 세계문화의 진전에도 많은 역할을 담당하였다. 그 중에서도 완숙된 우리 문화의 많은 부분을 일본열도에 넘겨주었기 때문에 일본민족 문화의 젖어미 구실까지 하였다는 이야기까지 듣게 되었다.

지질학적으로는 약 1억5천만년 전에서 7천만년 전에 해당하는 주라기(Jurassic Period)와 백악기(白堊紀, Cretaceous Period) 말기를 거쳐 제3기 초에 이르기까지 여러 차례 지각운동으로 말미암아 한반도를 포함한 만주평야 · 동해 · 일본 등의 동아시아지역은 계단과 같은 경사를 형성하면서 동해가 생기고 태백산맥(太白山脈) · 부전령산맥(赴戰嶺山脈) · 함경산맥(咸鏡山脈)과 같이 동쪽은 단층으로 급경사가 되고 서쪽은 완만한 산맥이 형성되어 서쪽과 남쪽지역은 평야를 이루었다. 북부는 중국 북부지방, 남부는 중국 남부지방과 지질구조상 비슷하며 암석면에서도 화강암 · 편암 · 석회암 등으로 전캠브리아기(Pre-Cambrian Era)와 고생대(古生代)에 속하는 지층도 많으나 특히 신생대층(新生代層)이 전체의 7할을 차지하고 있다. 이것은 이 지역이 일찍이 시베리아 · 중국 북부 등 대륙의 형성과 더불어 생겼으며 지질구조가 변동과정을 지난 안정된 것임을 알 수 있는 것이다.

중생대(中生代)에는 북부와 동부 쪽에 높은 산이 솟았고 거기서 발원한 하천은 압록강(鴨綠江) · 청천강(淸川江) · 대동강(大同江) · 예성강(禮成江) · 임진강(臨津江) · 한강(漢江) · 금강(錦江) · 영산강(榮山江) · 섬진강(蟾津江) · 낙동강(洛東江)과 40여개의 내를 만들어 대부분 황해와 남해로 흘러가며, 그 흐름을 끼고 호남(湖南) · 나주(羅州) · 김해(金海) · 안성(安城) · 김포(金浦) · 연백(延白) · 평양(平壤)평야 등의 비옥한 평야가 펼쳐져 있다. 북부지방에는 백두산(白頭山, 2,744m)을 비롯하여 2,000m 이상의 산지(山地)가 적지 않으나 중부 이남에는 한라산(漢拏山, 1,950m), 지리산(智異山, 1,915m) 등의 높은 산이 있을 뿐으로 전국토의 약 40%가 200~500m의 낮은 산지로 덮혀 있다. 이와 함께 동해안의 길이는 1,727㎞로 해안선이 단조롭고 대륙붕(大陸棚)의 발달이 미약한 반면 한류와 난류가 교차하여 좋은 어장을 이루고 있다. 또 서해와 남해는 침강현상을 일으켜 복잡한 리아스(Rias)식 해안을 이루어 다도해(多島海)가 되었고 길이가 서해안은 4,719㎞ 남해안은 2,246㎞나 되는 긴 해안선을 갖고 있다. 그래서 대륙붕이 먼 바다까지 발달하였으며, 조석간만의 차가 심하여 어업과 양식업이 발달 할 수 있었다.

기후는 유라시아 대륙과 태평양(太平洋) 사이에 위치하여 대륙성기후와 해양성기후가 교차되는 지대로서 그 중간인 해안성기후이며 3면의 해류 흐름이 각기 다르고 내륙에는 산맥·고원·평야·분지 등의 지형상태가 복잡하여 그에 따라 기후상 다소의 차이를 보인다. 여름에는 북태평양(北太平洋)의 고온다습(高溫多濕)한 바람이 부는 해양성 열대기후, 겨울에는 대륙(大陸)의 차고 건조한 바람이 부는 대륙성 한대기후가 되어 전형적인 계절풍기후(季節風氣候)의 특색을 나타낸다. 따라서 기온의 연교차(年較差)가 크고 4계절의 변화가 뚜렷한 것이 특색이며, 강수량(降水量)은 960㎜로서 그 중 반 이상이 여름에 내려 벼농사에 유리하나 홍수가 있기도 하고 때로는 가뭄이 일어나기도 한다. 그러나 최근 몇 십년 사이 지구의 온난화현상으로 기온이 상승하고 있으며, 장마철이 없고 봄과 여름에는 때때로 비가 내리며 폭우성 비가 오기도 한다. 이러한 계절풍기후 속에서 각 지방에 따라 서로 다른 풍토성을 나타내는 특산물이 있으며 또 서로 다른 풍속·습관·생활양식을 갖게 되었다. 겨울에 춥고 여름에 몹시 더운 기후는 이 곳 사람에게 정신적·육체적 자극을 주어 활동능률을 높여 주고 농업에도 좋은 영향을 주었다.

이곳의 동물은 만주·북중국·우수리(Ussuri)강 유역 등에 있는 대륙종이거나 또는 그와 비슷하며, 식물은 동아식물구계(東亞植物區系)에 속한다. 북부의 식물대는 만주의 랴오하·쑹화강·우수리강 일대와 같으며 침엽수와 활엽수가 주종을 이루고 있다.

2) 만주의 자연환경

만주는 아시아 대륙 동북부에 자리잡고 있으며 한민족이 선사시대와 고대에서 자리를 잡고 살았거나 빈번한 접촉을 하였던 지역이다. 서북부로는 대싱안링산맥(大興安嶺山脈과)을 넘어 몽골이 있고 동북쪽은 쑹화강(松花江)과 우수리(Ussuri)강, 동북부는 두만강과 압록강, 서남부에는 중국 허베이성(河北省)과 황해(黃海)와 발해(渤海)가 있다. 서쪽은 남서로 달리는 대싱안링산맥(大興安嶺山脈)과 동북변의 소싱안링산맥(小興安嶺山脈), 동남변의 장백산맥(長白山脈)과 남쪽에 가로 놓여 있는 송령(松嶺)과 연산(燕山) 두 산맥에 둘러싸여 있어 만주의 내부는 넓은 평야를 이루고 있다.

기후는 대륙성이나 해안지방은 해양성기후에 속하며 간도(間島)를 포함한 지린성(吉林省) 동남부는 동해에서 불어오는 계절풍의 영향을 받아 순수한 대륙성 기후가 아니며 만주의 서북부와 둥패이(東北)평원지방 등은 극단적인 대륙성 기후의 영향으로 여름과 겨울, 낮과 밤의 기온 차이가 심하다.

만주대륙의 날씨는 겨울이 반년 정도이며 봄을 느껴보지도 못한 책 여름이 되는 것이 그 특성이다. 겨울철에도 항상 추위가 계속되는 것이 아니고 삼한사온의 현상이 있으며, 하천은 11월부터 1~1.5m의 두께로 얼어 이듬해 4월 중순까지는 풀리지 않는다. 6~8월의 3개월은 우기로서 1년 강우량의 6할을 차지하며 비가 많이 내렸다가 곧 뜨거운 햇볕이 쪼여 짧은 시일에 농작물이 자라며 나머지 달은 강수량이 적고 특히 혹한기에는 맑은 날이 계속된다. 4, 5월은 대륙성 고기압과 저기압의 교체기로서 바람이 빨라져 황토와 모래먼지가 온 하늘을 뒤엎어 앞을 분간 할 수 없는 날이 많다.

북부 평원지대와 서부 몽고지역에 가까운 곳에는 말의 사육이 많고 장백산맥(長白山脈) 지대는 소, 나귀, 노새, 내몽골자치구와 만주 서북부에서는 면양, 그리고 돼지는 모든 지역에서 많이 키워 왔다.

랴오둥지방(遼東地方)에서 생산되는 철은 고조선(古朝鮮) 때부터 중국까지 널리 알려져 있었으며 한민족(韓民族) 스스로가 철기문화(鐵器文化)를 이룩하였음을 입증하여 주기도 하는 유적이 발견되기도 하였으며 그 이후 만주지역에서 발흥한 국가들의 흥망성쇠에 깊은 영향을 끼쳤던 지역이기도 하였다.

2. 한민족의 기원

민족의 형성에 중요한 역할을 하는 객관적 요소로는 언어·지연·혈연·문화·정치·경제·역사 등의 공동요소를 들고 있다. 언어는 공동의 사고유형과 감정, 의지를 형성하도록 해주며, 지연은 곧 인간들의 상호교섭과 접촉의 터전이며, 혈연은 민족이 형성되는 초기과정부터 공동체 의식형성의 가장 기초적인 기반이라 이해되기 때문이다.

또 문화란 집단구성원들 사이의 생활 과정 속에서 습득, 공유되는 것이며, 다양한 변동요인에 의해 변화하면서 전체적으로 유형화되는 속성을 가지고 있으므로 민족형성문제에 중요요소로 간주된다. 정치의 공동이란 국가가 통치조직과 이해관계를 가지고 정치생활을 영위할 경우 민족의 형성과 직결되며, 이 때문에 국가의 형성과 민족의 형성은 불가분의 관계를 갖고 있는 것으로 이해되고 있다. 그리고 경제의 공동은 마르크스주의 학파에서 중시하는 것으로 '준민족'의 범주를 설정하는 준거로 활용되었다.

앞에서 본 요소들이 세대에서 세대로 전승되는 경험을 갖게 될 때 그 집단은 역사를 공유하며, 역사의 공유에 의해 민족으로의 공고한 결합이 이루어지게 되는 것이라 하겠다.

즉, '한민족'이라는 단어는 간단하게 세 글자로 구성돼 있지만 여기에 함의된 뜻은 매우 많다. 같은 혈통에, 생김새가 비슷하고, 행동도 비슷하고, 같은 언어를 쓰는 등 여러 공통점이 한민족이라는 말에 압축되어 있는 것이다. 인류의 역사와 문화 발전은 인간의 개인적인 힘에 의해서가 아니라 인간이 사회집단을 이루어 생활하고 행동함으로써 이루어진다. 인류의 원초적인 사회집단인 군(群) 또는 씨족(氏族)이라는 울타리에서 그 뒤 차츰 인구가 증가하여 혈연적인 씨족 집단이 확대되고 일정한 영역내의 여러 씨족이 모여 지연적인 부족사회가 이루어진다. 부족사회는 점차 정복 전쟁을 통하여 세력을 넓혀 고조선, 부여, 고구려와 같은 국가를 형성하고, 삼국시대, 고려, 조선 시대, 일제 강점기를 거치며 현재에까지 이르게 되는 것이다. 결국 지금 민족의 기원과 정체성을 안다는 것은 우리 자신의 기원이자 출발점을 아는 것과 일맥상통하는 것이다.

한민족의 기원과 형성에 대한 연구는 한국인이 구체적으로 어느 시기에 어느 종족으로부터 형성되었는가 하는 점과 그 속에서 언어와 영토 그리고 경제생활 · 문화의식 등을 공유하는 한민족이 언제 형성되었는가 하는 문제가 기본적인 과제로, 민족이란 어떤 특성을 지닌 인간 공동체를 지칭하느냐 하는 민족의 개념에 대한 정의 차이와 사료 부족 등으로 그 의견이 분분하다. 따라서 한민족의 기원과 형성 시기와 주체에 관한 여러 설들을 살펴보고 선사시대 한반도에 살았던 사람들의 생활상을 통해 어떤 공통요소를 찾아서 한민족을 이루게 됐는지 살펴 보아야 할 것이다.

1) 북방기원설

지금까지 우리 학계에 큰 영향을 끼치고 있는 설이라고 할 수 있다. 20세기 전반 서구에서 불기 시작한 문화 단일기원론에 영향을 받은 것으로, 고고학적 조사를 통해 밝혀진 한민족의 문화요소들 중 북방문화 요소들이 상당부분 차지 한다는 것에 그 근거를 둔다. 여기에서 의미하는 북방이란 동시베리아나 만주지역을 가리키며 현재 중국의 서쪽 즉 만리장성 연선(沿線)을 포함하는데 기본적으로 유목생활을 하던 민족을 의미한다고 본다. 쉽게 말해 중국 북쪽 지역에서 왔다는 견해가 포함되는데 이는 주로 문헌학자들 사이에서도 제기되던 학설이다. 북방기원설의 주된 내용을 요약해 보면 한민족은 언어 · 체질 · 문화면에서 북방민족의 요소가 압도적으로 많으며, 이러한 특징은 알타이 어족에서 많이 보인다는 것이다.

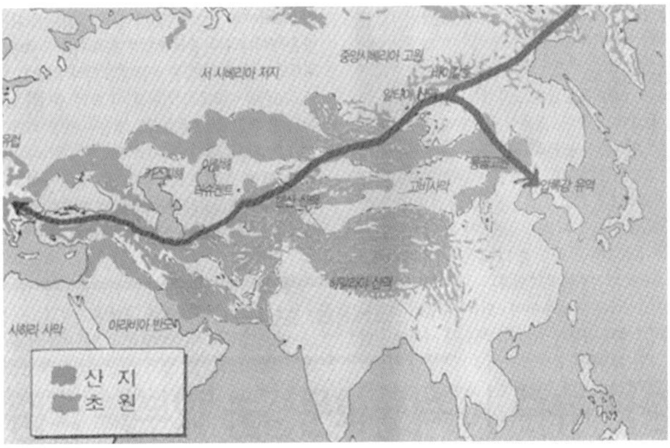

유라시아 초원지대 북방유목민 추정 이동로

파사석탑

2) 남북방융화설

1960년대부터 제기된 이 설은 우리나라 남쪽에서 보이는 남방 해양문화권의 문화 요소들을 그 주된 증거로 삼고, 고고학적 조사보다 인류학적 측면에서 제기된 주장이기도 하다. 구체적으로 그 문화 요소들을 살펴보면 한반도 도처에 산재해 있는 고인돌, 솟대, 머리를 납작하게 하는 편두 등은 남방에서 전해진 문화 요소이며, 우리 민족의 주식인 쌀농사를 지을 때 사용한 어깨삽 등도 남방기원설의 가장 큰 근거라고 주장한다. 결국 우리 문화는 북방에서 전파해온 문화 요소와 남방에서 유래한 문화 요소들이 결합해 형성되었다는 것이 남북방융화설의 주된 내용이다.

한국의 청동기 문화에서는 구릉지대에 만들어진 원형 움집과 장방형 움집, 석관묘와 고인돌(支石墓)이 나타난다. 그런데 아시아에서 석관묘를 만든 사람들은 유목민족 계통이고 고인돌을 만든 사람들은 벼 농경인 들이다. 고인돌의 분포지역은 중국의 요령성, 산동성, 절강성 등 중국의 황해 연안에서, 한반도에서는 전남 영산강 유역을 중심으로 제주도까지 분포되어 있다. 일본에서는 한반도에 가까운 규슈(九州)지방, 남쪽으로는 대만, 인도차이나 전역, 인도네시아 전역, 말레시아 그리고 인도 남부에서 발견되는 것을 볼 때 고인돌은 남방으로부터 도입되었다는 주장이다. 한반도에서 경작되는 벼농사도 남방 문화가 유입되었다는 결정적인 증거로 제시된다. 벼농사의 고향은 열대 지방이라는 것이다.

3) 자체형성설

우리 민족이 한반도 내 또는 한반도와 같은 문화영역으로 이야기되는 중국 동북지역, 만주, 연해주지방에서 구석기시대, 신석기시대 그리고 청동기시대로 문화 단계를 거치면서 자체 발전해 왔다는 견해로, 독자적으로 형성되어 외부 인종의 유입에 따른 영향, 즉 혼혈에 따른 유전인자의 변화 없이 순수하게 그 혈통이 이어져 내려온 민족이라는 주장이다. 따라서 이 설에 의하면 우리나라는 인종발생지의 하나이며 인류문화의 발원지에 속한다는 주장이 되는데 이러한 단혈성론은 지난 1970년대 이후 북한 학계에서 주장되어 온 이래 꾸준히 보완되어 온 한민족론이다.

북한학계에서도 1960년대까지만 하더라도 신석기시대 주민의 주변지역으로부터의 유입설이 보편화되어 있었으나 60년대 후반부터 70년대 초반에 이르러 김일성 주체사상의 전면적인 보급에 따른 한국학 내에서 새로운 연구방향의 모색과 종래에 많지 않았던 구석기시대 유적의 연이은 발굴에 따라 민족 기원문제가 새로운 각도에서 검토되기 시작한다.

따라서 1970년대부터 민족의 기원은 물론 고고학의 시대구분 및 편년에 이르기까지 주체사관에 입각한 획일적 사관이 등장하게 되었고 이에 대한 결과로서 한국 문화는 독자적으로 발생, 발전하며 한민족은 구석기시대 이후 면면하게 형질적 발전과정을 거쳐 현재의 한민족으로 이어져 왔다는 단혈성론으로 전개된다.

단혈성론을 형성하게 된 기본 자료는 구석기시대 유적에서 발굴된 인골편(人骨片) 연구에 의해서이다. 북한의 구석기시대 유적으로는 전기의 검은모루, 중기의 굴포리 · 역포리 · 덕천, 후기의 승리산 · 만달산유적 등이 알려져 있는데 역포에서는 머리뼈가, 덕천에서는 어금니가, 승리산에서는 아래턱뼈가, 만달산에서는 머리 · 턱 · 다리 · 팔 · 골반의 뼛조각들이 검출되었다. 역포 · 덕천인은 고인(古人), 승리산 · 만달산인은 신인(新人)으로 분류되었는데 승리산에서 검출된 아래턱뼈는 현대 한국인의 아래턱뼈와 크기, 너비, 모습 등에서 일련의 유사성을 보이고 있어 우리 민족의 기원형으로 주장되고 있다. 한편 고인인 역포인의 머리뼈 두께와 눈두덩 불룩이 그리고 덕천인의 이빨 그루계수가 발달된 모습을 보이고 있어 승리산인, 즉 신인에 이행되는 것으로 판단하였다. 이러한 신인들은 중석기시대를 거쳐 신석기시대에 이르러 한민족의 시초유형으로 분화되는데 이때에 비로소 문화영역이 형성된다. 신석기인 들은 각 문화영역의 인종집단들과 유전학적으로 계승관계가 직접 이어지는 최초의 옛 유형으로 추정되었으며, 이 인종을 승리산인에 뿌리를 둔 것으로 현대인과 구분하여 '조선옛유형 사람으로 명명하였다. 조선옛유형 사람들은 청동기시대 이전에는 친연(親緣)관계에 있는 몇 개의 종족들로 이루어졌다가 고대종족, 즉 고조선 · 예(濊) · 맥(貊) · 삼한(三韓)으로 형성되었다고 본다.

이러한 세 가지 견해들을 이해하는 과정에서 한 가지 역사적 사실을 확인하고 이해해야 할 부분이 있다. 다름이 아니라 우리 민족사의 첫 단추인 고조선과 결부시켜 이러한 견해들을 살펴보아야 한다는 것이다. 어찌 보면 고조선이 어디에 있었느냐 하는 것과 언제 기원했는가 하는 문제는 우리 민족문화의 기원을 찾는 핵심 쟁점이기도 하다.

고조선 문제는 학자들에 따라 견해가 상당히 다른데, 현재는 평양 지역을 중심으로 기원전 4~5세기에 시작되었다는 설과 만주 지역을 중심으로 기원전 20세기 전후에 시작되었다는 설이 지배적이다. 전자의 입장에서 보면 북방기원설이 상당한 설득력을 갖고 있다고 할 것이다.

평양이 고조선의 중심일 경우 평양 지역의 북방은 만주 지역과 동시베리아 지역이 모두 포함되기 때문이다. 이와 반대로 후자의 경우로 보면 본토기원설이 설득력을 가진다고 볼 수 있다. 북방 기원설의 한 지역이던 만주지역과 그 인근의 동시베리아 지역이 자연스럽게 본토의 개념으로 흡수되기 때문이다.

승리산인

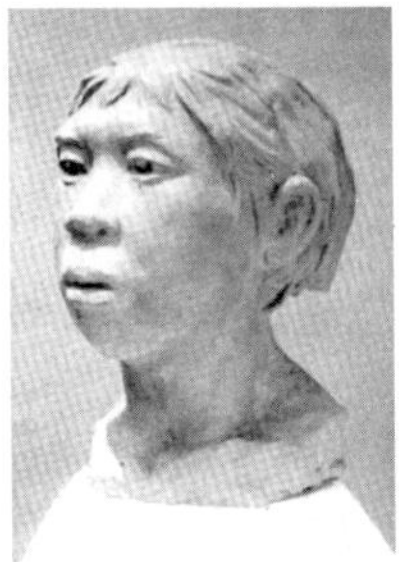

역포인

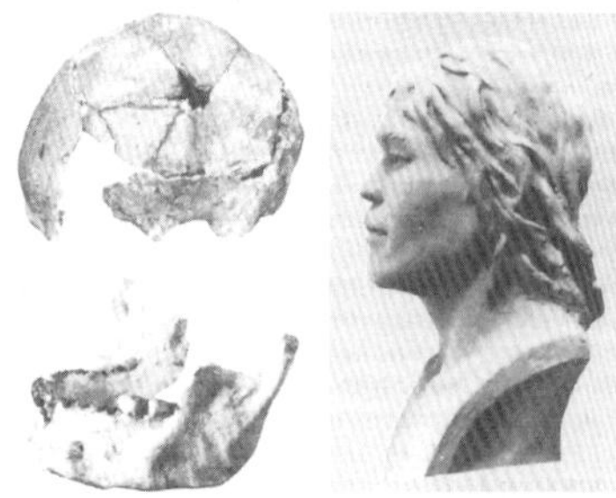

만달리유적에서 출토된 슬기 슬기 사람 머리뼈의 옆면과 아래턱, 복원얼굴

한민족과 그 문화가 언제부터 형성되었는가의 문제에 관한 연구는 지금까지 수많은 학자에 의하여 다루어졌으나 확실한 결론이 내려진 일은 없다. 그러나 현재까지 인류학 · 고고학 · 민족학 · 역사학 등의 각 분야에서 연구된 결론을 참고하여 살펴본다면 한민족의 원류와 문화의 기원을 어느 정도 파악할 수도 있으리라고 생각한다.

우리 민족의 원류를 찾고자 할 때 그 줄기가 어디까지 거슬러 올라갈 것인가가 문제가 된다. 혈연적인 줄기만을 찾으려 할 때에는 한민족이 속해 있는 종족까지 거슬러 올라가게 될 것이며 더 나아가서는 인류의 기원에까지 거슬러 올라갈 수밖에 없기 때문에 생물의 진화과정 문제까지 살펴보아야 될 것이다. 그러나 민족이란 것은 일반적인 정의와 같이 혈연을 같이 할 뿐 아니라 지연(地緣) 즉 일정한 영역에 같이 살고, 또 동일한 문화를 소유하여야 된다. 여기서 문화라는 것은 넓은 의미의 것으로 언어, 생활양식, 종교 등을 모두 포함한 것이다. 우리 한민족의 경우에는 다른 민족의 경우와는 다르게 혈통의 전수가 비교적 순수하였고, 생활영역에 있어서도 그 위치가 변하거나 크기가 팽창 혹은 축소된 일은 있었어도 아주 바뀐 역사는 없었으며, 문화에 있어서도 언어, 생활양식, 종교 등의 전통이 본질적으로 뒤바뀐 상황이 없었기 때문에 민족의 기원 문제를 파악하는데 복잡한 요소는 적은 편이라 할 것이다.

일부 학자들은 민족이란 개념을 사용할 수 있을 정도의 종족이 형성되려면 어느 정도의 정치적 사회 즉 부족국가 · 읍락국가 · 성읍국가의 단계에 이르러야 되기 때문에 이러한 사회가 형성되는 기본 요소인 농경이나 목축과 같은 생산경제가 이루어지는 단계부터 한민족의 기원이 된다고 보았다.

그 이유는 이러한 생산경제의 단계에 이르러서야 정착생활, 잉여생산물의 축적, 계급분화가 이루어져 지배계급과 피지배계급의 사회구조를 가진 정치제도가 나타나기 때문이라고 하였다. 그래서 우리나라에서 이러한 구성요서를 갖춘 시기인 청동기시대를 한민족이 형성된 때로 보아 그 기원으로 삼아 연구하고 있다.

그러나 이러한 연구는 한민족의 기원을 고찰하려고 한 것이 아니라 오히려 그 형성과정이나 발전단계에 초점을 맞춘 것이라 할 것이다. 청동기시대의 문화를 형성하였던 사람들을 기원으로 삼아 민족의 기원으로 연구한다면 한반도와 만주 일대에서 선사시대를 영위하던 그 이전의 주민들은 어느 민족에 편입시켜야 될런지 하는 의문이 생기게 되는 것이다. 첫째 한민족의 생활지역을 동북아시아의 큰 판도 속에서 해석하지 않고 한반도의 좁은 영역에 국한하여 다루었기 때문이고, 둘째 한민족의 민족이동이나 문화 전파과정을 모두 대륙에서 이주된 것으로 보았기 때문이며, 셋째 아직까지 식민사관의 주장을 극복하지 못하였음에 원인을 찾을 수 있다고 본다.

우리 민족의 기원 문제를 다룸에 있어서는 당연히 그 지역적인 범위가 만주와 한반도를 포함한 동북아시아를 판도로 하여야 한다고 보며, 기원 시기는 청동기시대의 확고한 사회구조를 기반으로 정치적인 국가가 형성되기 이전부터 이 지역 일대에서 거주하였던 신석기시대 사람 더 나아가서는 구석기시대 사람까지 포함시켜야 할 것으로 보다. 청동기시대 이전에도 한반도와 만주지역을 중심으로 사람이 거주하였다는 사실은 그들의 종족적 혈통과 소유하였던 문화가 중심이 되어 주위의 여러 종족이나 문화들과 상호 교류하는 속에서 한민족의 기틀을 형성하였다고 볼 수 있기 때문이다.

그렇게 본다면 한민족과 그 문화의 기원은 선사시대인 신석기시대를 거슬러 올라가 구석기시대의 사람이나 그들이 소유하였던 문화에서 출발하였다고 보아야 되리라 생각하는 것이다. 한반도를 중심으로 동북아시아 일대에서 거주하던 구석기시대 사람들이 세월이 흐름에 따라 다른 지역으로 이주하기도 하였으며 어떤 부류는 절멸하였음에는 틀림없으나 그들 중 일부는 계속 이곳에 살면서 체질과 문화가 발전하게 되었다는 것도 잊지 않아야 될 것 이다. 그들은 이웃 지역이나 다른 대륙으로부터 들어오는 각 인종과 교류가 되었을 수도 있고 소유한 문화도 변화시켜 왔으리라 생각 되는 것이다.

이렇게 몇 십만년을 살아오던 구석기시대 사람들이 후기구석기시대에 이르러서는 인종적인 특징이 명확히 잡혀 가기 시작하였으며 곧 이어 지질학적으로 제4기 홍적세 때의 빙하기가 물러가고 따뜻한 기후인 충적세의 후빙기가 시작되면서 중석기시대로 접어드는 것이다. 물론 이 시대나 문화의 변천은 자체 발생적인 것도 있었으나 다른 지역의 인종이나 문화와 빈번한 교류가 행하여졌을 것으로 본다. 이렇게 후빙기가 시작되는 시기는 지금부터 1만년 전으로 볼 수 있는데 이때의 사람들은 현재 한반도를 포함한 동북아시아 일대에서 살아가는 우리들과 인종상으로 큰 차이가 없었다고 보며 그들은 직접 이 지역을 근거지로 하여 문화를 형성하였던 사람들로서 주로 강가나 바닷가에서 살림터를 마련하였던 중석기시대 사람들이었다. 이 중석기시대 사람들이 소유하였던 문화가 발전하여 정착생활이 주로 이루어졌던 신석기시대의 토기제작이 시작되고 생산경제단계의 농경과 목축이 행하여지고 직업분화와 함께 계급구조가 형성되는 것이다.

그 당시 한반도 일대의 강가나 바닷가에서 많은 사람이 살았던 흔적이 최근 고고학적 발굴에 의하여 밝혀졌으며 우리나라에서 발견된 것으로 오래된 신석기 시대의 유적은 지금부터 1만년 전의 것으로 판명되었다. 이러한 신석기시대 사람들은 주로 토기를 사용하였는데 처음에는 둥근 밑 민무늬토기 · 융기문토기가 제작되었다가 뒤에 빗살무늬토기를 만들게 되었기 때문에 그들을 빗살무늬토기인이라고 부르고 있다. 이 빗살무늬토기인이 그 문화를 발전시키다가 신석기시대 후기에 청동기문화를 개척하였다고 보는데,

물론 이 때의 청동기문화는 시베리아나 북중국 일대의 청동기문화와 밀접한 교류관계를 맺는 속에서 나타났던 것으로 보나 완전히 그러한 지역으로부터 인종이 이주해 들어와 이미 살고 있던 빗살무늬토기인을 제압하였다는 주장은 타당성이 없다고 본다.

인종이나 문화의 이동은 단기간 내에 이루어지는 것이 아니고 수 백년 혹은 수 천년동안 서서히 변화되는 것으로 본다면 신석기문화에서 청동기문화로서의 변화가 단시일에 인종의 유입에 의하여 이루어졌다고 생각하여 그때까지 이 지역에 거주하고 있던 신석기시대 사람이 일시에 없어져 버렸다고 생각하던 지금까지의 주장은 근거도 없고 이치에 맞지 않는 학설이라 할 것이다.

고고학에서는 청동기시대 사람들이 사용하던 민무늬토기에 관점을 두어 당시 사람들을 민무늬토기인이라고 부르고 있는데 그들 중에는 다른 지역에서 이주해 온 부류도 물론 있었다고 본다. 그러나 그때까지 이 지역에 살고 있던 신석기시대의 빗살무늬토기인들이 자체가 소유하고 있던 문화를 발전시켜 청동기시대를 특징지어 주는 청동기 · 민무늬토기 · 고인돌을 만드는 방법을 터득할 수도 있었다고 본다. 물론 이러한 도구를 제작할 수 있게 되었다는 것은 순수하게 자체 발생으로만 볼 수 없으며 이웃 지역과 인종상 · 문화상의 교류가 많았으리라고 보나 그러한 요소가 갖는 비중이 크다고 보는 관점은 타당치 않다고 본다. 앞에서 말한 바 있지만 사람 또는 문화의 교류나 이동은 짧은 시일에 이루어질 수 없기 때문이며 문화가 교류되거나 이동되었다고 하여 그 문화를 소유하였던 사람이 이주하였다고 보는 것은 타당성을 상실한 것이기 때문이다.

이렇게 보아 한민족의 기원은 청동기시대 이후라고 단정할 것이 아니라 그 관점을 소급시켜 구석기시대까지 거슬러 올라가서 연구하여야 하리라고 본다. 그래서 우리 민족과 그 문화는 상당히 오랜 역사 속에서 파악될 수 있으며 지금까지 청동기시대 이후로 국한시켜 보려던 소극적인 관점이 오류가 많았음을 알 수 있게 되는 것이다. 우리가 강물의 길이를 측정할 때 수많은 지류가 있어 본류에 유입된다고 하여도 지류가 시작되었던 곳이나, 합류되었던 곳부터 길이를 따지는 것이 아니라 본류가 시작되었던 원천지부터 바다에 유입되는 강 하구까지를 그 강의 길이로 보는 경우와 같다 할 것이다.

한민족의 기원과 그 문화의 기원도 지금 우리가 살고 있는 이 지역과 우리 역사에서 활동영역으로 포함되었던 곳에서 거주하였던 선조들의 원천을 찾아서 살펴보아야지 중간에 다른 지역으로부터 이주해 들어 온 인종과 문화에 대하여 큰 비중을 두어서 그 중간부터 따져 내려온다는 것은 옳지 않다고 생각한다. 그렇기 때문에 한반도를 중심으로 한 동북아시아에서 존재하였던 사람들이 형성시켰던 선사문화에 관한 연구의 필연성이 있는 것이며 이 분야에 관한 집중적인 연구 투자야말로 한민족의 기원 문제를 밝혀낼 수 있는 지름길인 것이다. 우리 민족의 구성이 우리들이 일상적으로 말하고 있는 단일민족이 될 수 없으며 현재 우리 한민족이 형성되었던 시기도 단순하게 취급하여 어느 때부터라고 단정 지어 말 할 수 없다는 것도 알게 되었다.

그러나 현재의 한민족은 다른 민족의 구성요소와 달리 순수한 혈통이 많이 보존되어 왔음을 타민족과 비교하여 보면 알 수 있으며, 민족의 기원 문제도 지금까지는 반만년이 넘지 않았을 것으로 생각하여 청동기시대의 한 국가로 존속하였던 고조선 주민이 우리 조상이 될 것으로 생각하고, 그 개국설화인 단군신화가 한민족과 그 문화의 발생문제를 해결하여 줄 열쇠가 되는 것으로 연구하였던 사실도 있었으나 요즈음에 들어와서는 한반도 안에서도 구·중·신석기시대·청동기시대·초기철기시대가 단계적으로 발전되었다는 사실이 고고학적인 연구방법에 의하여 밝혀지면서 한민족의 기원문제도 구석기시대인 수십만년 전의 상황을 배경으로 설명될 수 있게 되었다.

3. 한민족의 생활영역

1) 한민족의 영토

한민족(韓民族)이 선사시대(先史時代)인 구(舊)·중(中)·신석기시대(新石器時代)부터 현재에 이르기까지 그 나름대로의 특징이 있고 훌륭한 문화를 형성하였던 지역과 그 자연환경을 살펴보고자 한다면 지금의 한민족이 살아가고 있는 지리적인 여건과 상황만으로는 파악할 수 없을 것이다. 더구나 현재의 우리는 동북아시아대륙 끝에 반도로 돌출되어 동·서·남쪽의 삼면이 바다에 접한 현재의 영토를 차지하고 있으며, 그것도 남과 북으로 분단된 것 중에서 남쪽의 일부 지역만 국한되어 있는 것이 한국의 현실이며 또한 한민족(韓民族)이 겪고 있는 시련인 것이다.

그러나 우리의 한민족사 전체를 살펴보아 우리 민족은 지금보다 훨씬 넓은 생활터전을 바탕으로 그 문화와 전통이 발전되어 왔음을 인식할 수 있으며 또 그와 같은 사실(史實)을 깊이 알아야 할 필요도 있는 것이다. 현재의 우리는 임진강(臨津江)이나 한강(漢江)의 북쪽지역을 경계로 하고 있으나 고조선(古朝鮮)·고구려(高句麗)·발해(渤海)는 만주(滿洲)의 랴오하(遼河)·쑹화강(松花江)·헤이룽강(黑龍江)을 넘나들면서 나라의 경계를 삼아 생활터전을 넓혔었다. 고려(高麗)나 통일신라시대(統一新羅時代)에는 청천강(淸川江)이나 대동강(大同江)으로, 조선(朝鮮)은 두만강(豆滿江)과 압록강(鴨綠江)으로, 그 국경선을 삼았었다.

또 부여(夫餘)와 고조선(古朝鮮)이 국가를 형성하였던 지역도 만주 서북부 일대가 주 무대였으며, 더 거슬러 올라가 구·중·신석기시대 사람들이 살았던 선사시대에 있어서는 그 뒤의 역사 속에서 정치적인 권력으로 생겼던 범위를 한정하여 구분하게 된 국경선은 전혀 무의미한 것이었고 그들의 이동을 불가능하게 할 수 있는 조건이 될 수 없었으며 선사인들은 생활을 영위함에 있어 살기 좋은 자연환경을 갖춘 지역이면 서슴없이 강·산·바다를 넘어 이주하였던 것이다. 현재 구·신석기시대의 유적에서 출토된 흑요석은 백두산이나 일본의 쿠슈(九州)에서 가져온 것으로 확인되고 있어 당시 사람들은 몇 백 km 떨어진 곳이나 바다 건너 일본까지 이동생활을 하였음이 밝혀졌다. 이러한 경우는 선사시대에 많이 있었던 일로 추정되며 청동기시대에 이르러 국가구조가 형성되고 국경 개념이 생길 때부터 사람의 이동이 제한되었을 것으로 생각된다.

2) 한민족의 역사와 활동 영역

따라서 한민족이 역사 속에서 생활하였던 터전을 살피고, 그들이 이룩한 역사를 되새겨 보고자 할 때에는 한반도 · 요동반도와 함께 만주지역을 포함시켜야 함은 당연하다 할 것이다. 그래서 오늘날 한강(漢江) · 금강(錦江) · 영산강(榮山江) · 낙동강(洛東江) · 섬진강(蟾津江) 유역에서 발견되는 구 · 중 · 신석기시대 유적이나 역사시대 유물은 마땅히 압록강(鴨綠江) · 청천강(淸川江) · 대동강(大同江) · 두만강(豆滿江) 유역의 그것과 더 나아가 만주 · 중국 · 시베리아 지역에서 출토된 유물과 당시 문화양상과 서로 비교하여 연결관계를 찾아냄으로써 옛 사람들의 이동 상태나 생활을 살필 수 있고 그들이 형성하였던 문화를 보다 잘 이해할 수 있을 것이다.

그러나 역사 속에 있었던 우리 한민족의 기원이나 그와 관련된 영역의 자연환경 및 지리적 조건을 다룸에 있어서 주로 한반도(韓半島)를 중심으로 연구하는 경향이 많았기 때문에 우리의 역사를 공부하는 사람들로 하여금 위축된 역사관을 갖게 하였다. 그러므로 여기서는 만주를 포함한 동북아시아 대륙을 우리 민족의 역사무대로 간주하여 역사를 다루고 한반도의 자연환경과 지정학적인 위치를 그 주변지역과 연결시켜 가면서 해석하고자 한다.

물론 이 지역에 거주하였던 구석기시대 사람들이 우리의 모습과 똑같지는 않았으며 그들이 이곳에 정착하였다가 다른 지역으로 이주하여 간 사실이 없다는 것은 있을 수 없는 문제이지만 그들 중에서 일부는 이곳에 정착하였다가 그 뒤의 신석기시대 문화를 이룩하였다고 보며, 또 신석기시대 문화를 이끌어 가던 주민 중에서 일부가 청동기시대의 문화를 터득하여 소유함으로써 완전한 국가를 형성하고 동시에 우리 민족의 뿌리를 확고하게 내렸다고 보는 것이다.

이와 같이 우리 민족은 역사가 깊고 그 기원도 오래전인 선사시대로 거슬러 올라간다고 볼 수 있으며, 또한 오랫동안 훌륭하고 독창적인 문화를 형성하여 왔음을 알려주는 문화유산이 우리 강토 여기저기에 잔존하여 있고 또

한민족이 문화민족임을 자처하는데 조금도 부끄럽지 않을 정도로 발견되어 도움을 주고 있는 것이다. 한민족의 기원과 문화발생을 현재와 같이 상세히 언급할 수 있게 된 것은 역사분야 중에서도 선사고고학의 업적이 가장 큰 도움을 주었기 때문이다. 그렇기 때문에 선사고고학의 협조가 없이 한민족의 기원 문제는 해결될 수 없으며 문화의 이동경로나 흐름 그리고 그 발전에 관한 사실들도 연구할 수 없는 것이다.

4.한국문화의 특성

한국 문화의 특성을 논하기 전에 먼저 문화개념에 대한 정리를 하고자 한다.

문화라는 것은 인간이 생활을 향상 시키려고 쌓아온 모든 전통적인 생활양식과 그 생활양식에 관계있는 생활상의 능력을 말한다. 사람이 자연에 적응하거나 발전시켜서 만들어진 생산 기술이라든가 물질문명 또는 사회생활을 이끌어 나가는 사회 운영 원리의 발견 또는 그러한 활동의 정신적인 밑받침이 되는 종교적인 활동이나 철학적인 사고 같은 것들의 정신현상들의 모든 복합체를 문화라고 할 수 있다. 그런데 여기에서 우리가 다시 생각해야할 것은 한국문화를 지금까지 너무 관념적으로 이해해왔기 때문에 문화의 기능이 과연 무엇인가를 다시 검토해 보아야 할 것 같다.

문화라는 것은 사회생활 토대 위에서 설정되고 또 사회적으로 그 가치가 인정 받아야하는 것이며, 또한 사회적으로 공헌 할 수 있는 것이어야 한다. 그리고 한 문화가 발달할 때에 그것이 그 다음 시기에 더 나은 문화를 만들 수 있는 능력을 스스로 가지고 있어야 훌륭한 문화라고 할 수 있다.

그 다음은 이러한 과정에서 형성된 문화 전통은 오랫동안 자기 문화를 개선해 나가는 과정에서 형성되어야 하고 외래문화를 취사선택하는 역사 · 과정에서 성립되는 것이다. 그러니까 외래문화를 취사선택하는 가치관의 체계인 동시에 그 취사선택을 가능하게 하는 능력을 보유하는 것이 문화의 전통이다.

또 문화의 능력이란 오늘의 생활만을 이끌어가고 발전시키는 것뿐만 아니라 시간적, 공간적으로 외부에 전달할 수 있는 능력을 가지고 있어서 생활능력을 보존하는 저장공간이나 매체, 다시 말하면 민족적 역량의 영원한 창고이고, 민족적 활동의 근원이라고 할 수 있다.

다음으로 이러한 문화는 크게 상층문화라고 할 수 있는 귀족문화와 기층문화인 서민문화로 분류된다. 그런데 귀족문화는 지배권을 안정시키고 사회를 안정시키기 위해서 보수적인 경향으로 흐르게 된다. 그래서 귀족문화는 그 전기의 귀족문화를 타도하면서 등장할 때는 사회모순이 적어지지만, 이 문화가 오래가게 되면 그 사회 안에서 스스로 생성된 사회모순을 해결할 능력이 모자라서 하층문화에서 나온 힘이 그 모순을 해결해 나가는 상호관계가 생긴다. 그리고 상층문화가 침전해서 과거의 문화체제와 연결되어 하나의 기층문화를 이루는데, 그래서 대개 이 기층문화는 전통적인 동시에 또는 진취적인 성격을 가지게 된다.

한국문화의 특징은 다른 어떤 민족의 문화보다도 시대적인 연속성을 가지고 있다는 점이다. 이것은 무엇을 의미하는가 하면, 한민족의 문화는 선사시대에서 고대, 고대에서 중세 , 중세에서 현대로 넘어가는 연계성은 각 시대가 달라질 때마다 스스로 문화를 개편해 나가는 경험을 쌓고 그 경험을 통해 문화능력을 증진하여 온 것을 말하는 것이다. 만일 선사시대에서 바로 현대로 넘어 온다든가, 또는 원시에서 고대는 거쳤으나 중세를 거치지 못한 문화는 문화발전 능력이 대단히 모자라는 결과를 초래한다. 세계사의 예를 들어보면 바빌로니아(Babylonia)나 아시리아(Assyria) 북아메리카의 인디안, 중남미의 잉카(Inca) · 마야(Maya) · 아즈텍(Agtech) 같은 경우는 고대문화는 훌륭했지만 중세문화라고 볼 수 있는 역사가 없었던 까닭으로 민족적으로 커다란 발전을 보지 못한 것이다. 그에 반해서 우리문화는 문화활동의 연속된 과정을 밟아왔고, 거기에서 충분한 문화역량을 축적해 온 것이다.

다음으로 역사적으로 볼 때 우리 문화는 신라 통일 이전에는 동북 아시아적 문화 체질 위에서 중국문화를 흡수하면서 중국문화에 대한 후진성을 극복하고 또한 성장해왔는데, 이 때까지의 근본체질은 동북아시아적인 체질이라고 할 수 있다. 그러나 그 뒤에 우리 문화의 양이 축적되고 차원이 높아지면서 만주에 있는 유목 민족과 대결하는 태세에 들어가면서 남북 대립적인 시대를 맞게 된다. 중국에 있어서 북방에 있는 유목민족과 남방의 농경문화의 대립과 같은 현상이 통일신라 또는 고려시대초기에 나타나기 시작했다.

그래서 이러한 과정에서 쌓아진 문화의 밀집도와 문화의 축적량은 대단히 큰 것이다. 국제 문화에 직접 참여하여 문화의 능력을 증진한다는 것은 대단히 중요한 의미를 가지고 있다.

예를 들면 신라와 당나라와의 문화교류를 들 수 있는데 , 당의 문화는 당시에 있어서는 중국의 문화라기보다는 국제적인 성격을 띠었는데, 신라문화는 그 국제문화와의 직접 교류를 통해 성장해 왔고, 그 뒤에 문화가 성립할 수 있는 사회 저변의 기반을 확대 시켜 나갔다. 이를 이은 고려 초기에는 불교문화와 유교문화가 합쳐지고 다양해져서 새로운 종교 · 산업면 등에서의 시도가 행해지고 멀리는 아라비아와도 직접 교류하고 요나라와 일본 유구등지로 그 문화를 전파해 주면서 중세문화의 폭이 넓어진 것이다.

그런데 그 문화는 조선시대에 들어오면서 또 한번 발전 단계를 거치게 된다. 고려문화는 그 자체가 훌륭했지만, 고대 문화의 요소가 청산된 상태는 아니었다. 그런데 이러한 고대문화의 요소들은 조선시대에 들어와서는 완전히 청산되는 단계를 거쳐·우리 고유의 전통문화의 체질을 갖게 되고 세계사에서 그 유래가 드물 정도로 문화의 질과 폭에 있어서 훌륭한 중세 문화를 형성하게 된다. 말하자면 우리 문화는 국가적인 세력의 규모를 초월하는 문화의 밀도와 높은 세련도를 갖게 되었다.

여기에서 우리는 상징적으로 특징을 잡을 수 있는 것은 우리 문화의 특징은 멋과 조화가 아닌가 생각된다. 일본문화를 소위 국화와 칼로 상징하고 있는데, 우리 문화는 그러한 침략적 성격과는 달리 대단히 포용성이 넓은 멋과 조화로 이야기 될 수 있지 않나 생각된다.

한민족의 멋에 있어서, 가령 조선시대의 시조에 나타는 멋의 기원을 올라가 보면 삼국지 위지동이전(三國志 魏志東夷傳)에 기록되어 있는 것을보아도 고대 사회에서 우리 민족이 가무를 즐길 줄 아는 민족적 기질이 나타나 있다든가 또는 통일 신라 시대에 처용가와 같이 아내를 빼앗기고도 노래를 할 수 있는 멋 등등의 사실이 거의 일관해서 내려오고 있고, 조화에 있어서는 대개 예로부터 국제문화를 받아들이면서 종합 정리하는 능력을 쌓아왔기 때문에 생긴 것이라고 생각되는데 이 조화란 그냥 타협과 조정이 아니라, 많은 역사적 고난을 극복하고 나서 도달한 정신적 여유에서 나올 수 있는 성질의 것이다. 원효(元曉)의 불교를 뛰어 넘는 철학체계나 이황(李滉) · 이이(李珥)의 유학체계가 종합적이면서 독창적 인 것은 바로 이 조화의 능력에서 나오지 않았나 생각된다. 또 미술의 부분에 있어서도 조선시대에 들어와서 미술이 아주 근대적이라 할 수 있을 만큼 미(美)의 세계를 보이면서도 자연과의 조화를 중점적으로 강조하면서 발전해 온 점들을 고려해도 그러한 표현이 가능하지 않을까 하고 생각한다.

이와 같이 민족적인 문화의 수준이 높아가면서 얻어진 정신적 여유로 인해 우리 문화는 포용성이 대단히 풍부하다고 볼 수 있다. 다른 나라에 비해 풍속이 단일화되고 지방적 성격이 있지만, 문화가 교류되고 이민족이 들어왔을 때도 그것을 포섭해서 자기 민족화 하는 능력이 대단히 강한데, 이것은 총체적으로 문화 능력이 높은 데서 나오는 결과이다.

그런데 이것이 오늘 날에 와서는 잘못 된 것으로 표현되는 경우가 있는데 이것은 우리의 발달된 중세 · 근대 문화가 일본의 침략으로 해체되면서 식민지 문화의 기형적 과정을 거친 결과로 보인다. 그 남북분단 이후 미국을 포함한 서양문화의 영향을 많이 받게 되어 전통문화가 조금씩 사라져 가는 현상이 지난 수십년간 나타나기도 하였다. 그러나 최근에는 우리 민족의 고유문화를 찾아서 보존하고 더욱 장려하려는 노력이 많이 나타나고 있음은 다행스러운 일이라 할 것이다.

【참고문헌】

강원대학교 한국사교재편찬위원회, 『韓國史의 이해』, 강원대학교 출판부, 1984.
한민족학회, 『한민족』, 교문사, 1989.
사회과학원 역사연구소, 『조선통사』, 오월, 1988.
대한민국학술원, 「고고학」, 『한국의 학술연구』, 2002.
Luiqi Luca Cavalli-Sforza and Francesco Cavalli-Sforza 1995. "The Great Human Diasporas"(Addison-Wesley Pub.com:New York)
국사편찬위원회, 『한국사』 2 · 3, 탐구당, 1997.

제2장 선사문화의 이해

1. 한국 선사시대의 자연환경
2. 선사시대의 구분
3. 선사시대의 생활

제2장 선사문화의 이해

유혜정

46억 년이라는 지구의 시간 가운데 인류가 지구상에 등장하는 것은 대략 500만 년 전부터이다. 지구의 역사를 1년에 비유한다면 인류가 지구상에 처음 등장한 것은 12월 31일 오후 5시 무렵에 해당하며, 현생인류인 호모 사피엔스 사피엔스(Homo Sapiens Sapiens)는 자정을 5분쯤 남기고 등장하게 된다. 토기의 제작과 농경의 시작은 자정이 되기 1분 전 쯤이 되며, 인류 최초의 국가가 성립된 것은 그로부터 약 30초쯤 뒤의 일이다. 이렇게 인류의 역사는 지구 전체의 시간에 비하면 촌각에 불과하지만, 인류의 등장 이후 4백만 년 동안 지구상에는 그 이전 수십억 년보다 훨씬 많은 변화들이 일어났다. 이러한 변화의 주인공은 말할 것도 없이 인간이라는 존재이며, 그 발자취를 우리는 인류사 혹은 역사라고 부른다.

우리는 흔히 '역사(歷史)'를 '시간 속에서 펼쳐지는 인간 사회의 변화 및 발전의 과정'이라고 이해한다. 그러나 또한 역사라는 단어는 구체적으로 문자 기록 이후의 시대를 의미하는 용어로도 사용되며, 문자 기록을 기준으로 삼아 그 이전의 시대를 '선사시대(先史時代)'라고 지칭한다. 이처럼 엄밀한 의미에서 선사시대는 구석기시대와 신석기시대, 그리고 문자발명 이전의 청동기시대 초기까지를 포함하지만, 이 글에서는 선사문화의 흐름에 대한 이해를 돕기 위해서 고고학적인 접근방법을 통해 청동기시대와 철기시대 초기까지도 간단히 다루고자 한다.

1. 한국 선사시대의 자연환경

현재 우리가 살고 있는 시대는 약 6,500만 년 전에 시작하는 신생대 후반부의 끝부분에 해당한다. 신생대는 제3기와 제4기로 나뉘는데, 현재 국제지질학회에서는 대략 170만 년 전을 제3기와 제4기의 경계로 잡고 있다.

그러나 제3기와 제4기를 나누는 기준은 연구지역과 대상에 따라 여러 가지 차이가 발생하기 때문에 학자들은 이를 절대기준으로 설정하지는 않는다. 신생대 존속기간의 대부분은 제3기가 차지하고 있으며, 오늘날 우리의 삶과 더불어 계속되고 있는 제4기의 시간범위는 아주 짧아 신생대 전기간의 4%도 차지하지 못한다. 제4기에 들어서면 기온이 떨어지면서 오랫동안 덥고 따뜻한 지역을 중심으로 살았던 적지 않은 짐승 종류가 지구상에서 그 모습을 차츰 감추게 된다.

이 제4기는 갱신세(Pleistocene)와 전신세(혹은 현세, Holocene)로 나뉘고, 갱신세는 다시 전기 · 중기(약 73만 년 전~약 13만 년 전) · 후기(마지막 간빙기와 빙하기를 포함하는 시기)로 나뉜다. 전신세는 BP10,000년을 그 시작으로 받아들인다. 전신세는 마지막 빙하기의 뒤를 잇는 시기로 흔히 후빙기(Postglacial)라고 불린다.

인류가 출현하던 갱신세에는 빙하기와 간빙기가 되풀이되면서 기후변화의 폭이 크고 그에 따른 지형변화도 현저하여 환경이 인류문화 형성에 큰 영향을 미쳤다. 지구상에서 가장 추웠던 시기는 BP18,000년을 전후한 시기로 이때는 지구 북반부에 빙하가 가장 넓게 발달하고 바다높이가 지금보다 100m 이상 낮았던 적도 있다. 당시의 기온은 중국 북부의 평원지역이 현재보다 9~11℃쯤 낮았다. BP17,000~BP13,000년 사이에는 날씨가 조금씩 따뜻해지면서 북반부 빙하가 녹기 시작하여 해수면도 높아지며 BP10,000년부터 지구의 기온이 현재와 거의 같은 상태로 이르게 된다.

우리나라가 현재와 같은 기후와 식생환경을 갖게 된 것은 BP5,000년쯤으로 추정된다. 이러한 후빙기의 기후와 식생변화는 후빙기 퇴적층에서 나온 꽃가루분석과 퇴적층에 들어 있는 유기물의 탄소동위원소비율과 유황함량을 조사하여 밝혀졌으며, 그 밖에 다른 고고학발굴자료 등을 통해서도 짐작해 볼 수 있다. 우리나라에서 후빙기의 바다높이 변화는 아직 자세히 연구되지 않았다. BP10,000년 이후 바다높이의 변화양상을 정확히 알 수는 없지만 BP6,000~BP5,000년에 현재보다 높았던 적이 있다고 알려져 있다. 후빙기 동안 우리나라의 환경변화는 전세계적인 양상에서 크게 벗어나지 않았으며 이웃 나라들과 비교해 볼 때 기후변화의 폭이 그리 크지 않았다고 할 수 있다.

제4기를 특징짓는 것 가운데 하나는 사람의 출현과 문화의 발전이다. 때문에 제4기를 '사람의 시대(Age of Man)'라고 일컫기도 한다. 우리의 먼 조상으로 볼 수 있는 남쪽사람원숭이(Australopithecus, 南方猿人)는 이미 500만 년 이전에 두 발 걸음으로 걸었고, 뗀석기를 제작하기 시작한 손쓴사람(Homo Habilis, 能人)은 250만 년 전에 등장했으며, 곧선사람(Homo erectus, 直立猿人)은 170만 년 전에 나타났고, 그 뒤를 이어 중기갱신세 후반부(약 30만 년 전)에 슬기사람(Homo sapiens)이 나타났다. 그리고 현생인류는 대략 10만 년 전부터 등장하게 된다. 사실 간석기와 토기를 만들어 사용한 1만 년 전의 이 인류는 뇌 용적이 현대인보다 1cc도 작지 않다. 이 시기 인류가 침팬지 수준이라고 생각한다면 큰 오산이다.

2. 선사시대의 구분

선사시대는 사람들이 남겨놓은 문자 기록이 존재하지 않으므로 당시의 유적이나 유물이 주된 연구 자료가 되는데, 인류가 생활의 증거로 남긴 유적과 유물을 발굴하여 수집과 분석을 통해 인류의 역사와 문화를 해석하고 복원하려는 학문을 고고학이라고 한다. 고고학에서는 보통 과거 인류가 사용했던 도구의 재료에 따라 문화시기를 3시대(석기/청동기/철기, 덴마크의 고고학자 톰센(Thomsen)의 시대구분법)로 구분하며, 석기시대는 다시 도구제작수법에 따라 구석기와 신석기로 나눈다.

이렇듯 도구를 기준으로 시대를 구분하는 방식은 전세계의 선사시대를 대체적으로 포용하는 포괄성과 유용성 때문에 지금도 널리 사용되고 있으나, 인류의 시대를 한정된 도구만으로 구분하는 것이 적합한가에 대한 논의는 새로운 기준을 적용한 시대구분법을 등장시키기도 했다. 대표적인 예가 19세기 말에 나온 미국 인류학자 모건(L. H. Morgan)의 진화론적 구분법이다. 그는 인간의 식량 획득방법의 발전 단계에 따라 인류사회를 '야만(Savagery)-수렵과 채집', '미개(Barbarism)-농경과 목축', '문명(Civilization)'으로 구분했다. 이 때 수렵과 채집은 대체적으로 구석기시대, 농경과 목축은 신석기시대와 겹치지만 지역과 시대에 따라 편차가 심하다. 또한 모건의 이러한 시대구분법은 톰센의 3시대 구분법보다 더 논리적이고 인간중심적이지만 인류사회를 지나친 우열구조로 다룬다는 점에서 인류학자들의 반박을 받았다. 오늘날 세계의 많은 교과서들은 선사시대를 다룰 때 모건의 구분법에서 '미개'나 '야만'과 같은 가치판단적인 명칭은 빼버리고 수렵-채집 경제, 농경-목축 경제 등과 같은 노동방식의 변화를 톰센의 구분법에 보충하여 활용하고 있다.

한편 모건의 영향을 강하게 받은 사회주의 국가들, 특히 북한의 역사책은 선사시대를 일관되게 '원시무리시기', '모계씨족사회', '부계씨족사회'로 구분하여 서술하고 있다. 여기에서 원시무리시기는 구석기시대와 대체적으로 일치하고 모계씨족사회는 신석기시대와, 부계씨족사회는 청동기시대와 교집합을 이룬다.

1) 구석기시대

구석기시대는 러복(J. Lubbok)이 1865년에 신석기시대와 함께 최초로 정의한 용어로서, 현재는 인류가 출현하기 시작하여 돌을 깨트리거나 떼어내어 도구를 만들어 쓰던 시기인 기원전 약 70만 년 전부터, 1만 년 전 신석기시대가 시작될 때까지 인류문화사의 가장 오래된 문화단계를 말한다. 무리지어 이동생활을 하였으며 주로 채집과 사냥으로 살던 시대이다. 인류문화상의 99.9% 이상이 구석기시대에 속한다. 일반적으로 구석기시대는 뗀석기 제작수법의 발전단계에 따라 전기(Lower), 중기(Middle) 그리고 후기(Upper)로 세분된다.

우리나라에서는 일제시대인 1935년에 두만강변 동관진에서 일본학자가 뼈연모와 흑요석제 석기를 발견하여 이것을 구석기시대 유물이라고 주장한 적이 있으나 그 존재가 부정적이다가, 해방 후 1963년 북한에서 웅기 굴포리유적이, 이듬해에는 남한에서 공주 석장리유적이 본격적으로 발굴조사되면서 비로소 한반도에도 구석기시대의 문화가 존재했음을 인정받았다. 아직 우리나라에서 구석기의 연구역사는 짧은 편이지만 최근 전국 각지에서 활발한 조사가 이루어져 100여 곳 이상의 구석기유적이 발견되었으며, 전기구석기문화에서 후기구석기문화에 이르는 유적이 고루 발견되어 구석기문화의 흐름을 체계적으로 파악하는 것이 가능해졌다.

구석기시대의 유적은 주로 큰 강 유역에 입지하는데 한데유적일 경우에는 평지보다는 약간 구릉진 곳에 위치하며, 동굴유적의 경우 석회암지대에서 찾아볼 수 있다. 남한의 대표적인 한데유적으로는 주먹도끼가 발견됨으로써 세계구석기문화가 서양중심의 주먹도끼문화와 동양중심의 찍개문화로 나뉜다는 모비우스 교수의 '구석기문화 이원론'을 뒤집는 결정적인 증거를 최초로 제시하게 된 연천 전곡리유적을 비롯하여 파주 금파리유적, 양구 상무룡리유적, 홍천 하화계리유적, 공주 석장리유적, 단양 수양개유적, 순천 월평유적, 밀양 고례리유적 등이 있으며, 동굴유적으로는 점말용굴, 단양 구낭

굴, 흥수아이가 발견되면서 유명해진 청원 두루봉동굴 등이 있다. 현재 북한에 있는 평양 만달리유적, 덕천 승리산유적, 상원 검은모루유적, 상원 용곡동굴유적 등은 발굴자료가 대외적으로 공개되지 않아 아쉬움이 남는다.

구석기시대의 유물은 크게 두 가지로 분류할 수 있다. 첫째는 인공유물로서 인류가 생활에 필요한 물건들을 직접 만들어 쓰다 남긴 것이다. 여기에는 나무를 이용한 도구와 동물의 뼈와 뿔을 사용한 골각기, 그리고 돌을 재료로 만든 석기 등이 있다. 목기나 골각기가 구석기시대부터 사용되었으리라는 것은 쉽게 짐작할 수 있지만 재질의 특성상 오랜 시간을 지나면서 현재까지 남아있는 경우가 드물다. 이에 비해 석기는 구석기시대의 유물 중에서 핵심을 이루고 있는 가장 중요한 인공유물에 해당한다. 구석기시대의 시기구분은 이 석기의 형태와 제작수법을 중심으로 나뉜다. 둘째는 자연유물로서 동식물의 화석과 꽃가루, 화석인골 등이 포함된다. 자연유물들은 주로 당시의 기후 등 환경을 추정하는 자료로 사용되며, 유적의 절대연대를 측정하는 시료로 사용되기도 한다.

2) 신석기시대

신석기시대 문화는 일반적으로 농경과 목축을 전제로 하고 있으나 지역에 따라서는 농경이 실시되기 전에 토기가 먼저 제작되고 간석기를 사용한 곳도 있어 토기와 간석기의 출토를 근거로 삼아 신석기시대라고 규정하기도 한다. 시베리아와 일본, 한국이 그러한 지역에 속하는데 한국에서 농경의 시작은 기원전 2천 년경인 신석기시대 말기에 시작되었던 것으로 보인다.

신석기시대가 되면 인류의 생활양식이 이동생활에서 정착생활로 변화하였음을 신석기시대의 대표적인 유적인 움집을 통해 알 수 있다. 신석기시대는 토기의 기형과 시문한 문양에 따라 그 시기를 세분할 수 있으며, 지역마다 조금씩 다른 특색을 지니면서 발전했음을 알 수 있다.

우리나라의 신석기시대 유적의 발굴은 대개 1960년대까지는 북한지역을 중심으로, 1970년대 이후부터는 남한지역을 중심으로 활발하게 이루어졌다. 우리나라의 신석기시대 유적은 주로 강안이나 해안에 집중되어 있다. 대동강과 한강 유역 및 인접도서지역을 포함한 서해안지역, 두만강 유역을 포함한 동북해안지역, 낙동강 유역을 포함한 남해안지역 등 세 개 지역에 밀집 분포되어 있으며, 각 지역군은 문화 양상의 차이 또한 적지 않다. 최근에는 거의 공백지대로 남아 있던 충청도와 남부 내륙지역에서도 신석기시대 유적이 조사되고 있는 추세다. 이로써 신석기유적의 분포범위가 내륙 깊숙한 지역까지 퍼져 있었음이 입증되고 있다.

신석기시대 유적들은 대개 유물산포지나 유물포함층, 패총 등의 형태로 남아 있으며 그 외에 동굴이나 무덤유적 등이 있다. 우리나라의 신석기시대 유적은 대개 패총과 유물포함층의 두 종류에 포함된다. 이들 패총이나 유물포함층은 둘 다 집단취락이 형성되어 있었던 결과로 남겨진 것이기 때문에 유적에는 주인공들의 주거지나 무덤과 같은 유구들이 남아 있게 마련이다. 유구의 종류로는 주거지, 무덤, 불뗀자리, 석기제작지 등이 있다. 주거지는 대부분 땅을 파고 들어간 방형 혹은 원형의 움집이며, 오산리유적의 경우 모래언덕의 특성상 점토를 다져서 지상가옥을 만든 예도 있다. 신석기시대의 대표적인 유적으로는 양양 오산리유적, 고성 문암리유적, 서울 암사동유적, 서울 미사리유적, 부산 동삼동패총, 통영 상노대도유적 등을 들 수 있다.

신석기시대의 유물로는 토기, 석기, 골각기, 토제품, 자연유물 등이 있다. 토기는 신석기시대에 본격적으로 만들어지고 사용된 것으로서 간석기와 함께 신석기시대를 나타내는 지표유물로 여겨진다. 신석기시대 유적에서 토기는 발굴유물 중에 가장 많은 양을 차지하는데, 만들기 쉽고 자주 깨어지므로 시간의 흐름을 민감하게 반영하는 점, 또 지역에 따라 생김새가 다르게 만들어지는 점 등의 특징을 가지고 있어 지역구분과 시기구분의 지표가 되고 있다. 토기의 시기에 따른 변천을 간단히 언급하면, 우리나라에서는 덧무늬토기가 가장 일찍 출현하며 그 다음 빗살무늬토기로 바뀌어간다.

덧무늬토기는 현재까지의 자료로 볼 때 남해안지방에 집중 분포되어 있으며 기원전 6,000년 무렵을 전후로 나타나서 신석기 중기(기원전 3,000년 전후) 이전에 소멸되었다고 보고 있다. 동북해안지역의 토기는 기형에 있어 납작밑인 점이 특징이라고 할 수 있다. 뾰족밑빗살무늬토기는 기원전 5,000년 무렵에 서해안지방을 중심으로 출현하여, 신석기 중기 무렵이 되면 거의 전국적인 출현양상을 보이고 있어 신석기문화가 보편화되는 시점을 엿보게 한다.

이들은 시간이 흐를수록 점차 무늬의 생김새와 시문 부분이 변화하며 기원전 1,000년 무렵에 민무늬토기와 교체되나, 실제 민무늬토기의 출현은 기원전 15세기 무렵부터이며 지역에 따른 편차를 보인다. 대개는 서해 · 남해 등지의 도서지방에서 빗살무늬토기가 늦게까지 사용됨을 볼 수 있다.

신석기시대의 중요한 자연유물은 탄화곡식이다. 우리나라에서는 신석기시대의 시작과 함께 농경이 이루어졌다고 보기는 어렵지만 황해 봉산 지탑리, 부산 동삼동, 경남 진주 상촌리 등에서 탄화된 조, 기장 등이 괭이, 따비, 낫 등의 농기구와 함께 발견되어 신석기시대 후기에는 한반도에서도 농경이 이루어졌음을 추정할 수 있게 한다.

3) 청동기시대

기원전 10세기가 되면 벼농사가 가능한 원시농업경제를 배경으로 청동기시대가 시작되며, 이 시기가 되면 이전 시대와 비교하여 문화 전반에 큰 변화가 일어난다. 청동기의 출현, 지배층의 확립, 문자의 발명, 도시의 발생, 교역과 분업 등의 요소를 청동기시대의 일반적 특징으로 꼽을 수 있는데, 한국의 경우에는 청동기시대를 규정함에 있어 이와 같은 여러 조건을 모두 전제로 삼고 있지는 않다. 한국에서 청동기가 출현하는 시기는 기원전 10세기경이나 청동제조가 본격적으로 시작된 증거는 좀 더 늦은 시기부터 나타난다.

일제시대에는 김해패총에서 청동기과 함께 철기, 석기가 출토된 것을 근거로 한반도에는 청동기시대가 존재하지 않는다며 이 시기를 '금석병용기'라고 설정하였다. 금석병용기는 신석기에서 청동기로 넘어가는 과도기로서 아직 청동합금기술이 개발되지 않아 자연동을 두드려 도구제작을 하던 순동시대를 의미한다. 순동제품이 출토된 바 없는 한반도에서 금석병용기라는 용어를 사용한 것 자체가 모순이라 할 수 있다. 이후 강계 공귀리, 의주 미송리를 비롯하여 많은 지역에서 청동기시대 유적이 조사되면서 청동기시대의 문화양상에 대한 연구가 활발하게 이루어졌다.

청동기문화를 대표한다고 할 수 있는 고인돌은 분포지역이 유럽, 근동지방, 인도, 동남아시아 등으로 한반도와 인접한 중국이나 시베리아에서는 발견되지 않는다. 형태에 따라 탁자식 · 기반식 · 개석식으로 구분되며 그 규모가 다양하다. 현재 우리나라에는 강화(사적 제137호), 고창(사적 제391호)과 화순(사적 제410호) 지역의 고인돌이 유네스코 세계문화유산으로 지정되어 있다(2000년 12월 2일).

청동기시대의 유물 가운데 대표적인 청동기로는 비파형동검, 부채날도끼, 거친무늬거울, 장신구 등이 있다. 요령지역에는 일찍이 카라스크 문화의 영향으로 비파형의 독특한 청동검으로 대표되는 문화가 번성하였는데, 한반도에서 비파형동검이 출토된다는 것은 요령지역과 한반도와의 관련성을 시사해줄 뿐만 아니라 청동기시대의 상한설정에도 중요한 영향을 미치게 되었다.

청동기시대의 토기는 크게 한반도 서북지역에서 성행했던 팽이형토기, 동북지역에서 성행했던 구멍무늬토기, 남한의 무문토기로 구별해볼 수 있다. 팽이형토기는 기형이 특징적이어서 일반 무문토기와 쉽게 구별되며 분포지역도 청천강 이남과 한강 이북으로 국한된다. 구멍무늬토기는 동북지역에서 특징적으로 출토되지만 남한지역에도 영향을 미친다. 남한지역의 무문토기는 납작한 바닥의 화분형태가 기본이 되며 동북지역의 영향으로 아가리 부분에 구멍무늬로 장식된 것도 포함된다. 형태는 화분형이면서 아가리 부분이 이중이고 짧은 빗금으로 장식된 것도 있으며, 둥근 바닥에 목이 긴 붉은간토기는 고인돌에서 집중 출토된다.

청동기시대의 석기는 갈돌 · 갈판, 돌칼, 화살촉, 돌도끼, 반달형 돌칼 등 다양하다. 대개는 신석기시대부터 사용되던 것들이며, 간돌칼처럼 청동기시대에 처음 나타나는 형태도 있다. 간돌칼은 대체적으로 손잡이가 부착되어 있는 형식이다. 반달돌칼은 중국 신석기시대의 앙소 · 용산문화에서 유래한 것으로 주로 이삭을 따는데 사용하는 수확용구이다.

4) 철기시대

청동기 생산이 본격화되면서 형태와 기능이 점차 세련되고 다양해지는 기원전 3세기경에는 철기의 도입이 이루어진다. 이 시기부터를 초기철기시대라고 규정한다. 그러나 철기의 출현 시기는 대체로 청동기문화가 가장 정점을 이루는 시기와 맞물리기 때문에 청동기시대와 철기시대의 분기점을 설정하는 것이 쉽지 않다. 경우에 따라서는 본격적으로 철기가 도입되는 기원전후를 기준으로 하여 기원전은 청동기시대, 기원후를 삼한시대(혹은 원삼국시대, 열국시대, 연맹왕국시대)라고 구분하기도 한다. 철기의 본격적인 보급과 농업생산력을 기반으로 비약적인 발전을 이룩하게 되는 삼한시대는 4세기를 전후하여 왕권의 성립과 함께 삼국시대로 접어들게 된다.

초기철기시대가 되면 고인돌이 점차 사라지면서 지배계층의 무덤으로 널무덤이 출현하게 된다. 초기철기시대의 다양한 수레부속구가 대체적으로 널무덤에서 출토된다. 이 시기의 청동기로는 비파형동검의 한국화된 형태라고 할 수 있는 세형동검, 잔무늬거울, 다양한 형태의 차마구류, 무기류가 있다. 토기는 청동기시대에 뚜렷하던 지역적 특성들이 점차 약해지면서 검은간토기와 함께 덧띠토기가 출현한다. 석기는 간돌칼, 반달돌칼, 유구석부 등이 계속 사용되나 점차 퇴화하거나 소멸해가면서 철기가 이를 대체하게 된다.

3. 선사시대의 생활

선사시대는 문자로 남아 있는 자료가 없는데다가 현재 남아있는 유적이나 유물도 양적인 면에서나 질적인 면 모두 제한적이고 단편적이기 때문에 눈에 보이는 자료만을 가지고 당시의 생활상을 추정하기에는 무리인 측면이 있으며, 자칫 사실을 크게 왜곡할 위험도 있다. 이는 앞으로 자료의 추가적인 발굴과 지속적인 연구, 연구 장비의 개선을 통해 나아질 것으로 기대할 수밖에 없는 부분이다.

1) 주거형태의 변화

구석기시대의 인류는 자연적으로 만들어진 동굴이나 바위그늘을 이용하거나 원시적인 천막형태의 막집을 만들어 임시주거로 삼았다. 근처에 먹을 것이 떨어지면 다른 곳으로 옮겨다니는 이동생활을 했기 때문에 임시주거의 흔적은 오늘날 거의 발견되지 않는다.

주거지의 흔적을 찾을 수 있는 것은 정착단계에 들어가는 신석기시대부터이다. 신석기시대의 주거는 대부분 땅이나 조개더미를 30~100㎝ 정도 파고 지은 반지하 움집인데, 별로 위생적이지는 않지만 기온과 습도를 유지하기에는 지상가옥보다 유리했다. 바닥은 다지거나 불로 지져 단단하게 굳혔으며 지붕을 얹기 위해 기둥을 세우고 화덕자리를 마련했으며 토기를 놓는 구덩이를 파놓기도 했다. 움집의 넓이는 9~49㎡로 다양하나 보통 18㎡ 정도로 다섯 평 남짓인 이 공간은 4인 가족이 살기에 적합한 넓이이다. 이로써 당시 무리형태는 가족단위를 기본으로 했을 것이라는 추측이 가능해진다. 움집 내에서는 안쪽에서 주로 토기들이, 입구 쪽에는 사냥이나 채집도구들이 발견되는 것으로 보아 당시 가족 간에 어느 정도 업무분담이 이루어졌음을 짐작해볼 수 있다.

청동기시대가 되면 신석기시대의 채집경제 단계에서 벗어나 본격적인 생산경제구조를 갖추어 안정적인 식량확보가 가능해짐에 따라 정착생활과 잉여에 의한 빈부차 및 사회집단구성의 변화 등 이전 시대와는 현격한 차이를 보인다. 청동기시대가 되면 환경에 따른 생업기술이 발전하여 전에는 살지 않았던 다양한 곳도 집자리로 선택된다. 지역에 따라 해안과 강변의 저지대, 저구릉, 구릉 정상 등으로 구분된다. 청동기시대 유적의 상당수는 전시대와는 달리, 하천에서 다소 떨어진 구릉상에 입지한다. 산 정상의 고지성 구릉에 위치해 방어적 성격이 강한 마을터로는 충남 아산 교성리, 경남 창원 서

상동 남산 유적을 예로 들 수 있다. 방어를 위한 시설로서 취락 주위에 긴 구덩이로 된 환호와 나무기둥 울타리 등이 조성된 마을도 적지 않게 확인된다. 그만큼 집단간의 싸움이 빈번해졌다는 것이다. 대평리유적에는 이중환호가 있고, 서상동유적에서는 깊이 4m의 단면 V자형의 이 시대 최대 규모의 환호가 조사되었다. 충남 부여 송국리유적에서는 지름 20cm 정도의 굵은 나무를 잇대어 만든 목책시설이 확인된 바 있다. 집터는 대부분 반움집으로서 평면형태는 장방형, 방형, 원형으로 구분할 수 있다.

장방형의 집터는 남북한 전역에서 비교적 이른 단계에 확인되고 있으며, 송국리유적에서 최초로 확인된 한가운데에 2개의 기둥구멍이 있는 원형주거지는 한국 남부지방과 일본에 걸쳐 널리 퍼지게 된다. 세장방형이나 장방형의 비교적 큰 주거지는 여러 세대가 거주하거나 공동집회소로 쓰였던 가옥으로 추정되며 규모가 작은 원형의 주거지는 단일 가족의 가옥으로 보인다. 세장방형이나 장방형의 대형 주거지에서 원형 또는 말각방형의 소형 주거지로 변천한 것은, 전기에는 여러 가족이 한 집에서 공동으로 생활하다가 점차 단일 가족별로 주거공간을 독립해 생활을 꾸리는 경향이 강해졌음을 의미한다고 주장하는 견해도 있다.

초기철기시대부터 기원전후에 이르는 시기의 집터 대부분은 깊이 20~50㎝ 정도 되는 반움집으로, 예외적으로는 함북 무산 호곡동 31호 집자리처럼 지상에 주춧돌을 놓고 기둥을 받친 지상가옥 같은 것들도 발견된다. 집안의 취사난방시설로는 청동기시대까지 화덕자리만이 알려졌는데, 이 시대에 들어오면 취사 용도의 부뚜막, 난방 용도의 구들이 이용되었음이 춘천 중도, 광주 미사동유적의 발굴로 확인된다. 이 구들은 우리나라 가옥구조의 대표적인 특징인 온돌시설의 원형으로서, 굴뚝이 벽면에 붙어 있고 고래는 벽면을 따라 만든 다음 아궁이를 ㄱ자형으로 꺾어 집안 한가운데에서 불을 땔 수 있도록 하였다.

2) 식생활의 변화

뗀석기 정도로 무장한 구석기인들이 빠르고 힘센 동물을 사냥하는 데에는 한계가 있었을 것이므로 사냥보다는 채집의 비중이 높았을 것으로 생각되며, 초기에는 사냥 형태 또한 짐승을 직접 잡기보다는 다른 짐승이 먹다 버린 동물 사체를 취한다거나 다른 짐승이 사냥해놓은 먹이를 약탈하는 양상이었을 것으로 생각된다. 그러다가 점차 무리가 서로 협동하여 몰이사냥을 하거나 덫을 놓아 짐승을 포획하는 형태로 발전하였을 것이다. 원시적인 사냥형태의 한 예로 수우(Soux)족의 버팔로 사냥을 들 수 있는데, 그들은 먼저 평원에 흩어진 버팔로를 크게 둘러싸 한 군데로 모은다. 이 때 부족 가운데 한 사람이 버팔로로 위장해 무리에 섞여들면 다른 사냥꾼들이 소리를 지르며 버팔로들을 한 방향으로 몬다. 그러면 버팔로로 위장한 사냥꾼이 선두에 서서 벼랑 끝으로 달린다. 버팔로는 선두가 이끄는 대로 움직이는 습성이 있기 때문이다. 위장한 사냥꾼이 벼랑 끝에서 살짝 비켜서면 무서운 기세로 달리던 버팔로 떼는 그대로 벼랑 아래로 떨어지게 된다. 구석기시대의 몰이사냥도 이와 비슷했을 것이다. 구석기시대 유적에서는 오늘날 우리에게는 조금 생소한 털코끼리, 쌍코뿔소 등의 뼈가 발견되기도 하는데 구석기인들이 이런 짐승들과 생존경쟁을 벌였다는 사실은 매우 흥미롭다. 그러나 그런 동물들은 빙하기가 끝나가는 후기구석기시대에 이르면 멸종하고 이전에 보이지 않던 노루가 등장하는 등 오늘날과 비슷한 동물 구성이 나타난다.

크고 사나운 짐승에서 작고 빠른 짐승으로 사냥감이 바뀌게 되면서 이에 발맞추어 인간도 점점 기동력 있는 사냥법과 사냥도구를 개발하게 된다. 그리하여 창과 활이 등장하게 된다. 창은 화살보다는 명중도가 낮고 던질 수 있는 거리가 제한되어 있어 화살이 등장함에 따라 사용빈도가 적어졌다. 활은 활과 현, 화살로 구성되는데, 우리나라의 유적에서는 아직까지 활과 현이 출토된 예가 없이 단지 돌이나 짐승뼈로 만든 살촉만이 출토될 뿐이다. 반면 일본에서는 늪지유적의 유물보존상태가 좋아 활의 출토 예가 알려져 있는데 이와 같은 예로 볼 때 활은 1m 전후의 단궁으로 추정된다. 활과 창을 이용한 사냥 대상은 유적에서 출토되는 동물뼈의 종류로 보아 사슴, 노루, 멧돼지, 산양, 표범, 곰, 족제비, 너구리, 물개, 여우, 독수리 등으로 그 대상이 다양했음을 알 수 있다. 또한 활은 날짐승의 사냥도 가능하게 만들어 오리나 가마우지와 같은 새의 뼈도 발견된다.

신석기시대가 되면 '잡아먹기'도 하지만 '길러서 잡아먹는' 방식도 생겨난다. 최초의 가축은 개로 알려져 있다. 개는 식용보다는 사냥용으로 사육되었다. 개 다음으로 사육된 것은 돼지로서 돼지는 그때나 지금이나 주로 식용이었다. 돼지 다음으로는 노동력을 제공하는 소와 말이 가축으로 사육되었다.

물고기잡이는 구석기시대부터 이루어졌으나 활발하게 이루어지는 시기는 신석기시대이다. 고기를 잡는 데 사용한 도구로는 뼈로 만든 낚시와 작살, 그리고 뼈로 만든 미늘과 돌로 만든 축을 묶어서 사용하는 이음식어구와 함께 강에서 쉽게 구할 수 있는 그물추 등이 출토되었다. 낚시와 작살은 서포항을 비롯한 동북지방의 유적에서, 이음식어구는 오산리, 동삼동, 욕지도, 연대도 등 동해안과 남해안의 유적에서, 그물추는 대동강, 재령강, 한강 등 내륙강안유역에서 주로 출토되고 있어 지역의 자연환경에 따른 고기잡이 방법의 차이점을 알 수 있다. 그물추는 직경이 10㎝ 이상인 대형도 간혹 발견되나 2~5㎝인 소형이 대부분으로 강가유적에서 주로 출토된다. 작살은 민지가 한쪽 또는 양쪽에 마련된 단장고정식의 삽입식으로 밑둥의 형태로 볼 때 직접 자루에 꽂은 후 끈으로 묶어서 사용한 것 외에도 소켓을 통해 자루와 연결시켜 사용한 것도 보인다. 이음식어구는 수심이 깊은 동해안과 남해안의 원양어업에 사용되는 도구로 이 연장이 출토되는 곳은 모두 간만의 차가 적고 수심이 깊은 지역에 치중되어 있다. 갈고리낚시바늘은 서포항 5기층에서 3점이 출토된 예가 있다. 신석기시대의 패총을 살펴보면 도미, 대구, 농어, 감성돔, 뼈가오리와 같은 물고기에서부터 고래나 상어와 같이 배를 타고 깊은 바다로 나가서 잡는 물고기, 거의 모든 종류의 조개와 잠수해서 잡아야하는 전복 등 당시의 인류가 거의 모든 종류의 어패류를 먹었음을 알 수 있다. 이는 철기시대까지 비슷한 양상으로 이어진다.

위에서도 말했듯이 구석기시대부터 주된 식량확보는 채집을 통해 이루어졌을 것으로 추정된다. 남겨진 유물이 거의 없어 추정에 어려움이 있지만 당시에도 이미 많은 종류의 식물이나 애벌레 등을 식량으로 이용했을 것으로 여겨진다. 그러나 현재도 우리나라에서 쉽게 구할 수 있는 도토리는 신석기시대에 들어와서야 본격적으로 먹었던 듯하다.

도토리의 특성상 그냥 먹으면 쓰고 떫어 맛이 없는데다가 배앓이를 하기 때문에 물에 불려 쓰고 떫은 성분을 제거하고 말린 다음 으깨어 먹거나 가루를 내어 끓여 먹어야 하는데, 그러한 과정을 거치기 위해서는 토기가 필요하기 때문이다. 이처럼 토기는 채집한 식량자원을 보다 다양한 방법으로 조리해 먹을 수 있고, 보다 좋은 상태로 저장할 수 있게 해줌으로써 인류의 삶을 한 차원 끌어올리는 역할을 했다.

농경은 '신석기혁명'이라고도 할 정도로 인류 생활 전반에 큰 변화를 가져왔다. 물론 신석기시대에도 농경은 아직 초기단계로 식량획득은 주로 채집을 통해 이루어졌다. 당시 농경의 형태는 달리 거름을 주지 않고 들에 불을 질러 땅을 개간하는 화전의 형태였을 것이며, 한 번 농사지은 땅은 지력이 쇠해서 연이어 농사짓지 못하고 돌아가면서 땅을 쉬게 하는 휴경(休耕)을 시행했을 것으로 여겨진다. 지탑리2호 집터의 바닥에서는 피 또는 조로 생각되는 것이 3홉 가량 토기에 담겨 있는 채로 출토되었고 남경31호 집터에서는 탄화된 좁쌀 1되가 출토된 예가 있다. 우리나라의 신석기유적에서 출토되는 유물 가운데 농경용 연장의 비중은 그리 크지 않지만 서포항, 암사동, 궁산리 등의 유적에서 괭이, 보습, 낫, 도끼, 뼈낫 등이 출토되어 농경의 존재를 분명히 밝히고 있다. 지역별로 살펴보면, 중서부 지방의 신석기인들은 도끼류와 돌낫 등을 이용하여 나무와 풀 등을 잘라내고 불을 지른 후 괭이와 보습을 이용해 땅을 갈고 뒤지개 등으로 구멍을 뚫어 그곳에 씨앗을 심는 단계의 농사를 지었던 것으로 생각된다. 수확은 뼈낫이나 돌낫을 이용했으며, 탈곡은 갈판과 갈돌을 이용했던 것으로 추측되어 농업의 수준은 괭이나 보습을 이용한 화전농경에 바탕을 둔 사경농경 단계로 파악된다. 동북지방의 농경용 연장의 종류는 중서부지방과 대체로 일치하나 돌이나 뼈로 만든 낫이 출토되지 않는 점과 갈돌, 갈판의 출현시기가 늦고 또 유적의 규모에 비해 그 출토량이 적은 것이 차이점으로 지적된다. 연장의 대체적인 양상으로 볼 때 농경수준과 단계는 중서부지역과 마찬가지로 사경농경 단계였던 것으로 짐작되나 농경용 연장의 종류로 볼 때 농경의 규모와 발달정도는 중서부지역보다 부진했던 것으로 보인다. 남부지방은 동삼동, 수가리, 상노대도 유적을 중심으로 살펴보면 유적의 형성시기가 길고 상당량의 유물이 출토되었으나 농경용 석기로 생각되는 것은 동삼동에서 출토된 괭이 5점에 불과하다. 이로 볼 때 이 지역의 주민들은 농경에 비중이 적은 경제생활을 영위하였던 것으로 생각된다. 신석기시대의 농경은 출토된 유물과 곡물로 볼 때 신석기시대 전기부터 괭이와 보습을 사용한 것으로 생각되며 대상곡물은 피나 조 같은 잡곡이었을 것으로 판단된다.

청동기시대가 되면 농경 형태가 발전하여 벼농사가 가능해진다. 우리나라에는 벼농사의 직접적인 증거를 제시할 수 있는 유적이 그리 많지는 않지만 유적에서 볍씨나, 토기에서 발견되는 볍씨 자국, 농기구들이 출토되며, 이웃한 일본에서의 농경관련 유적을 통해서도 당시 벼농사에 대한 연구가 가능하다. 청동기시대 사람들의 생계방식과 의식주생활에 대한 구체적인 복원사례는 매우 드물지만 지금까지 고고학적인 증거로 밝혀진 것은 쌀을 비롯한 보리, 수수, 기장, 조, 콩 등을 재배하였으며, 개, 돼지, 소, 말 등 가축을 사육했다는 것이다.

우리나라에서 초기철기시대의 농사기술에 대한 직접적인 고고학적 증거는 기원전 1세기경에 해당하는 광주 신창동 늪지유적에서 벼낟가리와 목제농기구가 발견된 예가 있으나 아직 제대로 확보되어 있지 않다. 대신 이웃 일본의 야요이시대에 속하는 농경관련 유적들이 농기구와 함께 토기, 석기, 청동기의 공반양상이 한국과 비슷한 것으로 보아 우리나라 남부지방의 농경문화가 일본으로 전래된 것으로 추정해볼 수 있다. 일본측 자료를 통해서 볼 때 우리나라의 초기철기시대에는 농업생산량을 증대시키기 위해 땅을 일구고 곡물을 수확하는데 사용되는 다양한 종류의 농기구가 개발되었을 뿐만 아니라 벼농사에도 새로이 수전경영법이 도입된 것으로 보인다. 그 외에 우리나라에서 철기시대의 식생활을 짐작케 하는 도구로서 주목해볼만한 것으로는 시루형 토기이다. 시루는 바닥에 구멍이 여러 개 뚫려있어 물솥에 올려놓고 불을 때면 뜨거운 수증기가 구멍 속으로 들어가 내용물을 익혀준다. 이러한 시루가 제대로 모양을 갖추게 되는 것이 초기철기시대인데 전지역에서 고루 실물자료가 발견된다. 무문토기 시루는 크기가 작고 구멍 또한 몇 개 안 뚫려 있으며 회색도기로 만들어지면서 오늘날과 유사한 모양의 시루가 된다. 이러한 시루의 발전은 이 단계에 벼농사가 대규모로 이루어져 쌀 수확량이 크게 증가했다는 것을 이야기해준다.

3) 의복의 변화

구석기시대의 의복에 대해서는 아직 밝혀진 것이 거의 없다. 실 제조에 관련된 유물은 아직까지 발견된 사례가 없으며, 동물 가죽을 의복으로 가공하는데 사용했을 것으로 추정되는 긁개나 뚜르개와 같은 유물들이 있다. 실제로 사냥은 고기보다 가죽을 얻기 위해서였다는 설도 있다.

신석기시대 유적에서 출토된 유물로서 의생활에 관계되는 것은 가락바퀴, 칼, 삿바늘, 바늘통, 송곳, 실 등을 들 수 있다. 가락바퀴는 토기조각을 원반형으로 갈고 그 중앙부에 구멍을 뚫어 만든 것과 진흙을 산반형이나 구형 혹은 원추형으로 빚고 그 중앙부에 구멍을 뚫어 만든 것의 두 종류가 있는데 전자는 중서부지방에서, 후자는 동북지방과 남부지방에서 주로 출토된다. 가락바퀴는 그 중앙의 구멍에 나무봉을 끼워 돌려 실을 꼬던 도구로서 부산 동삼동유적에서 출토된 토기조각에는 꼰실로 만든 그물로 찍어 만든 무늬가 있어 가락바퀴를 사용한 흔적이 분명하게 밝혀졌다. 바늘은 사슴이나 생선뼈를 갈아 만든 것으로 이른시기부터 고루 출토되었는데 궁산리유적에서는 바늘에 베실이 꿴 채로 출토되어 당시 식물성섬유를 실로 사용하여 바느질

하였음을 알 수 있다.

청동기시대 또한 실을 잣는 도구인 방추차가 주거지에서 흔하게 발견되는 것으로 미루어 야생식물의 섬유질을 재료로 삼아 의복을 지어 입었음을 짐작할 수 있다. 그리고 주거지에서 출토된 화살촉이 사냥시 동물가죽의 손상을 줄이기 위한 형태로 고안된 것으로 보아 동물가죽 역시 의복의 재료로 활용했을 것으로 추정할 수 있다.

철기시대의 의복에 관해서는 기원전 2세기경의 초기철기시대에 속하는 제주 용담동유적에서 판상철부에 붙은 직물편이 확인되었는데, 확인 결과 비교적 올이 고운 포종류였다. 또한 옷감 짜는 바디와 북 등의 직조도구가 광주 신창동 늪지에서 발견되기도 하였다. 하지만 털이나 베, 면포로 짠 옷을 철기시대 때의 모든 사람들이 일상적으로 입었으리라고 생각되지는 않는다.

4) 신앙과 예술활동

선사시대의 예술품은 바위나 벽 등에 고정되어 있는 벽예술품(Wall Art)과 이동이 가능한 지닐예술품(Movable Art)으로 구분된다. 우리나라의 구석기유적에서 현재까지 발견된 예술작품 가운데 벽예술품은 아직까지는 없다. 지닐예술품이 몇 점 보고되어 있으나 과연 예술품으로 볼 수 있을 것인지 의심스러운 것들이 대부분이다. 예술행위 외에 구석기시대 사람들의 의식행위를 살펴볼 수 있는 것으로는 장례의식과 관련된 유적, 유물들이 있는데 이는 세계적으로 중기구석기시대가 되면 거의 보편화되는 경향을 보인다. 우리나라의 장례의식에 관한 자료는 청원 두루봉동굴의 '흥수아이'에서 찾아볼 수 있다. 장법을 살펴보면, 넓고 편평한 석회암 낙반석을 맨 아래에 깔고 그 위에 고운 흙을 뿌린 다음 흥수아이의 주검을 바로 펴 묻고 국화꽃을 뿌린 것이 꽃가루분석을 통해 확인되었다. 그리고 다시 그 위에 같은 방법으로 고운 흙가루를 뿌리고 다시 넓적한 판들을 덮어 놓았음이 발굴결과로 밝혀졌다. 이 사실은 죽음과 주검에 대한 경외심을 살펴볼 수 있는 자료로 생각되어 주목된다.

신석기인들의 신앙적 대상은 천재지변에서 오는 자연환경의 공포에 대한 정신적 안정을 구하는 것에서부터 풍요와 다산을 기원하는 주술적 축원에 이르기까지 다양하다. 이러한 신앙과 주술은 어떤 조형물을 매개로 하여 영적 대상에 접근하게 되는데 이러한 조형물을 제작하는 과정에서 예술이 탄생되기 때문에 원시사회에서 신앙과 예술은 불가분의 관계로 파악된다. 서포항유적의 목걸이수하식으로 쓴 장신구는 대부분 밑이 뾰족하고 위가 방형 또는 원형으로 생긴 것으로 위에 구멍을 뚫어 끈에 끼울 수 있도록 만들었다. 이중 한 점은 방형부분에 두 눈과 입을 상징적으로 파주어 사람을 형상화한 것으로 자루의 배부분에 8개의 점을 파주어 다산과 풍요를 기원하는 여성상을 상징한 것으로 생각된다. 인물토우는 흙을 빚어 만든 것으로 농포리, 신암리, 동삼동에서 출토되었다. 토우 중에는 여성이 많이 나타나는데 이점은 당시에 여신신앙이 숭배되었음을 추측할 수 있게 한다. 그리고 특히 여성상에는 유방과 궁둥이를 과장해 표현하고 있는데 이것은 다산과 풍요를 기원했던 것으로 이해된다. 이 밖에도 연대도유적에서처럼 무덤이 주거지의 주변에 바로 위치한 점은 죽은 사람과 산사람이 같은 생활공간에서 공존한다는 일체화된 세계관을 가지고 있었음을 알 수 있다. 그리고 암사동주거지의 경우 새로 만든 주거지의 화덕 바로 밑에 먼저 만들어진 주거지의 화덕이 파괴되지 않은 상태로 겹쳐서 발견되는데, 이것은 당시 인간이 갖고 있었던 불에 대한 외경심을 나타내는 것으로 추측할 수 있다.

청동기시대의 신앙과 예술은 농경과 관련된 풍요와 다산에 대한 기원이 중심이 되고 있다. 인간은 식물을 재배하는 과정에서 식물 성장의 특성을 알게 되었으며 계절의 변화와 곡식을 열매 맺게 해주는 태양의 힘을 알게 되었다. 자연 일반에 대한 숭배로부터 농사와 관련된 하늘, 태양 숭배가 나타난 것이다. 하늘신, 태양신은 농작물의 풍작을 비롯하여 사람의 모든 행복과 그들의 생명까지도 수호하는 신으로 여겨졌다. 원시공동체사회가 해체되면서 등장한 족장이 하늘신, 태양신 숭배의식의 집행자가 되었다. 청동기시대의 족장은 권력을 가진 지배자인 동시에 의식행사의 집행자이기도 했다. 그들은 청동거울, 청동방울, 청동검을 손에 들고 의식을 집행하였다. 청동거울에 새겨진 가는줄무늬는 태양을 상징하는 것이며, 의식행사 때 청동거울을 가지고 태양빛을 반사시킴으로서 그들의 권능을 과시하였다. 청동기 시대의 종교와 사회의 지배자로서의 그들의 모습은 오늘날의 무당의 모습을 통해 추정해 볼 수 있다. 지배자인 족장들은 그들의 지위와 권력을 강화하고 지배를 합리화하기 위해 자기의 핏줄을 천신, 태양신과 결부시키려고 하였는데, 이러한 사실은 우리나라 초기국가 대부분의 건국 신화에서 살펴볼 수 있다.

또한 그들은 인간과 하늘, 태양을 연결시켜주는 매개물로는 새를 생각하였다. 이러한 사실은 새를 조각한 예술품을 통해서 알 수 있다. 대표적인 것으로 대전에서 출토된 농경무늬 청동기가 있다. 이 청동기는 농업과 관련된 의식행위에 사용했을 것으로 보인다. 뒷면에는 농사짓는 남자가 커다란 성기를 내놓은 채 밭갈이하는 모습이 새겨져 있으며 앞면에는 두 쪽으로 갈라진 나뭇가지 위에 새가 한 마리씩 앉아 있다. 성기 달린 남자의 모습은 다산을 기원하는 것으로 생각되며, 당시 사람들이 새를 그들의 기원을 하늘신, 태양신에게 전해주는 매개체로 생각하였음을 보여준다. 이러한 새의 모습은 후에 솟대 신앙으로 발전하게 된다.

청동기시대의 신앙과 예술을 한꺼번에 보여주는 대표적인 유적으로는 울산 울주군의 반구대 암각화가 있다. 이 바위그림은 크게 평면그림과 선그림으로 이루어져 있다. 평면그림으로는 고래, 거북과 같은 물짐승과 멧돼지, 사슴 등의 짐승, 그리고 성기 달린 남자 등이 있다. 선그림으로는 교미하는 멧돼지와 그물과 울 안에 갇힌 짐승 등이 있다. 특히 새끼를 가진 모습과 내장이 표현된 엑스선 투시법은 북부 유라시아의 바위그림에서 많이 발견되는 것이기도 하다. 이 바위그림의 소재로 볼 때 이곳은 당시의 사회 환경이나 살림 방식을 교육하는 장소나 종교적 의식을 집행했던 곳으로 보인다. 또 다른 바위그림으로는 울산 울주군의 천전리 암각화가 있는데, 천전리 암각화는 기하학적 문양을 갖고 있으며 태양을 상징하는 기호가 새겨져 있다. 이곳 역시 농경생활의 풍요를 바라는 의식행사의 무대였음을 알려준다. 이로 보아 아직도 신앙과 예술은 분화되지 않은 채 서로 보완적인 역할을 하고 있음을 알 수 있다.

철기시대에도 청동기시대의 의식행위가 계속 이어져왔으며 관련문헌을 통해 제천의식이 있었음을 알 수 있다. 또한 부산 조도, 해남 군곡리패총 등 남해안 지방을 중심으로 발견되는 복골을 통해 당시 점복신앙이 있었음도 짐작해볼 수 있다. 고고학자료로 확인할 수 있는 철기시대의 예술활동은 주로 조형물과 암각화를 통한 미술 분야이다. 광주 신창동늪지에서는 우리나라 고유의 대표적 악기인 가야금의 원형 실물이 발견되어 고고학자료를 통한 음악분야 접근도 다소나마 가능해졌다. 이 시대의 조형작품이라고 하는 것은 대부분 원시신앙이나 주술과 관련된 것으로, 표현이 되는 소재는 동물을 묘사한 것이 대부분이며 일부에서는 극도의 추상성과 간략성을 강조한 무늬를 장식한 것도 있다. 영남지역에서 주로 발견되는 암각화유적은 대체적으로 청동기시대 이전부터 있었던 것으로 알려지고 있다. 이 시대에 속하는 것으로 추정되는 유적으로는 울주 대곡리 반구대와 천전리, 경주 석장동과 안심리, 영일 칠포리 등이 있다.

【참고문헌】
『한국사1』, 국사편찬위원회, 2002.
『한국사2』, 국사편찬위원회, 1997.
『한국사3』, 국사편찬위원회, 1997.
『한국사론12』, 국사편찬위원회 편, 1983.
『한국생활사박물관1』, 사계절, 2000.
『韓國의 靑銅器文化』, 國立中央博物館, 1993.
박영철, 「한국의 구석기문화」, 『韓國考古學報』28, 1992.
崔夢龍, 「韓國 鐵器時代의 時代區分」, 『國史館論叢』50, 1993.
최무장, 「북한 구석기문화 연구 현황」, 『金正起博士華甲紀念論叢』, 1990.
崔盛洛, 「韓國考古學에 있어서 時代區分論」, 『亞細亞古文化-黃龍渾博士停年退任紀念論叢-』, 學研文化社, 1995.

제3장 한국의 세계문화유산

1. 세계문화유산이란
2. 한국의 세계유산
3. 한국의 세계무형문화유산
4. 한국의 세계기록유산
5. 세계문화유산의 의의

제3장 한국의 세계문화유산

엄찬호

1. 세계문화유산이란

1) 세계유산

세계유산(문화 · 자연)은 유네스코가 인류의 소중한 문화 및 자연유산을 보호하기 위해 1972년 11월 제17차 유네스코 정기총회에서 '세계 문화 및 자연유산 보호협약' 을 채택함에 따라 지정되기 시작했다. 세계유산은 이 협약에 따라 세계유산위원회가 인류 전체를 위해 보호되어야 할 보편적 가치가 있다고 인정하여 세계유산목록에 등재한 세계 각국의 유산을 말하며, 크게 문화유산, 자연유산, 복합유산으로 분류된다.

문화유산은 첫째 유적으로 역사와 예술, 과학적인 관점에서 세계적인 가치를 지닌 비명(碑銘), 동굴생활의 흔적, 고고학적 특징을 지닌 건축물, 조각, 그림이나 이들의 복합물을 지칭한다.

둘째 건축물로 건축술이나 그 동질성, 주변경관으로 역사, 과학, 예술적 관점에서 세계적 가치를 지닌 독립적 건물이나 연속된 건물을 지칭한다.

셋째 장소로 인간 작업의 소산물이나 인간과 자연의 공동 노력의 소산물, 역사적, 심미적, 민족학적, 인류학적 관점에서 세계적 가치를 지닌 고고학적 장소를 포함한 지역을 지칭한다.

자연유산은 첫째, 무기적 또는 생물학적 생성물로 이루어진 자연의 형태이거나 그러한 생성물의 일군으로 이루어진 미적 또는 과학적 관점에서 탁월한 가치를 지닌 것, 둘째 과학적 보존의 관점에서 탁월한 세계적 가치를 지닌 지질학적, 지문학(地文學) 생성물과 멸종위기에 처한 동식물의 서식지, 과학, 보존 또는 자연미의 관점에서 탁월한 세계적 가치를 지닌 지점이나 구체적으로 지어진 자연지역을 포함한다.

2) 인류무형유산

인류무형유산은 구전 문화유산 및 무형유산으로서 문화적 정체성을 가지고 있으며, 전통성을 함유한 소멸위기에 있는 문화유산을 말한다.

3) 세계기록유산

세계기록유산은 첫째, 필사본 · 도서 · 신문 · 포스터 등 기록이 담긴 자료와 플라스틱 · 파피루스 · 양피지 · 야자 잎 · 나무껍질 · 섬유 · 돌 또는 기타 자료로 기록이 남아있는 자료, 둘째, 그림 · 프린트 · 지도 · 음악 등 비문자 자료(non-textual materials), 셋째, 전통적인 움직임과 현재의 영상 이미지, 넷째, 오디오 · 비디오 · 원문과 아날로그 또는 디지털 형태의 정지된 이미지 등을 포함한 모든 종류의 전자 데이터를 포함한다.

2. 한국의 세계유산

1) 문화유산

〈석굴암 · 불국사〉

석굴암

– 국보 제24호

석굴암은 서기 751년 신라 경덕왕 때 당시 재상이었던 김대성이 창건하기 시작하여 서기 774년인 신라 혜공왕 때 완공하였으며, 건립 당시의 명칭은 석불사로 칭하였다.

석굴암의 석굴은 백색의 화강암재를 사용하여 토함산 중턱에 인공으로 석굴을 축조하고 그 내부 공간에는 본존불인 석가여래불상을 중심으로 그 주벽에 보살상 및 제자상과 금강역사상, 천왕상 등 총 39체의 불상을 조각하였다. 석굴암의 석굴은 장방형의 전실과 원형의 주실이 통로로 연결되어 있는데 360여 개의 판석으로 원형주실의 궁륭천장 등을 교묘하게 구축한 건축 기법은 세계에 유례가 없다.

조각에 있어서 원숙한 조법과 사실적인 표현에서 완벽에 가까운 석가여래상, 10구의 얼굴과 전신이 화려하게 조각된 십일면관음보살상, 인왕상의 용맹, 사천왕상의 위엄, 주실내의 보살들의 유연 우아한 모습, 나한상들의 개성있는 표현 등은 동아시아 불교조각의 최고의 걸작품이라 할 것이다.

특히, 주실내에 봉안되어 있는 굽타양식의 본존불 석가여래불은 고요하고 결가부좌한 모습, 가늘게 뜬 눈, 온화한 눈썹, 미간에 서려있는 슬기로움, 금방이라도 말할 듯한 입과, 코, 길게 늘어진 귀 등 그 모든 것이 내면에 깊은 숭고한 마음을 간직하도록 조성된 것으로서 세계에서도 가장 이상적인 미를 대표하고 있다. 이 석굴은 신라시대의 전성기에 이룩된 최고 걸작으로 평가되며, 그 조영계획에 있어 건축, 수리, 기하학, 종교, 예술이 총체적으로 실현된 것이다. 석굴암은 국보 제24호로 지정 관리되고 있으며 1995년 불국사와 함께 세계유산으로 공동 등재되었다.

불국사

– 사적 · 명승 제1호

불국사는 석굴암과 같은 서기 751년 신라 경덕왕때 김대성이 창건하여 서기 774년 신라 혜공왕때 완공하였다. 토함산 서쪽 중턱의 경사진 곳에 자리한 불국사는 심오한 불교사상과 천재 예술가의 혼이 독특한 형태로 표현되어 세계적으로 우수성을 인정받는 기념비적인 예술품이다.

불국사는 신라인이 그린 불국, 이상적인 피안의 세계를 지상에 옮겨 놓은 것으로 법화경에 근거한 석가모니불의 사바세계와 무량수경에 근거한 아미타불의 극락세계 및 화엄경에 근거한 비로자나불의 연화장세계를 형상화한 것이다. 곧 불교교리가 사찰 건축물을 통해 잘 형상화된 대표적인 사례로 아시아에서도 그 유례를 찾기 어려운 독특한 건축미를 지니고 있다.

불국사는 사적 · 명승 제1호로 지정 관리되고 있으며 불국사내 주요 문화재로는 다보탑(국보 제20호), 석가탑(국보 제21호), 청운교와 백운교(국보 제23호), 연화교와 칠보교(국보 제22호), 금동아미타여래좌상(국보 제27호), 비로자나불(국보 제26호) 등이 있으며, 불국사는 1995년 석굴암과 함께 세계유산으로 공동 등재되었다.

〈해인사장경판전〉

– 국보 제52호

해인사 장경판전은 13세기에 만들어진 세계적 문화유산인 고려 대장경판 8만여 장을 보존하는 보고로서 해인사의 현존 건물 중 가장 오래된 건물이다. 장경판전은 정면 15칸이나 되는 큰 규모의 두 건물을 남북으로 나란히 배치하였다. 장경판전 남쪽의 건물을 수다라장, 북쪽의 건물을 법보전이라 하며 동쪽과 서쪽에 작은 규모의 동 · 서사간판전이 있다.

건물을 간결한 방식으로 처리하여 판전으로서 필요로 하는 기능만을 충족시켰을 뿐 장식적 의장을 하지 않았으며, 전 · 후면 창호의 위치와 크기가 서로 다르다. 통풍의 원활, 방습의 효과, 실내 적정 온도의 유지, 판가의 진열 장치 등이 매우 과학적이며, 합리적으로 되어 있는 점은 대장경판이 지금까지 온전하게 보존되어 있는 중요한 이유 중의 하나라고 평가받고 있다.

해인사 장경판전은 국보 제52호로 지정 관리되고 있으며, 소장 문화재로서는 대장경판 81,258판(국보 제32호), 고려각판 2,725판(국보 제206호), 고려각판 110판(보물 제734호)이 있다. 이 중 해인사 장경판전은 1995년 세계유산으로 등재되었다.

해인사 팔만대장경은 오랜 역사와 내용의 완벽함, 그리고 고도로 정교한 인쇄술의 극치를 엿볼 수 있는 세계 불교경전 중 가장 중요하고 완벽한 경전이며, 장경판전은 대장경의 부식을 방지하고 온전한 보관을 위해 15세기경에 건축된 건축물로 자연환경을 최대한 이용한 보존과학 소산물로 높이 평가되고 있다.

〈종묘〉

– 사적 제125호

종묘는 조선왕조 역대 왕과 왕비 및 추존된 왕과 왕비의 신주를 모신 유교 사당으로서 가장 정제되고 장엄한 건축물 중의 하나이다. 종묘는 태조 3년(1394) 10월 조선 왕조가 한양으로 도읍을 옮긴 그해 12월에 착공하여 이듬해 9월에 완공하였으며, 곧이어 개성으로부터 태조의 4대조인 목조, 익조, 도조, 환조의 신주를 모셨다.

56,503평의 경내에는 종묘정전을 비롯하여 별묘인 영녕전과 전사청, 재실, 향대청 및 공신당, 칠사당 등의 건물이 있다. 정전은 처음에 태실 7칸, 좌우에 딸린 방이 2칸이었으나 선조 25년(1592) 임진왜란 때 불타버려 광해군 즉위년(1608)에 다시 고쳐 짓고, 그 후 영조와 헌종 때 증축하여 현재 태실 19칸으로 되어있다.

종묘는 조선시대의 전통건물로서 일반건축이 아닌 신전건축임에도 불구하고 건축의 보편적 가치를 지니고 있어 많은 현대 건축가들의 연구대상이 되고 있으며 종묘의 뛰어난 건축적 가치는 동양의 파르테논이라 칭하여지고 있을 만큼 건축사적 가치가 크다.

종묘는 사적 제125호로 지정 보존되고 있고, 소장 문화재로 정전(국보 제227호), 영녕전(보물 제821호), 종묘제례악(중요무형문화재 제1호), 종묘제례(중요무형문화재 제56호)가 있으며, 1995년 세계유산으로 등재되었다.

종묘는 제왕을 기리는 유교사당의 표본으로서 16세기 이래로 원형이 보존되고 있으며, 세계적으로 독특한 건축양식을 지닌 의례공간이다. 종묘에서는 의례와 음악과 무용이 잘 조화된 전통의식과 행사가 이어지고 있다.

〈창덕궁〉

– 사적 제122호

창덕궁은 조선왕조 제3대 태종 5년(1405) 경복궁의 이궁으로 지어진 궁궐이며 창건시 창덕궁의 정전인 인정전, 편전인 선정전, 침전인 희정당, 대조전 등 중요 전각이 완성되었다. 그 뒤 태종 12년(1412)에는 돈화문이 건립되었고 세조 9년(1463)에는 약 6만2천평이던 후원을 넓혀 15만여평의 규모로 궁의 경역을 크게 확장하였다.

임진왜란 때 소실된 것을 선조 40년(1607)에 중건하기 시작하여 광해군 5년(1613)에 공사가 끝났으나 다시 1623년의 인조반정 때 인정전을 제외한 대부분의 전각이 소실되었다가 인조 25년(1647)에 복구되었다. 그 후에도 여러 번 화재가 있었으며, 1917년에 대조전과 희정당 일곽이 소실되어 1920년에 경복궁의 교태전 · 강녕전 등 많은 건물을 철거하여 창덕궁으로 이건하였다.

창덕궁은 조선시대의 전통건축으로 자연경관을 배경으로 한 건축과 조경이 고도의 조화를 표출하고 있으며, 후원은 동양조경의 정수를 감상할 수 있는 세계적인 조형의 한 단면을 보여주고 있다.

창덕궁은 사적 제122호로 지정 관리되고 있으며 돈화문(보물 제383호),

인정문(보물 제813호), 인정전(국보 제225호), 대조전(보물 제816호), 구선원전(보물 제817호), 선정전(보물 제814호), 희정당(보물 제815호), 향나무(천연기념물 제194호), 다래나무(천연기념물 제251호)등이 문화재로 지정되어 있다. 창덕궁은 1997년 세계유산으로 등재되었다.

동아시아 궁전 건축사에 있어 비정형적 조형미를 간직한 대표적 궁으로 주변 자연환경과의 완벽한 조화와 배치가 탁월하다.

〈화성〉

– 사적 제3호

화성은 조선왕조 제22대 정조대왕이 선왕인 영조의 둘째왕자로 세자에 책봉되었으나 당쟁에 휘말려 왕위에 오르지 못하고 뒤주속에서 생을 마감한 아버지 사도세자의 능침을 양주 배봉산에서 조선 최대의 명당인 수원의 화산으로 천봉하고 화산부근에 있던 읍치를 수원의 팔달산 아래 지금의 위치로 옮기면서 축성되었다.

성의 둘레는 5,744m, 면적은 130ha로 동쪽지형은 평지를 이루고 서쪽은 팔달산에 걸쳐 있는 평산성의 형태로 성의 시설물은 문루 4, 수문 2, 공심돈 3, 장대 2, 노대 2, 포(鋪)루 5, 포(砲)루 5, 각루 4, 암문 5, 봉돈 1, 적대 4, 치성 9, 은구 2 등 총 48개의 시설물로 일곽을 이루고 있으나 이 중 수해와 전란으로 7개 시설물(수문 1, 공심돈 1, 암문 1, 적대 2, 은구 2)이 소멸되고 41개의 시설물이 현존하고 있다.

화성은 축성 시의 성곽이 거의 원형대로 보존되어 있을 뿐 아니라, 북수문(화홍문)을 통해 흐르던 수원천이 현재에도 그대로 흐르고 있고, 팔달문과 장안문, 화성행궁과 창룡문을 잇는 가로망이 현재에도 도시 내부 가로망 구성의 주요 골격을 유지하고 있는 등 200년전 성의 골격이 그대로 현존하고 있다. 축성의 동기가 군사적 목적보다는 정치·경제적 측면과 부모에 대한 효심으로 성곽자체가 "효"사상이라는 동양의 철학을 담고 있어 문화적 가치 외에 정신적, 철학적 가치를 가지는 성으로 이와 관련된 문화재가 잘 보존되어 있다.

화성은 사적 제3호로 지정 관리되고 있으며 소장 문화재로 팔달문(보물 제402호), 화서문(보물 제403호), 장안문, 공심돈 등이 있다. 화성은 1997년 세계유산으로 등재되었다.

18세기에 완공된 짧은 역사의 유산이지만 동서양의 군사시설이론을 잘 배합시킨 독특한 성으로서 방어적 기능이 뛰어난 특징을 가지고 있다. 약 6km에 달하는 성벽안에는 4개의 성문이 있으며 모든 건조물이 각기 모양과 디자인이 다른 다양성을 지니고 있다.

〈경주역사유적지구〉

경주역사유적지구는 신라천년(B.C 57 - A.D 935)의 고도(古都)인 경주의 역사와 문화를 고스란히 담고있는 불교유적, 왕경(王京)유적이 잘 보존되어 있으며, 이미 세계유산으로 등재된 일본의 교토, 나라의 역사유적과 비교하여 유적의 밀집도, 다양성이 더 뛰어난 유적으로 평가된다.

2000년 세계유산으로 등재된 경주역사유적지구는 신라의 역사와 문화를 한눈에 파악할 수 있을 만큼 다양한 유산이 산재해 있는 종합역사지구로서 유적의 성격에 따라 모두 5개 지구로 나누어져 있는데 불교미술의 보고인 남산지구, 천년왕조의 궁궐터인 월성지구, 신라 왕을 비롯한 고분군 분포지역인 대능원지구, 신라불교의 정수인 황룡사지구, 왕경 방어시설의 핵심인 산성지구로 구분되어 있으며 52개의 지정문화재가 세계유산지역에 포함되어 있다.

경주역사유적지구는 한반도를 천년이상 지배한 신라왕조의 수도로 남산을 포함한 경주 주변에 한국의 건축물과 불교 발달에 있어 중요한 많은 유적과 기념물들을 보유하고 있다.

〈고창 · 화순 · 강화고인돌유적〉

우리나라 청동기시대의 대표적인 무덤 중의 하나인 고인돌은 세계적인 분포를 보이고 있으며 지역에 따라 시기와 형태가 다르게 나타나고 있다. 동북아시아 지역이 세계적인 분포권에서 가장 밀집된 곳으로 그 중 우리나라가 그 중심지역이라고 할 수 있다. 우리나라에는 전국적으로 약 30,000여 기에 가까운 고인돌이 분포하고 있는 것으로 알려져 있는데 그중 세계유산으로 등재된 고창 · 화순 · 강화고인돌유적은 밀집분포도, 형식의 다양성으로 고인돌의 형성과 발전과정을 규명하는 중요한 유적이며 유럽, 중국, 일본과도 비교할 수 없는 독특한 특색을 가지고 있다.

고인돌은 선사시대 문화상을 파악할 수 있고 나아가 사회구조, 정치체계는 물론 당시인들의 정신세계를 엿볼 수 있다는 점에서 선사시대 연구의 중요한 자료가 되는 보존가치가 높은 유적이다.

고창, 화순, 강화의 선사유적들은 거대한 석조로 만들어진 2,000~3,000년 전의 무덤과 장례의식 기념물로서 선사시대 문화가 가장 집중적으로 분포되어 있으며 당시의 기술과 사회현상을 가장 생생하게 보여주는 유적으로 2000년 세계유산으로 등재되었다. 고창지석묘군은 사적 제391호로, 화순 효산리 및 대신리 지석묘군은 사적 제410호로, 강화지석묘는 사적 제137호로 지정되어 있다.

〈조선왕릉〉

조선시대(1392~1910) 왕실과 관련되는 무덤은 '능(陵)'과 '원(園)'으로 구분된다. 왕릉으로 불리는 능(陵)은 '왕과 왕비, 추존된 왕과 왕비의 무덤'을 말하며, 원(園)은 '왕세자와 왕세자비, 왕의 사친(私親)의 무덤'을 말한다.

조선시대의 왕릉과 원은 강원도 영월의 장릉, 경기도 여주의 영릉(세종)과 영릉(효종) 3기를 제외하고는 당시의 도읍지인 한양에서 40km 이내에 입지하고 있으며, 왕릉이 40기, 원이 13기, 총 53기가 있다.

조선시대의 왕릉은 조선시대의 국가통치 이념인 유교와 그 예법에 근거하여 시대에 따라 다양한 공간의 크기, 문인과 무인 공간의 구분, 석물의 배치,

기타 시설물의 배치 등이 특색을 띠고 있다. 특히 왕릉의 석물 중 문인석, 무인석의 규모와 조각양식 등은 예술성을 각각 달리하며 시대별로 변하는 사상과 정치사를 반영하고 있어서 역사의 흐름을 읽을 수 있는 뛰어난 문화유산에 속한다.

조선시대의 왕릉은 하나의 우주세계를 반영하도록 조영되었다. 능역의 공간은 속세의 공간인 진입공간(재실, 연못, 금천교), 제향공간(홍살문, 정자각, 수복방), 그리고 성역공간(비각, 능침공간)의 3단계로 구분되어 조성되었는데, 이는 사후의 세계관을 강조하는 것이다.

조선왕릉은 2009년 세계유산에 선정되었다.

〈한국의 역사마을 : 하회와 양동〉

한국의 대표적 씨족마을이면서 양반마을인 하회와 양동은 모두 조선시대(1392~1910)에 양반문화가 가장 화려하게 꽃피었던 한반도 동남부(영남지방)에 위치하고 있다. 두 마을은 한국의 대표적인 마을 입지 유형인 배산임수의 형태를 띠고 있으며, 여름에 고온다습하고 겨울에 저온건조한 기후에 적응하기 위한 건물의 형태와 유교 예법에 입각한 가옥의 구성을 지니고 있다.

하회는 하회마을과 병산서원으로 구성되어 있으며, 양동은 양동마을과 그 주변 관련 건축물인 동강서원, 옥산서원, 독락당으로 구성되어 있다. 두 마을에는 양반씨족마을의 대표적인 구성요소인 종가, 살림집, 정사와 정자, 서원과 서당, 그리고 주변의 농경지와 자연경관이 거의 완전하게 남아 있을 뿐 아니라, 이러한 유형 유산과 더불어 이들과 관련된 많은 의례, 놀이, 저작, 예술품 등 수많은 정신적 유산들을 보유하고 있다.

하회마을은 중요민속문화재 제122호, 병산서원은 사적 제260호로 지정되어 있고, 양동마을은 중요민속문화재 제189호, 옥산서원은 사적 제154호, 독락당은 보물 제413호로 지정되어 있으며 2010년 세계유산으로 등재되었다.

〈남한산성〉

– 사적 제57호

남한산성은 극동아시아 여러 지역의 영향을 바탕으로 다양한 군사 방어 기술을 종합적으로 구현하고 있는 조선왕조의 비상시 임시 수도로서, 한국의 독립성 및 한국 역사상 다양한 종교 · 철학이 조화롭게 공존해온 가치를 상징하는 유산이다. 또한 7세기부터 19세기까지 축성술의 시대별 발달 단계와 무기 체계의 변화상을 잘 보여주며 지금까지 주민들이 거주하고 있는 살아있는 유산으로서 가치를 보유한다.

남한산성은 7세기 초에 처음 만들어져 여러 차례 재건되었으며, 특히 17세기 청의 공격에 대비해 크게 증건된 바 있다. 남한산성은 중국과 일본의 영향을 수용하면서 서양식 무기 도입에 따른 성곽축조 기술의 변화를 종합한 군사 방어기술의 개념을 집대성하고 있다.

세계유산위원회에서 인정받은 남한산성의 가치는 다음과 같다.

첫째, 남한산성은 16세기와 18세에 이르는 기간 동안 동아시아의 한국과 중국 일본 간에 산성 건축술이 상호 교류한 중요한 증거이다. 남한산성은 국제 전쟁을 통해 동아시아 무기 발달과 축성술이 상호 교류한 탁월한 증거로, 조선의 자주권과 독립성을 수호하기 위해 유사시의 임시수도로서 기능할 수 있도록 계획적으로 축조된 유일한 산성 도시이다.

둘째, 남한산성은 7세기부터 19세기까지 축성술의 시대별 발달 단계와 무기 체계의 변화상을 잘 보여준다. 남한산성은 험한 지형을 활용하여 성곽과 방어시설을 구축함으로써 7세기부터 19세기에 이르는 축성술의 시대별 발달단계를 잘 나타내고 있다.

남한산성은 사적 제57호, 남한산성 행궁은 사적 제480호로 지정되어 있으며, 2014년 세계유산으로 등재되었다.

2) 자연유산

〈제주화산섬과 용암동굴〉

세계유산으로 지정된 지역은 한라산, 성산일출봉, 거문오름용암동굴계 등 3개이다. 한라산은 남한에서 가장 높은 산으로서 화산활동에 의해 생성된 순상(방패모양)화산체이다. 성산일출봉은 제주도에 분포하는 360개의 단성화산체(cinder cones:제주방언으로는 오름이라 함)중의 하나이며, 해안선 근처에 뛰어난 경관을 제공하는 수성화산체이다. 거문오름용암동굴계는 지금으로부터 약 10~30만년 전에 거문오름에서 분출된 용암으로부터 만들어진 여러 개의 용암동굴이며, 이 동굴계에서 세계자연유산으로 지정된 동굴은 벵뒤굴, 만장굴, 김녕굴, 용천동굴, 그리고 당처물동굴이다.

제주도는 약 180만년 전부터 역사시대에 걸쳐 일어난 화산활동으로 만들어졌다. 한라산 정상부에는 한라산 조면암과 백록담 현무암이 분포하며 한라산 조면암은 높은 점성을 갖고 돔상으로 솟아 한라산을 더 웅장하게 만들고 있다.

2007년 6월 27(수)일, 뉴질랜드 크라이스트처치에서 열린 제31차 세계유산위원회에서 제주화산섬과 용암동굴 (Jeju Volcanic Island and Lava Tubes)이라는 이름으로 세계자연유산으로 등재되었다.

제주도는 수많은 측화산과 세계적인 규모의 용암동굴, 다양한 희귀생물 및 멸종위기종의 서식지가 분포하고 있어 지구의 화산 생성과정 연구와 생태계 연구의 중요한 학술적 가치가 있으며, 한라산 천연보호구역의 아름다운 경관과 생물 · 지질 등은 세계적인 자연유산으로서 가치를 지니고 있다.

3. 한국의 인류무형유산

〈종묘제례 및 종묘제례악〉

– 중요무형문화재 제56호

종묘제례란 종묘에서 행하는 제향의식으로, 조선시대의 나라제사중 규모가 크고 중요한 제사였기 때문에 종묘대제(宗廟大祭)라고도 한다. 종묘제례는 최고의 품격을 갖추고 유교절차에 따라 거행되는 왕실의례이며, 이를 통해 동양의 기본이념인 '효'를 국가차원에서 실천함으로써 민족공동체의 유대감과 질서를 형성하는 역할을 하였다. 이와 함께 종묘라는 조형적인 건축공간에서 진행되는 종묘제례의 장엄하고 정제된 아름다움은 자연과 어우러진 동양적 종합예술의 정수이며, 500년이라는 시간과 공간을 초월한 우리의 소중한 정신적 문화유산이다.

종묘제례악은 종묘에서 제사를 드릴 때 의식을 장엄하게 치르기 위하여 연주하는 기악(樂)과 노래(歌) · 춤(舞)을 말한다. 이는 조선 세종때 궁중희례연에 사용하기 위해 만들어졌던 보태평(保太平)과 정대업(定大業)에 연원을 두고 있으며, 세조10년(1464) 제례에 필요한 악곡이 첨가되면서 종묘제례악으로 정식 채택되었다. 종묘제례악은 이후 임진왜란을 겪으면서 일시적으로 약화되었으나 광해군때 점차 복구되어 오늘날까지 전승되고 있다.

종묘제례악은 제례가 진행되는 동안 각각의 절차에 따라 보태평과 정대업 11곡이 서로 다른 악기로 연주된다. 정전 앞 계단 위(상월대)에서 노랫말이 없는 음악을 연주하는 악단은 등가(登歌)라 하고, 계단 아래 뜰(하월대)에서 노랫말 있는 음악을 연주하는 악단은 헌가(軒架)라고 부른다. 악기편성은 시기에 따라 변화를 보이며 현재에 이르고 있다.

종묘제례와 종묘제례악은 중요무형문화재 제56호와 제1호로 지정되어 보존 · 전승되고 있으며, 2001년 인류무형유산으로 등재되었다.

〈판소리〉

– 중요무형문화재 第5호

판소리는 한 명의 소리꾼이 고수(북치는 사람)의 장단에 맞추어 소리(창), 아니리(말), 너름새(몸짓)을 섞어가며 구연(口演)하는 일종의 솔로 오페라다. '판소리'는 '판'과 '소리'의 합성어로 '소리'는 '음악'을 말하고 '판'은 '여러 사람이 모인 곳' 또는 '상황과 장면'을 뜻하는 것으로 '많은 청중들이 모인 놀이판에서 부르는 노래'라는 뜻이다.

판소리는 우리나라 시대적 정서를 나타내는 전통예술로 삶의 희노애락을 해학적으로 음악과 어울려서 표현하며 청중도 참여한다는 점에서 가치가 크다. 판소리는 서민들의 삶을 사실적으로 그려내어 피지배층의 삶의 현실을 생생하게 드러내고, 서민들의 목소리를 대변하면서 새로운 사회와 시대에 대한 희망을 표현하기도 하였다. 또한 판소리는 모든 계층이 두루 즐기는 예술로서 판소리를 통해 지배층과 피지배층은 서로의 생각을 조절하였다는 점에서 사회적 조절과 통합의 기능을 담당한 것으로 평가된다.

또한 판소리는 다양한 전통 예술로부터 필요한 것을 수용하고 그것을 종합하는 개방적인 특징을 가지고 있으며, 한국어의 표현 가능성을 최대치로 발휘한 민족적인 표현방식으로 인류 보편의 문제점에 접근하는 예술로 승화시켜 민족문화의 전통 계승과 발전에 기여하였다.

판소리는 우리 역사와 희노애락을 함께해온 우리문화의 정수로 그 독창성과 우수성을 세계적으로 인정받아 2003년 인류무형유산으로 등재되었다.

〈강릉단오제〉

– 중요무형문화재 第13호

단오는 음력 5월 5일로 '높은 날' 또는 '신 날'이란 뜻의 수릿날이라고 부르는 날이다. 강릉단오제는 양기의 숫자 5가 두 번 겹치는 음력 5월 5일 수릿날의 전통을 계승한 축제이다. 본래 단오는 보리를 수확하고 모심기가 끝난 뒤에 한바탕 놀면서 쉬는 명절로서 농경사회 풍농 기원제의 성격을 지닌다.

천여년의 역사를 갖고 있는 강릉단오제는 민중의 역사와 삶이 녹아있는 전통축제라는 점에서 가치가 있다. 특히 강릉단오제는 한국의 대표적 전통신앙인 유교, 무속, 불교, 도교를 정신적 배경으로 하여 다양한 의례와 공연이 있는데 이를 형성하는 음악과 춤, 문학, 연극, 공예 등은 뛰어난 예술성을 보여준다.

강릉단오제는 오랜 역사의 과정을 걸쳐 온 전통문화 전승의 장으로 제례, 단오굿, 가면극, 농악, 농요 등 예술성이 뛰어난 다양한 무형문화유산과 함께 그네뛰기, 씨름, 창포머리감기, 수리취떡먹기 등 한국의 역사와 독창적인 풍속이 전승되는 대한민국의 가장 대표적인 전통축제인 것이다.

중요무형문화재 제13호로 지정되어 보존되고 있는 강릉단오제는 그 문화적 독창성과 뛰어난 예술성을 인정받아 2005년 인류무형유산으로 등재되었다.

〈강강술래〉

– 중요무형문화재 제8호

전통적으로 강강술래는 우리나라의 대표적인 세기절기인 설, 대보름, 단오, 백중, 추석, 9월 중구 밤에 연행되었으며 특히 팔월 추석날 밤에 대대적인 강강술래 판이 벌여졌다.

강강술래는 노래(song), 무용(dance), 음악(music)이 삼위일체의 형태로 이루어진 원시종합예술로서 한국 특유의 ballad dance이다. 춤을 추는 여성들 중에서 노래 잘하는 한 사람이 설소리를 하면 모든 사람들이 뒷소리를 받는 선후창의 형태로 노래되며, 노랫소리에 맞춰 많은 여성들이 손에 손을 잡고 둥글게 원을 그리며 춤을 춘다.

강강술래는 초저녁에 달이 뜰 때 시작하여 달이 서산에 기울 때까지 계속 놀아질 정도로 흥겹고 또한 역동적이다. 설소리를 하는 사람의 노랫가락의 빠르기에 따라 긴강강술래, 중강강술래, 잦은강강술래로 구분되는데, 이러한 노래의 빠르기에 따라 손을 잡고 뛰는 여성들의 발놀림도 빠르기가 달라진다.

이러한 세 가지는 형태는 같으면서 다만 빠르기를 달리하여 연행되고 남생이놀이, 고사리꺾기, 청어엮기, 기와밟기, 덕석말기, 쥔쥐새끼놀이, 대문놀이, 가마등밟기, 수건찾기, 봉사놀이 등 다양한 부대 놀이들이 중간중간에 놀아지기도 한다.

또한 밤을 새워가며 가사를 바꾸어 부르는 노랫말은 여성들의 삶의 애환이 담겨있는 민중의 시로서 매우 문학성이 풍부한 구비문학이기도 하다. 2009년 인류무형유산으로 등재되었다.

〈남사당놀이〉

– 중요무형문화재 제3호

남사당놀이는 꼭두쇠(우두머리)를 비롯해 최소 40명에 이르는 남자들로 구성된 유랑연예인인 남사당패가 농 · 어촌을 돌며, 주로 서민층을 대상으로 조선 후기부터 연행했던 놀이이다.

이렇듯, 남사당놀이는 서민층에서 발생하여 서민들을 위해 공연된 놀이로, 당시 사회에서 천대받던 한과 양반사회의 부도덕성을 놀이를 통해서 비판하며 풀고, 민중의식을 일깨우는 역할을 했으며 오늘날 민족예술의 바탕이 되어 중요무형문화재로 지정되었다.

조선후기에서 1920년대까지도 '굿중패 ' 또는 남사당(男寺黨)이라고 부르던 전문적인 유랑연예인들이 우리나라 농어촌을 돌아다니며 민중오락을 제공해 왔다. 그들의 주요 상연은 1) 풍물놀이, 2) 버나(대접, 버나 돌리기), 3) 살판(땅재주), 4) 어름(줄타기), 5) 덧보기(탈놀이), 6) 덜미(꼭두각시놀음) 등으로 재인 광대의 가무백희(歌舞百戱)의 전통을 이어온 것이었다.

남사당놀이는 서민층에서 발생하여 서민들을 위해 공연된 놀이로서 당시 사회에서 천대받던 한과 양반사회의 부도덕성을 놀이를 통해서 비판하며 풀고, 민중의식을 일깨우는 역할을 했다. 2009년 인류무형유산으로 등재되었다.

〈영산재〉

– 중요무형문화재 第50호

영산재는 49재(사람이 죽은지 49일째 되는 날에 지내는 제사)의 한 형태로, 영혼이 불교를 믿고 의지함으로써 극락왕생하게 하는 의식이다. 석가가 영취산에서 행한 설법회상인 영산회상을 오늘날에 재현한다는 상징적인 의미를 지니고 있다. 불교 천도의례 중 대표적인 제사로 일명 '영산작법' 이라고도 한다.

영산재는 제단이 만들어지는 곳을 상징화하기 위해 야외에 영산회상도를 내다 거는 것으로 시작한다. 신앙의 대상을 절 밖에서 모셔오는 행렬의식을 하는데, 이때 부처의 공덕을 찬양하기 위해 해금, 북, 장구, 거문고 등의 각종 악기가 연주되고, 바라춤 · 나비춤 · 법고춤 등을 춘다. 신앙의 대상을 옮긴 후에는 여러 가지 예를 갖추어 소망을 기원하며 영혼에게 제사를 지낸다.

마지막으로 신앙의 대상을 돌려보내는 봉송의례를 하는데 제단이 세워진 곳에서 모든 대중이 열을 지어 돌면서 독경 등을 행한다. 예전에는 사흘 낮과 밤에 걸쳐 이루어졌으나 근래에는 규모가 축소되어 하루동안 이루어진다.

영산재는 전통문화의 하나로, 살아있는 사람과 죽은 사람 모두 부처님의 참진리를 깨달아 번뇌와 괴로움에서 벗어날 수 있는 경지에 이르게 하고 공연이 아닌 대중이 참여하는 장엄한 불교의식으로서 가치가 있다. 2009년 인류무형유산으로 등재되었다.

〈제주칠머리당영등굿〉

– 중요무형문화재 第71호

제주 칠머리당영등굿은 제주시 건입동의 본향당(本鄕堂)인 칠머리당에서 하는 굿이다. 건입동은 제주도의 작은 어촌으로 주민들은 물고기와 조개를 잡거나 해녀작업으로 생계를 유지하며 마을 수호신인 도원수감찰지방관(都元帥監察地方官)과 요왕해신부인(龍王海神夫人) 두 부부에게 마을의 평안과 풍요를 비는 굿을 했다.

무엇보다 바다를 통해 삶을 영위하는 제주의 어민에게 있어 '영등굿'은 특별한 의미를 지니고 있다. 영등 시기가 돌아오면 제주도의 곳곳에서는 영등굿을 행하며, 바다의 평화와 풍어를 기원한다. 이 수많은 영등굿 중에 건입동 칠머리당에서 펼쳐지는 굿이 바로 국가지정 중요무형문화재 제71호로 지정된 '제주칠머리당영등굿'이다.

굿의 순서는 모든 신을 불러 굿에 참가한 집안의 행운을 비는 초감제, 본향당신인 도원수감찰지방관과 요왕해신부인을 불러 마을의 평안을 비는 본향듦, 용왕신과 영등신이 오시는 길을 닦아 맞이하고 어부와 해녀의 안전을 비는 요왕맞이, 마을전체의 액을 막는 도액막음, 해녀가 바다에서 잡은 것들의 씨를 다시 바다에 뿌리는 씨드림, 영등신을 배에 태워 본국으로 보내는 영감놀이, 처음 불러들인 모든 신들을 돌려보내는 도진으로 끝이 난다.

제주칠머리당영등굿은 영등신에 대한 제주도 특유의 해녀신앙과 민속신앙이 담겨져 있는 굿이며, 우리나라 유일의 해녀의 굿이라는 점에서 그 특이성과 학술적 가치가 있다. 2009년 인류무형유산으로 등재되었다.

〈처용무〉

– 중요무형문화재 제39호

처용무란 처용 가면을 쓰고 추는 춤을 말한다. 궁중무용 중에서 유일하게 사람 형상의 가면을 쓰고 추는 춤으로, '오방처용무'라고도 한다. 통일신라 헌강왕(재위 875~886) 때 살던 처용이 아내를 범하려던 역신(疫神 : 전염병을 옮기는 신) 앞에서 자신이 지은 노래를 부르며 춤을 춰서 귀신을 물리쳤다는 설화를 바탕으로 하고 있다.

처용무는 5명이 동서남북과 중앙의 5방향을 상징하는 옷을 입고 추는데 동은 파란색, 서는 흰색, 남은 붉은색, 북은 검은색, 중앙은 노란색이다. 춤의 내용은 음양오행설의 기본정신을 기초로 하여 악운을 쫓는 의미가 담겨 있다. 춤사위는 화려하고 현란하며, 당당하고 활기찬 움직임 속에서 씩씩하고 호탕한 모습을 엿볼 수 있고, 가면과도 조화를 이루고 있다.

처용탈은 팥죽색 붉은피부에 빨간 피부와 하얀치아, 양쪽 귀에는 주석고리와 납구슬을 달았으며 예전 관복에 사용하던 모자인 사모를 쓰고 사모위에는 목단화 2송이와 복숭아열매 7개와 가지를 꽂는다. 처용탈의 팥죽색이나 복숭아열매등은 악귀를 물리치는 벽사의 의미를 담고 있으며, 모란꽃은 재물을 불러온다는 부귀화로서 경사로운 일을 맞이하는 진경의 의미를 담고 있다.

처용무는 가면과 의상 · 음악 · 춤이 어우러진 수준높은 무용예술로, 우리 조상들의 덕망있는 모습을 바탕으로 하며, 춤사위나 반주음악 또는 노래에 많은 변화를 겪으면서도 꿋꿋하게 그 맥을 유지하고 있다. 2009년 인류무형유산으로 등재되었다.

〈가곡〉

– 중요무형문화재 제30호

가곡은 시조시(우리나라 고유의 정형시)에 곡을 붙여서 관현악 반주에 맞추어 부르는 우리나라 전통음악으로, '삭대엽(數大葉)' 또는 '노래' 라고도 한다. 가곡의 원형은 만대엽, 중대엽, 삭대엽 순이나 느린 곡인 만대엽은 조선 영조(재위 1724~1776) 이전에 없어졌고, 중간 빠르기의 중대엽도 조선 말에는 부르지 않았던 것으로 알려져 있다. 지금의 가곡은 조선 후기부터 나타난 빠른 곡인 삭대엽에서 파생한 것으로, 가락적으로 관계가 있는 여러 곡들이 5장형식의 노래모음을 이룬 것이다.

현재 전승되고 있는 가곡은 우조, 계면조를 포함하여 남창 26곡, 여창 15곡 등 모두 41곡이지만, 이 가운데 여창은 남창가곡을 여자가 부를 수 있도록 조금 변형시킨 것으로 남창과 거의 동일하다. 다만 여창 특유의 섬세함이 돋보이는 선율과 높은 음역의 속소리(가성)를 내는 점이 다르다. 형식을 보면 시조시 한 편을 5장으로 구분하여 부르는데 전주곡인 대여음과 간주곡인 중여음을 넣어서 대여음, 1장, 2장, 3장, 중여음, 4장, 5장 순으로 반복한다. 매우 조직적이며 짜임새가 잘 되어 있는 연주는 거문고와 가야금, 해금, 대금, 단소, 장구 등으로 이루어진다.

가곡은 변화 없이 오랜 세월 명맥을 유지해 왔으며, 다른 음악들이 대중적인데 비하여 전문가들에 의해 전승되어온 예술적 가치가 높은 음악이다. 2010년 인류무형유산으로 등재되었다.

〈대목장〉

– 중요무형문화재 제74호

대한민국에서는 나무를 다루는 사람을 전통적으로 목장, 목공, 목수라 불렀다. 기록상으로 보면 목장은 삼국시대부터 있었다. 이 목장 가운데 궁궐이나 사찰 또는 가옥을 짓고 건축과 관계된 일을 대목(大木)이라 불렀고, 그 일을 하는 장인을 대목장(大木匠)이라 불렀다. 설계, 시공, 감리 등 나무를 재료로 하여 집을 짓는 전 과정의 책임을 지는 장인으로서, 오늘날 건축가를 일컫는 전통적 명칭이 대목장이다.

대한민국의 전통적 건축기법은 예로부터 목수들에 의해 전해 내려왔다. 그 중에서 목수의 우두머리인 대목장의 역할은 많은 장인들을 지휘 통솔하는 능력뿐 아니라, 건축과 관련된 모든 기술과 기법을 충분히 갖춘 이들만이 수행할 수 있는 것이다. 집을 짓기 위한 목재의 구입에서 건물의 배치, 건물의 용도에 따른 설계 과정을 거쳐, 목재의 치목과 모든 부재를 조립하여 건물의 뼈대를 완성하게 된다. 벽을 만들고 지붕을 올리고 기와, 단청에 이르는 여러 단계의 후반 작업 역시 거쳐야 한다. 또한 각 과정에서 사용되는 다양한 기법들, 이음과 맞춤, 그리고 사용되는 도구들을 종합적으로 이해하고 그 기술을 습득해야 한다. 따라서 대목장 기능의 습득은 짧은 시간에 이루어질 수 없다. 수십 년에 걸친 현장 경험과 스승으로부터의 가르침을 통하여 전통적인 대목장 기능이 갖추어지게 된다.

정부에서는 이러한 대목장의 전통을 보호하고 지속적으로 이어지지 위해 그 기능과 지식을 중요무형문화재로 지정하고 있다. 2010년 인류무형유산으로 등재되었다.

〈매사냥〉

매사냥은 매를 훈련하여 야생 상태에 있는 먹이를 잡는 방식으로 4000년 이상 지속되고 있다. 아시아에서 발원하여 무역과 문화교류를 통해 다른 지역으로 확산된 것으로 생각된다. 과거에 매사냥은 식량 확보 수단으로 사용되었으나, 현재는 자연과의 융화를 추구하는 야외활동을 자리매김 했으며 60개 이상 국가에서 전승되고 있다.

매는 한로(寒露) 동지(冬至) 사이에 잡아서 길들인 후 겨울 동안 사냥에 나간다. 겨울이 되면 야산에 매 그물을 쳐서 매를 잡는데, 처음 잡은 매는 야성이 강하여 매섭게 날뛰기 때문에 숙달된 봉받이가 길들이기를 한다. 매를 길들이기 위해서 방안에 가두어 키우는데, 이를 '매방' 이라고 한다. 매를 길들이는 매 주인은 매방에서 매와 함께 지내며 매와 친근해지도록 한다. 매사냥은 개인이 아니라 팀을 이루어서 하며, 꿩을 몰아주는 몰이꾼(털이꾼), 매를 다루는 봉받이, 매가 날아가는 방향을 봐주는 배꾼으로 구성되고 있다. '시치미 떼다' 라는 속담도 매사냥에서 나왔는데, 매 주인이 자신의 매임을 표시하기 위해 붙이는 이름표(소뿔을 갈아 길이 5㎝ 정도의 조각에 이름을 새김)를 '시치미' 라고 한다.

매사냥은 2010년 11개국이 참여하여 공동등재 되었고, 2012년 2개국이 추가된 13개국이 참여하여 확대 공동등재 되었다. 2010년 공동등재에는, 한국, 아랍에미리트(UAE), 벨기에, 체코, 프랑스, 모로코, 카타르, 시리아, 사우디아라비아, 스페인, 몽골 등 11개국이 참여했고, 2012년에는 기존 11개국에 헝가리와 오스트리아가 추가로 참여하였다.

〈줄타기〉

– 중요무형문화재 제58호

줄타기는 공중에 맨 줄 위에서 재미있는 이야기와 발림을 섞어가며 갖가지 재주를 부리는 놀이이다. 줄 위를 마치 얼음지치듯 미끌어지며 나가는 재주라고 하여 '어름' 또는 '줄얼음타기'라고도 부른다. 이전에는 주로 음력 4월 15일이나 단오날, 추석 등 명절날에 공연이 이루어졌으며, 개인이 초청하여 공연하는 경우도 있었다.

줄타기 공연자들은 줄광대, 어릿광대, 삼현육각재비로 나누어진다. 줄광대는 주로 줄 위에서 갖가지 재주를 보여주고 어릿광대는 땅 위에 서서 줄광대와 어울려 재담을 한다. 삼현육각재비는 줄 밑 한편에 한 줄로 앉아서 장구, 피리, 해금 등으로 광대들의 동작에 맞추어 연주한다.

줄타기는 행사의 안전을 비는 '줄고사'로 시작하여 여러 기술을 보여주어 관중의 극적인 긴장을 유도한 이후에 '중놀이'와 '왈자놀이'를 통해 관중의 극적 긴장을 이완시키고 흥미를 유발토록 한다. 그리고 다시 여러 기예를 통해 관중의 극적 긴장을 유도했다가 살판을 통해 긴장을 해소한 후 마무리한다. 이러한 공연 내용을 바탕으로 상황에 따라 다소 변화를 주고 있다. 줄타기의 기교는 공연자에 따라 다르지만 대략 30여 가지가 있다. 줄타기를 할 때에 파계승과 타락한 양반을 풍자한 이야기로 익살을 떨거나, 바보짓이나 꼽추짓, 여자의 화장하는 모습 등을 흉내 내어 구경꾼들을 즐겁게 하는 것 등이 그러한 예이다.

우리나라의 줄타기는 외국의 줄타기와 달리 줄만 타는 몸 기술에 머무르지 않고, 노래와 재담을 곁들여 줄 타는 사람과 구경꾼이 함께 어우러진 놀이판을 이끄는 특징이 있다. 현재 국가에서 중요무형문화재 제58호로 지정하여 보호하고 있으며 김대균이 보유자로 전승하고 있다. 그를 중심으로 1991년에 줄타기 보존회가 구성되어 활동하고 있다. 2011년 인류무형유산으로 등재되었다.

〈택견〉

– 중요무형문화재 제76호

택견은 우리나라 전통무술의 하나로, 유연한 동작으로 손과 발을 순간적으로 우쭉거려 생기는 탄력으로 상대방을 제압하고 자기 몸을 방어하는 무술이다. 고구려 고분벽화에 택견을 하는 모습이 그려져 있어 삼국시대부터 이미 택견이 행해졌음을 알 수 있다. 고려시대에는 무인들 사이에서 성행하는 무예로 발전되었다. 조선시대에는 대중화한 무술로 되어 무인 뿐만 아니라 일반인들도 널리 행하게 되었다.

택견의 수련은 ① 혼자익히기 : 기본자세, 서서익히기(품밟기, 활개짓, 발질과 손질), 나가며 익히기(활개짓, 손질, 발질), ② 마주메기기, ③ 견주기(대걸이, 겨눔수)로 나눌 수 있다.

택견의 특징은 첫째, 손발과 몸 동작이 근육의 움직임과 일치하고, 유연하며 자연스럽게 주고받을 수 있는 무술이다. 둘째, 택견은 음악적이며 무용적인 리듬을 갖고 있어 예술성 짙은 무예이다. 셋째, 공격보다는 수비에 치중하고 발을 많이 움직인다.

택견은 언제나 우리 산하의 모습처럼 부드럽게 춤을 추듯 굼실대다 순간 몸을 놀려 탄력 있게 공방을 이루어 낸다. 처마 끝 풍경을 울리고 달아나는 바람처럼 여유 있게 우쭐대며 가볍게 상대를 제압한다. 또한 공방의 어느 한 가지에만 치우치지 않고, 단순한 자세로 멈추어 있지도 않는다. 이 무술은 경쟁자를 쓰러뜨리는 무술이 아닌 사람을 살리는 무술이며 정신 수양을 강조한다는 점에서 격투기와는 다르다.

국가에서는 1983년에 '중요무형문화재 제76호'로 지정하여 보호하고 있고, 2011년 인류무형유산으로 등재되었다.

〈한산모시짜기〉

– 중요무형문화재 제14호

모시는 모시풀 껍질을 벗긴 것을 재료로 하여 만든다. 저포(紵布), 저마포

(紵痲布)라고도 부르는데, 그 역사는 매우 오래되었다. 실의 재료를 일 년에 보통 세 번 정도 수확하는데, 수확 시기는 5월~6월초, 8월초~8월 하순, 10월초~10월 하순이며 두 번째 수확한 모시의 품질이 가장 좋다.

한산모시는 충청남도 서천군 한산 지역에서 만드는 모시로 다른 지역에 비해서 품질이 우수하며 섬세하고 단아하여 모시의 대명사로 불리어 왔다. 한산 지역에서 모시짜기가 성행한 이유는 이 지역이 모시풀의 생장조건에 적합하기 때문이다.

제작과정은 크게 재배와 수확, 태모시 만들기, 모시째기, 모시삼기, 모시굿 만들기, 모시날기, 모시매기, 모시짜기, 모시표백 순으로 이루어진다. 좀 더 구체적으로는 설명하면 모시를 재배하여 수확한 모시를 훑고 겉껍질을 벗겨 태모시를 만든 다음, 하루쯤 물에 담가 말린 후 이를 다시 물에 적셔 실의 올을 하나하나 쪼갠다. 이것을 모시째기라고 한다. 쪼갠 모시올을 이어 실을 만드는데, 이 과정을 모시삼기라 한다.

모시삼기의 과정 중에 중요한 점은 실의 균일도인데, 한산의 모시는 균일도가 일정하다. 이렇게 만들어진 실을 체에 일정한 크기로 담아 노끈으로 열십(十)자로 묶어 모시굿을 만든다. 모시날기는 실의 굵기에 의해 한 폭에 몇 올이 들어갈지를 결정하는 것이다. 모시매기인 풀먹이기 과정을 거친 후 베틀을 이용해 모시를 짜며 마지막으로 모시표백은 물에 적셔 햇빛에 여러 번 말려야 비로소 흰 모시가 된다. 이처럼 직물이 되기까지 많은 과정을 거쳐야 하며, 완성될 때까지 무한한 인내심을 필요로 한다.

모시짜기는 통풍이 되지 않는 움집에서 짜는데, 이는 습도가 적으면 끊어지기 쉬운 모시의 속성 때문이다. 모시는 통상적으로 7새에서 15새까지 제작되는데 보통 10새 이상을 세모시(가는 모시)라고 하며 그 숫자가 높을수록 고급품으로 여긴다. 1새는 30cm 포폭에 80올의 날실로 짠는 것을 말한다.

한산모시는 우리나라의 미를 상징하는 여름 전통옷감의 대표적인 것으로 역사적 가치가 높아 제작기술을 보호하고자 1967년에 중요무형문화재로 지정하였고, 2011년 인류무형유산으로 등재되었다.

〈아리랑〉

아리랑은 한국의 대표적인 민요로 '아리랑', 또는 그와 유사한 발음의 어휘가 들어 있는 후렴을 규칙적으로, 또는 간헐적으로 띄엄띄엄 부르는 한 무리의 노래를 말한다. 아리랑은 한국을 비롯하여 한반도와 해외 한민족 사회에서 널리 애창되는 대표적인 노래이며, 가사가 정해져 있지 않고 주제 또한 개방되어 있어 누구든지 자유롭게 노래할 수 있다는 특징을 가지고 있다.

일찍이 한반도의 중앙부에 위치한 태백산맥을 중심으로 발생된 아리랑은 한반도의 중동부에 위치한 강원도 정선지역을 중심으로 점차 확산되어 1억 한민족의 민요가 되었다. 강원도를 위시하여, 한반도의 남서쪽인 전라남도의 진도, 남동쪽인 경상남도의 밀양 등지에서 전승보존단체가 결성되어 왕성히 활동하고 있다.

아리랑은 20세기 초 일제강점기에 두루 확산되어 국내는 물론이거니와 나라와 고향을 떠나간 많은 이들의 가슴 속 노래가 되어 국외로까지 확산되어 갔다. 그리고 현대에 와서 외국 이민을 한 브라질, 독일, 미국, 캐나다, 호주, 뉴질랜드 등 100만여 한국인이 거주하고 있는 곳에서도 아리랑은 하나의 디아스포라 문화로 작용하고 있다.

아리랑은 지역과 세대를 초월해 광범위하게 전승되고 재창조 되고 있다는 점과 '아리랑 아리랑 아라리요' 라는 후렴구만 들어가면 누구나 쉽게 만들어 부를 수 있다는 다양성의 가치를 인정받아 2012년 인류무형유산에 등재되었다.

〈김장문화〉

김장은 길고 혹독한 겨울을 나야 하는 한국인들에게 반드시 필요한 월동준비이다. 늦가을 김장철이 되면 가족이나 친족, 특히 여성을 중심으로 다함께 모여 김장을 하고 김장김치를 형편이 어려운 사람들에게 나누어줌으로써 겨울동안 먹을 김치를 충분히 확보할 수 있도록 해준다. 이처럼 김장은 사회적 나눔, 구성원 간 협력 증진, 김장문화 전승 등의 다양한 목적을 갖고 있고 특히 지역의 차이, 사회 · 경제적 차이를 넘어 대한민국 국민 전체를 포괄한다는 큰 특징을 가지고 있다.

한반도 전역에서 행해지는 김장의 기원은 알 수 없으나, 문헌상으로는 고려시대의 이규보(1168~1241)가 쓴 시에 '무를 장에 담그거나, 소금에 절인다'는 내용으로 김장에 언급되었고, 지금과 같이 김치를 초겨울에 김장한 기록은 19세기 문헌에서 본격적으로 등장한다.

오랜 시간에 걸쳐 한국 사람들은 주변의 자연환경에 가장 잘 맞는 김장 방식을 창조적으로 발전시켜왔으며 김장의 구체적인 방식과 재료는 여러 대에 걸쳐 전승되고 특히 시어머니와 며느리 사이에서 이루어진다. 김장은 계절별로 해야 할 일이 있는, 1년이 걸리는 과정이다. 봄에는 각 가정에서 새우젓, 멸치젓 등 다양한 해산물 젓갈을 준비한다. 여름에는 천일염을 구비해 놓고, 늦여름에는 고추를 말려 고춧가루를 빻아 놓는다. 늦은 가을과 초겨울 김장철이 되면 지역 공동체는 다함께 모여 해당 지역의 모든 가구가 길고 추운 겨울동안 먹을 김치를 충분히 확보할 수 있도록 해준다.

이처럼 김장은 지역과 세대를 초월해 광범위하게 전승되고 한국인들이 이웃과 나눔의 정을 실천하며, 결속을 촉진하고 한국인들에게 정체성과 소속감을 준다는 점과 비슷한 천연재료를 창의적으로 이용하는 식습관을 가진 국내외 다양한 공동체들 간의 대화를 촉진함으로써 무형유산의 가시성을 제고하는데 기여했다는 점을 인정받아 2013년 인류무형유산에 등재되었다.

4. 한국의 세계기록유산

선조들이 과거에 있었던 일들을 문서 등으로 남긴 것이 바로 기록유산이다. 기록유산의 종류로는 서적(책)이나 문서, 편지등 여러 종류가 있다. 이렇듯 문서로 전해지는 과거의 기록은 역사적 사실을 알려준다.

특히 그것이 그 일이 일어난 그 시대에 기록된 것일 경우 우리에게 더욱 생생한 역사적 사실을 알려준다. 유네스코에서는 고문서 등 전 세계의 귀중한 기록물을 보존하고 활용하기 위해 1997년부터 2년마다 국제자문 위원회에서 세계적 가치가 있는 귀중한 기록유산을 심의하고 추천하여 사무총장이 세계기록유산으로 선정하고 있다.

〈훈민정음〉

– 국보 제70호

훈민정음이란 백성을 가르치는 올바른 소리란 뜻이다. 조선 제4대 임금인 세종은 그때까지 사용되던 한자가 우리말과 구조가 다른 중국어의 표기를 위한 문자체계이기 때문에 많은 백성들이 배워 사용할 수 없는 사실을 안타까워하여 세종 25년(1443)에 우리말의 표기에 적합한 문자체계를 완성하고 "훈민정음"이라 명명하였다.

세종 28년(1446)에 정인지 등이 세종의 명을 받아 설명한 한문해설서를 전권 33장 1책으로 발간하였는데 책의 이름을 훈민정음이라고 하였다. 해례가 붙어 있어서 훈민정음 해례본 또는 훈민정음 원본이라고도 한다. 현존본은 1940년경 경북 안동 어느 고가에서 발견된 것으로서 국내에서 유일한 귀중본이다.

세계의 많은 민족들이 자기의 언어를 표기하기 위하여 문자를 만들려고 노력하였으나, 한글과 같이 일정한 시기에 특정한 사람이 이미 존재한 문자에서 직접으로 영향받지 않고 독창적으로 새 문자를 만들고 한 국가의 공용문자로 사용하게 한 일은 세계적으로 유례가 없는 일이다. 더욱이 새 문자에 대한 해설을 책으로 출판한 일은 유례가 없었던 역사적인 일이었다. 특히, 이 책에서 문자를 만든 원리와 문자사용에 대한 설명에 나타나는 이론의 정연함과 엄정함에 대해서는 세계의 언어학자들이 매우 높게 평가하고 있다.

훈민정음은 국보 제70호로 지정되어 있으며 1997년 세계기록유산으로 등재되었다.

〈조선왕조실록〉

- 국보 제151호

조선왕조실록은 조선왕조의 시조인 태조로부터 철종까지 25대 472년간(1392~1863)의 역사를 연월일 순서에 따라 편년체로 기록한 책으로 총 1,893권 888책으로 되어 있는 오래되고 방대한 양의 역사서이다. 조선왕조실록은 조선시대의 정치, 외교, 군사, 제도, 법률, 경제, 산업, 교통, 통신, 사회, 풍속, 미술, 공예, 종교 등 각 방면의 역사적 사실을 망라하고 있어 세계적으로 그 유례가 없는 귀중한 역사 기록물이다. 또한 조선왕조실록은 그 역사기술에 있어 매우 진실성과 신빙성이 높은 역사기록이라는 점에서 의의가 크다.

실록편찬시 이용되는 자료는 정부 기관에서의 보고 문서 등을 정리해 둔 춘추관시정기, 전왕 재위시의 사관들이 작성해 둔 사초(史草), 승정원일기, 의정부등록, 일성록 등 정부 주요기관의 기록과 개인의 문집 등이었다.

조선왕조실록은 정족산본 1,181책, 태백산본 848책, 오대산본 27책, 기타 산엽본 21책을 포함해서 총 2,077책이 일괄적으로 국보 제 151호로 지정되어 있으며, 1997년 세계기록유산으로 등재되었다.

〈직지심체요절〉

- 보물 제1132호

'백운화상초록불조직지심체요절' (이하 불조직지심체요절이라 함)은 백운화상이 75세였던 고려 공민왕 21년(1372)에 노안을 무릅쓰고 선도(禪徒)들에게 선도(禪道)와 선관(禪觀)의 안목을 자각(自覺)케 하고자 함은 물론, 선풍(禪風)을 전등(傳燈)하여 법맥(法脈)을 계승케 하고자 저술한 것으로서, 그 제자 석찬과 달담이 비구니 묘덕의 시주를 받아 청주 흥덕사에서 1377년 7월에 금속활자로 인쇄하였다.

'불조직지심체요절' 이 해외로 유출된 경위는 조선시대 고종때 주한 불란서대리공사로 서울에서 근무한바 있는 꼴랭 드 쁠랑시(Collin de Plancy)가 수집해간 장서에 포함되어 있던 것이 그후 골동품수집가였던 앙리베베르

(Henry Vever)에게 넘어갔으며 그가 1950년에 사망하자 유언에 따라 프랑스국립도서관으로 이관되어 오늘에 이르고 있다. 이 책은 상 · 하 2권으로 되어 있으나, 현재 하권만이 유일하게 프랑스에 소장되어 있다. 하권은 39장으로 이루어져 있는데, 첫째장은 없고 2장부터 39장까지 총 38장만이 보존되고 있다.

흥덕사(興德寺)의 창건년대와 규모는 알수 없으나, '불조직지심체요절' 하권 간기에 고려 우왕 3년(1377)에 청주 흥덕사에서 금속활자로 책을 인쇄하였음을 명기(宣光七年丁巳七月 日 淸州牧外興德寺鑄字印施)하고 있는데, 이것은 독일의 구텐베르그보다 70여년이나 앞선 것으로 1972년 유네스코가 지정한 "세계 도서의 해"에 출품되어 세계 최고(最古)의 금속활자본으로 공인된 것이다.

이 책은 금속활자를 이용하여 인쇄하였는데, 인쇄술을 보다 편리하고 경제적이며 교정을 쉽게 하여 주었고 이 모든 것은 책의 신속한 생산에 공헌하였다. 또한 활자 인쇄술에 적합한 먹, 즉 기름먹을 발명하는 계기가 되었으며, 한국이 혁신한 실용적인 활판 인쇄술은 동양 인쇄사에 지대한 영향을 끼쳤고, 유럽등지로 전파된 것으로 보인다. 2001년 세계기록유산으로 등재되었다.

〈승정원일기〉

– 국보 제303호

'승정원' 은 조선 정종대에 창설된 기관으로서 국가의 모든 기밀을 취급하던 국왕의 비서실이라 할 수 있는 곳으로, 1623년(인조1) 3월부터 1894년(고종31) 6월까지 272년간 승정원에서 처리한 국정 기록과 승선원, 궁내부, 비서감, 규장각으로 명칭이 바뀌면서 1910년(융희 4)까지 총 3,243책의 기록이 남아 있다.

그 사료적 가치는 중국의 《중국 25사》(3,386책, 약 4,000만자) 및 우리나라 《조선왕조실록》(888책, 5,400만자)보다 더 방대한 세계 최대의 연대 기록물(총 3,243책, 글자수 2억4천250만자)이며, 《조선왕조실록》이 국왕 사후 사관들에 의해 편집된 2차 자료라면 《승정원 일기》는 당시의 정치 · 경제 · 국방 · 사회 · 문화등에 대한 생생한 역사를 그대로 기록한 조선시대 1차 사료인 것이다. 고종 31년 갑오경장 이후의 일기 내용은 일제에 의한 내정 간섭기 궁중기록이므로 조선왕(황제)의 결제를 요하는 사건과 기타 궁중의 비화를 기록한 것으로 근대사 연구의 1차 기본 사료가 된다.

'승정원일기' 는 조선왕조 최대의 기밀 기록인 동시에 사료적 가치에 있어서 조선왕조실록, 일성록, 비변사등록과 같이 우리의 역사와 문화를 세계에 자랑할 만한 자료이며, 또한 세계기록유산으로 등재된 《조선왕조실록》을 편찬할 때 기본 자료로 이용하였기 때문에 실록보다 오히려 가치있는 자료로 평가되고 있음은 물론, 원본 1부밖에 없는 귀중한 자료로 국보 제303호로 지정되어 있다. 세계 최대 및 1차 사료로서의 가치를 인정받아 2001년 세계기록유산으로 등재되었다.

〈조선왕조의궤〉

– 서울대 규장각 한국학 연구원에 소장된 546종 2,940책의 각종 의궤

– 한국학 중앙연구원 장서각(藏書閣)에 소장된 287종 490책의 각종 의궤

의궤는 조선왕조에서 유교적 원리에 입각한 국가 의례를 중심으로 국가의 중요 행사를 행사 진행 시점에서 당시 사용된 문서를 정해진 격식에 의해 정리하여 작성한 기록물이다. 같은 유교문화권에 속하는 중국, 일본, 베트남 등에서는 의궤의 체계적인 편찬이 아직 확인되지 않고 있다.

의궤는 조선시대 600여년에 걸쳐 (1392-1910) 왕실의 주요 행사, 즉 결혼식, 장례식, 연회, 사신영접 등 뿐 아니라, 건축물 · 왕릉의 조성과 왕실문화활동 등에 대한 기록이 그림으로 남아져 있어 600여년의 생활상을 시각적으로 이해할 수 있는 귀중한 자료로 희소성을 가지고 있다.

한 마디로 의궤는 장기간에 걸쳐 조선왕조의 주요 의식을 방대한 양의 그림과 글로 체계적으로 담고 있으며 이러한 유형은 동서양 전 세계적으로 유례를 찾아볼 수 없다는 점에서 매우 뛰어난 기록유산의 가치(outstanding value of documentary heritage)를 지니고 있다. 2007년 세계기록유산으로 등재되었다.

〈해인사 고려대장경판과 제경판〉

- 고려대장경판 81,258판(국보 제32호)
- 그외 1098년부터 1958년까지 불교 경전과 불교 역사, 불교 계율, 불교 연구논문, 고승의 문집, 계율판, 불교 판화 등 5,987판

고려대장경판(팔만대장경)의 제작은 한국이 13세기에 일구어낸 위대한 문화적 업적으로 학계에서 받아들여지고 있다. 고려대장경판은 81,258 목판에 새긴 대장경판으로 아시아 전역에서는 유일하게 완벽한 형태로 현존하는 판본자료다. 고려대장경판은 현재 세계에서 가장 오래되고 가장 정확하고 가장 완벽한 불교 대장경판으로 산스크리트어에서 한역된 불교대장경의 원본과 같은 역할을 하고 있다.

해인사에 소장되고 있는 고려대장경판과 제경판 87,000여장의 목판은 1098년부터 1958년까지의 오래 시간에 걸쳐 완성된 경판들로써 국가제작판과 사찰제작판으로 나뉜다. 국가제작판은 고려대장경으로 81,258판 5,200여 만자에 달하고, 사찰제작판은 5,987판이다.

고려대장경판은 이미 사라진 초기 목판제작술의 귀중한 자료로 평가받고 있는 한편, 고려시대의 정치, 문화, 사상의 흐름과 면모를 엿볼 수 있는 역사 기록물이기도 하다. 경판 표면에는 옻칠을 하여 글자의 새김이 760년이 지나도록 생생한 상태로 남아 현재까지 인쇄할 수 있을 정도이다.

2007년 세계기록유산으로 등재되었다.

〈동의보감〉

- 초판 완질 동의보감(25권 25책)
- 보물 제1085호(국립중앙도서관 소장), 보물 제1085-2호(한국학중앙연구원 소장)

『동의보감』은 선조 30년(1597) 임금의 병과 건강을 돌보는 어의 허준(1539~1615) 선생이 선조의 명을 받아 중국과 우리나라의 의학 서적을 하나로 모아 편집에 착수하여 광해군 3년(1611)에 완성하고 광해군 5년(1613)에 간행한 의학 서적이다. 이는 총 25권 25책으로 나무활자로 발행하였다.

허준은 선조 7년(1574) 의과에 급제하여 이듬해 내의원의 의관이 되었다. 1592년 임진왜란이 일어나자 왕을 모시고 의주까지 피난을 갔으며, 그 공을 인정받아 공신으로 추대되었으나 중인신분에 과하다는 여론이 일자 취소되었다. 『동의보감』은 그가 관직에서 물러난 뒤 16년간의 연구 끝에 완성한 한의학의 백과사전격인 책이며, 허준 선생은 이외에도 중국의 의학서적을 번역하는 데에도 많은 업적을 남겼다.

『동의보감』은 모두 23편으로 내과학인 『내경편』, 『외형편』 4편, 유행병 · 곽란 · 부인병 · 소아병 관계의 『자편』11편, 『탕액편』3편, 『침구편』1편과 이외에 목록 2편으로 되어 있고, 각 병마다 처방을 풀이한 체계가 정연한 서적이다. 우리 실정에 맞는 의서라 하여 『동의보감』이라 이름 하였으며, 훈련도감자본으로 발행되었다. 이 책은 중국과 일본에도 소개되었고, 현재까지 우리나라 최고의 한방의서로 인정받고 있다. 2009년 세계기록유산으로 등재되었다.

〈일성록〉

- 국보 제153호

일성록은 1760년(영조 36)에서 1910년(융희 4)까지 151년 동안의 국정 운영 내용을 매일매일 일기체로 정리한 국왕의 일기이다. 임금의 입장에서 펴낸 일기의 형식을 갖추고 있으나 실질적으로는 정부의 공식적인 기록물이다. 필사본으로 한 질만 편찬된 유일본이며 총 2,329책으로 구성되어 있고 모두 전하고 있으나 21개월분이 빠져있다.

'일성록'은 국정의 주요 현안들을 강(綱: 표제)과 목(目: 세부 사실)으로 나누어 기록하여 국정 운영에 참고할 내용들을 일목요연하게 찾을 수 있는 체재로 편찬되었다. 이러한 과정을 거치면서 '일성록'은 정조의 개인 일기에서 공식적인 국정 일기로 전환하게 되었다. 책의 제목은 증자의 말을 인용하여 '일성록(日省錄)'으로 했다.

'일성록'은 18~20세기 동·서양의 정치·문화적 교류의 구체적 실상과 세계사의 보편적 흐름을 담고 있다는 점에서 조선이라는 한 나라의 역사 기록물을 넘어서는 세계사적 중요성과 가치를 가지고 있다는 점을 인정받아 2011년 세계기록유산으로 등재되었다.

〈5.18민주화운동기록물〉

5.18민주화운동 관련 기록물은 1980년 5월 18일부터 27일까지 대한민국 광주를 중심으로 전개된 민주화를 요구하는 시민들의 일련의 활동과 이후에 이 사건의 책임자처벌, 피해자 보상과 관련하여 기록되고 생산된 문건, 사진, 영상 등의 자료를 총칭한다. 주요 소장처는 국가기록원, 육군본부, 국회도서관, 5.18기념재단 등이 있다.

5.18민주화운동은 한국의 민주화에 큰 전기가 되었을 뿐 아니라, 1980년대 이후 동아시아 국가들의 냉전 체제를 해체하고 민주화를 이루는데 적지 않은 영향을 끼친 것으로 여겨져 왔고, 그런 세계사적 중요성을 인정받아 2011년 세계기록유산으로 등재 되었다.

〈난중일기〉

– 국보 제76호

'난중일기'는 이순신(1545~1598)이 임진왜란(1592~1598) 기간 중 군중(軍中)에서 직접 쓴 친필 일기이다. 모두 8권의 책으로 구성되어 있으며, 임진왜란 발발(1592년 1월) 이후부터 이순신이 1598년 11월, 노량해전에서 전사하기 직전까지 7년의 기간을 망라하여 기록하고 있다.

일기의 역사적 배경이었던 임진왜란은 외형적으로는 조선과 일본 사이에 치러진 전쟁이었지만 일본의 동아시아 세력확보를 위해 일으킨 전쟁이었다는 세계사적인 의미가 내포되어 있다. 특히 일본과 명(중국)은 모두 서양에서 전래된 각종 총포 등의 무기를 대량생산하여 이 전쟁에서 사용하였으며, 조선은 세계최초로 알려진 장갑선을 개발하여 전장에 투입하였다. 또한 동남아시아 여러 국가와 유럽의 용병이 참전한 사례도 발견되고 있다.

'난중일기'는 개인의 일기 형식의 기록이지만, 전쟁 기간 중 해군의 최고 지휘관이 직접 매일 매일의 전투 상황과 개인적 소회를 현장감 있게 다루었다는 점에서 역사적으로나 세계사적으로 유례를 찾을 수 없는 기록물이다. 또한 전투상황에 대한 상세한 기록뿐 아니라 당시의 기후나 지형, 일반 서민들의 삶에 대한 기록도 전하고 있어 과거의 자연지형 및 환경, 서민의 생활상을 연구하는 중요한 자료로도 활용되고 있다. 문장이 간결하면서도 유려하며, 현재까지도 대한민국 국민이 애송하는 시(詩)도 다수 포함되어 있어 문학사적 가치도 매우 높다. 2013년 세계기록유산으로 등재되었다.

〈새마을운동기록물〉

새마을운동 기록물은 대한민국 정부와 국민들이 1970년부터 1979년까지 추진한 새마을운동 과정에서 생산된 대통령의 연설문과 결재문서, 행정부처의 새마을 사업 공문, 마을단위의 사업서류, 새마을지도자들의 성공사례 원고와 편지, 시민들의 편지, 새마을교재, 관련 사진과 영상 등 약 22,000 여건의 자료를 총칭한다.

대한민국은 일본 식민지배와 한국전쟁에도 불구하고 괄목할 만한 경제성장과 민주화를 동시에 이룬 세계 유일의 국가로, 아프리카 등 많은 개발도상국들이 한국식 발전 모델을 학습하고 있다. UN에서도 인정한 농촌개발과 빈곤퇴치의 모범 사례인 '새마을 운동'에 관한 역사적 기록물이다.

새마을운동기록물은 2013년 세계기록유산으로 등재되었다.

5. 세계문화유산의 의의

세계문화유산으로의 등재 의의는 첫째는 우리의 자란스러운 문화재가 세계문화유산에 등재 됨으로서 한국인으로서의 문화적 긍지를 가질수 있게 되었고, 또한 세계인들에게 우리 문화유산의 가치를 널리 알릴 수 있게된 점이다. 이에 따라 국내 · 외로부터의 관광객이 크게 증가되며 이에 따라 고용 기회와 수입이 늘어날 뿐만 아니라, 정부의 추가적인 관심과 지원으로 지역의 계획과 관리를 향상시킬 수도 있고, 또한 지역 및 국가의 자부심을 고취시키며 보호를 위한 책임감을 형성하게 된 것이다.

둘째는 국제협력 및 지원 측면으로 세계유산으로 지정되면 세계유산기금(World Heritage Fund)으로 부터 기술적, 재정적 원조를 받을 수 있다.

셋째는 등재된 유산의 보전, 관리면에서 협약국이 세계유산 지역의 보존상태를 모니터하고 그에 따른 조치를 취하기 위하여 보고하며 세계유산센터나 다른 기구들이 위험에 처한 유산의 상태에 관하여 보고하게 됨에 따라 보다 체계적으로 관리될 수 있다.

넷째는 등재에 효과로 국제적 보존 · 보호를 받을 수 있는 법적기구로 발전 가능하고, 보존관리에 대한 유네스코의 보조금 및 기술적 지원을 받을 수 있으며, 홍보와 인식 제고를 위한 세계기록유산 로고 사용 및 유네스코를 통한 지속적 홍보 가능하다. 또한 CD-ROM, 디지털 테이프와 오디오 CD 같은 디지털기술을 활용하여 세계기록유산을 가능한 많은 대중에게 제공할 수 있는 측면도 있다.

〈참고문헌〉

한국의 세계유산, 국립제주박물관, 서경, 2007.
한국의 세계문화유산, 학고재, 1998.
한국의 세계문화유산(V.T:1), 가야프로덕션, 1996.
세계문화유산(유네스코) 한국국보 보물 미술품 문화재보존연감, 출판사 코리아데이타뱅크, 2007.
http://www.cha.go.kr/korea/heritage/world_heritage/culture_treasure.jsp mc=KS_01_03_01

제4장 과학기술의 발달과 문화

제4장 과학기술의 발달과 문화

한성주

1. 고대 과학기술의 탄생과 발달

1) 선사시대의 과학기술

역사를 흔히 문자로 된 기록의 유무에 따라 선사시대와 역사시대로 구분한다. 그러나 한국의 선사시대는 문자로 된 기록만 없을 뿐 많은 유적과 유물로 선사시대 사람들의 삶이나 생활양식 등을 살펴볼 수 있다. 구석기인들이 불을 발견하고 나무나 돌과 같은 도구를 사용하게 된 것은 오랜 경험을 통한 과학적 지식의 습득 결과이다. 그리고 신석기시대가 되면 도구는 비약적으로 발전하는데, 바로 간석기가 그것이다.

돌을 갈아 원하는 모양으로 만들어 사용하면서 여러 가지 모양의 석기제작 기술이 발전한 것이다. 이를 통해 농경 및 사냥 도구, 전쟁무기 등이 발전하게 되었다. 그리고 '신석기혁명'이라 불리는 농업의 시작을 통해 인류 사회가 비약적으로 발전하게 되었다. 한편 빗살무늬토기로 대표되는 토기제작 기술이 나타나면서 인류는 단순히 먹을 것을 익혀먹는 것에서 음식을 만들어 먹는 '조리 문화'를 가지게 되었다. 이들 역시 오랜 경험을 통한 과학적 지식의 습득 및 과학적 사고의 발달로 가능하게 된 것임은 분명하다. 이러한 구·신석기시대의 문화는 대륙을 뛰어넘는 문화 전파를 통해 이루어졌으나, 그것을 수용·발전시키는 것에 있어서는 한반도의 독창적인 문화와 사고 등이 영향을 미쳤다고 보여 진다.

청동기·초기철기시대가 되면 금속을 이용한 합금 및 주조기술 등의 금속 제련술이 발달하였다. 특히 한국의 청동기시대에는 중국의 청동기술에서는 찾아볼 수 없는 독특한 '한국 청동(Korea Bronze)'이라 불리는 금속제련 기술을 볼 수 있다. 일반적으로 중국의 청동기가 구리·주석·납을 주성분으로 하는 것에 반해 한국의 청동기는 구리·주석·납 이외에도 아연이 포함되어 있는 것이 특징이다. 이러한 아연·청동 합금 기술은 기원전 14세기경 지금의 이란·터키 인근의 아르메니아(Armenia) 산악지대에서 발생하여, 한편으로는 알타이(Aitai)산맥을 거쳐 몽골고원·만주로, 또 한편으로는 시베리아를 거쳐 한반도 북부로, 다른 한편으로는 페르시아·인도·중국으로 전파된 것이다. 한반도의 아연·청동 합금의 청동기가 중국·만주보다 4~6세기 더 빠르게 나타나는 것을 보면 한국의 청동기술은 중국과는 다른 경로, 즉 시베리아를 거쳐 한반도로 유입된 것으로 보인다.

〈다뉴세문경〉

아연은 섭씨 420도의 비교적 낮은 온도에서 녹고 950도가 되면 수증기가 되어 버리기 때문에 1,000도 이상까지 가열된 청동에 아연을 섞어 만드는 것에는 특별한 금속 제련술이 필요하였다.

그리고 아연의 양을 적당히 조절하면 청동은 색깔뿐만 아니라 주조물의 성질도 좋아져서 거푸집을 이용하면 장식품·의식 용구·섬세한 무늬를 표현할 수 있게 된다. 0.3㎜ 간격으로 1만여 개의 가는 줄, 1백여 개가 넘는 작은 동심원이 그려진 다뉴세문경과 독특한 모양의 비파형동검 · 세형동검이 만들어질 수 있었던 것은 바로 토착 기술의 전통 위에 북방계 문화를 수용해서 접목과 변용을 시도한 고대 '한국 청동'의 우수성을 보여주는 좋은 사례이다.

아연을 바탕으로 한 '한국 청동'의 금속 제련술은 고대국가가 성립하면서 합금과 응용기술로 발전해 갔다. 한국의 금속 제련술은 고대국가들이 불교를 받아들임으로써 종교적 열광에 의해 예술적 차원의 금속 공예 기술로 발전되어 갔으며, 그 결과가 불상에서는 고구려의 '연가 7년명 금동여래입상' · 백제의 '금동대향로' · 신라의 '금동미륵보살반가상', 범종에서는 '오대산 상원사동종' · '성덕대왕신종' 등으로 실현되어 갔다.

2) 삼국시대 철기의 발달과 천문학

기원전 7~5세기 경이 되면 중국에서는 철을 생산하기 시작하였고, 철의 생산과 주조 방법이 전국시대에 이르러 보편화되기 시작하였다. 이 시기 요동 및 한반도의 서북부에 철기 기술이 전해졌는데, 이와 관련하여 위만의 고조선 이주로 고조선의 사회가 청동기사회에서 철기사회로 변화하는 과정이었다는 주장은 설득력이 있어 보인다. 한편 신라의 건국설화 중에는 석탈해(石脫解)가 숫돌과 숯을 가진 대장장이로 묘사되어 있는데, 그가 배를 이용해 바다를 건너와서 호공(瓠公)의 집을 빼앗고 왕위에 오르는 것으로 되어 있다. 이를 통해 철기문화의 전래 경로가 북방뿐만 아니라 남방으로부터도 있었다는 주장도 있다. 당시 중국의 철기 기술은 청동기와 같이 돌 거푸집에 쇳물을 부어 만드는 주조법(鑄造法)이었고, 서남아시아 등은 철을 두드려서 만드는 단조법(鍛造法)이었는데, 석탈해가 대장장이로 묘사되어 있는 점과 삼국시대에 이 두 가지 방법이 모두 사용된 것을 보아도 철기기술의 한반도 전파는 다양한 경로를 통해서 이루어진 것을 알 수 있다.

한반도 중 · 남부에 전파된 철기 기술은 낙동강 일대에 자리 잡았던 변한(弁韓)에서 꽃피워졌다. 이 지역은 품질이 좋은 철이 많이 생산되었으며, 우

〈철정〉

수한 청동 기술을 바탕으로 당시 어느 지역보다 철 제련 기술이 발달해 있었다. 변한의 기술자들이 만든 철정(鐵鋌)이라는 덩이쇠는 낙랑과 일본에 많이 수출되기까지 하였다.

기원전 1세기에서 서기 4세기가 되면 철의 제련과 철기의 제조가 한반도 전역에서 행해지게 되고, 철제 무기 및 농기구 등 철기의 사용은 각종 정복 전쟁과 농업 생산력을 향상시키는 밑거름이 되었다. 그리고 이를 바탕으로 주변의 크고 작은 영역국가인 소국(小國)들을 정복해 가면서 한반도의 고대국가인 고구려 · 백제 · 신라가 정립하게 되었다.

농업을 기반으로 삼았던 이들 고대 국가들은 일찍부터 천문과 기상에 많은 관심을 가지고 있었다. 농경이 시작된 이래 하늘의 해와 달, 별, 기상을 관측하는 것은 한 해의 풍흉을 좌우하는 일로 중요시 되었다. 고구려 · 백제 · 신라의 삼국은 중국의 천문학을 수용하고 발전시킨 것으로 생각되지만, 고인돌 등에 새겨져 있는 별자리 등을 보면 한국인들은 아주 오래전부터 천문 현상에 관심을 가지고 관찰해 왔을 것으로 여겨진다.

『삼국사기』에는 천문 · 자연 현상에 대한 기록이 1천여 개나 되는데, 그 중 일식 · 월식 · 혜성 등에 관한 기록도 많이 남아있다. 그리고 삼국에는 일관(日官) · 일자(日者) 등 천문을 관측하는 전문 관리가 있었던 것으로 기록되어 있다. 고구려의 고분 중 무용총과 각저총의 천장에는 별자리들이 그려져 있는데, 고대 동양에서 만들어 낸 별자리와 별의 이름표인 28수를 바탕으로 그려진 것이다. 고대인들은 달이 28일 만에 한 바퀴를 돈다는 사실을 바탕으로 밤하늘에 좌표를 만들고, 달이 움직여 가는 길 위에 별자리 28개를 나누어 놓은 후, 그 기준으로 불규칙적으로 움직이는 별을 관측하였다. 이렇게 관측한 결과를 한 해의 달력이라 할 수 있는 역서(曆書)로 편찬하였는데, 역

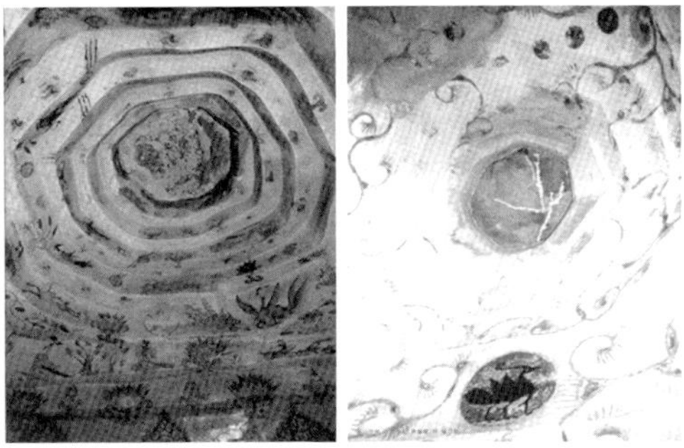

〈무용총(좌)과 각저총(우)의 천장〉

서의 편찬과 배포는 농사를 짓는 것과 관련되어 왕조의 권위를 나타내었다. 또한 고구려에는 석각천문도(石刻天文圖)가 있었다고 하는데, 그 탁본이 남아서 조선 초기에 천상열차분야지도(天象列次分野之圖)의 천문도를 만들 때 모델이 되기도 하였다. 한편 일본의 기토라 고분의 천문도는 바로 고구려 평양의 위도에서 관측된 것으로 밝혀졌는데, 이것은 고구려의 영향을 받은 것임을 알 수 있다.

고대인들은 천문을 관측하기 위해 천문대를 만들기 시작했는데, 평양성 안에 첨성대의 유적이 있다는 기록이 있어 고구려에도 천문대가 있었음을 알 수 있다. 백제 또한 역박사(易博士)라 불리는 천문학자들이 일본에 건너가서 역법(曆法)을 가르치고 점성대(占星臺)를 세워 천체관측을 했다는 기록이 있어 백제에도 천문대가 있었던 것을 추측할 수 있다. 현재 삼국의 천문대 중에는 신라의 첨성대(瞻星臺)가 유일하게 남아 있는데 647년(선덕여왕 16)에 건립된 것이다. 첨성대는 높이 9.1미터의 크기이며, 위·아래 기단은 정사각형이며, 몸체는 밑지름과 윗지름을 달리하는 둥근 원통모양이다. '하늘은 둥글고 땅은 네모지다(天圓地方)'는 고대 우주관을 반영한 형태이며, 몸체 27단은 선덕여왕이 신라 27대 임금을 의미하고, 아래 기단석은 28로 기본 별자리 28수를, 2중으로 되어 있는 위 기단석은 각각 29와 30으로 한 달의 길이인 29일과 30일을

〈첨성대〉

뜻한다고 한다.

그렇지만 첨성대의 기능에 대해서는 '천문대이다', '제단이다' 등 여러 가지 학설들이 존재하고 있는데, 아직까지도 첨성대에 관한 연구가 진행 중에 있다. 현재는 당시 풍미했던 불교의 영향 하에 농업신 숭배를 위한 영성제(靈星祭)가 시행되었던 곳에 세워졌다가 천문학 · 역법의 발달과 함께 천문적인 기능을 가지게 되면서 첨성대 및 그 일대가 신라의 천문관측센터로 발전하였다는 절충적 학설이 지배적이다. 어찌되었든 『삼국유사』 선덕왕대 기록에 "돌을 다듬어 첨성대를 지었다(煉石築瞻星臺)"라고 한 기록에서 천문을 관측하기 위해 만들어진 것은 부인할 수 없으며, 동양에서 가장 오래된 천문대로서 우리의 위대한 문화유산임은 틀림없는 사실이다.

3) 건축과 목판인쇄술의 발달

첨성대의 축조는 고대 건축에 있어서도 과학성을 내포하고 있음을 알 수 있다. 밑 부분에서 위로 올라가면서 점차 좁게 석재를 쌓아올린 모습은 고구려의 석총(石塚)에서도 찾아볼 수 있다. 고구려의 무덤은 석총과 토총(土塚)으로 구분되는데, 피라미드식의 석총은 고구려의 독특한 분묘로서 장군총이 대표적이며, 토총은 큰 돌이나 석재로 벽과 천장을 만든 후에 그 위를 흙으로 쌓아올린 것이다. 한편 백제 무령왕릉은 토총이지만 내부를 아름다운 문양을 새긴 벽돌로 쌓은 우수한 기술적 소산이라는 평가를 받기도 한다. 삼국이 과학을 바탕으로 한 우수한 건축기술을 가지고 있었던 것은 무덤뿐만 아니라 사원 및 성곽 등의 건축물에서도 찾아볼 수 있다.

고구려인들은 돌을 잘 다듬어 독특한 형식으로 튼튼한 성벽을 쌓았다. 대표적 성곽으로는 평양 대성산성 및 백암산성, 아차산성 등이 있는데, 일정한 사이를 두고 치(雉)를 설치한 것이 특징이다. 치는 적을 공격하는데 편리하도록 성벽 밖으로 불쑥 나오게 쌓아 올린 것이다. 돌의 가공형식과 벽을 쌓은 방식도 매우 독특해서 돌의 크기가 밑으로부터 위로 올라가면서 점차 작아지고, 성벽 또한 밑으로 내려가면서 밖으로 밀리고 있는데, 이것으로 인해 견고성과 안정감을 주고 있다. 성벽의 안쪽에는 흙을 구워 다져 넣어서 바람이나 비 등에 의한 침식작용을 적게 하려는 기술적 특징을 보이고 있다.

〈백암산성〉

백제의 풍납토성과 몽촌토성 등에서는 흔히 말하는 판축(版築)기법의 흔적을 찾아볼 수 있다. 판축이란 판자와 판자 사이에 흙을 넣고 다지는 것을 말한다. 풍납토성의 판축은 두께 10~20㎝의 판축이 23개 이상 쌓아올렸는데, 폭 40m, 높이 9m에 이르는 거대한 것이었다. 특히 풍납토성에서 발견된 부엽공법(敷葉工法)은 김해의 벽골제 등에서도 보이는 첨단기술이었다. 이것은 흙과 나뭇잎 · 잔가지층을 교차로 판축하는 것으로 습하고 연약한 지반을 보강해주고, 저수지 등에 있어서는 댐과 같은 역할을 해주는 기술을 말한다. 백제의 부엽공법은 6세기 신라가 쌓은 성산산성과 6~7세기 일본의 오사카 협산지(狹山池)제방에서 사용되어 백제의 토목기술이 신라와 일본에 전파되었음을 알 수 있다.

그리고 백제에는 박사(博士)라고 하는 최고기술자들이 있었는데 이들 기술자 중에는 와박사(瓦博士)와 노반박사(鑪盤博士)가 있었다는 기록이 있다. 와박사는 기와를, 노반박사는 탑의 노반, 즉 상륜을 만드는 장인(匠人)이었다. 566년 준공된 신라의 황룡사 9층탑은 백제의 거장(巨匠)이었던 아비지(阿非知)가 2백 명의 공장(工匠)을 동원하여 세웠고, 588년에 세워진 일본 최고의 불교 사원인 법흥사 및 탑은 백제에서 초빙된 공장들에 의해 만들어진 것이었다. 백제인들의 석탑 양식은 목조탑(木造塔) 양식에서 발전시킨 것으로 '미륵사지 석탑'에서 '정림사지 5층 석탑'으로 발전해 갔다. 삼국통일 이후에는 신라에 계승되어 불국사 '석가탑'에 영향을 주었다.

고대 국가들은 불교를 받아들이면서 전국적으로 사원 건립을 하는 동시에 사원 건립에 완전무결한 상징을 두고자 했다. 삼국통일 후 통일신라가 건립한 불국사(佛國寺)를 보면 대웅전과 석가탑 · 다보탑을 잇는 정삼각형은 원(圓)에 정확히 일치한다. 원은 수학적 기하학적 형태의 궁극이며 완전무결함을 상징한다. 이것은 균형과 전체의 통일을 바탕으로 완전한 미(美)를 추구하려는 표현으로, 석굴암(石窟庵)에서도 찾아볼 수 있다. 석굴암의 돔(Dome)은 영원을 상징하며 무한한 미(美)를 보여주고 있고, 기하학적 도형 및 직사각형과 원, 3각 · 6각 · 8각형에 바탕을 둔 불상과 조각들은 불교적 세계관과 과학적 천문학에 의거한 신라인들의 우주관을 나타내고 있다.

〈무구정광대다라니경〉

한편 불국사에서는 1966년 석가탑의 보수공사 중 흔히 『다라니경』이라 불리는 인쇄 두루마리가 발견되어 당시 신라의 목판인쇄술이 세계 최고 수준이었음을 보여주었다. 정식 명칭은 『무구정광대다라니경(無垢淨光大陀羅尼經)』이며, 704년에서 751년 사이에 인쇄된 세계에서 가장 오래된 인쇄본이다. 한국에서 목판 인쇄가 언제부터 시작되었는지는 완전히 밝혀지지는 않았지만, 문무왕(661~681)대에 동인장(銅印章)을 주조하여 지방관청에 나누어 주었다는 기록 등으로 보아 인쇄 기술이 상당히 발달해 있었음을 알 수 있다. 『무구정광대다라니경』이 발견되기 전까지는 770년경에 제작된 일본의 『백만탑다라니경』이 세계에서 가장 오래된 것으로 알려졌었지만, 『무구정광대다라니경』의 발견으로 신라의 인쇄 문화가 일본에 건너간 것으로 여겨지고 있다.

2. 고려시대 과학기술의 발전

1) 목판인쇄술의 발전과 금속활자의 발명

한국의 목판 인쇄 문화가 대규모로 발전하기 시작한 것은 고려시대였고,

고려시대 인쇄술의 발전은 최초의 금속활자를 탄생시켰다. 고려의 『팔만대장경(八萬大藏經)』이나 금속활자로 만들어진 『직지심경(直指心經)』을 보아도 당시 한국의 인쇄 문화는 세계 최고의 수준이었다.

고려는 불교의 힘으로 거란의 침입을 막아보려는 목적에서 1011년(현종 2)에 6천여 권에 달하는 대장경판(大藏經版)을 만들기 시작하였는데, 이 때 만든 대장경을 『초조대장경(初雕大藏經)』이라 한다. 대각국사 의천(義天)이 『초조대장경』의 부족하고 빠진 부분을 보완하여 『속장경(續藏經)』을 제작하기도 하였으며, 1232년(고종 19) 몽고의 침입으로 『초조대장경』과 『속장경』이 모두 불타버리자, 강화도로 천도한 고려 왕조는 역시 불력(佛力)으로 몽고의 침입을 막아보려는 의도에서 16년간에 걸쳐 8만 6,688여 장의 대장경을 다시 만들었다. 이 때 만든 대장경이 『재조대장경(再雕大藏經)』이며, 우리가 흔히 알고 있는 『팔만대장경』 또는 『고려대장경』이다. 처음에는 강화도 선원사(禪源寺)에 보관되었다가 조선 초기인 1398년경에 지금의 해인사(海印寺)로 옮겨졌다.

『팔만대장경』의 크기는 대략 세로 26센티미터, 가로 72센티미터이고, 두께 2.8~3.7센티미터, 무게 2.4~3.75킬로그램이며, 전체 무게는 약 26만 킬로그램으로 4톤 트럭 65대의 분량이다. 대장경 판목은 뒤틀리지 않게 양쪽에 편목(片木)을 끼웠고, 네 귀퉁이에 청동으로 띠를 둘렀다. 목재는 산벚나무를 주로 사용하여 수년 동안 바닷물에 담궜다가 소금물에 쪄서 진을 뺀 다음, 다시 수년 동안 그늘에서 말리고 글자를 새긴 후에 얇게 옻칠을 하여 보존에 만전을 기했다. 이 결과 8백여 년 지난 지금도 뒤틀리거나 갈라진 판목이 거의 없다.

목판 인쇄술의 발전은 금속활자의 발명으로 어어졌다. 목판은 많은 경비와 시간이 소요되는 것은 물론이거니와 같은 글자를 수십 수백 개씩 새겨내야 했으며, 글자모양을 똑같이 만들 수 없는 단점이 있었다. 그런 단점을 보완하기 위해 중국에서는 목판이 아닌 나무활자, 진흙활자, 도자기활자 등이 개발되기도 하였지만, 모두 영구적으로 사용할 수는 없었다. 신라 이후 금속

세공 기술과 청동 주조 기술의 전통을 계승한 고려의 장인들은 결국 모래거푸집을 이용한 세계 최초의 금속활자를 발명하여 목판 인쇄 및 목활자의 단점들을 해결해 내었다.

영국의 과학사학자 버날(Bernal) 등 외국학자들은 “금속활자 인쇄는 한국에서 14세기에 처음 사용되었으며, 그것이 15세기 중반에 유럽에 소개되어 급속하게 퍼졌다”라고 말하고 있다. 1234년(고종 21)에 『상정고금예문(詳定古今禮文)』이 주자(鑄字), 즉 금속활자로 만들어졌다는 기록에서 이미 1230년대 이전에 금속활자가 만들어졌음을 알 수 있는데, 이것이 세계 최초의 금속활자의 발명이었다. 1377년(우왕 3)에 청주의 흥덕사(興德寺)에서 간행된 『직지심경(直指心經)』(『백운화상초록불조직지심체요절』)은 현존하는 가장 오래된 금속활자 인쇄본으로 인정받고 있으며, 독일의 구텐베르크(Gutenberg)가 개발한 것보다 78년 앞선 것이다.

〈직지심경〉

2) 금속 공예의 발달과 화약 · 화포의 제작

고려의 금속 공예기술은 금속활자뿐만 아니라 다양하게 발달하였다. 고려는 주물(鑄物)과 야금(冶金) 등 철기 금속류를 담당하는 장야시(匠冶寺)와 무기를 총괄 제작하는 군기시(軍器寺) 등을 두고 철 · 금 · 은 · 동 등의 금속류를 만들었으며, 이것들을 합금하여 여러 가지 공예품과 화폐 · 무기류 등을 만들었다.

통일신라 말부터 유행하기 시작한 철불(鐵佛)의 제작은 고려에도 이어져 전국적으로 제작되었는데, 광주 춘궁리 · 개성 적조사지 · 충남 보원사지에 있는 철조여래좌상 등이 대표적이다. 또한 불교행사 때 쓰인 향로(香爐)로는 양산 통도사의 향로와 간성 건봉사의 향로 등을 들 수 있다. 이 향로들은 형태가 아름다울뿐만 아니라 정교한 무늬를 금실 · 은실로 새겨 넣어 그 빛이 두드러지며 아름답다. 그리고 1010년(현종 1)에 제작된 천흥사(天興寺) 동종(銅鐘)은 신라 양식을 그대로 계승한 고려 범종의 대표작이다. 한편 고려는 996년(성종 15)에 화폐로서 철전(鐵錢)을 주조하여 사용하였고, 1098년(숙종 3)에는 은병(銀瓶)이라는 일종의 은화가 주조 · 유통되었으며, 1102년(숙종 7)에는 우리나라 최초의 엽전인 해동통보(海東通寶)를 만들어 대신 · 양반 · 군인에게 나누어 주어 통용을 시키기도 하였다.

무기 제작 기술도 현저하게 발전하여 11세기는 앞에 검이 박혀있고 안쪽에서는 사람이 활을 쏘면서 전진하는 검차(檢車)를 개발하여 기병을 앞세운 거란을 크게 물리치기도 하였다. 그리고 12세기 초에는 동북 지방을 침범하는 여진족을 물리치기 위해 별무반(別武班)이라는 군대를 조직하면서 발화군(發火軍)을 함께 편성하여 발화무기를 사용하였다. 당시의 발화 · 화공무기는 화약의 필수 성분인 초석(硝石)이 들어 있지 않아서 폭발성은 없었지만 자체적으로 만들어졌고 기술적 전통이 축적되어 오고 있었음을 알 수 있다. 그러던 중 14세기 전반 화약과 화포가 중국 원(元)나라에서 전래되기 시작하고, 최무선(崔茂宣)이 화약의 주원료인 염초(焰硝), 즉 질산칼륨을 흙에서 추출하는 방법을 터득하면서 고려에서도 화약을 만들게 되었다. 고려는 1377년(우왕 3)에 최무선의 건의로 화통도감(火桶都監)을 설치하였고, 다음해에는 화통방사군(火桶放射軍)을 편성하였으며, 이를 계기로 각종 화약과 화기의 제조가 급속도로 발전하였다. 『고려사』에는 총통(銃筒) · 화전(火箭) · 화통(火筒) · 화포(火砲) 등이 나타나고 있고, 『조선태조실록』에는 대장군(大將軍) · 이장군(二將軍) · 삼장군(三將軍) · 석포(石砲) · 신포(信砲) · 철령전(鐵翎箭) · 피령전(皮翎箭) · 질려포(蒺藜砲) · 철탄자(鐵彈子) · 천

〈대장군포〉

산(穿山) · 오룡전(五龍箭) · 유화(流火) · 주화(走火) · 촉천화(觸天火) 등의 명칭이 나타나고 있어 고려말에 여러 화포가 만들어졌음을 알 수 있게 해준다.

최무선은 이들 신무기를 함선에 장착하여 당시 고려에 막대한 피해를 입히고 있던 왜구를 방어하는 것에 있어서도 크게 공헌했다. 즉 1380년(우왕 3) 진포에 쳐들어온 왜구의 함선 5백여 척을 섬멸하였는데, 진포해전은 우리가 자체 생산한 화약과 화포를 가지고 함포공격을 감행한 최초의 해전으로 우리나라 해전 역사상 중요한 의미를 가지게 되었다. 고려에서의 화약 · 화포 개발은 그대로 조선에 이어졌으며, 조선에서는 고려의 주화(走火)가 개량되어 세계 최초의 로켓병기라 할 수 있는 '신기전(神機箭)'이 개발되었다.

3) 천문학 · 역법의 발전

우리는 천문대라고 하면 신라의 첨성대만을 생각할지 모르지만 고려에도 첨성대가 있었다. 현재 개성 만월대 서쪽에는 다섯 개의 돌기둥으로 받쳐 있는 석조물이 서 있는데, 이것은 '고려 첨성대'로 알려져 있다. 통일신라 천문학의 발전을 계승한 고려에서도 천문 · 기상현상에 지속적으로 관심을 기울이고 있었다. 고려는 전문적인 천문기상관측기관인 태사국(太史局)과 사천대(司天臺)를 창설하였고, 1308년(충렬왕 34)에는 이를 발전시켜 서운관(書雲觀)을 만들기도 하였다. 서운관은 천문 · 기상현상에 대한 관측, 역서 편찬, 시간 측정 등을 담당했고 여러 가지 분야를 담당한 30여 명의 전문가 집단으로 구성되었다.

『고려사』의 오행지 · 천문지 · 역지 등에는 고려시대에 천문을 관측한 자료들과 역법 등이 자세히 기록되어 있다. 관측 내용은 주로 일식 · 월식 · 태양 흑점 · 해무리 · 달무리 등이고, 행성들이 달과 접근하는 현상, 혜성과 유성이 나타나는 현상, 금성이 낮게 보이는 현상들도 있었다. 특히 일식 132회, 혜성 87회의 기록은 천체 관측의 정확성과 함께 중세 과학사상 이슬람 세계의 관측 기록에 필적할 만한 업적이다. 또한 주목할 만한 것은 태양 흑점의 관측기록이 34회가 나타나는 점인데, 이것은 서양에서 갈릴레오가 망원경으로 흑점을 관찰하기 이전까지는 태양에 흑점이 있다는 것이 잘 알려지지 않은 것과는 대비되는 사실이다.

또한 고려는 역법의 오차를 극복하기 위해 많은 노력을 기울였다. 고려는 신라에서 시행했던 선명력(宣明曆)을 계승하여 사용하였는데, 선명력은 중국 당나라에서 사용하던 역법이었다. 그러나 중국의 역서가 고려에 맞지 않는 부분이 있었기 때문에 그 오차를 최소화하기 위해 1052년(문종 6) 5명의 학자에게 각각 십정력 · 칠요력 · 견행력 · 둔갑력 · 태일력 등을 편찬케 하였고, 1281(충렬왕 7)년에 만든 신찬력 · 고려사성요서 · 고려일력 등도 그러한 시도였다. 몽고 지배시기에는 원나라가 수시력(授時曆)을 쓰도록 하였는데, 1343년(충혜왕 4)에는 강보(姜保)가 「수시력첩법입성(授時曆捷法立成)」을 만들어 수시력의 이론과 계산법을 산출하려 노력하기도 하였다.

3. 조선시대 과학기술의 성취

1) 천문학 · 역법의 성장과 각종 과학도구

〈천상열차분야지도〉

조선 초기의 천문학은 1395년(태조 4)에 완성된 천상열차분야지도(天象列次分野之圖)의 제작에서 시작되었다고 해도 과언이 아니다. 가로 122.8cm, 세로 200.9cm의 흑요석에 새겨진 이 천문도는 중국의 순우천문도(淳祐天文圖)에 이어 세계에서 두 번째로 오래된 천문도이다. 고구려의 석각천문도의 인쇄본을 돌에 다시 새겼다가 서운관(書雲觀, 후에 관상감)으로 하여금 오차를 고쳐 새 천문도로 만든 것이다.

중앙의 중심 원 안에는 북극을 중심으로 1,467개의 별이 크고 작은 다양한 크기의 점이 새겨져 있다. 육안으로 볼 수 있는 거의 모든 별이 총망라가

되어 있는데, 별빛에 따라 점의 크기를 달리하였다.

조선은 고려시대의 서운관을 그대로 유지하면서 정밀관측기구들을 제작하여 관측의 정밀도를 높이고 조선의 지리적 위치에 맞는 역법을 제정하는 데에 힘썼다. 1432년(세종 13)에는 정초(鄭招) · 정인지(鄭麟趾) 등에게 옛 문헌을 조사하도록 하고, 이천(李蕆) · 장영실(蔣英實) 등으로 하여금 관측기구를 제작하도록 하여 목간의(木簡儀)로 한양의 북극 고도를 측정하였다. 1434년(세종 15)에는 해시계인 앙부일구(仰釜日晷)를 만들어 서울 혜정교(惠政橋)와 종묘(宗廟) 앞에 설치하였고, 경복궁에는 천체 관측시설인 간의대(簡儀臺)를 세웠다. 간의대에는 관측기구인 간의(簡儀) · 혼천의(渾天儀) · 혼상(渾象) · 규표(圭表) · 정방안(正方案) 등을 설치하여 정밀한 천문학 연구를 지속하였다. 이보다 앞서 간의대의 축소판이라 할 수 있는 소간의대(小簡儀臺)를 서울 광화방에 설치하였는데, 이것이 지금까지 남아있는 관천대(觀天臺)이다. 그리고 1438년(세종 19)까지 해시계와 별시계의 역할을 겸한 일성정시의(日星定時儀)와 자동 천문 물시계인 옥루(玉漏)를 설치하였다. 옥루는 정교한 제어공학기술로 만든 자동물시계로서, 자격루(自擊漏)처럼 물시계이면서도 천상(天象)을 표시하도록 한 천문시계였다. 매 시간마다 인형들이 자동적으로 방울을 울리며 시간을 알릴뿐만 아니라 태양의 1일 운동과 1년의 운동을 볼 수 있게 되어 있었다고 한다.

이러한 기구들로 천체의 좌표와 시간을 고려시대보다 정확히 알 수 있었고, 그 결과 종로에 큰 종을 매달아두고 일정한 시간마다 종을 치는 시간 보도체계와 『칠정산내외편(七政算內外篇)』으로 대표되는 자주적 역법이 확립되었다. 1442년(세종 24)에 완성된 『칠정산내외편』은 내편과 외편으로 구분되는데, 내편은 중국 원나라의 수시력(授時曆)을 바탕으로 조선의 한양에서 관측한 자료에 맞추어 새로 작성된 것이고, 외편은 당시 가장 우수하다고 평가되던 이슬람 역법인 회회력(回回曆)을 보완한 것이다. 세종대의 천문학자들은 역법 계산의 기본 원리를 완전히 소화하고, 역법의 기본이 되는 칠정(七政), 즉 해와 달, 5행성들의 복잡한 운동을 정확하게 계산한 결과 『칠정산

내외편』을 편찬한 것이다.

한편 1441년경에 제작된 측우기(測雨器)와 수표(水標)는 인류 역사상 최초로 강우량을 과학적으로 측정한 것으로 역사적 의의가 매우 크다. 『세종실록』에는 당시 세자였던 문종(文宗)이 측우기의 발명과 실험을 주도한 것으로 기록되어 있는데, 구리로 만든 둥근 원통에 비를 받아 그 양을 측정하게 한 것이었다. 약 2밀리미터 단위까지 측정하는 방법이었으며 측정 자료는 각 지방에서 기록하고 중앙에 보고하도록 하여 세계 최초로 과학적인 기상관측 제도를 확립하게 되었다. 그리고 강우량을 측정하는 다른 방법으로서 강물의 수위를 재는 수표가 있었다. 수표는 한양의 청계천과 한강에 설치되었으며, 평소의 수위와 강우량에 따른 위험 수위, 그리고 갈수기의 수위를 정확히 파악했다. 강우량을 측우기뿐만 아니라 수표를 두어 측정한 것 역시 세계 최초의 일이었다.

〈수표〉

2) 의 · 약학 분야의 발달

우리나라의 한의학은 삼국시대 불교의학의 전통 속에서 그 이론적 기틀이 형성되었고, 중국의 영향을 받으면서도 지역적 특색을 띠면서 독자적 발전을 이루고 있었다. 고려 중기에는 송나라의 영향을 받으면서도 '향약(鄕藥)'이라는 이름이 붙은 의서가 출간되면서 자주적이고 독자적인 한의학이 정립되기 시작하였다. 특히 고려 말 『향약구급방(鄕藥救急方)』(1233)은 주변에서 쉽게 구할 수 있는 약재로만 구성된 처방을 발췌해 놓은 것으로, 한국 전통 의 · 약학의 발전을 의미하는 것이다.

이러한 향약의 전통은 조선시대로 이어져서 태종대에는 『향약제생집성방(鄕藥濟生集成方)』이 간행되었다. 이후 세종은 이러한 향약 장려 정책을 계승하여 1433년(세종 15) 『향약집성방(鄕藥集成方)』을 편찬하였는데, 이것은 959종의 병증(病症)과 17만여 건의 약방문(藥方文), 1천여 건의 침구방법 등을 수록한 방대한 종합 의서(醫書)였다. 우리나라 약재로 질병을 치료 · 예방할 수 있는 고유한 치료 방법들이 종합되어 있으며, 향약의 특성과 약효 · 채취가공법 · 사용법들이 상세하게 쓰여 있다. 그리고 세종대에는 고려시대의 송나라 의학보다 수준이 높은 금 · 원 의학이 수용되면서 향약의 정리와 함께 방대한 금 · 원 의학의 정보를 집대성할 필요성이 제기되었다. 그 결과 1445년(세종 27) 365권이나 되는 거대한 분량의 『의방유취(醫方類聚)』라는 세계에서 유래가 없는 의학백과사전이 편찬되었다. 이것은 중국 고대부터 금 · 원시대에 이르는 153종 내외의 의학책을 부문별로 세분화한 책이었다. 『향약집성방』이 주로 조선에 고유한 치료예방법을 집대성한 것이라면 『의방유취』는 당시 동의학(東醫學)이 달성한 여러 성과들을 종합한 것이라 할 수 있다. 따라서 세종은 선진문물의 주체적 수입, 즉 세계일류의 과학기술 지식을 수입하는 동시에 이를 '조선화' 하려는 자주적 입장을 견지하고 있었다고 보여 진다. 또한 이시기에는 법의학과 수의학 분야에서도 상당한 발전을 이루고 있었다. 『신주무원록(新註無寃錄)』의 편찬으로 여러 가지 사망원인에 대해 쉽게 판단할 수 있게 되었고, 『신편집성우의방(新編集成牛醫方)』 · 『신편집성마의방(新編集成馬醫方)』으로 소와 말의 질병치료와 품종개량에도 도움을 줄 수 있었다.

조선시대의 의 · 약학은 15~16세기를 거치면서 더욱 발전하였다. 특히 허준(許浚)은 1609년(광해군 1) 25권의 『동의보감(東醫寶鑑)』을 편찬하여 향약 사용의 전통을 계승하고 조선 의학의 독자성을 확보하고자 하였다. 이 책은 전체 의학 체계를 내경편(內景篇) · 외형편(外形

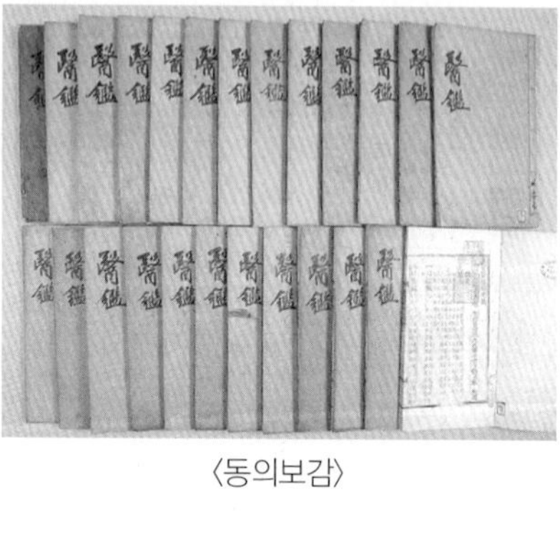

〈동의보감〉

篇)·잡병편(雜病篇)·탕액편(湯液篇)·침구편(鍼灸篇)으로 분류하는 한편, 몸의 생명력을 기르는 양생(養生)과 의학 전통을 결합하여 신체관(身體觀)을 정립하고, 각종 몸의 부위와 질병을 파악하고자 했다. 『동의보감』은 국내외에 큰 영향을 미쳤으며, 중국에서는 의·약학의 텍스트로 활용할 정도로 인정을 받았고, 조선에서는 그것을 모범으로 조선만의 독특한 의학적 전통을 만들어 나갔다.

3) 지리학과 인쇄술의 발전

한편 조선의 정치와 문물이 정비되면서 전국적인 지리지의 편찬과 지도 제작이 추진되었다. 우선 1402년(태종 2) 〈혼일강리역대국도지도(混一疆理歷代國都之圖)〉라는 세계지도를 만들었는데, 이것은 중국 원나라 지도의 영향을 받은 것이었다. 그렇지만 생략되어 있던 서방과 요동의 동쪽 부분, 그리고 조선과 일본을 그려 넣음으로써 보다 완전한 세계지도로 재탄생되었다. 비록 중화적(中華的) 세계관에 따라 중국과 조선을 너무 크게 그리고 유럽과 아프리카를 너무 작게 그렸지만, 1백여 개의 서양 유명 지명과 35개의 아프리카 지명 등이 나타나는 등 중국 지도에서는 찾아볼 수 없는 특징을 가지고 있다. 이 지도는 아라비아 지도학의 영향이 나타난다고 평가 받고 있으며, 현존하는 조선 최초의 세계지도이자 15세기 초 당시 세계에서 가장 객관적이고 과학적인 세계지도이다.

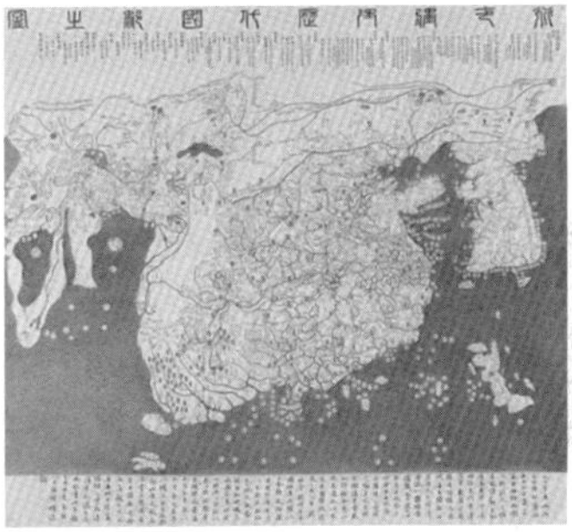
〈혼일강리역대국도지도〉

전국지리지로는 『신찬팔도지리지』(1432)·『고려사지리지』(1451)·『세종실록지리지』(1454)·『팔도지리지』(1478)·『동국여지승람』(1481)·『신증동국여지승람』(1530) 등이 만들어졌고, 각 도별로 지방지도 편찬되었다. 지리지의 편찬은 비교적 정확성을 띤 방법으로 진행되었는데, 각 도(道)에서 올려 보면 기초 자료를 수집·편찬한 것으로 당시의 자연·역사·지리·행정 · 경제 · 군사 · 주민 · 문화유적 · 신화 및 전설 등에 대한 실태를 잘 알 수 있게 하였다. 실지 측량에 의한 과학적 지도 제작도 활기를 띠었는데, 〈조선팔도도〉(1434) · 〈양계지도〉(1451) · 〈황극치평도〉(1454) · 〈동국지도〉(1463) 등이 있으며, 각 고을에서의 관할지역 · 공공기관 및 주요시설물의 배치 · 교통망과 그 거리 인접지역과의 관계 등이 세밀히 조사 · 측정되어 제작된 것들이다. 그리고 이렇게 제작된 지리지와 지도 등은 인쇄술의 발전에 의해 각 지방에 널리 보급되었다. 특히 1403년(태종 3)에는 주자소(鑄字所)를 설치하고 동활자 · 철활자 등을 제작하여 고려에서 발명된 금속활자를 더욱 발전시켰다. 주자소에는 분업화된 출판 인쇄를 담당하는 전문인들이 소속되어 있었는데, 이들은 계미활자를 시작으로 경자활자 · 갑인활자 · 경오활자 · 갑진활자 등 많은 활자들을 만들었고, 활자의 아름다운뿐만 아니라 인쇄의 편리와 인쇄능력을 높이는데 많은 공헌을 했다.

16세기 말이 되면 실증적 방법에 의한 역사 · 지리 연구가 한백겸(韓百謙)에 의해 시도되어 『동국지리지(東國地理志)』가 저술되었다. 한백겸의 학풍은 이후 실학 발전에 하나의 선구적인 역할을 하여 신경준(申景濬) · 정약용(丁若鏞) · 한치윤(韓致奫) 등의 역사 · 지리 서술에 큰 영향을 주었다. 이후 18세기 중엽에 이르러서는 조선 지리학의 발달을 대표하는 이중환(李重煥)의 『택리지(擇里志)』가 편찬되었다.

『택리지』는 기존의 음양과 풍수지리에 의거하지 않고 자연 지리적 특색을 과학적으로 접근하여 취락과 거주지의 이상적 조건, 즉 '살기 좋은 곳'을 실증적으로 밝히려 했다는 점에서 지리학의 새로운 체계화를 지향하고 있었다. 이렇게 지리학적 지식이 풍부해짐에 따라 지도제작도 다시 활발해졌다. 대형 지도가 등장하기 시작하고 내용이 상세해졌으며, 현지조사와 측량에 기초한 정확한 지도들이 나타나게 되었다.

대표적으로는 정상기(鄭尙驥, 1678~1752)의 〈동국대지도(東國大地圖)〉, 정후조(鄭厚祚, 1758~1793)의 〈조선팔도지도(朝鮮八道地圖)〉 등이 있고, 18세기 이후에는 각 군현별로 군현지도가 무수히 만들어지기도 하였다. 이와 같은 지리지 · 지도의 발달은 정확성에 있어 근대지도에 접근했다고 평가받는 김정호(金正浩)의 〈대동여지도(大東輿地圖)〉의 탄생에 영향을 주었다.

〈대동여지도〉는 앞서 편찬된 지리지를 바탕으로 풍부하고 상세한 정보를 수록하고 있으며, 조선 후기에 지속적으로 이루어진 지도 발달의 성과를 종합한 것이었다. 즉 조선 후기에 꽃 피운 실학적 지리학의 연구 성과가 집대성된 시도였던 것이다.

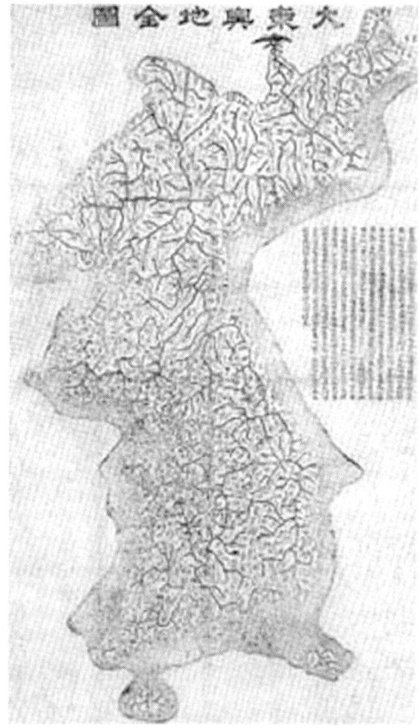

〈대동여지도〉

4) 서학의 전래와 전통과학의 변화

발전을 거듭하던 조선 사회는 임진왜란과 병자호란을 거치면서 사회가 피폐해졌다. 조선의 지배층이었던 사대부 중에는 형이상학적 성리학에서 벗어나 조금 더 실증적인 학문 활동으로 관심을 돌리기 시작하였고, 정치 · 경제 · 사회 현안을 실용의 차원에서 접근한 구체적 실천방안을 제시하기도 하였다. 특히 실학은 사회개혁사상으로서, 실생활과 관련 있는 실용적인 학문에 관심을 기울였고, 농학 · 의학 · 천문학 · 지리학 등에 주목하기 시작하였다. 그러던 중 중국을 통한 서양의 학문, 즉 서학(西學)이 수용되면서 17~18세기의 조선의 과학은 서양의 과학과 만나게 되었다.

서양 과학과의 첫 대면은 1603년 중국 청(淸)에 갔던 사신들을 통해 마테오 리치(Matteo Ricci)의 〈곤여만국전도(坤與萬國全圖)〉라는 서양식 세계지도가 들어오면서 시작되었다. 이 지도는 조선 지식인들의 세계관 변화에 영향을 주었고, 서양에 대한 학문적 호기심을 자극했다. 서양에 대한 관심이 확산되면서 중국으로 간 사신들 중에는 중국에서 활동하던 서양 선교사와 접촉하기도 하였으며, 청나라에 볼모로 잡혀갔던 소현세자(昭顯世子) 또한 독일인 선교사 아담 샬(Adam Schall)을 통해 서양 과학 서적을 받아왔다. 이들은 천리경(망원경), 자명종, 천문도 및 천문, 역산, 지리에 관한 한역서학서(漢譯西學書)를 가지고 왔다. 이것을 본 조선인들은 서양의 학문적 수준에 매우 놀라게 되었다. 또한 1644년에 중국에서 아담 샬이 만든 서양식 천문 계산을 주 내용으로 하는 시헌력(時憲曆)이 반포되자, 이것을 이해하고 관련 지식을 습득하려는 움직임이 시작되었다.

즉 서양 선교사들로부터 천문역법서 등을 구해 와서 배우고, 서양식 관측기구의 도입과 개발을 추진한 끝에 서양 역법의 계산 방식을 점차 소화해 갔으며, 시헌력에 의거한 역서를 편찬할 수 있게 되었다.

이러한 바탕 위에 1790년대 정조대 후반에 이르면 조선의 경위도에 맞는 본국력(本國曆)이 제작 · 시행되었고, 조선 팔도 각지의 경위도에 맞는 정확한 시간을 계산하게 되었다. 특히 실학자들은 서양 과학을 적극적으로 수용하고자 노력하였는데, 이익(李瀷)은 『성호사설(星湖僿說)』에서 시헌력을 극찬하고, 지구가 둥글다는 서양의 지구설(地球說)이 옳다고 받아들였다.

당시 동양의 전통적 우주관은 하늘은 둥글고 땅은 네모난 것이라는 천원지방설(天圓地方說)에 근거하고 있었으며, 이것은 중국 중심의 세계관을 합리화시켜 주었다.

이익은 서양의 지구가 둥글다는 설을 받아들이고, 더 나아가 지구 둘레의 모든 물체가 지구의 중심을 향해 떨어진다는 지심론(地心論)을 주장함으로써 지구 위의 모든 나라가 세계의 중심이라 주장하여 중국 중심의 중화사상에서 벗어나고 있었다. '조선의 코페르니쿠스' 라 평가받는 홍대용(洪大容)은 '지전설(地轉說)' 과 '무한우주설(無限宇宙說)' 을 주장하여 이익의 주장보다 더 나아갔다. 둥근 지구는 허공에 떠서 하루에 한 바퀴 도는 자전운동을 하고 있고, 우주는 무한하므로 지구가 우주의 중심이 될 수 없으며, 태양계도 무수한 은하계의 하나라고 생각하였다. 정약용(丁若鏞)은 실용적인 차원에서 서양의 문물과 과학기술 도입을 주장했다. 『경세유표(經世遺表)』라는 책에서 서양과 중국의 과학기술을 체계적으로 배울 수 있는 이용감(利用監)이라는 관청을 만들자고 한 것이다.

〈거중기〉

또한 서양의 『기기도설(奇器圖說)』을 참고해서 거중기(擧重機)를 고안하여 한강의 주교(舟橋)와 수원 화성(華城)을 쌓을 때 참여하기도 하였다. 그리고 중국의 의서 수십 종을 참고해서 지은 『마과회통(麻科會通)』에서는 천연두를 극복할 수 있는 방안으로 종두법(種痘法)을 제시하기도 하였다.

4. 근대 과학 기술의 수용과 도입

실학을 바탕으로 한 서양 과학의 이해와 수용은 1876년 개항을 기점으로 그 양상이 달라졌다. 산업혁명으로 자본주의를 확립시킨 근대 과학기술이 본격적으로 수용 · 도입되기 시작한 것이다. 근대 과학기술로 무장한 강력한 서구 열강은 조선의 관료들과 지식인들에게 심각한 위협으로 다가왔고, 개항 이후 유교적 질서를 지키는 가운데 서양의 우수한 근대 군사 · 과학기술을 수용하여 국가체제를 지키는 것이 현실적 과제로 다가왔다.

1881년 고종은 근대적 무기제조 기술을 배우게 할 목적으로 40여 명의 유학생을 선발하여 중국 청나라의 강남기기창에 파견하였는데, 이것이 우리나라 최초의 근대 기술 유학이라 할 수 있는 영선사(領選使)였다. 그리고 일본으로는 고위 관료 또는 고종의 측근들로 구성된 60여 명의 해외 견문 시찰단, 즉 신사유람단(紳士遊覽團)을 파견하였다. 이들은 일본의 화약 · 대포 · 유리 · 도자기 · 가죽 · 선반 · 양잠 · 방적 · 인쇄 등 여러 공장과 박물관 · 신문사 · 학교 등의 문화시설을 시찰하였다.

미국과 통상조약(1882)을 체결한 1년 뒤인 1883년에는 견미사절단인 보빙사(報聘使)를 파견하였는데, 이들은 미국의 근대적 시설과 공장·농장 등을 살펴보고 귀국하였다. 이들의 건의로 농무목축시험장·우정국(우편제도)·병원·육영공원(育英公院)이 설립되었다. 1885년 세워진 광혜원(廣惠院)은 최초의 근대식 병원이었으며, 육영공원(1886)은 최초의 관립 근대학교로 외국인을 교사로 고용하여 읽기·쓰기·세계의 정치·역사·국제관계·외국어·수학·과학·의학·지리·천문·화훼·초목·농리(農理)·기기(機器) 등을 가르쳤다. 또한 한국 최초의 근대 신문인 한성순보(漢城旬報)(1886)가 창간되기도 하였다.

〈보빙사〉

개항 뒤 가장 먼저 들어온 것은 전신(電信)이었는데, 서울과 인천·의주·부산 등 여러 지역을 연락하는데 이용되었다. 고종은 전기·전차의 설치에 적극적이어서 1887년 경복궁에 처음으로 전등이 켜졌고, 1899년에는 서울에 전차가 개통되었다. 대한제국이 성립하면서 상공업 육성을 추진한 결과 직조업·정미업·양조업·성냥 제조업 분야에서 근대적 공장과 회사가 설립되었다. 또한 근대적 보건위생과 의료체제를 정립하고자 위생국, 경찰위생제도, 의료기관 설치, 의학교 설립 등을 추진하였다. 그러나 근대 과학기술을 도입하고자 하는 대한제국의 노력은 일제의 침략으로 모두 무산되었다. 일제는 조선을 식민지화 한 이후 '식민지 반공업화정책'에 따라 근대적 기업으로 성장하고 있던 제조업 분야의 공장과 회사들을 몰락시켰고, 조선인의 회사설립과 경영을 억제했다. 1920년대에 들어서 일본 중소자본이 본격적으로 진출하면서 식민지 조선에 자본주의 기반이 마련되기 시작하였고, 세계대공황(1929) 이후 일본의 독점자본이 시멘트·비료·화학 등 중화학공업에 대규모로 진출하였다.

한편 1930년대에는 김용관(金容瓘) 등이 중심이 된 '발명학회'의 주도로 과학계몽운동, 즉 '조선과학운동'이 일어났다. 이들은 기관지 『과학조선(科學朝鮮)』을 창간하고, 산업뿐만 아니라 일상생활, 종교, 학문 등 "사회생활 전반을 과학적으로 재편하자"는 과학대중화 사업을 벌이기도 하였다. 이들이 개최한 '과학데이' 행사는 국내에서 전 국민적 붐을 일으켰으나, 민족적 성격, 즉 과학기술의 자생력을 키우려는 의도를 간파한 일제의 억압으로 중지되었다.

〈과학조선〉

1937년 중일전쟁 이후 일제는 조선에 군수산업을 집중적으로 육성시켜 군수·중화학 분야에서 공업화를 이루었다. 그 결과 1938년 무렵에는 공업생산액이 농업생산액보다 많아질 정도로 공업화가 이루어졌다. 그러나 일제가 꾀한 공업화는 조선 경제의 발전이 아니라 원료 약탈과 침략전쟁을 위해 이루어진 것이었다.

5. 현대 과학 기술의 발전과 산업

해방 후 한국 과학 기술의 과제는 산업의 발전과 그에 따른 경제성장, 그리고 선진 과학 기술의 수용과 그에 따른 주체적 발달이었다고 해도 과언이 아니다. 38선과 한국전쟁으로 분단된 한반도의 현실은 좌·우 이념의 대립과 심각한 경제난이었으며, 각종 산업의 파괴와 식량부족은 과학기술의 발달과 산업의 발달보다는 우선 경제적 어려움을 해소하는데 역점이 두어졌다. 한국의 경제는 미국의 원조경제에 의존한 삼백(밀가루·면화·설탕)산업의 발달을 거쳐 섬유·봉제·신발·가발 등 노동집약적 경공업 중심의 수출산업 육성으로 이어졌다. 제1차(1962~1966)·제2차 경제개발계획(1967

~1971)에 바탕을 둔 경공업 중심의 수출주도전략은 소위 '한강의 기적' 이라 할 만큼 경제성장을 이루게 되었다.

그러나 한국에 있어 현대 과학 기술의 발달과 경제의 도약에 있어 가장 중요한 계기가 된 것은 한국과학기술연구소(KIST, 1966) · 한국과학원(KAIS, 1971)의 설립과 제3차(1972~1976) · 제4차 경제개발계획(1977~1981)이었다. 한국과학기술연구소는 최초의 종합 과학연구기관이었고, 한국과학원은 산업과 연구 기관에 필요한 기술자와 연구자를 양성하는 곳이라 할 수 있다. 이들을 바탕으로 국가적 차원에서 필요한 제반 과학기술 연구를 수행하고 최고 수준의 과학기술자들을 양성하면서 한국의 과학기술 수준을 크게 끌어올렸다고 할 수 있다. 특히 중화학공업 중심의 제3차 · 제4차 경제개발계획과 함께 국가가 적극 지원한 전략 산업인 철강 · 화학 · 기계 · 조선 · 자동차 · 전자 산업 등을 발전시키는데 있어 크게 공헌하였다.

1970년대 제철 · 자동차 · 조선 · 반도체 산업 등에 처음 진출한 때는 선진국과의 기술 격차, 기술 인력의 부족, 자금 조달의 문제 등으로 인해 불가능하게 보였던 것들이 현재는 세계에서 가장 우수한 기술로 인정받고 있다. 이들 산업들은 1980~90년대 첨단산업화와 핵심 기술개발 투자의 확대와 육성을 통해 현재에는 세계 최강의 면모를 갖추고 있다. 특히 해양조선 · 반도체 · 디지털 TV 산업은 세계 1위를 고수하고 있고, 전자산업은 1~2위권을 다투고 있으며, 휴대폰 산업은 2위, 철강제조 · 자동차 · 건설 · 기계 산업은 5위의 규모이며, 국내총생산(GDP)은 세계 10위이다.

2000년 이후에는 집약된 과학 기술을 바탕으로 한 미래 산업에 주목하고 있으며, 이를 위해 국가의 연구개발 투자 및 산업 지원을 늘리고 있다. 특히 IT를 중심으로 한 나노 · 바이오 · 항공 우주 산업 발전을 위한 노력도 하고 있다. 인터넷 보급률 세계 2위, 나노기술력 4위, 로봇공학기술 5위, 핵원자력산업기술 · 정밀탐사위성보유 6위, IT산업 경쟁률 7위, 항공우주산업 12위, 생명공학(바이오) 세계 13위로, 세계 속의 한국의 위상을 드높이고 있고, 세계 일류로 도약하기 위해 끊임없이 발전 중이다(이상 2006년 통계).

70년대 석유파동, 80년대 초 세계경제의 침체, 90년대 말 국제통화기금(IMF)의 구제금융 지원과 현재의 세계 금융위기 속에서도 한국의 산업이 '위기'를 '기회'로 전환하여 끊임없이 발전할 수 있었던 것은 바로 과학 기술 발전에 대한 한국인의 집념이 있었다고 할 수 있다. 문화라는 것은 서로 끝없이 교류하지만, 그것을 수용하여 어떻게 독창적으로, 창조적으로 발전시키느냐에 따라 사회와 국가 또한 발전시킨다. 현대 한국의 과학기술과 문화는 바로 고대부터 이어져 온 문화의 수용과 창조, 그리고 발전이라는 전통적 과학관과 그 맥을 같이하고 있다고 할 수 있다.

【참고문헌】
전상운, 『한국의 과학사』, 세종대왕기념사업회, 1974.
사회과학원 역사연구소, 『조선문화사』, 오월, 1988.
한국사특강편찬위원회, 『한국사특강』, 서울대학교출판부, 1990.
권오신 외, 『문화와 문화의 만남-동서문화교류의 세계사-』, 강원대학교출판부, 2005.
송찬섭 외, 『한국사의 이해』, 한국방송통신대학교출판부, 2007.
정인경, 『청소년을 위한 한국과학사』, 두리미디어, 2007.

제5장 종교와 문화

1. 고유신앙
2. 불교
3. 유교
4. 그리스도교
5. 도교
6. 동학

제5장 종교와 문화

홍 성 익

국가는 일정한 영토내에 구성원인 국민과 이를 통제하기 위한 정치체를 갖추어 주변국과 평화적인 방법으로, 때로는 전쟁을 통하여 정치 · 경제를 교류하면서 발전해 간다. 이러한 과정에서 종교와 문화가 잉태하고 나름의 독창성을 가지면서 국가 구성체의 한분야로 정착과 변화를 추구한다. 한국의 종교는 다원화된 모습으로 오랜 기간에 걸쳐 공존하면서 다양한 문화가 창출되었다.

종교의 사전적 의미는 '인간의 능력을 초월한 신(神)을 모시고 숭배하며 선(善)을 추구하는 사상체계' 이다. 종교의 성립요건은 대체로 세가지의 조건, 교주(敎主) · 교리(敎理) · 교단(敎團)이다. 이러한 종교는 교리의 발전과 함께 문화도 동시에 발전을 가져왔다. 고대사회에는 우리의 고유신앙이 이어졌으며 삼국과 고려시대에는 유교와 불교가 병존하고, 도교가 또 하나의 종교로 기능하면서 한국의 종교와 그것에서 파생되는 문화를 천년간 폭넓게 발전시켰다. 조선시대에 들어서는 성리학이 국가의 정치이념으로 채택되면서 오백년간 국가의 이념이자 백성을 교화하는 사회이념으로도 작용하여 한국사회에 깊은 영향을 미쳤으며, 현대사회에 이르기까지 그 영향은 지대하다. 이후, 조선말에는 서구의 문물이 전파되면서 천주교가 전래되어 부분적으로 사회적 혼란을 가져오기도 하지만 한편으로 서양의 문화를 수입하는 창구의 역할을 하면서 발전하였다. 또한 동학과 기독교, 원불교가 전래되거나 창립하면서 보다 다양화된 종교상을 보이며 현대에 이르기까지 존속하고 있다.

1. 고유신앙

한국의 고유신앙은 구석기시대부터 초기철기시대의 신앙을 말할 수 있다. 이 신앙은 부분적으로 현대에 이르기까지 생명력있게 전승되고 있다. 구석기시대에 나타나는 신앙의 면모는 명확히 알 수 없고 신석기시대 이후의 고유신앙은 크게 샤머니즘(Shamanism), 애니미즘(Animism), 토테미즘(Totemism)으로 구분해 볼 수 있다. 샤머니즘은 선신(善神)을 믿으며 악신(惡神)을 무당의 주술로 추방하여 복을 비는 신앙이며, 애니미즘은 모든 자연물에 영혼이 있다고 믿는 신앙이다. 토테미즘은 특정한 동물을 자기 조상으로 숭배하는 사상으로, 고조선의 건국신화에 곰과 호랑이가 등장하는 것이 이에 해당한다고 할 것이다.

산신도
(중요민속자료 제17-5호)

고유신앙은 고대국가로 이행되고 나서 왕족이 시조신으로 추앙되어 고구려의 주몽신, 동명신과 신라에서는 박혁거세가 신으로 등장하고 김씨가 왕권을 장악하면서 신궁을 건립하여 국가적인 제사의 대상이 되기도 하였다. 하늘에 대한 신앙은 부여의 영고, 고구려의 동맹, 동예의 무천, 삼한의 상달

고사 등의 제천행사라는 보다 구체적인 모습으로 나타나기도 하였다. 그러나 이러한 형태는 새로 전래된 불교와 유교가 국가의 지도이념이나 일반 백성의 순화이념으로 새롭게 대체하게 된다. 그러면서도 고유신앙은 동해안지역의 산메기신앙으로 또는 사원의 산신각에 산신도로 변화되어 현재까지 계승되고 있다.

2. 불교

서산 마애삼존불

불교는 우리나라에 전래된 외래종교 중에서 가장 큰 영향을 준 사상으로 한국사의 전반에 지대한 영향을 주었다. 특히 사상과 문화면에서 커다란 영향을 주었고 이러한 면은 현재까지도 계승되고 있다.

불교는 삼국시대에 전래되었는데 모두 왕권강화라는 일치된 목적 아래 수용하였고, 이들은 왕실의 필요에 의하여 발전되었다. 고구려는 소수림왕 2년(372) 전진(前秦)의 순도(順道)에 의하여 전래되었으며, 백제는 동진(東晋)의 마라난타(摩羅難陀)에 의하여 침류왕 원년(384)에 전래되었다. 신라는 고구려의 묵호자(墨胡子)가 눌지왕(417~457) 연간에 전래하였으나 귀족의 반대가 심하여 법흥왕대 이차돈의 순교로 공인되었다. 이렇게 전래된 삼국의 불교는 혜자, 담징, 겸익, 원광, 자장 등 많은 고승을 배출하였고 일본에도 영향을 끼치면서 발전하였다.

삼국시대 불교는 고대국가의 체제를 정비하는 과정에서 왕즉불(王卽佛) 사상과 호국사상으로 접목되었다. '왕은 부처다'라는 사상은 왕권을 강화하는데 도움이 되었다. 또한 전생에 쌓은 덕으로 인하여 현생에 왕이나 귀족으로 출생했다는 윤회사상은 그들의 신분에 당위성을 제공하여 왕족과 귀족 계층의 호응을 얻어 귀족불교의 성격이 강하면서 현세구복적 신앙으로 정착되는 모습을 보이고 있다.

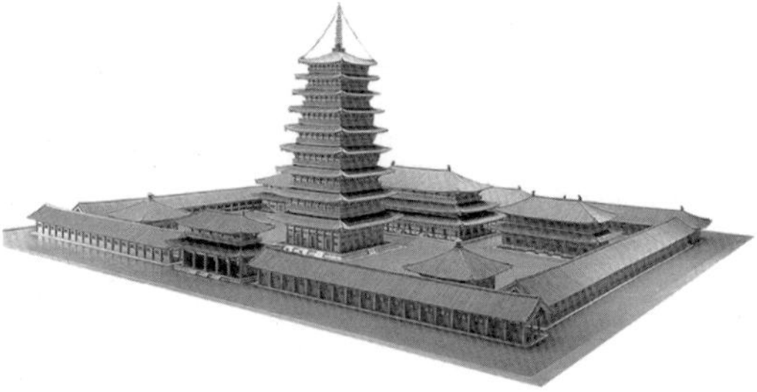

황룡사 추정복원도

한편 불교의 사상은 불교미술의 획기적인 발전을 가져왔는데, 서역과 중국의 문화를 도입하는 가교역할을 겸하였다. 특히 의상과 원효의 업적이 주목되는데 의상은 우주의 만물은 서로가 원인이 되어 생겨나고 융합하여 조화를 이룬다는 사상으로 분열된 국가를 통일하는 정신이념으로서의 화엄학을 체계화하고 원효는 중생도 누구나 아미타불만 암송하면 부처가 될 수 있다는 평등사상을 내세워 불교의 대중화에 기여하였다.

이 시기의 불교문화재는 고구려의 청암리사지, 정릉사지 등에서 8각탑지가 조사되었으며, 백제지역에서는 정림사, 미륵사, 왕궁리사지 등이 조사되어 백제의 불교문화를 살펴볼 수 있고, 신라에서는 황룡사, 분황사, 사천왕사 등이 건축되었다. 이러한 사찰에는 불상과 목탑 또는 석탑이 건립되었으며 연가칠년명불상, 예산 화전리 사면석불, 서산 마애삼존불 등 찬란한 불교문화를 꽃피웠다.

불국사 다보탑(국보 제20호)

삼국이 통일된 남북국시대에도 발전을 거듭하던 불교는 9세기에 접어들면서 신라 중앙정권의 붕괴조짐을 보이는 시기에 경전 보다는 참선을 우선하는 선종(禪宗) 특히 남종선(南宗禪)이 도입되고 이들은 지방의 호족세력과 연계하면서 급속도로 확산 · 성장하였다.

고려의 건국 이후 태조 왕건의 지원 아래 선종이 더욱 발전하게 되었는데 이 시기에 9개의 산문이 형성된 것을 선종 구산선문(九山禪門)이라고 한다. 이 시기의 불교문화는 선종의 영향으로 석탑의 건립이 감소하고 선종 승려의 부도 건립이 활발해져 진전사의 도의선사부도, 태안사 적인선사부도, 쌍봉사 철감선사부도를 비롯하여 전국적으로 많은 부도와 부도비가 건립되어 새로운 석조미술의 발달을 가져왔다. 이러한 모습은 이 시기의 불교문화를 대표하게 되었고, 이 외에 무구정경과 같은 불경을 인쇄한 목판인쇄술의 발달을 가져왔다.

발해에서는 용천부에서 출토된 수막새와 치미, 석등 등의 유물이 고구려풍으로 확인되어 고구려를 계승했음을 알 수 있다.

고려시대에 불교는 국교로서 융성의 시기를 맞았다. 앞에서 살펴보았듯이 고려초기에는 태조의 지원으로 선종 중심의 발전을 보았으나 혜종과 광종대에 중앙집권화를 꾀하는 과정에서 교종의 대표 종단인 화엄종단을 지원하게 되자 선종은 쇠퇴하고 화엄종이 발전하는 모습을 보이고 있다. 이러한 정비체제 속에서 과거제도에 승과를 두어 승단에는 승계를 만들어 승진시킴으로써 왕권과 밀착시키고, 불교계에서 국가행사를 주관하게 하는 등 왕권강화에 도움이 되도록 활용하였다.

쌍봉사 철감선사 부도
(국보 제57호)

한편 고려전기에는 화엄종(華嚴宗)과 법안종(法眼宗)이 대립하는 양상이 나타났는데 이를 통합하는 천태종을 창립한 인물이 의천이다. 의천은 원효가 주창한 양쪽의 극단을 버리고 조화를 이루자는 화쟁사상(和諍思想)을 바탕으로 화엄종 입장에서 교종을 통일하고 나아가 선종을 포섭하기 위하여 교종과 선종을 겸하여 수행해야 한다는 교관겸수(敎觀兼修)를 내세웠다.

이러한 사상은 선종계열의 많은 승려들로 하여금 참여를 유도하여 선종이 더욱 침체기로 접어들게 되었다.

무신정권기에 이르러서는 문벌귀족의 지원을 받고 있던 교종세력이 거세게 항거하자 무신세력은 탄압으로 대응하였고, 이에 대한 교종세력의 항거는 많은 희생을 치르면서 실패로 돌아갔다. 이러한 과정에서 무신정권은 선종인 굴산문의 지눌(知訥)을 지원함으로써 세속화되어 가던 불교계를 신앙결사운동으로 바로 잡고자 하였다.

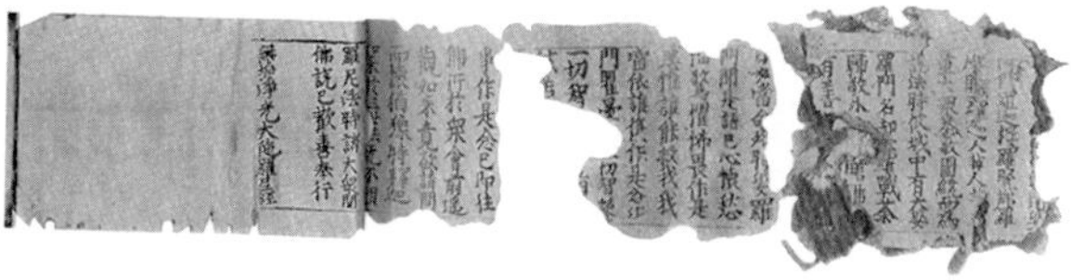

무구정광대다라니경(국보 제126-6호)

지눌을 중심으로 전개된 수선사(修禪社)는 뜻을 같이하는 사람들을 중심으로 모인 결사(結社)라는 의미로써 순간에 깨우쳐도 꾸준히 수행하여야 한다는 돈오점수(頓悟漸修)와 참선과 경전공부를 겸하여야 한다는 정혜쌍수(定慧雙修)를 주창하여 사회적으로 큰 반향을 불러 일으켰다.

그리고 교종인 화엄종의 활동은 크게 보이지는 않으나 법상종을 중심으로 경전을 필사하는 사경(寫經)을 성행시키고 친원(親元)세력과 연계되면서 현세구복적이고 귀족적인 성향을 띠어 국왕을 비롯한 지배세력의 후원을 받아 어느 정도 발전을 보기도 하였으며 대장경을 조판하여 교종의 새로운 발전을 꾀하기도 하였다. 또하나의 세력으로 라마불교가 도입되어 신앙생활에 신비적인 요소가 가미되기도 하였다.

광덕사 소장 사경(보물 제390호)

고려말에 이르러서는 면역과 면세의 특혜를 누리던 사원(寺院)은 대토지를 소유하여 사원경제가 비대해지고 승려들이 정치에 관여하는 사회적 문제가 발생하면서 원나라로부터 새로 도입된 성리학자들로부터 비판론이 대두되기 시작하였다. 이러한 변화를 거치면서도 고려시대의 불교는 석탑양식의 다양화를 가져오고 가람배치에서도 삼국 및 신라시대에 보이던 사원 주변을 회랑으로 에워싸는 배치방식에서 자연지세에 맞게 각 건물들을 건축하는 배치법을 채택하고 있다.

새로이 건국된 조선에서는 국가 지도이념으로 숭유억불정책을 시행하였다. 이러한 정책은 태조 이래로 지속적으로 시행되었는데 구체적인 방법으로 도첩제(度牒制)를 시행하고 불교의 다양한 종파를 선교양종으로 통합하였으며, 사찰의 수와 토지의 소유를 제한하였다.

그러나 세종 말년에는 내불당을 지었고 세조년간에는 월정사를 비롯한 여러 사찰이 중창되었으며 명종 연간에는 보우를 등용하여 승과를 부활시킴으로써 승려 수가 증가하였다. 승과를 통하여 불교계의 전면에 나서는 서산대사와 사명당은 임진왜란기에 승병을 조직하여 많은 전공을 올리게 되었다. 이는 임진왜란이 끝나고 전국 대다수의 사찰이 소실되거나 폐사되었을 때 다시 중창할 수 있는 밑거름이 되었다.

이에 힘입어 화엄사, 선암사, 통도사 등을 비롯하여 많은 대형 사찰이 중창되고 사찰의 크기에 비례한 불상과 괘불 등이 제작되었다. 또한 서산대사의 제자가 주축이 된 선종계열의 사상이 주류를 이루면서 전국적으로 선풍(禪風)을 진작시켜 나가며 활력을 잃은 불교계에 생명력을 되찾는 노력이 경주되었다. 이러한 노력은 일제강점기를 거치면서 현재의 불교경향이 선종 위주로 확립되는 초석을 마련하였다.

현대에 들어서 승려의 수행공간인 사찰을 템플스테이, 숲속 걷기 등을 통하여 일반인과 외국인들이 한국문화를 익힐 수 있는 공간으로 활용되는 역할도 수행하고 있다.

3. 유교

유교(儒敎)가 처음으로 전래된 시기는 알 수 없으나 늦어도 삼국시대에는 전래된 것으로 확인된다. 고구려에서는 소수림왕대에 태학을 설치하였고 장수왕대에는 평양 천도 후 경당을 세워 평민 이상의 미혼남자에게 경전과 무예를 전수하였다. 백제에서는 오경박사가 있었고 근초고왕대의 아직기와 근구수왕대의 왕인 등이 일본에 논어와 천자문을 전래하였는데, 이는 유교를 함께 전래했음을 추정할 수 있다. 신라는 화랑에게 교육하던 세속오계(世俗五戒: 충성으로 임금을 섬기고, 효도로서 어버이를 섬기며, 신의로서 벗을 사귀고, 싸움에 임하여 물러나지 말 것이며, 산 것을 죽일 때는 가려서 죽일 것)와 임신서기석(壬申誓記石)의 내용을 통해 유학이 전래되었음을 알 수 있다.

삼국이 통일된 후, 신문왕은 국학을 통하여 유학을 교육하였고 독서삼품과를 실시하여 학문의 성적에 따라 관리를 등용하고자 하였으나 큰 성과를 거두지는 못했다. 이 시기의 대표적인 한문학자로 강수, 설총, 김대문, 최치원 등을 들 수 있다. 강수는 외교문서로 『답설인귀서』를 지었고, 설총은 도덕정치를 강조하는 『화왕계(花王戒)』를 저술하였으며 최치원은 시무10조를 건의하고 사산비명(四山碑銘)을 쓰는 등 많은 글을 남겼다.

고려시대의 유교는 불교와 함께 이 시대를 대표하던 사상이었다. 불교가 신앙생활을 대표하였다면 유교는 정치이념을 제공하고 도덕과 윤리의 기반이 되어 정치, 교육, 윤리 등 외적인 현실문제에 대한 사상을 제공하였다. 유교가 도입된 것은 불교보다 이른 시기이나 불교에 압도되었다가 전제왕권이 확립되고 유학 교육기관인 국학이 설립되면서 발전을 보게 되었다. 독서삼품과를 통하여 관리에 등용되고 당나라의 유학생을 통하여 더욱 발전하였다. 그러나 이러한 관리의 등용제는 골품제의 한계로 더 이상 발전을 보지 못하다가 고려 왕조의 성립으로 크게 변모하게 된다. 태조 왕건 이후 역대 왕들의 유교 장려는 정치적 이념으로서 그 지위를 확고히 하였고 국자감과 향교를 통하여 유학의 저변은 확대되었으며 과거제를 통하여 유교경전이 더욱 널리 읽히게 되었다. 이러한 유교의 성장은 각종 유교의례가 시행되고 정비되면서 고려사회에 정착하게 된다.

고려중기에 들어 최치원과 설총을 묘정에 종사하고 최충을 해동공자로 칭송하면서 9재학당과 사학12도를 중심으로 유학교육이 번성하였다. 이러한 발전으로 송과의 교역에서 서적의 교류가 활발하였고 숙종조에는 서적포가 설치되었으며 윤언이의 『역해(易解)』, 김인존의 『논어신의(論語新義)』 등이 출판되었다. 이렇듯 경전을 중시하던 풍조는 점차 문장을 중시하는 경향으로 변모되었다. 의종 이후에는 문약(文弱)의 경향을 보이면서 무신을 경시하는 풍조로 변모하게 되고 이는 무신정권을 불러오는 여러 요인 중의 하나가 되었으며 나아가 무신정권의 성립은 유학이 침체하는 요인으로 작용하였다. 유학의 침체기 이후 선종에 의하여 결사운동이 활발히 전개되면서 심성론과 같은 사상체계와 선승들과 유학자의 지속적인 교류는 유·불의 융합현상을 보여주었다. 이러한 시기에 송나라에서 새로 정립된 성리학이 충렬왕대에 원나라로부터 도입되어 유학계의 자체적인 성장없이도 새로운 사상인 성리학이 수용될 수 있는 기반을 마련하였다.

안향 초상
(국보 제111호)

또한 이 시기의 불교계 사원세력은 면역과 면세의 특혜를 통하여 많은 토지를 겸병함으로써 경제적 폐단을 가져왔다. 이러한 현상은 사회적 지도이념으로서 새로운 사상을 요구하게 되고 이는 새로운 학풍인 성리학의 등장을 예고하였다.

성리학은 북송(北宋)의 주돈이(1017~1073)에 의하여 시작되고, 정호(1032~1075)·정이(1033~1107)에 의하여 발전하였으며, 남송(南宋)의 주희(1130~1200)에 의하여 체계화된 사상이다. 전래에 대해서는 몇가지의 설이 있지만 안향과 백이정에 의하여 처음으로 도입되고 권부에 의하여 『사서집주(四書集註)』가 간행 · 보급되었다. 이것이 이제현 등에 의하여 전수되고 이곡 · 이색 부자에 의해 발전되었다고하는 설이 주류이다. 이후 성리학은 정몽주 · 이숭인 등에게 성균관의 교관을 겸직케 함으로써 크게 진흥되었다.

성리학이 발전을 거듭하면서 국가의 재정까지 위협하던 불교계에 실천윤리를 강조하는 성리학자들은 자연히 비판적 입장에 서게 되었다. 다시 말하면 신진사류들은 성리학자와 연결되고 부정과 비리를 보이는 친원세력의 개혁을 위한 정치이념으로 성리학을 받아들였다고 할 것이다. 이러한 경향은 온건적 배불론자인 이색을 거쳐 정몽주에 이르면 비판적 의식으로 변모되고 정도전 · 김자수에 이르면 배불론의 정점에 이르러 김전 · 정사척과 대립하는 양상으로 치닫게 된다. 이러한 논의는 조선이 개국하면서 이론적으로 정리되어 관학으로서 정립되고 지도이념으로 채택되기에 이른다.

문묘 대성전

조선시대의 건국이념으로 채택된 성리학은 건국 초기를 지나면서 두가지의 흐름으로 발전하였다. 하나는 관학파로 조선 건국에 참여한 사대부와 그의 후손들로 이루어 졌다. 이들은 현실적인 사회개혁과 정치경제에 관심을 두어 수사적 기교에 중점을 둔 장식적인 문학론을 중시하여 사장(詞章)위주의 학풍을 지닌 학파를 훈구세력으로 불리웠다. 이들은 성종대까지 권력을 독점하였다.

다른 하나는 조선 건국에 반대하여 지방으로 낙향한 세력으로 길재(吉再)의 학맥을 이어 받아 유교 경전의 연구를 중시하는 경학(經學)위주의 학풍을 지녔다. 이들은 후대에 사림파(士林派)로 불렀는데 향촌자치제를 추구하면서 중앙정계로 진출하여 훈구세력들과 경쟁의 관계를 가지면서 대립하였다. 이러한 결과로 4대사화로 불리우는 무오 · 갑자 · 기묘 · 을사사화가 발생되어 큰 타격을 입었다. 이 결과로 다시 향촌사회로 환원되어 『주자서절요(朱子書節要)』, 『성학십도(聖學十圖)』 등을 저술한 이황으로 대표되는 주리파(主理派)와 『동호문답(東湖問答)』, 『성학집요(聖學輯要)』를 저술한 주기파(主氣派)의 이이로 학문적 정리가 이루어져 성리학의 발전을 가져왔다. 주리파는 인간 중심으로 자연현상을 이해하고 갈등을 해결하려 하였으며, 주기파는 자연의 이치를 인간이 통제할 수 없는 필연성이 있어서 갈등구조를 자연의 이치로 해결하려는 사상체계를 가지고 있다. 이들의 이론은 사단칠정론의 논쟁을 통하여 학문적 발전을 가져왔으나 점차 서원을 중심으로 학파가 형성되었고 양난으로 흐트러진 사회질서를 예론(禮論)으로 바로 잡고자하는 풍조가 강조되었다. 이후 성리학은 학파간에 전례문제가 중심논쟁으로 변화되어 점차 사회적 지도 이념으로서의 기능을 상실해 갔다. 그러나 현재까지 국가관과 사회를 교화하는데 기본적인 교육요소로 남아 기능하고 있다.

4. 그리스도교

그리스도교는 천주교와 개신교로 구분하여 볼 수 있는데 한국에는 천주교가 먼저 전래되었다. 천주교는 종교로써 전래되기에 앞서 서학(西學)이라는 학문으로 먼저 이해되었다. 즉, 허균이 명에서 천주교 서적을 들여오고 이수광이 『지봉유설』에서 마테오 리치의 『천주실의』를 소개하면서 학문으로써의 서학에 대한 관심이 높아졌다. 주로 18세기 후반에 정치에서 소외된 남인계층을 중심으로 과학 등을 포함한 서학에 대한 학문적 이해를 넓혀갔으며, 당시 서학과 관련된 책자를 소장하거나 이를 공부하는 것이 유행이었다는 기록이 있다.

학문으로써 전래된 천주교가 종교로써 받아들여진 것에 대해서는 몇가지의 견해가 있다. 그 중 하나가 임진왜란 때 들어왔다고 하는 것이지만, 1784년 이승훈이 북경에서 영세를 받고 돌아와 신앙공동체를 형성하면서 전래되었다고 보는 것이 일반적인 견해이다. 이는 한국의 천주교는 서양의 선교사가 입국하여 교리를 전파함으로써 전래된 것과는 달리 학문을 통해 종교로 받아들인 이들이 직접 선교사를 찾아가 그 믿음을 받아들였다는 점에서 다른 나라와 차이가 있음을 보여주는 것이다.

김대건 신부 초상

한국에 전래된 천주교는 평등사상을 기반으로 하여 양반계층보다는 중인과 양인계층에서 많은 호응을 받으며, 그 교세가 서울에서 전국적으로 확대되어 갔다. 처음에는 외국의 선교사들이 입국하여 전래활동이 이루어졌으나, 최초의 신부인 김대건이 마카오에서 귀국하여 활동하면서 신자들이 더욱 증가하게 되었다. 하지만 조상제사에 대한 문제가 발생하면서 천주교에 대한 양반사회의 비판이 이어지고, 중국에서의 천주교 탄압 소식 및 정치외교적인 문제와 맞물려 탄압이 가해지기 시작하였는데, 기해사옥 · 병인사옥 등이 이러한 과정에서 발생하였고 천주교를 믿던 많은 사람들이 산속으로 피해들어 가고 그 교세도 많이 약해지게 되었다.

그러나 1886년 한불수호조약을 계기로 한국에 들어온 선교사들에게 선교의 자유가 보장되면서 체류가 허용되는 도시를 중심으로 본격적인 본당조직이 결성되는 것은 물론이거니와 박해를 피해 피신한 지역까지 그 교세가 확장되었다. 선교사들에게 선교의 자유가 보장되어 교세가 확장되는 과정 속에서 선교사들은 '양대인(洋大人)으로 불리게 되었고, 치외법권적인 특권을 누리고 있는 선교사들의 힘을 빌어 악행을 행하는 사람들이 생기면서 전통사회와 충돌함으로써 일부 외교적인 문제로 비화되는 경우도 있었는데 제주도에서 일어난 이재수의 난이 대표적인 경우라고 할 수 있다.

천주교는 종교활동 이외에도 고아원, 양로원, 나환자 정착마을, 결핵요양원 등을 설립하여 사회복지 활동면에서 큰 기여를 하였는데, 고아원은 성영회라는 이름으로 천주교가 전래되고 서양의 선교사들이 들어오는 초기부터 그 활동이 이루어지고 있었고 현재에도 사회복지 활동은 계속 유지되고 있다. 또 한국인 신부 양성을 위한 교육활동과 더불어 미션스쿨을 통한 교육활동에도 많은 관심을 가지고 있다.

또한 천주교는 전래된 이후 사회개혁에 더 많은 관심을 갖고 있었으며 나아가 충효사상을 바탕으로 하여 천주교의 구세복음사상(救世福音思想)을 수용하려는 모습도 보이며 한국의 전통을 중시하면서 이 사회에 정착하였다.

횡성 풍수원 성당
(강원도유형문화재 제69호)

개신교는 종교개혁이후 성립된 기독교 교단으로 1885년 언더우드와 아펜젤러에 의하여 전래되었는데 대한제국시기 왕실의 의료부분에 대한 책임을 맡으면서 종교인이기보다는 의료인으로써 더 많이 인식되었고 이를 기반으로 하여 가톨릭에 비해 비교적 탄압없이 한국사회에 정착하게 되었다. 물론 가톨릭이 1784년에 수용된 것에 비해 근 100년이 지난 시기에 전래되었고 그 사이 여러 서양열강과의 조약 체결을 통해 그 지위를 보장받았음을 간과할 수는 없다.

하지만 개신교는 일제강점기를 통하여 많은 탄압을 받았음에도 학교와 의료기관을 설립하여 적극적인 교육사업과 사회봉사활동을 벌였다. 특히, 선교활동을 통하여 한글을 보급하고 근대문명을 소개함으로써 서구 민주주의의 보급과 애국계몽운동에 기여하였다. 또한 인간존중사상은 민권(民權)의 신장을 불러왔고 일제에 저항하는 정신을 배양하였다.

5. 도교

도교(道敎)는 불교 · 유교와 함께 한국사에 있어서 3대 사상의 하나로 전승되어 왔다. 그러나 오늘날은 도교의 자취를 거의 찾아 볼 수 없게 되었으며 불교와 유교의 사상에 가려져 있는 상태이다. 하지만 도교는 도(道)를 통하여 신선이 되고자하는 신선설(神仙說)과 민간신앙 등이 결합하고 이를 바탕으로 도가(道家)나 음양오행설 등이 혼합되어 불로장생과 현세의 이익을 추구하는 성격으로 발전하였다. 또한 불교와 노장사상의 영향을 받아 교단을 이루면서 종교로 발전하게 되었다. 그리고 재초(齋醮)라는 의례 행위를 통하여 국가의 안녕과 왕실의 번영, 그리고 개인의 무병장수를 기원하는 신앙체계로서 기능하였다.

삼국시대의 도교를 보면 고구려에서는 연개소문 등에 의하여 장려되었고 백제에서는 산경문전과 사택지적비를 통하여 도교가 유포되었음을 알 수 있으며, 신라에서는 풍류도에서 그 모습을 찾을 수 있다. 고려 예종대에 천재지변을 막고 호국적 성격을 띠는 복원궁을 건립하여 도교를 장려한 것은 불교와 함께 국태민안을 기원하는 위치에 있었음을 알 수 있다.

사택지적비(탁본)

조선초기에 이르러 도관(道觀)을 정비하고 소격서(昭格署)로 하여금 제천행사를 주관하게 하였는데, 마니산의 초제(醮祭)가 가장 유명하다. 소격서에서는 도학(道學)을 잡학의 하나로 가르치고, 도류(道流)라는 관리를 두어 도교행사를 집행하게 하였다. 그러나 조선중기에 들어서면서 정권을 장악한 사림파는 도교를 배척하는 경향이 짙어지면서 소격서가 폐지되고 국가로부터 경시되었다. 그러나 임진왜란을 겪으면서 도교를 신봉하는 일부지식인층이 형성되고 이들로부터 당시의 사회가 중국에 대한 사대와 문약에 빠진 성리학을 비판하는 자세를 취하였다.

도인(道人)들은 한국 도교의 시조를 환인과 단군으로하고 김시습을 중조로 삼으면서 나름대로의 계보를 형성하여 조선사회에 많은 영향을 끼쳤다. 그리고 도교와 관련된 예언사상은 『정감록(鄭鑑錄)』, 『토정비결(土亭秘訣)』 등으로 편찬되어 민간에 널리 유포되었고, 최근에는 심신수련의 한 방법론으로 보급되고 있다.

6. 동학

조선후기는 붕당과 외척세력의 정치 등으로 왕권의 약화를 가져왔고 삼정(三政)의 문란과 농민 수세(收稅)의 증가로 백성의 생활은 극도로 빈궁해져 갔다. 또한 외세의 침투로 인하여 조선사회 전체는 매우 불안한 정국으로 이어졌다. 이러한 시기에 등장한 새로운 사상이 최제우에 의하여 시작된 동학(東學)이다. 동학은 최제우가 사형 당함으로써 큰 타격을 받았으나 2대 교주인 최시형에 의하여 교리와 교세가 확장되었고, 3대 교주 손병희에 의하여 계승되었다.

최제우 초상

동학의 교조인 최제우는 몰락양반의 후예로 서양에서 전래되어 세력이 급속히 확장되는 천주교에 대항하였다. 최제우는 동학을 세워 백성을 편안하게 하고 부패한 관리와 외세로부터 백성을 구하고자 하는 보국안민(輔國安民)과 널리 백성을 구제하기 위한 광제창생(廣濟蒼生)을 주창하게 되었다. 이는 지방관의 수

탈과 서양과 일본에 항거하려는 저항의식과 결부되어 농민과 지방의 몰락양반층에 지지를 받아 폭넓게 확산되었다. 이들은 교조 최제우의 신원운동과 동학교도의 탄압금지를 요구하는 시위를 벌이는 등 적극적인 사회참여로 교세를 확장하였다. 고종 31년(1894)에는 전라도 고부로부터 시작된 동학농민운동이 전봉준과 손화중을 중심으로 고부 · 태인 · 부안 · 정읍 등지로 확산되었고 정부와 폐정개혁안을 약속받았으나 이는 청 · 일 세력을 불러들이는 결과를 초래하였다. 이에 동학교도는 항일구국운동의 성격을 띤 2차농민전쟁으로 이어졌으나 공주 우금치에서 관군과 일본군에게 패배하여 동학운동은 실패하고 말았다. 이후, 손병희는 1905년 천도교(天道教)로 개칭하고, 일진회를 조직하여 친일활동을 하던 이용구와 결별하였다.

동학사상은 시천주(侍天主) · 후천개벽(後天開闢) · 무위이화(無爲而化) 사상을 들 수 있다. 첫째로, 시천주 사상이란 사람의 마음속에 하느님이 있어서 인간은 원래부터 누구나 차별없이 평등하다는 이념으로 사인여천(事人如天)과 인내천(人乃天) 사상으로 발전되었다. 다음으로 후천개벽사상은 인류의 역사를 선천(先天)과 후천(後天)으로 보면서 지나간 세상을 선천, 앞으로 올 세상을 후천이라 하였다. 당시의 부패하고 혼란스런 정국을 선천의 마지막 시기로 보면서 이 시기가 끝나면 후천의 세계가 도래할 것이라 보았다. 셋째로 무위이화사상은 하느님의 조화인 시운을 강조하여 인간의 인위적 행위를 부정하였다.

동학에서 출발한 천도교는 손병희를 중심으로 3 · 1운동에 주도적인 역할을 맡으면서 한국근대사에 큰 공적을 남겼으며 간행물로 개벽, 어린이, 신여성 등을 발간하여 신문화운동에 크게 기여하였다.

이외에도 한국사회에 뿌리 깊이 전해오는 민간신앙으로 무속신앙(巫俗信仰)을 들 수 있다. 무속신앙은 초월적 존재인 신령을 사제(司祭)인 무당을 통하여 점복 · 치성 · 굿 등의 종교 활동이 이루어진다. 근현대에 들어 미신(迷信)으로 치부되어 탄압을 받아 현재는 많은 퇴조를 보이고 있지만 기층사회에 깊이 뿌리 내린 무속신앙은 현재도 계속하여 종교로서 기능하고 있다. 또한 원불교, 증산교, 대종교, 대순진리회 등이 창시되거나 기존의 종교에서 분화되어 현재도 이들의 활동을 볼 수 있다.

종교가 인류사회에 미치는 영향은 지대하며, 한국의 현대사회는 많은 종교가 공존하고 있다. 따라서 종교간의 이해와 조화는 어느 시기보다 중요하다고 하겠다. 이에 우리나라는 헌법 제20조에 ① 모든 국민은 종교의 자유를 가진다. ② 국교는 인정되지 아니하며, 종교와 정치는 분리된다고 명시하고 있다.

종교는 개인의 행복을 추구하면서도 사회의 선을 추구하는 기능을 하고 있다. 이러한 순기능을 보다 더 발전시켜 국가의 문화를 창달하는데 선도적 역할을 하여야 할 것이다.

※ 이 글에서 제시된 사진자료는 문화재청의 홈페이지에서 인용하였습니다.

【참고문헌】

文化公報部, 『韓國의 宗敎』, 三珙, 1989.

李種殷 外, 「高麗中期 道敎의 綜合的 硏究」, 『韓國學論集』15, 漢陽大學校 韓國學硏究所, 1989.

가마타 시게오 저 · 신현숙 역, 『한국불교사』, 민족사, 1992.

김원룡 외, 『韓國美術史』, 서울大學校 出版部, 1993.

金元龍 監修, 『한국미술 문화의 이해』, 예경, 1994.

이강근, 「17세기 불전의 재건역」, 『미술사학연구』, 미술사학연구회, 1995.

신형식 외, 『한국사의 새로운 이해』, 이화여자대학교 출판부. 1997.

方學鳳 著 · 朴相佾 編譯, 『渤海의 佛敎遺蹟과 建物』, 書景文化社, 1998.

민경배, 『한국의 기독교』, 세종대왕기념사업회, 1999.

이원희, 「原州 · 橫城 지역의 천주교 전래와 정착 연구」, 『江原文化史硏究』, 江原鄕土文化硏究會, 2001.

양은용, 「한국도교의 흐름과 신종교」, 『신종교연구』, 한국신종교학회, 2004.

제6장 장례문화

1. 장례와 무덤의 의미
2. 시대별 무덤양식
3. 고대인의 내세관
4. 우리의 전통장례

제6장 장례문화

차 재 동

1. 장례와 무덤의 의미

인류는 태어나면서 죽음에 이르기까지 하나의 과정을 지날 때마다 치르는 일정한 격식, 즉 관혼상제(冠婚喪祭)로 대표되는 통과의례를 만들었다. 이 중 상(喪)은 본인의 뜻과는 무관하게 정해진 격식과 다른 사람의 뜻에 따라 진행되는 것으로서 장례를 의미한다. 장례는 죽음과 관련한 의례거나 그 일을 자체를 말하는 것이며, 그 결과는 무덤으로 형상화된다.

무덤의 역사는 '장(葬)-묘(墓)-분(墳)'의 형태로 변천하였다. 장(葬)자는 감춘다는 의미로 『주역(周易)』에 '옛날에는 죽은 사람을 매장하지 않고, 그냥 들에다 두고 풀이나 나뭇가지로 덮고 봉분도 하지 않았다'라고 하였는데, 시신을 묻지 않고 들이나 산에 방치한 모양의 무덤으로 나타낸 글자가 장(葬)이다.

점차 시간이 흐르고 사람들의 인지가 발달하면서 방치하던 시신을 매장하기 시작하는데 이 때의 무덤표면은 봉분 없이 평지처럼 만든 묘(墓)이다.

『맹자(孟子)』에서 '부모가 죽어 시체를 들어다가 구덩이에 버렸는데 뒷날 여우와 삵괭이가 시체를 뜯어먹고……곧 집에서 들것과 가래를 가져다가 흙으로 덮었다' 라고 하는 기록을 통해 시신을 땅에 묻기 시작한 유래를 알 수 있다. 그러나 평지 형태의 묘는 시간이 흐를수록 흔적을 찾기 힘들고, 짐승들에 의해 파헤쳐지는 일이 많아지면서 시신을 감추는 구실과 더불어 무덤의 표시인 묘표(墓標)의 기능을 갖는 형태로 발전하게 되는데 이것이 바로 분(墳)자의 형상이다. 분(墳)자는 흙과 조개껍데기를 수북이 쌓아 만든 것으로 흙과 조개껍데기 30짐을 쌓아 봉분을 만든 것임을 알 수 있다. 이러한 형태의 무덤은 『예기(禮記)』의 공자가 제자들과 나눈 기록으로 보아 춘추시대 말기에 비롯된 것으로 확인된다.

이렇듯 무덤은 살아 있는 사람들이 죽은 자를 위하여 송장이나 유골을 땅에 묻어 놓은 곳을 말하며, 분묘(墳墓)라는 말로 표현할 수 있고, 무덤(墓, 平葬을 의미)에 성토(盛土)한 것(墳)을 통틀어 의미한다. 즉, 흙으로 둥글게 봉분을 만들기도 하고, 돌로 편평하게 만들기도 하며, 묘비를 세워 매장자가 누구인지 표시하기도 한다. 무덤을 분(墳) · 총(塚) · 영(塋) · 묘(墓) · 능(陵)으로 구분해서 쓰기도 하고, 시신을 처리하는 방법은 땅에 묻는 토장(土葬), 불에 태우는 화장(火葬), 물속에 처리하는 수장(水葬), 시신을 토막내 독수리 등 새의 먹이로 주는 조장(鳥葬), 시체를 한데에 버려두어 비바람에 자연히 없어지게 하는 풍장(風葬) 등 시대와 민족에 따라 여러 장법이 시행되었으며, 이중 가장 일반적인 장법은 토장이다.

장(葬)자에서 보듯이 인류 초기의 무덤은 시체를 감추기 위한 것이라 할 수 있다. 그러나 사회에 신앙과 정치가 생겨나고, 사상과 철학이 생기면서 무덤은 다음과 같은 의미에서 시작되었다고 해석된다.

죽은자를 무서워해 관계를 끊기 위해, 지하에 저승이 있다는 신앙에 따라, 시신을 보존하고, 훗날 환생의 신앙적인 필요성과, 시신을 묻어두었다는 표시에서, 움집생활의 풍습에서, 기념 또는 과시용으로서의 기능에 의해서, 죽은자의 영험한 힘을 받아 후손들의 발복(發福)하고자 하는 염원에서, 단순히 위생적인 면에서 비롯된 것으로 파악할 수 있다.

인류의 역사에서 죽은 사람을 매장한 증거는 중기 구석기시대 호모 사피엔스 단계에서 처음 확인되었으며, 신석기시대를 거치면서 인간집단과 그 구성원 내에 계급이 분화되고, 청동기시대가 되면서 그 양상이 더욱 심화된다. 한 사회 내에서도 그 사회가 진화되고 복잡해질수록 매장의례 역시 다양화되고 무덤의 규모나 껴묻거리의 격차도 더욱 커지게 된다. 그리고 차츰 죽은 이를 기리기 위한 기념물의 성격이 포함되었을 것이다. 그러면서 남아 있는 자의 힘을 과시하는 측면, 즉 지배이데올로기가 반영되었다.

한편 무덤의 종류는 봉분의 형태에 따라 방형분(方形墳), 원형분(圓形墳), 쌍분(雙墳), 전방후원분(前方後圓墳)으로 구분할 수 있고, 봉분을 형성하는 종류에 따라 고인돌(支石墓), 석총(石塚), 토총(土塚), 돌무지무덤(積石塚), 전축분(塼築墳) 등으로 분류할 수 있다. 또한 매장시설에 따라 돌널무덤(石棺墓), 돌덧널무덤(石槨墓), 돌방무덤(石室墳), 널무덤(木棺墓), 옹관묘(甕棺墓) 등으로 나누어지며, 대부분은 토광묘를 기본으로 만들어진다. 참고로 관이라는 것은 시신이 들어가는 것이고, 곽이라는 것은 시신과 부장품이 함께 들어가는 것을 말한다. 따라서 곽의 내부에는 관이 있는 경우도 있고, 그렇지 않고 곽만 있는 경우도 있다. 또한 곽은 관보다도 규모가 큰 것이 되며, 곽의 형태보다 큰 것이 무덤방으로 대표적인 것이 돌방(石室)이다.

무덤의 일반적인 구조는 크게 매장시설(埋葬施設), 봉분(封墳), 묘역시설(墓域施設)로 나누어진다. 선사시대부터 간단한 매장시설로는 돌널(石棺)이나 나무널(木棺)만을 사용하는 무덤이 축조된 이후 오랫동안 사용된다.

사회가 분화되고 부장품이 늘어나면서 매장시설도 확대된다. 그래서 규모가 큰 덧널(木槨)이나 돌덧널(石槨)이 축조되고, 그 안에 다시 널(棺)과 같은 시신 매납 용구를 안치하는 구조가 나타난다. 이후 고구려 · 백제 · 신라 · 가야의 영역에서는 지역에 따라 다르지만 대개 4~5세기에 중국식 묘제의 영향으로 덧널(槨)이 아닌 무덤방(室)이 만들어진다. 무덤방은 기본적으로 추가장(追加葬)을 전제로 한 매장시설이기 때문에 방 안으로 드나들도록 방의 한쪽 벽을 헐 수 있도록 하였는데 통로를 낸 앞트기식(橫口式) 복도처럼 축조한 굴식(橫穴式)이 이에 해당된다.

봉분은 매장시설을 밀봉함과 동시에 그 위치와 외관을 표시하는 기능을 가지고 있다. 일반적으로 봉분이란 매장시설을 만든 뒤 그것을 포장하는 시설로 이해할 수 있지만 이와는 상반된 경우도 있다. 돌을 쌓아 돌무지를 만들거나 흙으로 일정 규모의 성토부를 미리 조성하고 그 안에 여러 세대에 걸쳐 매장시설을 배치하는 구조의 무덤양식이 그 예이다. 선사시대에 있어서 요동반도(遼東半島) 여대(旅大)지방의 강상묘(崗上墓), 누상묘(樓上墓)와 같은 돌무지무덤들이 대표적이라 할 수 있다.

삼국시대에는 지배자의 권력을 과시하듯이 고분(古墳), 고총(高塚)이라 불리는 거대한 규모의 봉분이 나타난다. 봉분은 흙으로 쌓는 것(土塚 혹은 土築墳)이 보통이고, 돌을 이용한 것(石塚 혹은 積石塚)도 있다. 봉분을 높게 축조하고 자연 유실을 방지하기 위해서는 판축(板築)이라는 흙쌓기 방법을 이용하기도 하고, 계단식으로 돌을 쌓아 올리기도 한다. 고구려와 초기 백제지역에서는 돌로 봉분을 축조하는 돌무지무덤(積石塚)이 크게 발전하는 시대가 있었다. 신라의 경우 중심지인 경주지역에서는 돌로서 일정 높이를 쌓고 다시 흙으로 덮은 돌무지덧널무덤(積石木槨墓)이 왕묘의 형식으로 유행한다. 한국의 고분에서 봉분의 형태는 타원형이나 원형이 일반적인 편이고, 낙랑이나 고구려지역에서는 방대형이나 계단식 방대형의 외형을 가진 것이 많다. 추가장을 할 수 없는 지하식 매장시설을 가진 경우에 부부합장을 하려면 먼저 축조된 봉분에 또 하나의 봉분을 맞대어 쌍둥이무덤(瓢形墳)을 만든다. 이러한 표주박모양의 봉분은 신라 왕경인 경주를 중심으로 낙동강 동쪽 신라의 영역에서 자주 볼 수 있다. 이와 같은 방식으로 봉분이 덧붙여진 고분은 고구려 돌무지무덤 중에도 발견되는데 〈곶묘(串墓)〉라고 분류된 무덤형식이 그것이다. 특이한 봉분의 형태로서 장고모양(前方後圓形이라고도 함)과 같은 것도 있는데 한국에서는 주로 전남지방에 분포한다.

묘역시설이란 것은 하나의 매장시설이나 서로 관련된 둘 이상의 매장시설이 점유한 영역을 표시해 주는 시설이다. 봉분의 외연은 일종의 묘역을 나타내 주기도 하지만, 봉분 가장자리에 둘레돌(護石)을 돌리거나 도랑(周溝)을 파서 묘역을 표시하기도 한다. 또한 도랑 안팎에서 제사를 지낸 유구가 발견되기도 하는데, 이러한 외곽시설물을 통틀어 묘역시설로 볼 수 있다.

묘역은 원래 하나의 매장시설을 중심으로 구획되는 것(單葬墓)이라고 예상되지만 여러 개의 매장시설을 한 묘역에 배치하는 경우(多葬墓)도 많다. 특히 여러덧널무덤(多槨式古墳)이라 불리는 것은 5세기 중엽 이후 신라 · 가야지역에서 흔히 볼 수 있다.

2. 시대별 무덤양식

1) 구석기

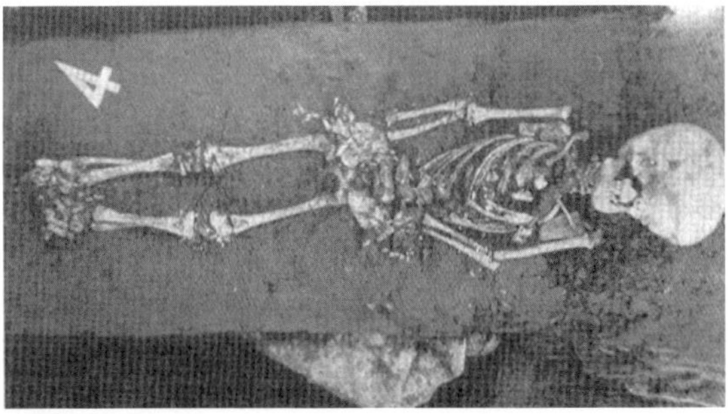

흥수아이 발굴 모습

우리나라의 구석기 시대 장례의식에 관한 자료는 청원 두루봉동굴의 흥수아이에서 찾아볼 수 있다. 장법을 살펴보면 넓고 편평한 석회암 낙반석을 맨 아래에 깔고, 그 위에 고운 흙을 뿌렸다. 그리고 주검을 바로 펴 묻고, 국화꽃을 뿌린 것으로 밝혀졌으며, 다시 그 위에 고운 흙가루를 뿌리고 넓적한 판들을 덮어 놓았다. 또한 동굴 입구 한쪽 모서리에서 많은 양의 진달래꽃가루가 확인되어 장례용으로 꽃을 사용했다고 인식된다.

2) 신석기

신석기시대의 무덤으로 알려진 것으로는 춘천교동의 동굴무덤, 시흥 시도, 부산 동삼동조개더미의 돌무덤, 울진 후포리의 세골장무덤, 부산 범방의 토광묘, 통영 연대도 · 욕지도 · 상노대도 산등조개더미에서 보이는 집단 토장묘 등이 있다. 이 외에 부산 동삼동과 진주 상촌리에서 옹관묘가 발견되기도 하였다.

울진 후포리유적 돌도끼 모습

춘천교동의 동굴무덤은 사람들이 살던 동굴바닥에 세 사람을 펴묻기한 것이며, 경상북도 울진 후포리 유적에서는 직경 4m 남짓한 얕은 무덤구덩이 안에 40여 구의 시신을 장사 지내고 돌도끼 130여 점을 껴묻거리로 넣어준 세골장무덤이다. 통영군 연대도 유적에서도 조개무지(貝塚) 하층에서 매장시설이 발견되었는데 타원형에 가까운 간단한 무덤구덩이를 파고 토기 · 석기와 함께 시신을 펴묻기(伸展葬)하였다. 경남 진주시 상촌리에서는 발견된 옹관묘에서는 화장을 한후 유골을 옹관에 안치한 것이다.

3) 청동기

우리나라 청동기시대의 무덤으로는 고인돌(지석묘), 돌널무덤(석관묘), 독무덤(옹관묘), 움무덤(토광묘) 등이 있다.

춘천 천전리 고인돌

고인돌은 청동기시대 대표적인 무덤으로 지상에 대석(大石)을 올려 봉분(封墳)으로 삼는 형식의 무덤으로 지석묘라고도 한다. 굄돌 또는 고임돌에서 연유된 명칭으로 고임(支)과 돌(石)에서 지석묘라 한다. 거대한 바위가 지상에 드러나 있고 그 밑에 고임돌(支石), 묘역시설(墓域施

設), 무덤방 등이 있는 구조를 가지고 있다. 대부분 무덤으로 쓰이고 있지만 공동무덤을 상징하는 묘표석(墓標石) 또는 종족이나 집단의 모임 장소나 의식을 행하는 제단(祭壇) 혹은 기념물로 사용되는 것도 있다. 아시아지역에서는 우리나라에 약 4만여 기로 가장 많이 분포되어 있으며 그 중에서도 전남지방에서 2만여 기로 밀집분포 되어 있다.

부여 송국리 돌널무덤

한국의 고인돌은 외형적 형태에서 크게 탁자식(卓子式), 기반식, 개석식(蓋石式), 위석식(圍石式) 등 4종류가 있다. 고인돌 유적은 2000년 12월 세계문화유산으로 등록되었고, 고창 · 화순 · 강화고인돌유적(Gochang, Hwasun and Ganghwa Dolmen Sites)은 밀집분포도, 형식의 다양성으로 고인돌의 형성과 발전과정을 규명하는 중요한 유적이며 유럽, 중국, 일본과도 비교할 수 없는 독특한 특색을 가지고 있다.

4) 초기철기시대

초기철기시대는 보통 한국고고학에서 B.C. 300~400년에서 기원후 3~400년 시기까지를 말한다(기원전후로부터 300년까지를 原三國時代라 부르기도 한다). 역사적으로 북부지역에서는 고조선(古朝鮮)과 위만조선에 이어 고구려(高句麗)가 등장하는 시기이고, 남부지역에서는 삼한(三韓)이 자리잡았던 시기로 서울지역과 경주지역에서는 철기문화를 바탕으로 하는 독자적인 중심세력이 형

사천 늑도유적의 무덤

연천 횡산리 적석총

성되면서 백제(百濟), 신라(新羅) 및 가야(伽耶) 등으로 발전되어 나갔다. 대체적으로 널무덤, 덧널무덤, 움무덤, 이음독무덤, 돌무지무덤(積石塚) 등이 유행했으며, 널무덤은 가장 주된 무덤으로 다량의 철기와 청동기, 철기 등을 껴묻은 경우가 많았다. 이 시기의 무덤으로는 대동강 유역의 재령군 고산리의 움무덤, 강서 태성리의 덧널무덤, 서흥 천곡리 돌널무덤(石棺墓), 서울 가락동 유적의 널무덤과 즙석봉토분, 석촌동의 즙석봉토분, 움무덤, 독널무덤, 천안 청당동 유적의 널무덤, 부여 합송리유적의 널무덤, 장수 남양리유적의 널무덤, 창원 다호리 널무덤, 사천 늑도의 돌널무덤, 널무덤, 독무덤 등이 있으며, 돌무지무덤은 양평 문호리, 춘천 중도, 제원 양평리, 제원 도화리, 연천 횡산리, 삼곶리, 학곡리 등, 2~3세기경에 해당되는 무기단식 돌무지무덤이 발견되는데, 4세기 중반 이후에는 서울 석촌동 부근에서처럼 기단식 돌무지무덤으로 발전된다.

5) 고조선

고조선은 청동기시대부터 철기시대에 걸쳐 요동~서북한 지역에 존재한 국가이므로 분묘 또한 두 시기의 양식이 모두 존재한다. 초기(청동기)에는 고인돌과 돌널무덤이 주로 조영되었고, 요동반도 일대를 중심으로 돌무지무덤(積石墓)이 출현한다. 후기(초기철기시대)에는 서북한 지역을 중심으로 돌돌림무덤과 돌덧널무덤 및 덧널(나무곽)무덤이 집중 분포한다. 고조선의 무덤으로는 여대 강상묘와 누상묘, 평양 정백동 4호분, 평양 정봉리 돌덧널무덤 등이 있다.

강상묘 실측도

6) 삼한

김해 대성동 출토 쇠뿔잡이항아리

삼한에서는 소형의 널무덤이 출현하였으며, 기원후 2세기 중반부터 덧널무덤으로 발전한다. 중부지방에서는 돌무지무덤이 나타나고, 움무덤과 독무덤이 계속해서 만들어졌다.

이 시기에는 죽은 사람의 영혼이 하늘나라로 날아갈 수 있도록 큰 새의 깃털을 장례에 사용했는데 하늘을 날아다니는 새가 저승과 이승을 연결해주는 동물로 생각되었기 때문이며, 새가 죽은자의 영혼을 인도해 준다고 믿었다. 한편『삼국지』동이전에 소와 말을 장사에 사용했다고 했는데 실제 풍납토성에서는 많은 말뼈가 출토된 바가 있다.

김해 대성동 고분군에서 가장 이른 시기의 묘제는 널무덤으로서, 이들 널무덤들은 삼한시대(三韓時代) 전기에 해당되며『삼국지(三國志)』위지(魏志) 동이전(東夷傳)에 나오는 변진 구야국(弁辰狗邪國) 지배집단의 무덤에 비정되고 있으며, 쇠뿔잡이항아리(組合式牛角形把手府壺), 주머니토기, 항아리(短頸壺) 등의 와질토기류, 철검(鐵劍), 쇠화살촉(鐵鏃), 쇠투겁창(鐵矛) 등의 철제 무기류가 출토되었다.

7) 고구려

고구려의 무덤은 집안시를 중심으로 한 압록강유역과 평양을 중심으로 한 대동강유역에 집중 분포되어 있다. 초기에는 고유의 무덤형태인 돌무지무덤이 축조되다가 4세기가 되면 외부의 영향을 받은 돌방무덤이 출현한다. 돌방무덤에는 벽화가 그려지기도 한다.

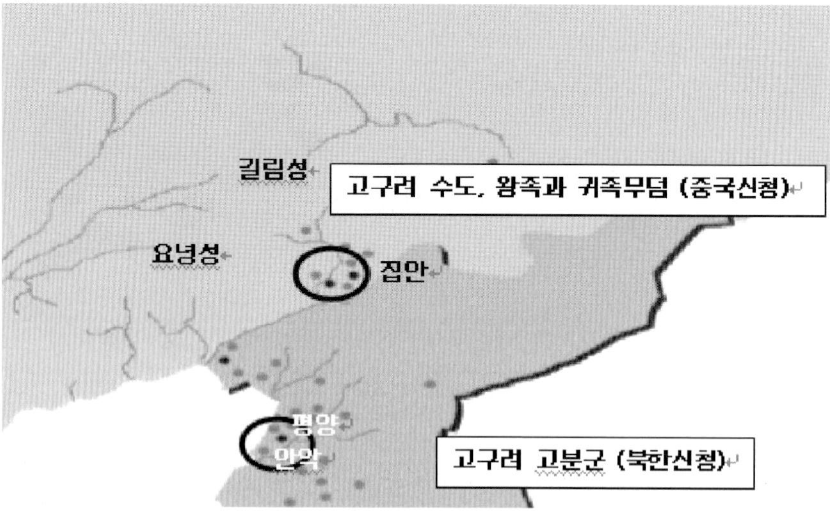

세계문화유산 등재 고구려유적 분포도

고구려의 무덤으로는 북한의 세계문화유산으로 등재된 평양 동명왕릉 등 진파리 고분 15기, 평양 호남리 사신총과 호남리 1~16호분 등 주변의 고분 34기, 평남 대동군 덕화리 고분 3기, 평남 강서군 강서삼묘, 덕흥리 · 약수리 · 수산리 고분과 용강군 용강대총 · 쌍영총 등 8기, 황해남도 안악군 안악 1~3호분 3기 등 고구려 고분군(The Complex of the Koguryo Tombs) 총 63기(벽화고분 16기) 등과 중국의 등재유적으로 태왕릉 · 장군총 · 임강묘 · 천추묘 · 서대묘 등 왕릉 13기와 각저총 · 무용총, 환문총 · 모두루총(염모묘) · 귀갑총, 장천 1 · 2 · 4호분, 오회분 1~5호묘 등 귀족묘 26기가 있다.

장군총

안악2호분

8) 백제

백제의 무덤형식으로는 돌무지무덤, 나무널무덤, 돌덧널무덤, 돌방무덤, 독무덤 등이 있다.

백제의 문화는 무령왕릉에서 보여지듯이 부드러우면서 섬세하고 격조가 있으며, 국제적인 성격을 지니고 있다. 한성(漢城)시대에는 대형의 돌무지무덤이 왕족의 무덤으로 채택되었으며, 점차 합장을 위한 돌방무덤이 출현한다. 한편 널무덤과 덧널무덤도 일부 이용되었다. 웅진(熊津)시대가 되면 돌무지무덤이 없어지고, 무령왕릉처럼 중국계 벽돌무덤이 새로 만들어진다. 사비(泗沘)시대에는 장방형 돌방무덤이 유행한다. 전남지방에서는 늦게까지 토착묘제를 고수하는 큰 독무덤이 유행하였다.

무령왕릉 내부

백제의 대표적인 무덤으로는 석촌동 고분군, 나주 복암리, 공주(公州) 송산리(宋山里) 고분군, 무령왕릉(武寧王陵), 부여 능산리 고분군, 영암 내동리 초분골 독무덤, 광주 명화동 장고형고분 등이 있다.

광주 명화동 장고형 고분

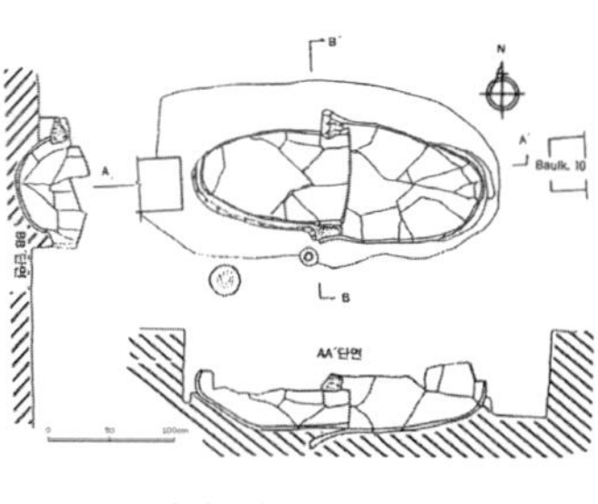

영암 내동리 독무덤

9) 신라

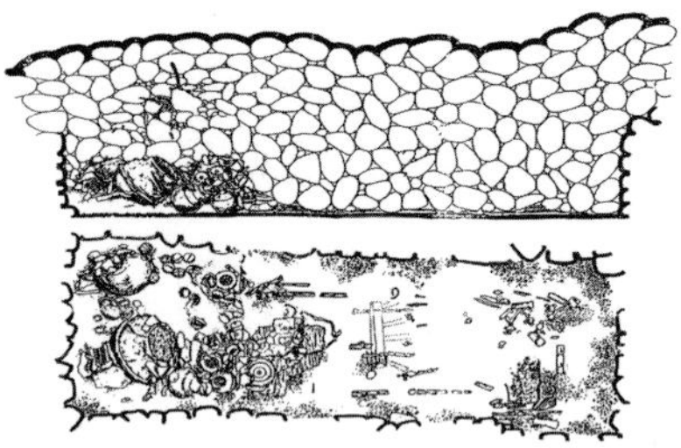

호우총 입단면도

황남대총 98호분

신라의 무덤은 덧널무덤, 돌덧널무덤, 독무덤, 돌방무덤 등 다양한 형태의 무덤이 있으나 전형적인 신라무덤은 돌무지덧널무덤이라 할 수 있다. 초기에는 구덩이에 널을 쓰던 널무덤이 주로 축조되었다. 이후 경주에는 4~6세기 전반까지 나무널무덤 위를 돌로 덮은 대형 돌무지덧널무덤이 집중적으로 만들어졌다.

황남대총 북분 매장주체부

이는 왕과 왕족 귀족들이 이전부터 쓰던 덧널무덤양식에 돌무지를 두르고 봉분을 씌우는 수법으로 구조상 매장이 끝난 다음에 추가장은 불가능하다. 따라서 합장하려는 경우 추가장이 아닌 한 고분안에 덧널을 추가하거나 먼저 만든 무덤에 아주 근접하게 고분을 축조하여 친연관계를 표시하였다.

대표적인 무덤으로 금관총, 금령총, 은령총, 식리총, 서봉총, 쌍상총, 마총, 호우총, 천마총, 황남대총, 토우총 등이 있으며, 경주 구정동 무덤은 신라초기의 무덤으로 언덕을 봉토로 이용했는데 널무덤과 돌무지덧널무덤의 과도기적 형태이다. 금령총은 신라의 돌무지덧널구조를 처음 밝혀낸 무덤이다. 한편 신라무덤에서 출토된 유물 중에서 가장 특색이 있는 것은 천마총에서 나온 천마도(天馬圖)이다. 이 그림은 하늘을 나는 천마의 모습이 표현되어 있어 붙여진 이름인데 말다래(障泥)의 서수(瑞獸)가 상상의 동물인 기린이라는 주장이 있다. 또한 서봉총에서 출토된 연수(延壽)라는 고구려 연호가 새겨진 청동 그릇과 호우총에서 출토된 '광개토지호태왕(廣開土地好太王)'이라는 청동그릇은 당시 신라와 고구려의 관계를 설명해주는 자료이다.

10) 가야

가야는 변한을 기반으로 성립한 세력으로 나무덧널무덤, 돌덧널무덤, 돌방무덤 순으로 변천하였다.

고령 지산동 고분군

김해 대성동 고분

초기에는 신라지역과 마찬가지로 널무덤이 유행하다가 부산 복천동, 김해 대성동, 울산 하대 등의 덧널무덤으로 발전한다. 5~6세기에는 고령 , 합천 등 내륙을 중심으로 구덩식돌덧널무덤(竪穴式石槨墓)이 주로 만들어졌다.

김해 대성동 고분군과 양동리 고분군 등 덧널무덤(木槨墓)단계의 대형묘에서는 다량의 낙랑계(樂浪系) 및 왜계(倭系) 유물이 출토되며, 5-6세기 고성지역 고분문화에서 신라계 문화와 왜계 문화요소가 혼합되는 양상을 볼 수 있다. 이러한 지정학적인 여건은 가야문화 자체가 국제성을 띠게 되고 또한 주변국들에게 문화적인 영향을 끼치는 배경이 되었으리라 여겨진다.

11) 통일신라

통일신라시대에는 돌무지덧널무덤을 대신하여 돌방무덤이 왕을 비롯한 귀족에게 수용되고, 불교문화가 발달하면서 통일신라시대에는 불교의 영향으로 화장이 성행해 뼈를 항아리에 담아묻는 매장방법이 유행하였다. 돌방무덤은 6세기경 고구려와 백제의 영향으로 만들어지기 시작한 것으로 돌무지덧널무덤이 평야지대에 있는 것과는 달리 경주분지 주변의 구릉지대로 옮겨간다.

장산 토우총 돌방무덤

김유신묘

돌방 한쪽 벽에 출입시설을 두어 추가장을 사용할 수 있게 하였으며, 돌무지덧널무덤에 비해 규모가 축소된다. 이는 율령체제의 확립으로 사회가 제도화되었기 때문으로 이해된다. 대체로 돌방무덤에서는 시상(屍床)의 받침대 위에 시신을 안치하고, 돌베개와 다리받침이 있으며, 나무관 없이 시신을 바로 시상위에 안치했던 것으로 보인다.

이 시기의 무덤은 흙으로 덮은 봉토에서 당나라시기의 석물, 신도가 완비되는 형식으로도 발전한다. 무덤 주위에 호석을 돌리고, 12지신이 장식되며, 문인상, 무인상, 동물의 상이 세워지는데 이러한 배치는 고려 · 조선으로 이어지는 한국식 왕릉의 시작이라 볼 수 있다. 김유신묘, 무열왕릉, 쌍상총, 괘릉 등이 대표적이다.

12) 발해

정혜공주 묘비

정효공주묘 벽화모식도

무덤 양식에는 돌방무덤(石室墓), 돌덧널무덤(石槨墓), 돌널무덤(石棺墓), 벽돌무덤, 흙무덤이 있다. 기본형식은 돌을 이용하여 무덤을 쌓는 고구려 고분의 구조를 계승한 돌방무덤이다. 대표적인 것으로 정혜공주 무덤이 있다. 벽돌무덤은 당나라로부터 영향을 받은 것으로서 8세기 후반 무렵부터 상층부에서 수용하였지만 그 숫자는 많지 않다. 대표적인 것으로 정효공주 무덤인데 이는 벽은 벽돌로 쌓으면서 천장은 돌로 평행고임을 하여 돌방무덤과 벽돌무덤이 결합된 양상을 보여준다. 흙무덤은 발해 건국 이전부터 유행하던 말갈 전통에 따른 것으로서 발해 변방지역에서 지속되었다.

13) 고려

고려시대에는 유교문화가 전해지면서 상을 당하였을 때, 입는 옷과 기간을 제도화한 오복(五服)제도가 도입되었다. 그러나 초기에는 불교식과 유교식이 결합되어 사용되었다. 무덤은 굴식돌방무덤, 돌덧널무덤 그리고 움무덤 등이 사용되었는데 사회 계층과 신분에 따라 채택하는 무덤의 양식이 달랐다.

돌방무덤은 왕릉을 중심으로 개성과 강화 지역에 고분군을 형성하였으며, 풍수지리 사상에 입각하여 위치하였고, 십이지신상을 새긴 호석을 돌렸다. 또한 무덤 주변에는 돌로된 난간을 돌렸고, 정면에는 망주석, 장명등, 문인상, 무인상, 돌사자 등을 배치하였다. 한편 귀족사회에서는 화장하면 6매의 판돌로 조립하는 작은 돌널을 사용하였는데 크기는 대개 1m를 넘지 않으며, 작은 판돌에 구멍을 뚫어 큰 판돌을 끼워서 조립하고 바닥돌에는 홈을 파서 물리게 하여 상자처럼 단단하게 만들었다. 여전히 돌덧널무덤도 일정한 수준 이상의 지위에 있던 중간 지배층의 무덤으로 사용되었으며, 일반 백성의 무덤으로 토광묘가 널리 사용되었다. 이 시기의 토광묘는 청자 등을 껴묻는 일정한 형식을 갖춘 것으로 고려시대에 들어 일반 백성도 일정한 형식을 갖춘 무덤을 축조하는 단계로 접어들었음을 보여준다.

석릉(강화도)

14) 조선

고려후기부터 조선시대에는 유교적 장법이 서민층에게까지 일반화되면서 지하에는 목관을 안치하는 작은 공간을 마련하고 지상에는 일정 규모의 봉토를 마련하여 무덤임을 표시하고, 무덤마다 누구의 무덤인지 묘비를 세우는 것이 일반화된다.

동구릉

또한 분묘의 실전(失傳)을 막고, 피장자의 생전 행적을 살피기 위해 묘지를 묻었으며, 사자의 영생을 위해 명기(明器)를 만들어 묻었다. 명기는 조선시대 초기에 나무로 만들었으나 중기 이후로 자기로 많이 만들어졌다.

조선후기에 들어와서는 지하에 목관을 안치하기 전에 토벽에 회칠을 하거나 회벽을 두껍게 마련한 다음에 그 안에 관을 안치하는 회곽묘가 유행하게 된다. 회곽은 썩지 않아 상당히 오랫동안 무덤의 현상을 유지할 수 있다는 장점이 있다. 왕실의 묘는 능(陵), 원(園), 묘(墓)로 구분된다. 능은 왕과 왕비, 원은 왕의 사친(私親), 왕세자와 세자빈, 묘는 대군, 공주, 옹주, 후궁, 귀인 등의 무덤으로 위계에 따라 명칭을 다르게 정한 것이다. 능의 형식은 분묘조성형태에 따라 단릉(單陵), 쌍릉(雙陵), 삼연릉(三連陵), 두 언덕에 왕과 왕비의 능을 조성한 동원이강릉(同原異岡陵), 합장릉(合葬陵)으로 나뉜다.

3. 고대인의 내세관

현대인은 대부분 삶과 죽음의 영속성(永續性)을 믿지 않는다. 현대인에게 삶은 일회적인 것이어서 죽음으로 단절된다고 보는 것이다. 하지만 고대 한국인들은 죽음을 통해 삶을 파악했고, 삶의 일부분으로 죽음을 사고했다. 고구려인들은 남녀가 결혼을 하면 '송종지의(送終之衣)라 하여 상장례(喪葬禮)용 옷을 만드는 풍습이 있었다. 결혼과 동시에 죽음을 준비했던 것이다. 삶과 죽음이 불가분의 관계로 이어진다고 보는 관념의 반영이며, 인생의 통과의례는 죽음과 재생을 거쳐 이루어진다는 사고방식에서 출발한 것이다. 전남 진도지역의 민속에선 출상 전날에 벌이는 상여놀이 가운데 '다시래기' 라는 과정이 있다. 여기서는 적극적으로 성희(性戱)를 즐기고 새 생명의 출산과정을 구체적으로 연출하는 놀이가 펼쳐진다.

고대 한국인들은 죽은 자와 죽은 자의 영혼에 대해 '애정과 공포' 라는 상반된 두 가지 태도를 갖고 있었다. 이 때문에 사체를 보존하기도 하고, 사체를 방기하거나 파괴하는 관습이 공존했다. 신석기시대 인골 위에 다량의 돌도끼를 놓아 둔 것이나 청동기시대에 지하 깊숙이 매장공간을 둔 것이나 여러 겹으로 뚜껑돌을 덮어 놓은 것은 죽은자를 산사람에게서 멀리 떨어지게 하려는 의도로 해석되고 있다. 또한 적석목곽분과 통일신라시대의 석실분에서 주(朱)가 확인되는 것은 붉은색이 지니는 피와 생명의 의미, 곧 죽은자의 부활을 염원하는 관념이 반영된 것이라 할 수 있다. 부여에서는 사체를 야산에 버려 썩게 내버려두는 것이 징벌이기도 했으며, 사체의 보존을 중시해 여름에는 얼음을 사용하기도 했다. 무덤을 만들어 사체를 안치하고 사체의 훼손을 두려워했던 것은 육체의 보존이 영혼의 보존이라는 관념에 바탕을 둔 것이다. 신라나 가야 지역의 무덤에서는 배 모양, 새 모양, 말 모양, 신발 모양 토기 등이 종종 부장(附葬)됐다. 이들은 모두 이동이나 운송 수단을 흉내낸 것으로 보인다. 특히 새나 배는 여러 문화권에서 영혼의 운반 수단으로 여기고 있다. 고대 한국의 문화와 밀접한 관련이 있다고 여겨지는 시베리아의 샤머니즘적 세계관에는 신계(神界)를 비롯, 인간계와 사후세계가 수직적으로 구성된 우주관이 자리잡고 있었고, 한국 무가(巫歌)에 나타나는 신계와 저승은 인간계에서 오랫동안 걸어서 도달하는 곳으로 설정돼 있는 경우가 많다. 무속에서 영혼을 저승으로 보내는 의례에서도 이승과 저승은 흔히 평면적인 공간으로 이동함으로써 왕래가 가능한 곳으로 나타난다.

고구려 고분벽화에 대한 연구결과는 현실세계의 삶이 사후에도 이어진다는 계세적 내세관(繼世的 來世觀)과 신선세계로 올라간다는 승선적(昇仙的) 내세관, 불교적 내세관이 존재하였다. 즉 불교가 국가의 공식 종교로 선포되고 왕실의 전폭적인 후원 아래 사회 전체로 확산되어 가는 5세기에 이르러 인물풍속적인 요소가 점차 약화되고 불·보살상, 연화문, 연화화생, 비천, 화염문 및 공양인 행렬도와 같은 새로운 불교적 소재들이 유행하여 기존의 계세적 사후세계관과는 구별되는 불교적 세계관이 나타난다. 계세적 내세관에서는 영혼의 불멸을 보증하기 위해 사체와 사후 거주처인 무덤을 보존하는 것을 중요하게 여겼다. 백제의 경우에도 무령왕릉의 묘지와 매지권(買地券) 등의 유물을 통하여 승선적 내세관이 존재하였으며, 이것은 신선사상과 불교사상을 이해한 최고 지배층의 전유물이었다.

무덤의 종류, 크기 등이 변화하며 사체와 함께 넣는 껴묻거리(副葬品)나 공헌품(貢獻品) 등도 종류나 수량, 그리고 그 배치방법 등이 변화하게 된다. 이 경우 많은 껴묻거리를 넣는 것을 후장(厚葬), 그렇지 않은 것을 박장(薄葬)이라 부른다. 후장의 풍습은 현실세계가 내세에도 이어지기를 바라는 계세적 내세관과 연관되었을 가능성이 높다. 그렇다면 박장은 승선적, 불교적 내세관이 연관된 것으로 볼 수 있다.

이런 점에서 후장과 일맥 상통하는 순장이 승선적, 불교적 내세관과 어울리지 않음은 당연하다. 결국 신라와 가야는 계세적 내세관을 비교적 오랫동안 간직하였다고 볼 수 있다. 후장을 치르던 사회가 박장으로 전화하는 데에는 내세관과 사상적인 변화가 중요한 요인이었다. 고대 한국인들은 죽음을 통해 삶을 파악했고, 삶의 일부분으로 죽음을 사고했다. 무덤의 구조나 벽화, 껴묻거리는 피장자의 생시 사회적 지위나 역할, 사후세계의 풍요하고 평안한 생활에 기원, 영혼의 위무(慰撫)를 표현한 것이다.

4. 우리의 전통장례

우리 민족의 상장에 관한 기록은 『삼국지(三國志)』「위지동이전(魏志東夷傳)」과 『후한서(後漢書)』「동이전(東夷傳)」에서 찾아 볼 수 있다.

부여에서는 여름에 사람이 죽으면 얼음을 넣어 장사 지냈는데 이것은 시신이 부패하는 속도를 늦추는 가장 손쉬운 방법이었을 것이다. 사람을 죽여 순장시키는데 숫자가 많은 자는 백 명이나 되었다. 또 임금이 죽으면 옥갑에 넣어 장사지낸다. 장사를 후하게 지내는데 곽은 사용하나 관은 사용하지 않았다. 또 될 수 있는 한 장례기간을 길게 하는 것을 예로 알아 5개월 장을 행하였다. 예(濊)에서도 위 기록을 통해 사람이 혹 중한 병으로 앓거나 죽는 일이 있으면 그 집을 헐어버리고 새로운 집을 지어 살았다.

동옥저에서는 부여와는 달리 뼈만 추려 묻는 이중장(二重葬)을 행하였다. 장사를 지낼 때 큰 덧널을 만드는데 그 길이가 십여장이나 되며, 한 쪽 머리에 문을 만들어 놓는다. 사람이 죽으면서 먼저 시체를 임시로 매장하여 가죽과 살이 모두 썩게 한 다음, 그 뼈만을 추려서 곽 속에 넣는다. 한 가족의 유골을 하나의 곽속에 넣어 보관하는데 살아 있을 때의 모습을 본 떠 나무로 깎은 인형을 죽은 사람 수대로 넣어준다. 또 옹기로 만든 솥에 쌀을 담아서 널의 문 옆에 엮어 매달았다. 이러한 것은 『삼국지(三國志)』「위지동이전」 동옥저 편에 잘 나타나 있다. 변한과 진한에서는 장사지낼 때 관 밖의 덧널에 큰 새의 깃털을 꽂았다. 삼한은 장사 지낼 때 소와 말을 잡아 사용하였다.

장사 때 곽에 새의 깃털을 꽂는 것은 새가 영혼을 현세에서 천상세계로 운반하는 매개자 노릇을 한다고 믿었기 때문이다. 또한 새는 천상으로 가는데 인도자 구실을 하였다. 이러한 예는 무덤이나 주거지에서 출토된 새 형태의 토기나 청동거울, 동검 등에 새겨진 새의 문양에서 알 수 있다. 또 소와 말을 쓰는 것은 부를 상징하는 재산적 가치와 종교적 의미를 나타낸다. 고대에 소와 말은 교통수단의 역할로서 특히 말은 죽은 자의 영혼을 지하에서 천상 세계로 운반하는 매개 동물로 생각하였다. 고구려 사람들은 삶과 죽음이 하나가 된 생사관을 가졌다. 이러한 고구려의 장례 습속은 『수서(隋書)』「고구려전(高句麗傳)」에 잘 나와 있다. 그들은 생전에 수의를 만들어 놓아 삶과 죽음을 분리하지 않았다. 초상이 나면 처음에는 눈물을 흘리며 곡을 하지만, 장례에는 풍악을 울리고 춤추고 노래를 하며 망자를 저승길로 인도하였다. 또 사람이 죽으면 집안에 빈소를 만들어 3년 동안 모셔 두었다가 3년이 지나면 좋은 날을 택해 장사를 지냈으며, 부모와 지아비는 3년, 형제는 3개월 동안 상복을 입었다. 또 생전에 입던 의복과 패물, 수레, 말 등을 무덤 옆에 쌓아두어 장례에 참석한 사람들이 가져가도록 하였다. 봉분은 돌로 쌓아서 만들고 소나무, 잣나무를 그 주위에 벌려 심었다. 특히 장례에 가무를 행하는 풍속은 수백년 동안 전해 온 유교식 상장 의례와는 배치된다.

백제에서는 『주서(周書)』「이역전(異域傳)」 백제을 통해 부모와 남편이 죽으면 고구려와 같이 3년복을 입었으나 나머지 친족은 장례를 마치면 바로 복을 벗었다. 이처럼 백제의 장속은 부모와 남편의 상복이 3년인 점으로 미루어 고구려의 풍습을 따랐던 것으로 보인다.

신라에서는 관을 사용하여 염을 하고, 장사를 지냈는데『수서(隨書)』동이전 신라편을 통해 살펴 볼 수 있다. 따로 능을 설치하거나 불교의 예에 따라 화장을 하여 장골(藏骨)을 하기도 하고, 바다에 뼛가루를 뿌리기도 하였다. 지증왕 때에는 상복제도를 제정하여 반포하였는데 임금이나, 부모, 처자의 상에 모두 한가지로 1년 동안 상복을 입도록 하여 고구려나 백제의 3년 상복에 비해 그 기간이 짧았다. 그러나 신라의 상복기간은 문무왕 때, "서역나라 법식에 따라 화장할 것이며, 상복을 입는 경중은 일반규례가 있을 터이나 초상 치른 절차는 힘써 검소와 검약하게 시행토록 하라"는 유언을 받들어 죽은 자와의 침소에 따라 기간을 달리하였다.

고구려는 동천왕(東川王, 248년) 때 순장법(殉葬法)을 금지시켰고, 신라는 6세기 초에 순장법을 금하고 상복법(喪服法)을 정하였으며, 백제도 고구려와 비슷한 시기에 상복제도를 제정하였다. 이는 영혼불멸이라는 계세사상(繼世思想)의 영향으로 시작된 것으로 생각되며, 이것이 사회적으로 제도화된 것은 순장법이 사라지면서부터라고 본다. 삼국시대에 염습이란 말과 함께 죽은 사람에게 입히는 수의(壽衣)개념의 복식에 대한 자료를 찾을 수 있다. 초종이나 상복 입는 기간들이 나타나는 것으로 보아 이 시기부터 사회적으로 어느 정도 상장례의 절차가 정비되기 시작한 것으로 보인다.

삼국시대에 전래되기 시작한 시작한 유교는 고려 성종 때에 죽은자와의 친소관계에 따라 삼년, 기년(1년), 대공(9월), 소공(5월), 시마(3월) 등 상복을 입는 기간과 형식을 달리하는 오복제도를 최초로 성문화여 반포하였다. 그러나 일반 백성에서는 여전히 전래적 요소가 강한 무속과 불교 의례가 합쳐진 무불식(巫佛式) 상례와 백일상제(百日喪制)가 널리 시행되었으며, 유교식 토장과 상반되는 불교식 화장법과 망자를 극락으로 인도하는 추천재(追薦齋)와 같은 설재가 주류를 이루었다. 고려의 불교식 화장법은 사망-불사(佛寺) 부근에서의 화장-습골(拾骨)-권안(權按:일정 기간 절에 유골을 안치하는 것)-매장(埋骨)의 과정을 겪는다.

하지만 고려말 공양왕은 아비도 모르는 오랑캐의 법을 따를 수 없다면서 화장하면 엄하게 다스리도록 하였으며, 1395년 태조 4년에는 삼일장과 화장을 헌사(憲司)에게 금지하게 하였다. 복제도 고려는 일반적으로 백일장을 행했으며, 심지어는 삼일장을 하기도 하였다. 한편 고려에서는 하루를 한 달로 계산하여 장례를 치루는 역월제(易月制)를 행하기도 했는데 고려 경종, 문종비 인예태후, 순종, 숙종, 예종, 인종, 원종 등에 시행되었다.

상장례가 사회적으로 정비되기 시작한 것은 삼국시대이지만 국가적으로 제도화된 것은 조선시대이다. 이는 국조오례의(國朝五禮儀), 상례비요(喪禮備要), 사례편람(四禮便覽) 등과 같은 각종 예서를 보면 알 수 있다. 초종에서부터 습(襲), 소렴(小殮), 대렴(大殮), 탈상에 이르기까지 상장례 절차가 상세히 기록되어 있다. 이들 예서에서는 명칭 및 구분에 약간의 차이가 있으나 전통적인 상장례는 초종(初終), 복(復), 수시(收屍), 발상과 부고(訃告), 염습, 문상, 치장(治葬), 발인(發靷), 노제, 산역, 하관 순으로 이루어진다.

요컨대 조선왕조 500년을 거쳐 현재까지도 시행되고 있는 유교식 상장의례는 우리 고유의 습속인 것으로 알고 있으나 이것은 유교문화에 따른 외래요소가 가미된 것이라 할 수 있으며, 주자가례가 도입되어 시행되기 전까지만 해도 우리 고유의 상장례 풍습은 민간신앙과 불교적인 요소가 습합된 것이라고 할 수 있다.

【참고문헌】

國立文化財硏究所, 『考古學事典』, 학연문화사, 2001.

한국역사연구회, 『역사문화수첩』, 역민사, 2003.

국사편찬위원회, 『한국사』 2 · 3, 탐구당문화사, 1997.

韓國考古學會, 『무덤연구의 새로운 시작』, 제51회 전국역사학대회 고고학부 발표자료집, 2008.

金元龍, 『韓國考古學槪說』, 志社, 1986.

나희라, 『고대 한국인의 생사관』, 지식산업사, 2008.

국사편찬위원회, 『상장례, 삶과 죽음의 방정식』, 두산동아, 2005.

제7장 가족제와 족보

1. 한국 가족제의 변천
2. 성씨와 본관의 유래
3. 재산상속제의 변천
4. 족보의 편찬과 변천

제7장 가족제와 족보

유 재 춘

1. 한국 가족제의 변천

가족에 대한 정의는 학자에 따라 다소의 차이가 있으나 '혼인이나 혈연 또는 입양의 유대로 맺어지며 단일가구를 형성하는 집단' 이라는 것이 대표적인 정의의 하나이다. 그러나 경우에 따라서는 가족의 구성원이 반드시 이와 같은 형태로 이루어지는 것이 아니기 때문에 종종 '가구(家口)' 라는 말이 사용되기도 한다. 한국의 경우 가족제는 여러가지 측면에서 변화를 겪어 왔는데, 모계사회가 있었다고 주장되기도 하지만 사료적 뒷받침은 아직 미흡하며 대체로 쌍계가족구성에서 엄격한 부계혈연 중심의 직계가족제로 변모하였다가 부부관계를 중심으로 하는 핵가족제로 변하여 왔다고 할 수 있다.

가족의 형태가 어떠한가 하는 문제는 부부가 혼인후 결혼생활을 어디서 하는가 하는 것과 밀접한 관계가 있다. 우리나라에는 이미 고대에 서류부가혼(壻留婦家婚) 풍습이 있었다. 고구려에는 자녀가 성장할 때까지 처가에 체류하는 풍습이 있었고, 그 뒤 점차로 그 기간이 단축되기는 하였으나 이러한 풍습 자체는 조선시대까지도 거의 없어지지 않았다.

그런데 이 풍습이 고려시대까지는 문제시되지 않았으나 조선시대에 들어 사회제도가 점차 유교식으로 바뀌면서 이 풍속이 문제시되기 시작했다. 즉, 유교의 가정의례를 규정한 주자의 ≪가례(家禮)≫에 의하면, '친영(親迎)' 이라는 규정이 있는데 이는 남자가 친히 여자를 맞아 자신의 집으로 데리고 와서 예식을 거행하는 것을 말한다. 이러한 의식을 둘러싸고 당시의 유학자들 사이에서는 서류부가혼을 금지시키고 친영(親迎)을 전면적으로 실시하여야 한다는 주장과 오랜기간 동안 시행되어 온 풍습을 하루 아침에 금지하기는 어렵다는 주장이 대립하였다. 특히 세종대에는 우선 왕실에서 시행하여 사대부들이 본받게 하도록 하였고, 중종대에는 친영(親迎)의 시행을 선포하여 사대부 계층에서 널리 행해지기도 하였으나 이행하지 않는 사람들에 대한 처벌이 어렵다는 논의가 계속 있는 것으로 보아 서류부가혼의 습속은 여전히 남아있었음을 알 수 있다.

이와 같이 사위와 딸이 장기간 처가에서 생활하였기 때문에 사위와 딸을 무시하고 아들과 친손(親孫)만으로 부계(父系) 중심의 가족관계를 형성한다는 것은 조선 초까지는 어려웠을 것으로 생각된다. 서류부가혼은 여자 쪽에 비해 남자 쪽이 기우는 결혼이나 아들이 없는 집에서 행하는 데릴사위제와는 달리 계층이나 경제력에 상관없이, 그리고 아들의 유무와 상관없이 행해진 혼인제도이다. 오늘날 결혼을 여자가 '시집을 간다' 라고 말하기 이전에 남자가 '장가를 든다' 라고 표현했던 그러한 결혼 습속이 바로 서류부가혼의 흔적이라 할 수 있다.

친족제도의 변화에 대하여 살펴보면, 우리 나라의 부계혈연집단인 씨족은 장자와 차자, 친손과 외손, 아들과 딸(사위)의 차별과 동성동본인 부계 혈연자의 입양에 의한 충원에 의해서 유지된다고 할 수 있다. 그런데 이러한 차별이나 입양은 조선 중기인 16, 17세기에 이르러서 점차 보편화되었으므로 그 이전에는 부계 혈연자의 강한 결합은 없었을 것이다.

그런데 조선 중기인 17세기에 이르러 급격한 변화를 겪게 된다. 즉, 조선 초기까지는 친손과 외손을 동등하게 여기는 자손보(子孫譜)의 성격을 강하게 띠고 있던 족보가 동족사상의 형성 · 강화로 말미암아 외손의 수록범위가 축소되고 자녀의 기재순위가 출생순으로 기재하던 방식에서 아들을 먼저 기록하는 방식으로 바뀌었으며 항렬자(行列字)의 사용범위가 확대되었다.

한편, 양자의 경우 입양의 비율이 증가함은 물론 종가사상(宗家思想)이 강화되고, 또 양자결정시에 남녀가 동등하게 참여하던 방식에서 점차 의사결정 과정에서 처족의 참여가 배제되어 갔다. 이와 같이 17세기는 양계 존중에서 부계 한 쪽만의 존중으로 변모해 간 중대한 변화가 일어난 시기였다.

따라서 조선후기 이후의 한국인의 보편적인 가족유형은 호주(戶主)부부와 직계비속 중 장남, 장손 등의 가계계승자와 이들의 배우자를 중심으로 구성되었다. 그러나 조선 중기 이전의 보편적인 가족유형은 직계 중심적인 형태는 아니었다. 고려시대의 가족은 직계가 아니라 쌍계적 방계가족이었다. 실제로 쌍계적 방계가족에서 직계가족으로의 전환이 언제 이루어 졌는가는 알기 어려우나 이러한 변화가 서류부가의 혼인제도, 재산상속, 제사 상속, 양자제도, 족보 등과 관련이 있음은 명백하다.

한편 결혼 형태에 있어서는 대체로 계급내혼제가 행해지고 있었으나 양반 남자와 상민처, 상민 남자와 천민 처의 예처럼 자기 신분보다 한 단계 낮은 신분의 여자와 결혼하는 경우도 적지 않았다. 다만 천민에 있어서는 반대로 천민 남자가 상민 여자와 결혼하는 경우도 있었다. 부부간의 연령차를 보면 대체로 어느 신분을 막론하고 남자쪽이 연상인 경우가 많은데, 이를 신분별로 보면 상민층에 비해 양반층에서 처연상형의 부부가 훨씬 많았다.

최근 산업화, 도시화의 가속화와 더불어 핵가족화가 급속히 촉진되고, 이혼율 증가, 독신자와 편부모 자녀의 증가 등으로 가족의 형태가 변모해 나가고 있다.

2. 성씨와 본관의 유래

성씨(姓氏)는 본래 성(姓)과 씨(氏)를 합한 말로, 중국의 경우 처음 성씨를 사용하던 초기에는 성(姓)과 씨(氏)[민(民)]가 구분되어 있었다. 성(姓)은 씨족의 민족이나 집단을 지칭하는 것이었고 씨(氏)[민(民)]는 씨족의 관직명이나 세습직명을 칭하는 것이었다. 즉, 씨(民)는 씨족의 직업을 나타내주는 것이었으나 후대로 오면서 성과 씨가 합해져서 하나로 사용하게 되었다.

우리나라의 모든 사람은 성관(姓貫)과 이름을 가지고 있다. 성(姓)과 본관(本貫)은 가문을 나타내며, 이름은 다른 사람과 구분하는 인식명칭으로 가문의 대수를 나타내는 항렬자를 따라 짓기도 하였다. 물론 항렬을 무시하고 한글만으로 이름을 짓는 경우도 있기는 하지만, 성을 바꾸지는 않는다. 김·이·박 등의 성은 출생의 계통을 나타내기 위한 것이며, 경주·전주·밀양 등의 본관은 시조의 출신지, 또는 세거지(世居地)를 이르는 말이다. 따라서 성관이란 의미는 각 개인의 지역적, 혈연적 의미를 동시에 가지고 있는 용어이다. 전근대사회에서 이러한 성과 본관 문제는 신분사회에 있어 혈통의 귀천과 집안 품격의 높고 낮음을 판정하는 기준이 되었다. 그리하여 과거시험에 응시하거나 관리로 진출하는 과정에서 크게 영향을 미쳤을 뿐만 아니라 혼인에 있어서도 매우 중요한 요소로 작용하였다.

한국에서는 일찍이 삼국시대부터 중국의 성씨제도 영향을 받아 왕실과 귀족을 중심으로 수용되었다. 그러나 신라가 삼국을 통합함으로써 고구려와 백제계의 성씨는 계승되지 못하였고, 후삼국시대에는 지방호족들에 의해 신라계 성씨를 중심으로 중국식 성씨가 적극적으로 보급되었다. 후삼국을 통일한 고려 태조는 각지의 호족들에게 그 지역을 근거로 하는 성씨를 나누어 줌으로써, 성과 본관을 토대로 한 성관체제가 본격적으로 정착되게 되었다. 우리나라 성씨 가운데 고려 초기의 인물을 시조로 하고 있는 성씨가 많은 것은 이와 같은 이유 때문이다.

고려시대에 와서는 성씨 앞에 본관을 표시하여 혈족 계통을 구별하였으나 그때까지도 성씨는 특권층만 가지고 있었고 일반화되어 있지는 않았다. 성씨가 일반화된 요인 중의 하나는 958년(광종 9년)부터 실시된 과거제도이다. 중국 후주 사람으로 고려에 귀화하여 한림학사가 된 쌍기의 제안으로 시작된 과거제는 제도가 자리잡아 가는 과정에서 과거에 응시하기 위한 필수 요건으로 성을 가져야 하고 본관(출신지)을 밝혀야만 했다. 따라서 문무관료와 귀족층은 대부분 성씨를 갖게 되었으나 고려 문종 9년(1055)에는 씨족(氏族)이 등록되어 있지 않은 사람은 과거에 응시할 수 없도록하자는 내사문하성(內史門下省)의 건의가 있는 것을 보면 이때까지도 성관을 사용하지 않는 사람이 있었다는 것을 의미한다. 특히 천민계급에 속해 있던 사람들에게는 여전히 성이 없었다.

조선왕조 건국 후에도 대부분의 사람들이 성을 사용하게 되었으나 천민들은 여전히 성을 사용하지 못하다가 임진왜란을 계기로 신분체제가 붕괴되기 시작하면서 천민들의 양민화가 촉진되어 성을 사용하는 인구가 더욱 늘어나게 되었다. 특히 1894년 갑오경장으로 종래의 신분계급이 타파됨으로써 성의 대중화가 촉진되었으며, 1909년 민적법이 시행되면서 누구나 다 성을 갖게 되었다. 조선시대에는 성을 새로 만들 때 중국의 성현이나 명문 거족(巨族)의 성을 사용하여 그들의 후예인 것처럼 자처하는 경우가 많아서 성의 기원이 비록 중국이라 하더라고 반드시 그 성을 가진 사람의 조상이 중국인이었다고 볼 수는 없다. 『세종실록지리지』에 기재된 우리나라의 성씨는 250여 성씨였으며, 1486년(성종 17) 편찬한 『동국여지승람』에는 세종 이후 귀화한 성이 보태어져 수록한 결과 277성이 되었다. 조선후기 영조 때 도곡(陶谷) 이의현(李宜顯)이 편찬한 『도곡총설』에서는 298성이라 하였고, 고종때 발간된 『증보문헌비고』에서는 삼국시대부터 조선시대까지 존재하였던 모든 성씨를 거의 망라하였기 때문에 496성을 기록하였다. 그리고 지난 1985년을 기준으로 우리나라 성씨는 274성, 3,435개 본관이 있는 것으로 조사되었다.

각 읍별로 나누어진 토성들은 세력의 확장에 따라 읍치에서 외곽의 직촌(直村) 또는 해당읍의 소속 임내(任內)로 확산하면서 분관 · 분파 작용을 일으켰다. 이러한 성관의 분포와 이동이 활발히 진행되어 당초의 토성이 다른 성으로 흡수되기도 하고, 새로운 촌성이나 향 · 소 · 부곡성이 생기기도 하였다. 고려초기 이래 지역을 세분하여 파악되었던 성관체제는 여말선초의 커다란 사회적 변동에 따라 획기적인 변화를 초래하였다. 즉 군현 구획의 개편과 병합, 폐합 등으로 종래 세분화되었던 본관이 점차 주읍(主邑)을 중심으로 통합되어 갔다.

한편 양반사회 변화와 문벌의식의 고조에 따라 저명한 조상을 배출하지 못한 한미한 가문은 명문거족에 소속되기 위하여 본관을 바꾸면서 재래 성관의 대대적인 통폐합이 이루어졌다. 또한 천민층의 양인화에 따라 새로운 본관이 늘어나고, 일반 서민층은 각기 거주지에서 편호됨으로써 새로운 본관이 생겨났다. 그런데 성이 없던 천민층이 점차 성을 갖게 되었음에도 불구하고 새로운 성씨의 출현은 거의 없었다는 점은 성씨제 변화와 관련하여 매우 주목할만한 대목이다. 그것은 이들이 대체로 기존의 유명 성씨를 선택함으로써 그 성씨 그룹에 편입되었다는 것을 의미한다고 하겠다.

그 후 17세기에 이르면 희귀한 성과 잘 알려지지 않은 본관을 멸시하는 관념이 점차 심화되어 갔고, 성보다는 본관에 따라 집안의 품격이 차등화된다는 의식이 일반적이었다. 따라서 성을 바꾸는 것보다는 본관을 변경시킴으로써 가문의 격을 높이려고 경우가 많았다. 16세기이래 사족(士族)들은 본관이 다르다 해도 동성이라면 그것은 당초 같은 조상에서 나왔다는 의식을 갖고 있었다. 그리하여 다소 한미한 가문이 명문가문으로 본관을 고치는 것이 매우 자연스럽게 진행되었다.

이와 같이 본관을 바꾸는 행위는 본관이 나누어지기 전의 원 본관으로 회복한다는 의미를 갖기 때문에 크게 문제되지 않았으나 이에 반해 성은 부계혈통을 의미하므로 성을 바꾸는 것은 곧 아버지와 조상을 바꾸는 행위로 간주되어 죄악시되었기 때문에 극히 드물었다고 여겨진다. 조선후기 각 읍 호적 대장에 나타났던 무명의 본관들은 주로 현 거주지와 일치하는 본관들이었다. 이 본관들은 19세기 이래 그들의 양반화와 함께 본관을 바꾸면서 서서히 소멸되어 갔다. 이러한 사정에서 조선초기에 4,400개가 넘던 성관이 오늘날에는 도리어 1,000여개가 줄어든 3,400여개에 이르게 된 것이다.

3. 재산상속제의 변천

재산상속제는 가족제도 가운데 매우 중요한 부분 가운데 하나이다. 특히 이는 가족구성의 형태나 가족문화 형성에도 큰 영향을 미치는 문제이다. 우리 전통사회의 상속제도는 크게 보아 제사상속(祭祀相續)과 재산상속(財産相續)으로 나눌 수 있는데, 제사의 지속성을 보장하기 위해서는 가산(家産)의 유지가 반드시 수반되어야 하므로, 이 둘은 불가분의 관계에 있다고 하겠다.

어느 민족에게나 고대로부터 계대사상(繼代思想)과 조상숭배신앙이 있었으며, 우리 나라의 경우도 마찬가지였다. 유교적 가치관 가운데 하나인 종법(宗法)의 수용과는 관계없이 우리 고대인들은 고유의 신앙으로서 계대사상과 조상숭배신앙을 가지고 있었으며, 유교가 수용됨에 따라 왕이나 귀족층에서 이를 현실적으로 지속해 가는 체제를 갖추기 시작하였던 것이다.

고대사회에서 계대사상에 의한 지위의 상속과 함께 그것과 결합하여, 혹은 별도로 재산상속도 행해졌을 것이나 그 관습이나 법의 구체적인 모습은 알 수 없다. 다만, 말과 소가 중요한 사유재산이었으므로 그것과 함께 금은 보화가 상속의 대상이었으며, 그리고 가부장권이 강대하였던 점으로 보아, 재산상속이 행해졌을 것임은 의심할 여지가 없다.

고려시대의 재산상속에 관하여서는 통일적인 법제가 없었던 것으로 보이며, 중요한 사항에 관하여는 단행왕법(單行王法)으로 규제하였으며, 일반적으로는 관습법에 따랐다. 일반적으로 상속이라 함은 재산권을 가진 자의 사망으로 인하여 일정한 범위의 친족이 재산을 물려받는 것을 의미하는데 고려시대에는 부모가 생전에 자손에게 그 소유재산을 분재하는 생전분재가 많았고 생전분재가 없었거나 누락된 재산이 있을 경우 부모의 사후(死後)에 자손이 분재하는 관습이 있었다. 상속인의 제1순위는 통상적으로 자녀이며, 딸도 출가여부를 불문하고 아들과 함께 상속하였고, 자녀가 사망한 경우는 손자녀가 대습상속(代襲相續)하였다. 자녀에는 수양자녀 · 시양자녀도 포함되었다. 제2순위는 자손이 없는 남편 또는 아내인데, 고려말의 법에 의하면 아내의 유산은 남편이, 남편의 유산은 아내가 개가(改嫁)하지 않을 것을 조건으로 모두 종신 동안 상속하며, 사망 전에 계후자(繼後子)나 수양자녀 · 시양자녀를 입양하면 이들이 상속하나, 그렇지 않은 경우는 남편과 아내의 유산으로 분리되어 각자의 본손 즉, 4촌 이내의 친족이 상속하였다. 그러나 이러한 범위 내의 근친이 없으면 유산은 국가에 귀속되었다.

자녀를 비롯하여 같은 순위의 상속인 간의 상속분은 균등하였다. 딸은 출가여부를 불문하고 아들과 같았다. 그러나 고려말 유산의 불균분으로 인한 분쟁이 많이 발생하고 있는 것으로 보아 실제 사회적 운영에 있어서는 반드시 이것이 철저하게 준수되지는 않았던 것으로 여겨진다. 상속재산의 내용은 토지 · 노비 · 가옥을 비롯하여 그 밖의 동산(動産)이 포함되며, 가장 분쟁이 많았던 재산은 노비로서, 재산의 중요한 위치를 점하고 있었다. 그런데 토지의 경우는 고려시대 토지제도의 성격에 대한 논의가 다양한 만큼 상속에 있어서 상속인의 상속방식에 관하여서는 학설이 구구한 상황이다.

조선시대의 경우 상속의 일반적인 경향은 남녀균분상속→남자균분상속→장남 우대 상속으로 변모하였다. 조선시대 분재기(分財記)[혹은 화회문기(和會文記)]에 의하면 부변(父邊)과 모변(母邊)이 구분되어 있는 것을 볼 수 있는데, 이러한 재산의 구분은 출가한 딸에게 재산 분배가 이루어졌음을 알려주는 자료이며, 또한 남녀가 각기 혼인을 하여서도 독립적인 재산소유를 하였다는 것을 의미한다고 하겠다. 법전에 의거하면 적자녀는 균분상속하며 승중자(承重子)에게는 1/5 추가지급, 양첩자녀에게는 적자녀의 1/7, 천첩자녀에게는 1/10을 분배토록 규정하였다. 남녀균분상속은 "부자가 3대를 못간다"라는 오래된 격언에서도 알 수 있듯이 농지의 세분화, 영세화를 촉진하는 요인이 되기도 하였지만 서류부가혼의 전통이나 비직계가족 구성의 전통과 매우 밀접한 관련이 있다.

이러한 자녀 균분상속의 원칙은 조선후기 가부장적 사회구조의 강화와 더불어 점차 퇴색해져 갔고, 특히 재지 양반 계층의 경제력 저하와 함께 가계를 잇는 장자나 봉사자(奉祀子)에 대한 파격적인 우대상속으로 변모하여 갔다. 조선후기 사대부가의 재산상속 변화를 알 수 있는 고문서들

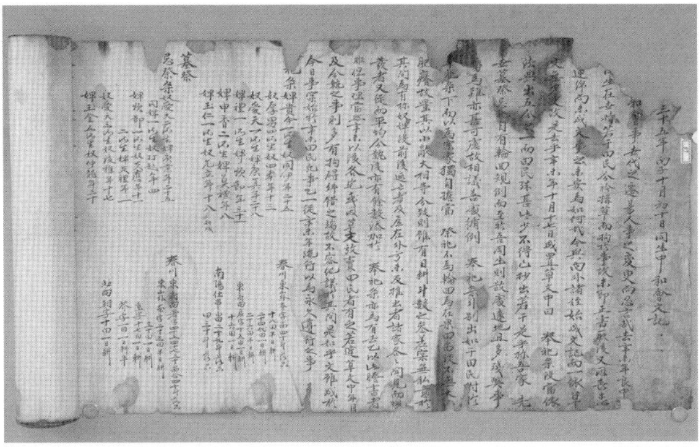

화회문기(和會文記, 자손들이 재산을 분배한 문서)

이 남아 있는데, 그 가운데 경상도의 유곡 권씨가의 사례를 보면 17세기초 유곡권씨가의 권래라는 사람은 그의 유서에서 ① 가산이 충분치 못하여 균분 상속하게 되면 계성(繼姓) 자손들이 혹 빈궁하여 조상의 제사를 제대로 받들지 못할까 우려되며, ② 다른 姓의 자손이라면 비록 유식한 사람이라도 외조(外祖)의 제사(祭祀)에 성의를 다하는 사람은 적을 것이며, ③ 이렇기 때문에 상속에 있어서 조금은 융통성을 갖는 것이 좋을 것이기에 나는 원노비(元奴婢) · 전답(조상으로부터 받은 것)중에서 약간만을 떼어 그것을 세아들에게 균등하게 나누어 주고자 한다는 것이다. 이러한 경향은 가문의식의 강화와 함께 재산분배에서 봉사조(奉祀條)의 비중이 더욱 커지고, 적서의 구별이 더욱 엄격해 지면서 재산분배 방식에 영향을 미쳤다. 조선시대의 경우 통상 부모에 의한 생전분재의 경우는 상속분이 반드시 그대로 지켜지지 않고 별급(別給)이나 유언에 의하여 결과적으로 비율에 차등이 있을 수 있었고, 특히 적출자녀에 대해서는 심한 차별을 하지 않았다. 그러나 사후분재의 경우는 균분의 원칙이 제대로 관철되었다. 더욱이, 부모가 자녀가 있음에도 불구하고 타인에게 많은 재산을 증여하는 것은 '난명(亂命)' 이라 하여 그 효력이 부정되고, 심히 불평등한 분재를 하였을 경우는 소송을 제기하여 시정을 요구할 수 있었다.

우리 나라의 균분상속제는 대체로 18세기를 고비로 하여 변화하기 시작하였다. 봉사조가 증가함과 동시에 장자(長子)와 중자(衆子) 사이에 차별을 두어 장남을 우대하게 되고, 딸의 상속분도 점차 줄어 아들 · 딸을 차별하게 되었다. 따라서 제사도 점차 장자전행(長子專行)으로 바뀌기 시작하였고, 봉사조도 장자의 소유로 의식하게 되었다. 또한, 오랜 전통으로 내려온 강력한 균분의식을 무시하지 못한 경우는 장자와 중자간, 자녀간에 차별을 하지 않고 봉사조만을 과다하게 배정함으로써 실질적으로 장자를 특별히 우대하는 편법을 쓰게 되었다. 이에 따라 균분의식도 점차 바뀌어 묵인 내지 긍정하게 되는 사회적 분위기가 조성되어 갔다. 이와 같은 변화는 지방에 따라 그리고 가문에 따라 조금씩 차이가 있으나, 종법(宗法)에 의한 종통(宗統)의 유지와 계승을 중요시하는 분위기는 심화되어 갔다.

일제강점시기 우리 나라에 원칙적으로 일본법을 시행하기로 하였으나, 친족 · 상속에 관해서는 관습이 전혀 달랐기 때문에 일본민법을 그대로 적용할 수 없었으므로, 〈조선민사령(朝鮮民事令)〉에 따라 상속에 관해서는 우리 나라 관습법을 적용하기로 하였다. 그러나 상속에 관한 기술적인 규정은 적용하여도 무방하다고 보아, 1912년 7월부터는 일본민법 중 상속의 승인과 상속재산의 분리에 관한 조항을 적용하게 되었다.

한편 제사상속과 재산상속 외 호주제도를 인정한 결과 호주로서의 지위의 승계인 호주상속제도를 인정하였는데, 1933년 3월 3일의 조선고등법원판결이 "제사상속의 관념은 선대(先代)를 봉사하며 조상의 제사를 봉행하는 도의상의 지위를 승계하는 것에 불과하다."고 판시함으로써 이때부터 제사상속은 법외(法外)의 관습으로 방치되고, 그 기본적 원리를 호주상속에 적용함으로써 상속은 호주상속과 재산상속의 두 종류가 되었다. 따라서, 일반적으로 호주상속인이 제사자로서의 지위도 승계하는 것으로 하였으나, 호주로서의 지위의 승계가 반드시 제사자로서의 지위의 승계를 수반하는 것은 아니었다. 물론 사회적으로는 이러한 상속형태가 있었다고 하더라도 일반적으로는 조선시대 이래 행해져 온 상속 관습이 대체로 행해졌다.

전통적인 상속관습법은 광복 후에도 그대로 적용되었으나, 정부수립 후 〈민법〉이 제정될 때 종래의 관습법을 토대로 하면서 특히 재산상속에 관해서는 근대적 상속법제를 수용하여 〈민법〉의 제5편에 성문의 상속법으로서 자리잡게 되었다.

현행상속법은 구관습법을 계승하였으나 호주제도 및 호주상속제도를 약화시키고 여자의 지위를 향상시킴으로써 호주상속제도가 내포하고 있던 제사상속의 정신이 퇴색되었고, 재산상속의 경우 유처(遺妻)와 딸의 지위를 향상시키고 아울러 상속인의 보호를 의도하고 있다는 특색을 가지고 있다. 특히 우리나라의 기존 호주제가 양성의 평등에 위배되고 가부장적인 전근대적 제도이므로 폐지되어야 한다는 여론을 반영하여 2005년 2월 헌법재판소는 "호주제는 혼인과 가족생활에서 개인의 존엄과 양성의 평등을 규정한 헌법 제 36조 1항에 위반된다"며 헌법불합치 결정을 내린바 있으며 이에 따라 호주에 관한 규정과 호주제도를 전제로 한 입적, 복적, 일가 창립, 분가 등에 관한 규정이 삭제되었다. 이에 따라 호주제도의 폐지등에 관한 법률의 일부개정이 이루어졌고 호적제도를 대신할 신분등록제도가 적용되어 우리 가족에 있어서 호주제도가 상징했던 부성(父姓) 강제주의 원칙, 부가(父家) 입적(入籍)의 원칙, 호주승계에 있어서의 남계혈통의 우선주의 등이 가지는 의미가 적어도 법률적으로는 모두 없어지는 등 큰 변화를 맞이하게 되었다.

4. 족보의 편찬과 변천

1) 족보의 등장과 체제 구성

우리나라의 족보는 전 세계에서 가장 잘 발달되고 정비된 것으로 정평이 나 있으며, 우리나라가 계보학의 종주국으로 손꼽히기도 한다. 물론 외국에도 〈족보학회〉나 〈족보전문 도서관〉이 있는 등 가계(家系)에 대한 관심이 많은 나라도 있지만, 우리처럼 각 가문마다 족보를 문헌으로 만들어 오랜기간 동안 기록하고 보전해 온 나라는 아직 없다. 현재 국립중앙도서관의 계보학 자료실에는 600여종, 13,000여권의 족보가 소장되어 있는 것만 보아도 우리나라에서 얼마나 족보가 많이 만들어지고 중요시되었는지를 실감할 수 있다.

성씨 관계의 가장 중요한 자료라 할 수 있는 이 족보는 원래 중국 육조(六朝)시대에 시작되었는데, 이는 왕실의 계통을 기록한 것이었다. 개인이 족보를 갖게 된 것은 한(漢)나라 때로, 관직등용을 위한 현량과(賢良科)란 제도를 만들었는데 이때, 과거 응시생의 내력과 조상의 업적 등을 기록하게 했던 것이 그 시초라고 알려져 있다. 중국 북송(北宋)의 문장가인 소순(蘇洵), 소식(蘇軾), 소철(蘇轍) 등에 의해서 편찬된 족보는 그 후 모든 족보의 표본이 되었다.

족보란 한 가문의 내력과 씨성(氏姓)의 계보를 밝혀 놓은 것으로, 일종의 씨성사(氏姓史) 내지 가문의 역사이다. 직계조상의 계보만 간단하게 기록한 휴대용의 작은 가승첩에서부터 시조와 그 아래 수천 수만의 자손을 세대의 차례에 따라 모두 기재하는 대동보에 이르기까지 다양하다. 이와 같이 오늘날 대다수 가정에서 보유하고 있는 족보는 비록 형태는 각기 다르지만 조상대대로의 계보를 한눈에 파악할 수 있는 귀중한 자료이다.

우리나라에서 혈연을 중심으로 하는 가계의식이 형성되고 그것을 구체적으로 나타내는 가계기록이 만들어진 것은 아주 오랜 전통이다. 특히 고려시대 지배계층인 귀족집단은 자신들의 특권의식을 고취하기 위하여 직계조상을 위주로 적는 독자적인 가계기록을 만들었다. 고려후기에는 자신의 위상을 높이기 위하여 조상의 계보를 멀리 끌어올리는 한편 모계와 처계 및 사위와 며느리의 가계를 종합한 기록물을 만들기 시작하였다. 이와 같이 고려시대 이래 내외조상의 세계와 족파를 증빙하는 자료인 호적과 호구단자 등이 고문서의 형태로 전래되었고, 가까운 친족을 쉽게 파악하기 위해 작성한 '계보도(系譜圖)[혹은 족도(族圖)]'가 있었다. 이것이 조선시대에 들어와서 보다 구체적인 기록물로 만들어지면서 서보(世譜) 또는 족보(族譜)라는 용어로 일반화되었다.

우리나라에서 가문에서 간행한 최초의 족보는 세종 5년(1423)에 유영(柳

潁)이 발간한 "문화류씨 영락보(文化柳氏 永樂譜)"이며, 이 외에 문헌상으로 볼 때 1441년에 『남양홍씨정통보』가, 1451년(문종 1) 『진주하씨경태보』가 각각 만들어졌음을 확인할 수 있다. 그러나 이들은 현재 남아있지가 않다. 현재 남아있는 족보로서 가장 오래된 것은 규장각에 소장되어 있는 1476년에 간행된 안동 권씨의 『성화보(成化譜)』이며, 명종 17년(1562)에 유희잠(柳希潛)이 10권으로 편찬한 문화 류씨의 "가정보(嘉靖譜)"는 원본(10권)이 도산서원에 소장되어 있다. 이후 여러 가문에서 족보를 간행하였으며, 특히 18세기에 이르러서는 각 가문마다 족보를 간행하는 것이 거의 일반화되어 갔고 이러한 사회적 분위기속에서 족보를 전문적으로 간행하는 업자까지 생겨났다. 족보의 간행을 촉진시킨 사유는 여러 가지를 꼽을 수 있으나 ① 동성불혼(同姓不婚)과 계급내혼제(階級內婚制)의 강화, ② 존비구별(尊卑區別)의 명확화, ③ 적서(嫡庶)의 구분, ④ 친소(親疏)의 구분, ⑤ 당파(黨派) 구분의 명확화라고 하는 사회적 변화와 밀접한 관련이 있다.

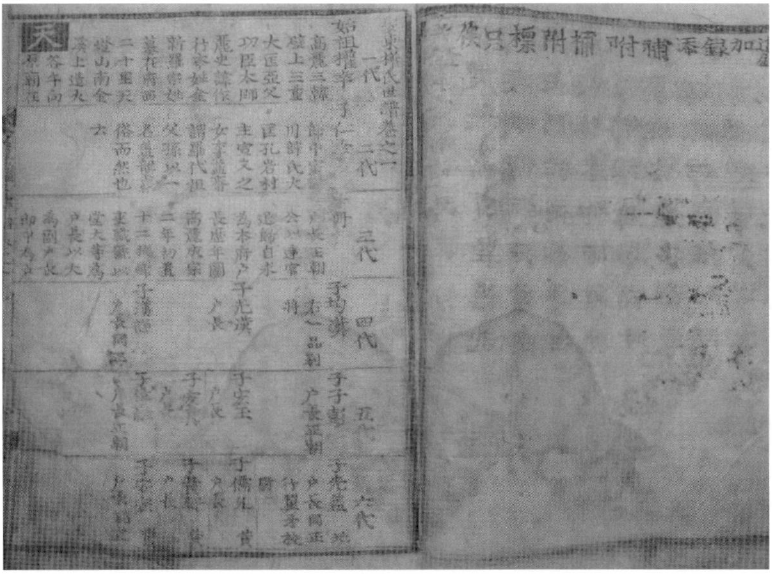

안동권씨 세보(http://cafe.daum.net/kweon6628/Jfle/61)

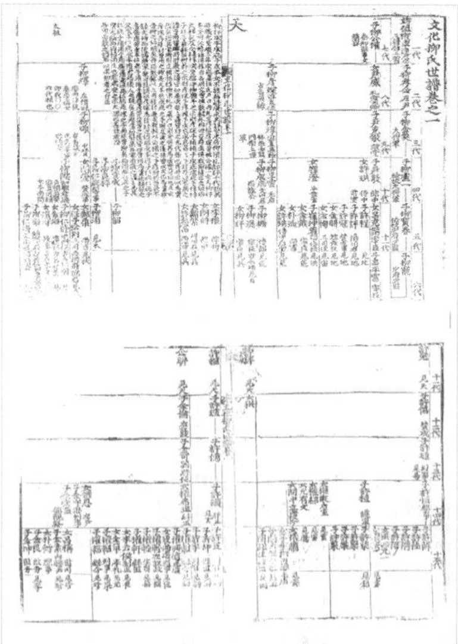

문화류씨 가정보(http://moonhwaryu.kr/)

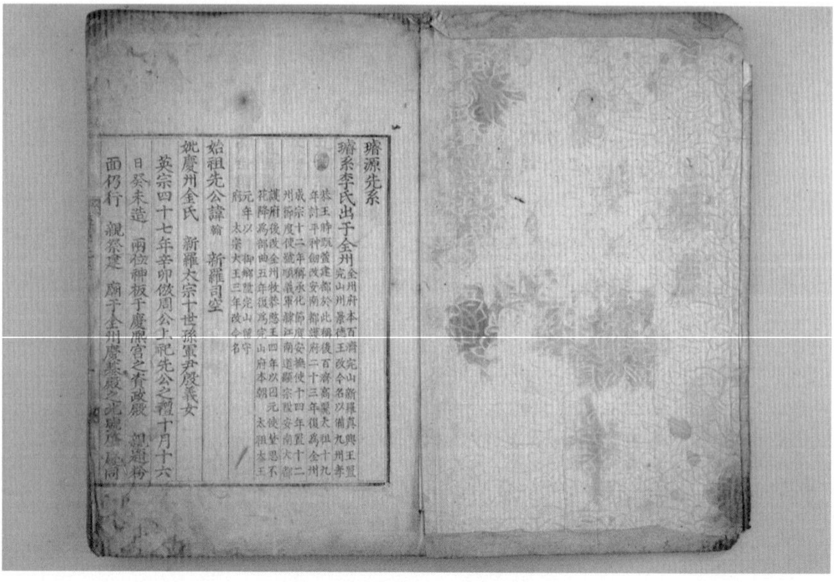

선원선계(璿源先系, 왕실의 족보)

남양홍씨가의 족보

〈족보의 종류〉

1. 대동보(大同譜) : 같은 시조 아래에 각각 다른 계파와 본관을 가지고 있는 씨족을 함께 수록하여 만든 족보.
2. 족보(族譜), 종보(宗譜) : 본관을 단위로 같은 씨족의 세계를 수록한 족보책으로, 한 가문의 역사와 집안의 계통을 수록한 책.
3. 세보(世譜), 세지(世誌) : 한 종파 또는 그 이상이 같이 수록되어 있거나, 한 종파만 수록된 것을 말하며 동보(同譜), 합보(合譜)라고도 함.
4. 파보(派譜), 지보(支譜) : 시조로 부터 시작하여 한 종파만의 이름과 벼슬, 업적 등을 수록한 책으로 이들 파보에는 그 권수가 많아 종보를 능가하는 것도 적지 않음.
5. 가승보(家乘譜) : 본인을 중심으로 수록하되, 시조로부터 자기의 윗대와 아랫대에 이르기까지의 이름과 업적, 전설, 사적 등을 기록한 책.
6. 계보(系譜) : 한 가문의 혈통관계를 표시하기 위하여 이름자만을 계통적으로 나타낸 도표로서, 한 씨족 전체 또는 한 부분만을 수록한 것.

7. 가보(家譜)와 가첩(家牒) : 편찬된 형태, 내용에 상관없이 동족 전부에 걸친 것이 아니라 자기 일가의 직계에 한하여 발췌한 세계표(世系表).
8. 만성보(萬姓譜) : 만성대동보(萬姓大同譜)라고도 하며, 국내 모든 성씨의 족보에서 큰 줄기를 추려내어 모아놓은 책으로 모든 족보의 사전 구실을 하는 것이다. 〈청구씨보(靑丘氏譜)〉, 〈잠영보(簪纓譜)〉, 〈만성대동보(萬姓大同譜)〉, 〈조선씨족통보(朝鮮氏族統譜)〉 등이 있음.
9. 기타 : 환관(내시) 사이에도 계보를 끊이지 않게 하기 위해서 성이 다른 자손을 입양시켜 자손으로 삼고 가계를 보존하고 있는 양세계보(養世系譜) 등도 있음.

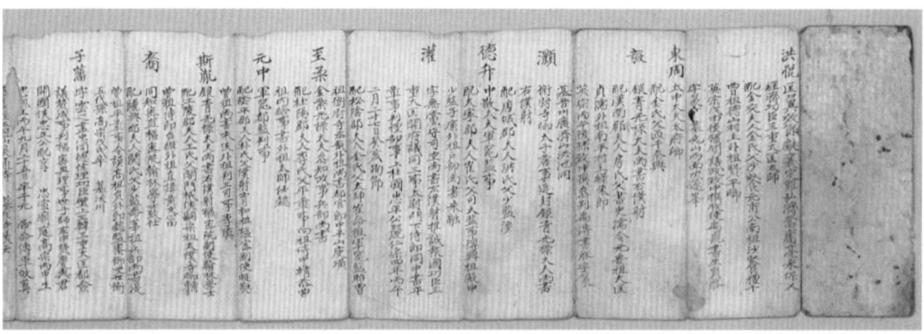

직계존속의 가계(家系)를 간략히 정리하여 만든 첩(휴대하며 쉽게 참고하기 위한 것임)

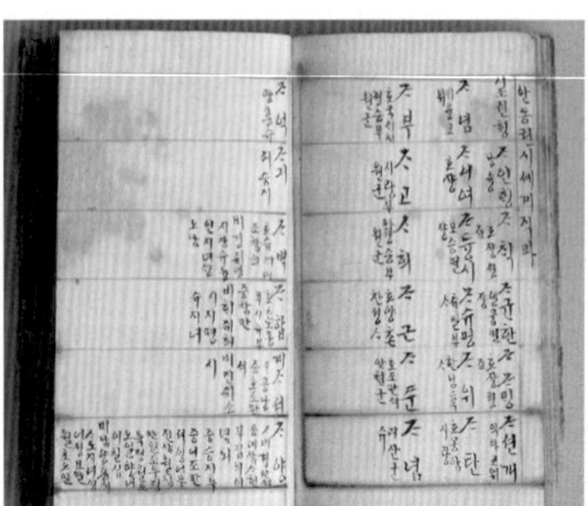

◀ 한글로 작성된 가계보(家系譜, 주로 여성들이 가계(家系)를 숙지하기 위하여 만든 것임)

족보의 종류는 매우 다양하다. 개별적인 가계(家系) 기록인 가첩이나 가승(家乘) · 내외보(內外譜) · 팔고조도(八高祖圖) 등도 가계의 기록 혹은 가족계보에 관한 기록물이라는 점에서 족보의 범주에 포함된다고 할 수 있다. 가첩이나 가승은 동족 전부가 아닌 자기 일가의 직계에 한하여 발췌, 초록한 세계표라고 하여 구분하기도 하나 대체적으로 족보와 같은 뜻으로 사용하는 경우가 많다. 족보의 일반적인 명칭은 세보 · 족보 · 파보 · 가승 · 대동보 · 가보 · 가승보 등 약 60여종에 달한다.

족보의 편찬체제에 있어서 그 체제나 구성요소는 대체적으로 일정한 원칙을 가지고 있다. 먼저 서문과 발문이 실려있고, 기(記) 또는 지(誌), 도표, 편수자의 이름, 범례, 계보도 등의 순서로 편제되어 있다. 서문에서는 족보 일반의 의의와 동족의 연원 및 내력, 족보 편성의 차례 등을 기술하고 있다.

그리고 발문은 대체적으로 서문과 비슷하나 족보편찬의 경위가 좀더 자세하게 기록되어 있다. 이 기록은 직계후손 가운데 학식있는 사람이 집필하는 것이 일반적이었다. 기(記) 또는 지(誌)에서는 시조나 중시조의 전기와 묘지문 · 제문 · 행장 · 언행록 · 연보 등을 기록하며, 또한 시조전설, 득성사적(得姓事績), 관향(貫鄕) 지명의 연혁, 분파의 내력 등을 자세히 기록하기도 한다. 도표에서는 대개 시조의 분묘도 · 시조 발상지에 해당하는 고을의 지도 등이 삽입된다. 이어 족보 편찬작업을 담당한 편수자의 이름이 기록되고, 범례가 등재된다. 범례는 일반 서적의 범례와 같이 내용을 보는 원칙이나 편집지침같은 것을 기록하는데, 경우에 따라서는 가친(家規) 또는 가헌(家憲)과 같은 범례 이상의 것이 포함되기도 한다. 계보도는 족보의 가장 중심이 되는 부분으로써 전체의 대부분을 차지하게 되는데, 시조로부터 편찬시기 당대에 이르기까지의 가계내력이 기록되어 있다.

여기에서는 선계(先系) 조상의 이름 · 자호 · 시호 · 생졸연월일 · 관직 · 봉호(封號) · 과방(科榜) · 덕행 · 충효 · 정표(旌表) · 문장 · 저술 등 일체의 관련 내용이 기입되게 된다. 한편 족보에 기록되는 내용이나 형식은 조선전기와 후기가 완전히 다르게 나타나고 있다. 대체적으로 수록 자손의 범위, 남녀 서열의 차이, 양자에 대한 변화, 항렬의 사용 등에서 차이를 드러내고 있다. 그 차이점을 정리하면 대략 다음과 같다.

(1) 수록 자손의 범위 변화 : 내외손 전부를 수록하는 것에서 3대→ 2대→ 사위만 기록하는 것으로 변화하였다. 조선 초기에 남아있는 족보에는 내외손을 모두 동등하게 인식하여 사위뿐만 아니라 그 이하의 세계(世系)를 등재하였다. 대체로 16세기까지는 외손과 친손을 구별하지 않고 모두 족보에 이름을 기재하였으나, 17세기에 이르면 일부 가문에서 외손의 범위를 3대로 한정하여 등재하였고, 18세기에는 대다수의 가문에서 외손을 3대로 한정하여 기록하였다. 이것이 조선후기에 이르러 이른바 성리학이 가치규범으로 확고하게 자리잡게 되고 종가의식이 강화되면서 점차 족보가 친족위주로 작성되어 졌다.

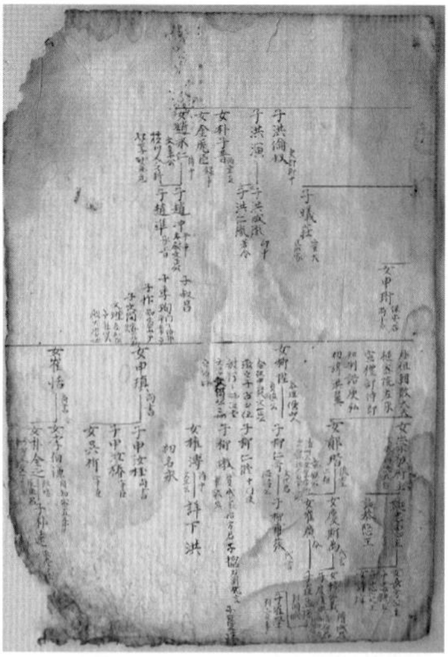

남양홍씨가의 필사본 족보로 사위의 형제는 물론 외손의 세계(世系)를 상세하게 기재하고 있음.

(2) 남녀 서열의 변화 : 조선 초기의 족보에는 아들, 딸(사위)을 출생순위로 기재하였으나, 중기 · 후기로 내려오면서 아들을 먼저 기재하고 딸(사위)을 나중에 기록하는 선남후녀(先男後女)의 방식으로 변화하였다.

(3) 종가사상(宗家思想)의 강화와 양자(養子) : 파조(派祖)의 장남계보가 시종일관 계승되기는 매우 어렵기 때문에 대개 조선 초기까지는 차남 · 3남 계열로 파조의 계보가 계승되어 장남이 아들이 없을 경우 차남이나 그 이외의 아들이 가계를 계승하였고, 모두가 아들이 없을 경우에는 양자를 들여서

가계를 계승하였다. 그러나 조선후기에는 장남만이 가계를 계승하는 형태로 변화되었다. 또한 16세기까지는 형에게 친생자가 없어서 양자를 들일 경우 동생의 장남이나 독자(獨子)를 입양시키는 경우는 거의 없고, 다만 동생의 차남·3남을 입양시켰으나 17세기부터는 동생의 장남[독자]을 입양시키는 경우와 동생의 차남·3남을 입양시키는 두 가지 경우가 공존하였고, 18세기부터는 동생의 장자나 독자를 입양시키는 사례가 많아졌다.

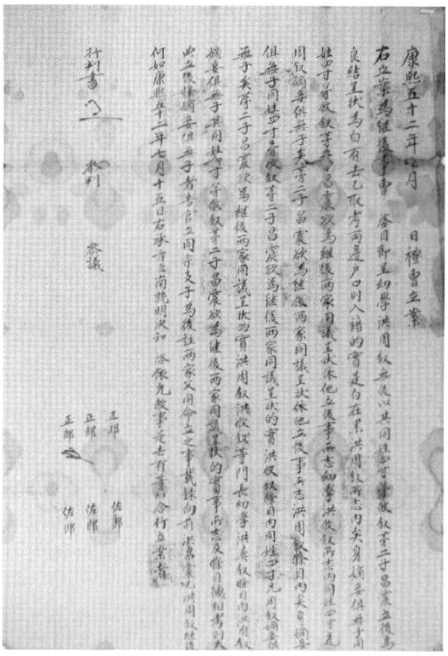

양자를 허가하는 예조의 입안(立案) 문서

(4) 항렬자의 사용 : 대략 고려 말기부터 형제간에 항렬자를 사용하였는데 이후로 점차 사용 범위가 8촌까지 늘어나고 항렬자를 사용하는 가문도 늘어났으며, 조선후기 종가의식의 강화와 함께 항렬자 사용은 보편화되고 가문 전체가 사용하는 대동항렬자가 제정되기도 하였다.

〈17세기 전후 족보기록의 변화〉

구 분	17세기 이전	17세기 이후
기록범위	친손(親孫), 외손(外孫) 모두 기록	친손(親孫)만 기록
기록순서	출생 순서	선남후녀(先男後女)의 순서
항렬자(行列字)	4촌, 8촌까지만 사용	점차 확대되면서 대동항렬자 사용
양자(養子)	일반화되지 않음 이성(異姓), 동성(同姓) 차남(次男) 양자	일반화됨 동성(同姓) 장남(長男) 양자

〈간단한 족보 보는 법〉

1. 족보를 보려면 우선 '나'의 관향과 어느 파(예를 들면 제학공파, 좌상공파, 문정공파 등, 계파가 없는 가문은 상관없음)에 속해 있는지를 알아야 한다. 만약 파를 알지 못한다면 조상이 어느 지역에 살았고, 그 지방에 어떤 파가 살았던가를 파악해 보아야 한다. 본인이 전혀 어느 계파인지 알 수 없으면 종친회의 도움을 받는 것도 바람직하다.

2. 시조로부터 몇 세(世)인지를 알아야 한다. 족보는 가로로 단을 나누어서 같은 세대에 속하는 혈손을 같은 단에 가로로 배열하였으므로 자기 세(世)의 단을 찾아야 한다. 세수(世數)를 모른다면 항렬자로 세수를 헤아려야 한다. 특히 족보는 매년 간행되는 것이 아니므로 자신의 부(父)나 조부(祖父), 혹은 그 위의 세계(世系)까지만 기재되어 있을 수도 있으므로 이를 감안해 찾아보아야 한다.

3. 항렬자와 족보에 기록된 이름[보명(譜名)]이 같은지 확인할 필요가 있다. 예로부터 집에서 부르는 이름이나 호적에 올린 이름에는 항렬자를 넣지 않았더라도, 족보에 실을 때는 대체로 항렬자를 넣은 이름을 기재했으므로 이를 알아 보아야 한다.

4. 직계를 따라 올라가는 법을 알아야 한다. 특히 족보가 여러 책으로 되어 있을 때 전체 목차나 범례 등을 잘 참고하여야 한다.

2) 족보의 위조

조선시대는 신분제사회였으며 족보는 지배계층인 양반을 증명하는 하나의 중요한 증거물이었다. 따라서 족보를 가지고 있는 양반과 중인은 이를 매우 소중하게 여겨 전란이 발생하여 사생(死生)을 오가면서도 족보를 소중하게 간직하였다. 농민과 천민들은 시조로 삼을 만한 인물은 물론이고 직접적인 조상이 누구인지도 모르는 경우가 허다하였다. 심지어 천민의 경우에는 성씨도 없이 이름만 '개똥이' '돌쇠' 등으로 불리웠던 시대였다. 뿐만 아니라 족보를 편찬할 만한 경제적인 기반이나 혈연적 기반도 갖추고 있지 못하였다.

이들이 양반으로 신분을 상승하기 위해서는 반드시 족보가 필요하였다. 그리하여 돈이 있는 집은 돈을 주고 족보를 샀고, 경제력이 없는 집은 몰래 남의 족보를 훔쳐 다른 곳으로 이사가 양반 행세를 하기도 하였다. 또한 일부 양반의 경우도 한미한 가문은 자신의 본관과 성씨를 바꾸면서까지 족보를 위조하기도 하였다.

족보와 관련하여 흥미있는 이야기가 있다. 1993년 제주도의 한 중학교에서 2학년 학생들을 대상으로 가내에 족보보유 여부를 질문하였더니 85% 정도의 학생이 자신의 집, 또는 큰댁에 족보가 있다고 답하였다고 한다. 또 홍천의 한 고등학교에서 조사한 바에 의하면 조사대상자 학생 대부분이 자신의 집안에 족보가 있으며 양반의 후예라고 생각하고 있다는 것이었다. 17세기에 이르기까지도 한국인의 대부분은 족보에 입록되지 못하였다. 족보에 입록된 사람들은 소수의 양반 사대부 가문에 불과하였다. 양민은 전체 인구의 약 40~50%로 추정되며 여기에 노비 인구를 합하면 적어도 80%정도는 양민이나 노비신분이었던 것으로 추산되고 있다. 그로부터 300여년이 지난 오늘날 대부분이 양반 후예로 족보를 가지고 있다고 한다니 이러한 이해하기 어려운 상황을 어떻게 설명해야 할 것인가. 바로 이러한 점에서 족보 위조의 실상을 알 수 있는 것이다.

임진왜란과 병자호란을 겪고 난 이후 조선사회는 전통적인 명문들의 몰락과 침체, 신흥세력의 등장과 같은 신구세력의 흥망성쇠가 거듭되었다. 종래의 명문들은 조상의 영광과 가문의 명예를 지키고자 노력하였고, 반면에 한미한 출신에서 성장한 신흥세력들은 미천한 조상세계를 은폐하고 혈통과 가문의 품격을 높이기 위해 본관을 바꾸거나 심지어 조상의 세계를 적당히 조작하는 경우가 많았다. 특히 16세기 말이래 사족(士族)이 이족(吏族)을 멸시하는 풍조가 생기면서 고려시대 향리의 후예로 사족이 된 성관(姓貫) 중 일부는 조상들의 내력을 개삭하기도 하였다. 『고려사』나 『신증동국여지승람』, 금석문 및 문집과 같이 이미 공표된 자료상에 나타나는 조상의 내력은 손대지 못한 반면, 공표되지 않은 자료(가첩 · 호구단자 · 행장 · 비문)에 나타나는 향리 관련자료는 대부분 그 후손에 의해 개변되거나 삭제되었다.

또한 17세기 말이래 명망있는 조상을 가지지 못한 신흥세력들은 기존의 명문 거족과 연결시키기 위하여 본관을 바꾸거나 투탁하기도 하며, 동성이라도 파계에 따라 현조(顯祖)가 없는 계열은 현조가 있는 계열과 세대를 적당히 연접하여 족보를 합하는 예가 많았다. 특히 17세기이래 성관에 대한 우열관념이 일반화되면서 본관을 고치거나 세계(世系)를 조작하는 사례는 더욱 많아졌다. 즉 국가의 충효(忠孝)의 장려로 조상의 세계(世系)를 신라말 또는 고려말의 충절 인물, 왜란 · 호란 때의 의병장 또는 순절인, 포은 · 목은 · 퇴계 · 남명 · 율곡 · 우계와 같은 저명한 유학자와 연결시키려 하였다.

그러나 세계가 제대로 연접되지 않은 파계는 '별보'로 처리하였다. 특히 18세기부터 족보 편찬을 둘러싸고 적서간 또는 사(士) · 이족(吏族) 간의 갈등이 심각하게 드러나는가 하면, 신흥세력들은 명문 거족에 투탁 연접하려는 움직임이 집요하게 나타났는데 그러한 것에는 가첩 · 가보 · 호구 · 분재기 · 입양문서 등을 위조하거나, 가짜 지석을 발굴하거나, 명문족보의 선대무후계(先代無後系)와 연결하거나, 형제 수를 늘려 끼우거나, 한 대수를 삽입해서 연접하는 등의 방법이 동원되었다. 그러한 행위 외에도 드문 본관을 가진 가문은 아예 본관을 고치거나 기존의 저명한 가문의 파계(派系)에 연접하는 경우, 동성동본의 여러 파들 가운데 저명한 조상이 없는 파계들은 저명한 조상이 있는 일족의 세계(世系)에 연접하여 합보(合譜)하는 경우, 비양반이 일정한 부(富)를 갖고 가난한 사족을 찾아서 족보 편찬 경비를 부담함으로써 합보하는 경우 등이 있었다.

조선왕조의 집권세력이 16세기에 이르러 훈구파에서 사림파로 넘어가자 의리와 명분론 및 벽이사상이 강조되어 두 왕조를 섬긴 정도전 · 권근 · 하륜 등과 불교를 단호하게 배척하지 못한 이제현 · 이색 등이 비판의 대상이 되고, 그 대신 두 왕조를 섬기지 않은 정몽주 · 길재 등 절의(節義) 인사가 숭상의 대상이 되었다. 이러한 관념은 15세기 후반 세조의 왕위찬탈 후 훈구파와 사림파의 대립구도로 더욱 구분되어갔다. 사림파 세력의 성장 추세에 비례

하여 의리와 명분 문제가 더욱 숭상되자 한미한 가계나 신흥세력들은 자기 조상을 여말의 수절 인사와 단종 충신과 결부시켜 조상세계를 정리하고자 하였다. 또한 인조반정과 병자호란을 겪으면서 의리 명분과 존주사상이 고조되고 숙종조 단종복위와 사육신 등의 신원, 영조의 개성행차 때 부조현 입비와 두문동 72현 추숭과 같은 국가적인 포충 · 장절책에 편승한 신흥세력의 조상세계 조작과 함께 위보(僞譜)가 속출하기도 하였다. 또 양반들 사이에서는 명조 · 현조를 확보해야 한다는 집념이 작용하여 조상세계를 조작 소급하는 풍조가 만연되어 갔다.

또한 족보 위조는 단순히 가문의 위조를 위한 방편이 아니라 현실적으로 군역 모면을 위해서 위조하는 사례도 있었다. 1764년(영조 40년) 10월 사헌부에서 역관 김경희에 대한 처벌을 요청하는 대목에서 그와 같은 상황이 명백하게 드러나 있다.

> *「임금이 주강을 행하였다. … 또 아뢰기를, "역관 김경희(金慶禧)라는 자가 사사로이 활자를 주조한 다음 사람들의 보첩(譜牒)을 많이 모아 놓고 시골에서 군정(軍丁)을 면하려는 무리들을 유인하여 그들의 이름을 기록하고 책장을 바꾸어 주는 것으로 생활을 하고 있습니다. 법조(法曹)[형조(刑曹)를 말함]로 하여금 엄중히 조사하여 무겁게 다스리도록 하소서."라고 하니 윤허하였다」(영조실록)*

라고 되어 있다. 이 실록의 기사를 통해 당시 족보의 위조가 군역 면제의 수단으로 활용되었다는 것을 알 수 있다.

조선초기 또는 중기에 중간 정리단계를 거친 조선전기 족보는 대체로 사실에 충실한 반면 18세기와 19세기 이후에 창간된 족보는 당대인들의 수록에는 큰 문제가 없었으나 그 성관의 유래와 선대(先代) 세계(世系)에 관한 서술은 사실과 어긋나는 사례가 많았다. 대한제국 시기와 일제강점기에는 조선전기부터 족보를 간행했던 명문 거족들의 족보 속간이 더욱 활발했는가

하면 북한지방과 신흥세력들에 의한 족보의 창간도 많았다. 일제강점기 때 간행된 족보는 그 견본이 현재 국립중앙도서관에 다수 소장되어 있는데 각 성관의 득성 유래와 조상 세계 · 관직 등은 사실의 고증 없이 조작되어 있는 사례가 허다하다. 1930년을 기준으로 당시 한국인 성(姓)의 총수는 250여개였으며, 그 가운데 약 절반인 125성이 일제강점기에 족보를 간행하였다고 한다.

광복 이후에 간행된 족보들은 현재 대전시의 회상사 족보도서관을 비롯하여 각 시 · 도의 공공도서관 족보실에 소장되어 있는데, 그 내용은 일제강점기의 것과 크게 다를 바가 없다. 이러한 족보들은 구보(舊譜)를 영인하여 게재하거나 구보의 서 · 발문 · 범례, 또는 조상들의 호구단자 · 교지 · 행장 · 비문 등 원자료를 등재함으로써 신분사 연구에 귀중한 자료를 제공해 주기도 하지만, 대부분의 족보는 충분한 고증을 하지 않고 원형이 변질된 것과 성관 · 조상세계가 조작된 그런 것들이 다수 존재하고 있다.

3) 족보의 가치와 현대적 의미

앞서 서술한 바와 같이 비록 많은 족보가 위조되었다고 할지라도 족보의 역사적 가치는 다양한 관점에서 제시될 수 있을 것이다. 먼저 족보는 조선시대 가족생활사의 변천을 한눈에 살펴볼 수 있는 사료이다. 조선초기의 족보 체제가 부모와 자식으로 이어지는 직계의 계보에서부터 아들의 아들로 이어지는 것, 딸의 딸만으로 이어지는 것, 딸과 아들이 다양하게 들어가는 것 등 총계적이고 양측적인 계보를 보여주고 있다. 이러하던 것이 조선후기에는 오로지 부계위주로만 가계가 이어가는 것으로 변모하고 있고, 오늘날까지 이러한 사상은 우리에게 정형화되어 있다. 이러한 변화상을 통해 우리는 조선초기의 가족 생활사에서 남녀가 어느 정도의 균형적 대우와 생활을 영위하고 있었는가를 족보를 통해 확인할 수 있는 것이다.

또한 족보에 기록되어 있는 각종 고문서들의 자료도 매우 귀중한 것이다. 조상 가운데 뛰어난 덕행과 학문을 가지고 있는 사람이 있을 경우 그의 문집이나 공신록 · 교서 · 묘지명 등을 기록하는데 이들은 당시의 정치 사회상을 엿볼 수 있는 자료들이다.

나아가 조선시대 가족제도에 있어서 양자제도의 변화와 종가제의 출현 및 활성화 과정에 관한 기초 자료를 제공하고 있는 것이 족보이다. 그리고 친족제도의 거주율 연구나 인구사의 변화, 성씨별 문중조직의 성립, 혼인제도의 실상 등에 있어서도 족보는 그 가치를 지니고 있다고 할 것이다.

19세기 이후 위조된 족보가 많으며, 자신의 가문을 위대하게 포장하는 것이 무조건 좋은 것으로 잘못 인식하여 정확한 사실에 바탕을 두지 않고 허위를 기록한 사례가 나타나고 있음은 족보의 가치성을 떨어뜨리는 일이다. 바로 이러한 점이 족보를 손쉽게 역사적 사료로 이용하는 데 주저하도록 만드는 요인이다. 그러나 역사 사료는 긍정적인 면과 부정적인 양면을 동시에 가지고 있다. 따라서 정확한 고증과 분석을 통해 족보의 가치성을 밝혀내고 오류를 바로잡을 때 그 가치는 배가 될 수 있는 것이다. 이를 위해서는 현존하는 족보의 세밀한 목록과 함께 많은 자료를 발굴하여 전산화하는 것이 시급하다. 족보는 한 성씨의 역사기록이고 가계의 연속성을 나타내는 것이기 때문에 기본적으로는 사문서이지만 공문서의 성격도 지닌다. 족보의 기록을 통하여 자기 조상의 업적을 배우고 종중(宗中)의 협동과 상부상조, 그리고 교화의 구실을 하는 면에서는 단순한 가계기록 이상의 사회통합적 순기능도 지닌다. 여러 종중의 족보기록을 통하여 우리 나라 전통사회의 구조와 성격을 규명하는 데도 활용되고 있다.

비록 조선시대의 양반들이 추구했던 족보의 용도는 아닐지라도 아직까지 몇몇 소수의 계층에서는 가문을 따지면서 혼인을 한다는 이야기가 있다. 또한 '결혼은 개인과 개인이 하는 것이 아니라 가문과 가문이 하는 것' 이라고 하면서 심지어 상대방의 족보를 보자는 요구를 하는 경우도 있다고 한다. 그렇다고 해서 무조건적으로 족보는 필요 없는 존재라고 하는 것도 잘못이다. 족보란 가문의 역사이듯이 개개인이 출생과 죽음을 기록하면서 자손과 조상을 한 눈에 살펴볼 수 있는 유일한 자료이다. 그러한 면에서 가문의 높고 낮음을 가리는 척도로써가 아니라 선조들이 오늘의 우리에게 베풀어준 은덕을 마음으로 감사하게 생각하고, 그 정신을 이어가는 촉매로써 족보의 의미를 되새기는 것이 바람직하다고 생각한다.

【참고문헌】

최재석, 「조선시대의 족보와 동족조직」,『歷史學報』 81집, 역사학회, 1979.

송준호, 「한국에 있어서의 가계기록의 역사와 해석」, 『歷史學報』 87집, 역사학회, 1980.

김용만, 「朝鮮時代 均分相續制에 관한 硏究」, 『大邱史學』 23, 대구사학회, 1983.

최재석, 「高麗時代 父母田의 子女均分相續再論」, 『韓國史硏究』 44, 한국사연구회, 1984.

이수건, 「조선전기 성관체계와 족보의 편찬체제」, 『박영석교수화갑기념 한국사학논총』, 탐구당, 1992.

차장섭, 「朝鮮時代 族譜의 編纂과 意義」, 『朝鮮時代史硏究』 2집, 조선시대사학회, 1997.

이수건, 「조선시대 신분사 관련 자료의 비판 –성관 · 가계 · 인물관련 위조 자료와 위서를 중심으로」, 『고문서연구』14, 한국고문서학회, 1998.

정진영, 「성씨와 족보」, 『한국의 문화유산』, 부산대한국민족문화연구소, 부산대출판부, 1998.

이기백 외, 『한국사 시민강좌 – 족보가 말하는 한국사–』 제24집, 일조각, 1999.

이수건, 「족보」, 『조선시대 생활사』 2, 한국고문서학회, 역사비평사, 2000.

최호균, 「제3장 족보의 유래와 현대적 의미」, 『한국문화사』, 도서출판 東史, 2001.

차장섭, 「朝鮮時代 族譜의 한 類型 –三陟金氏를 중심으로–」, 『大丘史學』 67집, 대구사학회, 2002.

차장섭, 「중국족보의 개념과 연구동향」, 『경북사학』 25집, 경북사학회, 2002.

이수건, 『한국의 성씨와 족보』, 서울대학교 출판부, 2003.

차장섭, 「綾城具氏 族譜의 刊行과 그 特徵」, 『韓國史硏究』 22, 한국사연구회, 2006.

제8장 시장으로 본 우리의 문화

1. 시장의 의미
2. 고대~고려시대의 시장
3. 조선시대 시장의 운영과 주역들
4. 근대의 시장
5. 현대의 시장

제8장 시장으로 본 우리의 문화

정지연

1. 시장의 의미

시장이란 물품을 교환 또는 매매하는 장소로, 저자, 장시(場市), 장문(場門), 시장(市場) 등으로 불러 왔으며 이를 줄여서 장(場) 또는 시(市)라고도 하였다. 시장이라는 용어는 19세기말 개항기부터 조금씩 사용되면서 오늘날의 시장이라는 말로 자리잡게 된다.

시장은 언제 성립되었는지 문헌상으로 확인할 수 없지만, 물물교환의 매개물인 화폐가 사용되기 이전에 성립된다는 점을 감안할 때 고조선 때에는 이미 시장이 형성되었다고 볼 수 있다. 우리 역사의 시작부터 현재에 이르기까지 우리의 삶 속에 존속해 온 시장은 그 모습도 물물교환에서 전자상거래까지 다종다양한 시장의 발달 형태를 통해 인류의 경제발전의 양상을 확인할 수 있어 경제사적 의미가 있을 뿐만 아니라, 고유한 시장 문화가 형성됨에 따라 사회·문화적 의미도 지니고 있다.

시장이라는 공간은 많은 사람들이 모이는 곳이기 때문에 필요한 정보를 알릴 수 있는 장소였다. 때문에 수령이나 위유사, 암행어사 등이 윤음 · 정령 · 전령 등을 알리는 장소였으며, 민인들의 동태를 관찰하고 임무를 수행하기 위해 필요한 정보를 수집하는 장소이기도 하였다. 반면, 괘서(掛書)나 벽서(壁書)가 나붙는 곳으로 사회에 불평, 불만을 품고 있거나 개인적인 억울함을 호소하기 위한 장소이기도 하였다.

시장은 모역자의 처형장소로도 이용되었다. 시장에서 죄인을 처벌하는 것은 '대중과 함께 그를 버린다'는 뜻이 담겨 있는 것처럼 백성들로부터 동조를 얻어내기 위한 것이다. 즉 시장에서 죄인을 공개적으로 처형함으로써 사회기강을 바로잡고 강력하게 경고하기 위한 일종의 전근대적인 지배 장치의 하나였던 것이다.

한편 시장은 물물교역의 공간 뿐만 아니라 유흥장 · 놀이마당으로도 이용되었다. 즉 민인들의 유흥 · 오락장소로의 기능도 하였던 것이다. 잡기나 격구(擊毬) 등의 놀이로 대표되는 민중들의 놀이문화는 18세기 후반 이래 성흥하여 사람들에게 구경거리를 제공하였다. 또한 장이 서는 날은 먼 곳에 있는 이들을 만나보는 사교의 날이기도 했다. 이러한 만남의 자리에 탁주나 소주가 등장하여 자연스럽게 술자리가 마련되는 공간이었다.

한편, 시장과 상인들은 나라에 기쁘거나 슬픈 일이 있을 때도 동참했다. 기쁜 일이 있을 때는 경축 휴업을 했고, 왕이 죽거나 흠모하는 사람이 억울하게 죽었을 때도 시장을 파함으로써 자신들의 슬픔을 달랬다. 또한 가뭄이 들었을 때 비를 기원하기 위해 시장을 옮기는 풍습이 있었다. 가뭄에 시장을 옮기는 것은 화려한 시장을 닫고 거래 장소를 골목으로 옮겨 생활필수품만 거래함으로써 근검절약하고 근신하는 모습을 보여주기 위한 것이었다.

이와 같이 시장은 정보 교환의 장이자 모역자의 처형장소이기도 했으며, 유흥 · 오락의 장소로 활용되어 왔다.

또한 국가의 경조사에 동참하여 시장을 휴업하거나 가뭄시 비를 기원하기 위해 시장을 옮기는 이시(移市)의 풍습도 있었다. 이처럼 시장은 우리의 삶 속에서 다양한 의미를 부여해왔다.

2. 고조선~고려시대의 시장

1) 고조선 및 삼한시대

우리나라에서 시장이 언제 성립되었는지는 문헌상에 명확하지 않다. 하지만 시장이 먼저 성립된 이후에 물물교환의 매개물인 화폐가 생성되기 때문에, 곡폐나 피폐 등과 함께 자모전(字母錢)이라는 주화가 사용되었던 고조선 때 이미 교환경제가 발달해 있었음을 알 수 있다. 이러한 사실은 고조선의 팔조금법을 통해서도 확인할 수 있다.

· 사람을 죽인 자는 곧 죽인다.
· 남에게 상해를 입힌 자는 곡물로 갚는다.
· 도둑질을 한 자는 그 집의 노비로 삼는다. 만일 그 죄를 면하려면 50만의 돈을 내야 한다.

이처럼 현존하는 팔조금법 중 3조목을 살펴보면 곡물이 교환의 대상이었으며, 교환매개기능을 위한 가치척도가 확립되었음을 알 수 있다. 한편, 고대에는 제사가 행해질 때 사람들이 운집하게 되면서 그곳에서 물자교환이 이루어지는데, 단군신화에 나오는 '신시(神市)'를 통해서도 당시 물물교환 형태의 시장이 발달하였음을 확인할 수 있다.

우리나라 시장에 관한 직접적인 기록은 삼한(三韓)시대 문헌에서부터 발견된다. 삼한(三韓)에서는 국내 여러 시장에서 철을 화폐로 하여 교환매매가 이루어졌는데, 김해패총에서는 물품화폐의 선구물인 자안패(子安貝)와 고대 중국의 왕망정부가 발행했던 화천(貨泉)이라는 화폐의 발견으로 미루어보아 당시의 철화폐 사용과 교환경제의 발달 사실을 알 수 있다.

삼한시대의 시장은 읍국의 경계상 중립지에 위치한 임지(林地) 또는 하변(河邊) 등에서 물자를 교류하는 경계시(境界市), 또 촌락과 촌락을 연결하는 교통이 편리한 길목이나 밀집촌락의 길거리에서 열리는 가로시(街路市)와 읍국의 중심지인 성읍 안의 적당한 가로, 광장 또는 성문 내외의 연도에서 물자교환이 이루어지는 성읍시(城邑市), 자연신에 대한 공동 제례의식을 행할 때 제단 부근에 시장이 열려 필요한 물자를 교환 매매하는 제전시(祭典市) 등 4가지 형태로 존재하였다.

2) 삼국시대

(1) 고구려

고구려의 경우는 시장에 관한 문헌이 발견되지 않기 때문에 당시 어떠한 형태의 시장이 형성되어 있었는지에 대해서는 알 수가 없다. 다만, 고구려에는 사유재산제도나 채권채무를 보호하기 위한 법률이 존재하였다는 점, 화폐로 곡폐와 포폐 및 전을 사용했다는 점 등으로 미루어보아 당시 화폐를 통한 교환경제가 이루어지고 있었던 점은 분명하다.

(2) 백제

백제의 경우 삼한시대의 경계시, 가로시, 성읍시를 계승 발전시킨 형태인 향시(鄕市)가 있었는데 특히, 고사성(古沙城), 득안성(得安城), 구지하성(久知下城), 도선성(刀先城), 웅진성(熊津城) 등 5성(城)의 시장이 유명했다고 한다. 백제에 지방시장이 있었다는 사실과 지방시장을 순회하면서 장사를 하던 행상(行商)이 있었다고 하는 사실을 확인할 수 있는 자료로 정읍사(井邑詞)를 들 수 있다.

『악학궤범(樂學軌範)』에 수록되어 있는 백제가요 정읍사는 신라 경덕왕 이후 유행했던 노래로서 시장에 행상 다니는 남편을 근심하면서 그리워하는 아내의 심정이 담긴 내용이다. 내용 중 '전져재 녀러신고요' 라고 한 구절을 통해 백제에 향시가 넓게 분포하고 있었음을 추측할 수 있다.

ᄃᆞᆯ하 노피곰 도ᄃᆞ샤 어긔야 머리곰 비취오시라 어긔야 어강됴리 아으 다롱디리	달아 높이 높이 돋으시어 멀리 멀리까지 비추어 주십시오 (후렴 생략)
전져재 녀러신고요 어긔야 즌ᄃᆡᄅᆞᆯ 드ᄃᆡ올세라 어긔야 어강됴리 아으 다롱디리	온 시장에 가서 계신 건가요 진흙탕을 밟으실까 걱정됩니다 (후렴 생략)
어느이다 노코시라 어긔야 내가논ᄃᆡ 점그ᄅᆞᆯ세라 어긔야 어강됴리 아으 다롱디리	어느 곳에 쉬고 계십시오 가시는 길 어두워질까 걱정됩니다 (후렴 생략)

(3) 신라(통일신라)

신라의 경우는 국가에서 시장정책을 채택하여 최초로 관설(官設)시장이 개설되어 운영되었다. 이는 사회 경제적 발전과 도시의 확대 등의 이유로 자연발생적 향시만으로는 생활물자의 수요 공급이 어려웠기 때문에 취한 국가적 시책으로 파악된다. 기록에 의하면 490년(소지왕 12) 처음으로 경주에 시장을 개설하여 사방의 물자를 교역하게 하였으며, 508년(지증왕 9)에는 시장 감독관청인 동시전(東市典)을 먼저 설치하고 이듬해 동시(東市)를 개설하였다. 동시전은 감(監) 2인, 대사(大舍) 2인, 서생(書生) 2인 및 사(史) 4인을 두어 시장의 개폐(開閉), 도량형의 사용, 상인의 분쟁, 범죄 등의 단속과 어용품(御用品)의 조달, 세금 징수 등의 업무를 관장하였다.

이후 통일신라시대인 695년(효소왕 4)에는 경주에 서시(西市)와 남시(南市) 두 시장을 개설하고 서시전(西市典)과 남시전(南市典)을 설치하여 시장에 대한 관리 감독 업무를 보도록 하였다.

이처럼 수도인 경주에 관설 시장이 형성되었음을 미루어 볼 때 지방에도 시장이 상당히 개설되었을 것으로 추정되지만, 이에 대한 확실한 문헌은 확인되지 않는다. 다만, 보부상의 존재가 있었고, 아침부터 저녁까지 열리는 시장에서 부녀자들이 광주리에 물건을 담아 팔았다는 기록이 남아있어 지방에는 대체로 교통의 교차점, 성읍의 내외와 같은 장소에서 시장이 열리고 있었음을 알 수 있다.

3) 고려시대

태조 왕건은 918년 고려를 개국하고 철원을 도읍으로 정했다가 이듬해 도읍을 송악으로 옮긴 뒤 대대적인 왕도건설을 착수한다. 왕조의 상징인 궁궐과 종묘사직 등을 먼저 지은 뒤 시장을 세운다는 전조후시(前朝後市)의 원칙하에 시전(市廛)을 구획하였다. 시전이란 지금의 상가를 의미하는 것으로 구획된 광장에 8채의 장옥(長屋)을 짓고 장옥 사이에는 공용도로와 상인의 주거지역을 두었으며, 각 장옥의 입구마다 점포 이름을 쓴 간판을 걸었다.

시전의 규모는 확실히 알 수 없으나 1112년(예종 7) 시전의 북랑 65칸이 불탔다는 기록을 통해 대략의 규모를 확인할 수 있다. 이후 수도 개성 인구가 증가하고 산업이 발전하면서 1208년(희종 4)에 이르면 시전을 대대적으로 확장 개축하게 된다. 광화문에서 십자가에 이르기까지 좌우에 무려 1,008개의 기둥으로 된 대규모 장랑(長廊)을 지었고, 광화문 안에는 73개의 기둥으로 된 큰 창고를 지었다는 내용으로 보아 상당히 큰 규모임을 확인할 수 있다. 고려 조정에서는 시전을 감독하고 물가를 조절하기 위해 경시서(京市署)를 설치하여 운영하였다. 경시서에는 령(令) 1인, 승(丞) 3인, 기관(記官) 2인을 두어 업무를 보게 하였다. 고려시대 향시(鄕市)는 크게 성읍시(城邑市)와 가로시(街路市)로 구분된다. 고려조의 행정구역은 513개 목(牧), 부(府), 군(郡), 현(縣), 진(鎭)이 있었는데, 각 지역의 행정관청이 위치한 성읍은 정치경제의 중심지로 생활물자 조달을 위한 성읍시장이 존재하였다. 그 밖의 향시는 대체로 12㎞ 혹은 20㎞마다 교통 요지의 길가 또는 일정한 지점에 다수의 수요 공급자가 모여 물자를 교환 매매했으며, 시장을 순회하며 장사하는 행상과 객주가 상당히 발달하였다.

3. 조선시대 시장의 운영과 주역들

1) 시전과 향시

(1) 시전(市廛)

조선 건국 후 전조후시의 원칙에 따라 경복궁 북문인 신무문(神武門) 밖에 시장을 개설하려고 하였으나 자리가 좁아서 시행하지 못하였다. 1399년 정종이 개경으로 환도함에 따라 도성 건설이 중단되었으나 1405년 태종이 한양으로 재천도함으로써 본격적인 도시기반 시설 건립이 시행되었다. 시전의 건립은 1412년부터 본격적으로 진행되었다. 시전은 국가에서 행랑을 건설해 상인들에게 점포를 임대해주고 세금을 받는 관설시장(官設市場)이다. 시전의 규모는 좌우로 800여칸의 행랑이 혜정교(惠政橋)에서부터 창덕궁 동구까지로 현재 광화문 우체국 앞이 혜정교가 있던 자리이다.

시전은 상품을 사고파는 기능 뿐만 아니라 관설시장으로서 국가의 요구에 따른 여러 기능을 수행하였다. 먼저 도성 주민들의 생필품을 판매하고 조달하였다. 왕실에서부터 노비에 이르는 다양한 계층의 도성 주민들을 상대로 각종 상품을 판매하였으며, 중국 · 일본 등지에서 건너온 수입품들도 취급했다. 시전에서는 조정에서 필요로 하는 관수품과 중국에 보내는 진헌물품을 조달하였고 국고 잉여 물품이나 외국사신 일행이 가져온 물품도 처리했다.

시전은 조정에서 상품의 종류별로 가게를 안배하였는데 주식인 쌀을 판매하는 미곡전, 여러 가지 과일은 모전, 생선과 건어물 등은 어물전, 소금은 내염전에서 판매하였다. 입을거리를 판매하는 곳은 면주면, 백목전, 목화전, 면자전, 의전, 입전, 모자전 등이 있는데, 면주전은 명주, 백목전은 무명과 면포, 목화전과 면자전은 목면과 목화솜을, 의전은 옷가지, 입전은 비단, 모자전은 모자를 판매하였다. 그 외 철물전은 주물한 각종 철물을 판매하였고, 화피전은 각종 염료와 물감을, 시목전은 땔나무, 축농전은 싸리 등으로 만든 고리를 취급, 판매하였다.

(2) 향시(鄕市)

향시는 도읍지 이외의 전국 각 지방에서 백성들에 의하여 자연발생적으로 형성된 지방시장이다. 한양에서는 조선초에 시전을 형성하여 일반물화나 미곡, 우마 등의 교역을 위한 장시가 열렸으나 지방에서는 15세기 말부터 장시가 생겨났다. 즉, 1470년대 전라도 나주지방에 기근이 발생하자 이를 극복하기 위해 가지고 있던 물건을 서로 들고나와 장을 열었다. 이처럼 재난과 기근에 의하여 물화의 교역이 요구되면서 형성된 장시는 16세기에 이르러 전라도, 충청도, 경상도 등 삼남지방으로 파급되었다.

17세기 중엽 이후 농업 및 수공업의 발달과 대동법의 시행으로 상품 유통이 활발해지면서 장시가 전면적으로 보급되었다. 초기에는 개별 분산적으로 열리던 시장이 점차 일정한 거리를 두게 되면서 출시(出市)날을 따로 정하는 정기시(定期市)로 발전하여 지역마다 하나의 교역권이 형성되었다.

시장권의 형성은 한 지역의 읍내장이 1·6일에 개시하고 있다면, 대체적으로 20~30리 간격으로 타원형을 이루며 개설되고 있는 다른 장들은 읍내장이나 인근 장들과는 다른 날인 2·7, 3·8, 4·9, 5·10일 중 하나를 택해 장이 열리는 것이다. 이와 같은 시장권은 지역주민뿐만 아니라 장시를 순회하며 상품을 매매하는 상인들에게도 매우 편리했다. 따라서 일정한 시장권 내의 장들은 이러한 점들을 고려하여 개시일을 상호 조정하거나 장소를 옮겨가는 것이 일반적이었으며, 지역적 시장권은 또 다른 인접 시장권과도 연계해 상품유통을 더욱 활발하게 촉진시켰다.

장시는 각각 그 지역의 경제권을 형성하였으나 규모는 일정하지 않았다. 큰 규모의 장시로 유명한 것은 경기도의 송파장, 안성 읍내장, 사평장, 공릉장, 충청도 강경장, 덕평장, 전라도 전주읍내장, 남원읍내장, 강원도 대북장, 황해도 비천장, 황주읍내장, 봉산은파장, 경상도 마산장, 평안도 진두장, 함경도 원산장 등이었다. 장시로 발달한 큰 상업도시 즉 강경, 원산 등지에는 객주자본이 축적되었고, 수운이 편리한 곳에서는 선상(船商)활동이 활발하였다. 조선후기 전국적인 시장 개설상황은 『동국문헌비고』(1770)에 의하면 1,062개였음이 확인된다. 『만기요람』에 의하면 19세기초에는 8도 326개군 · 현에 1,061개의 장시가 있었으며, 『임원경제지』에는 1830년(순조 30)에 총 1,052개의 장시가 있었고, 이중 5일장은 905개소, 10일장은 125개소, 15일장은 18개소, 3일장은 4개소였다.

2) 특수시장

(1) 약령시

정기적으로 개시되는 장시와는 달리 거래되는 상품이 한정되어 있는 특수시장이 있다. 특수시장 가운데 가장 유명한 것은 각종 약재를 교환 · 매매하는 약령시(藥令市)이다. 약령시는 영시(令市)라고도 하는데 월 6회, 1일 개시(開市)를 원칙으로 하는 장시와는 달리, 개시 회수는 연 2회(봄 · 가을), 개시 기간은 지역마다 다르지만 적어도 10일 이상이었다는 점이 특징적이다. 이는 약령시에서 취급하는 약재들은 대부분 건조된 것이어서 장기적으로 보관하여도 약효와 상품성을 유지할 수 있어 한 번에 대량구매가 가능하였기 때문이다. 대표적인 약령시로는 조선시대 이래 지금까지 명맥을 이어오며 가장 크게 번성하였던 대구 약령시가 있으며, 그 외에 원주, 전주, 공주 등지에서도 개시되었다. 대구는 경상좌 · 우도의 감영 소재지인 만큼 행정도시로서뿐만 아니라 교통의 요지에 위치해 있었기 때문에 물화 유통의 중심지 역할을 담당했다. 대구에 인접한 고령 · 성주 · 칠곡 등지에서 생산되는 각종 약재는 대부분 행정도시이자 교통의 요지에 위치한 대구 약령시로 집산되었던 것이다. 대구 약령시의 개설 시기는 음력 2월 1일부터 말일까지 열리는 춘령시(春令市)와 음력 11월 1일부터 말일까지 열리는 추령시(秋令市)로 나뉘어진다. 개시기간인 2월과 11월은 약재 진상시기가 2월 · 6월 · 7월 · 8월 · 10월 · 12월이라는 점과 다른 농산물의 출하시기를 감안하여 정해진 것이다. 대구 약령시가 열리는 장소는 경상 감영 객사 일대였는데, 객사를 중심으로 봄에는 남쪽에 개설하여 남시(南市)라 하였고, 가을에는 북쪽에 개설하여 북시(北市)라 하였다. 1907년 이후 약령시는 지금의 약전 골목으로 불리는 남성로와 북성로 일대로 옮겨졌다.

강원도 감영이 있었던 원주의 경우는 강원도 산간 지역일대에서 생산되는 약재의 집산지 역할을 하여 개설되었으나, 교통의 불편으로 이용하는 상인 · 의원 등이 줄어들면서 1861년(철종 12)에 폐지되었다. 전라감영 소재지로 호남지방의 행정중심지인 전주의 약령시는 춘시(春市)가 3월 15일부터 추시(秋市)는 10월 15일부터 열흘 간 열렸다. 전주 약령시는 지리적으로 인접해 있는 공주에 약령시가 개설되면서 폐지되었다. 공주의 경우 금강을 이용하여 내륙의 상품을 전국 각지로 운송하여 판매할 수 있는 이점이 있었고, 개시 기간도 같았기 때문에 전주 약령시보다 우위를 점했던 것이다. 공주 약령시는 그 후 약 160년간 지속되다가 1905년경에 폐지되었다.

(2) 우시장

우시장은 쇠전 또는 소시장, 우전으로 불렸으나 소만 거래한 것은 아니고 돼지, 염소, 양 등의 가축도 거래하였기 때문에 일반적으로 가축 시장이라고 한다. 우시장은 독립적으로 개설 운영된 것이 아니라 장이 서는 날 소를 비롯한 가축의 매매가 함께 이루어졌다. 농우의 매매는 다른 상품의 거래보다 많은 액수의 현금이 오갔기 때문에 쇠전의 크고 작음에 따라 그 날 장세(場勢)의 크고 작음을 좌우하였다. 조선후기 우시장의 정확한 수치를 파악하는 것은 힘들지만, 『임원경제지』를 통해 확인되는 곳은 총 184개로, 가장 많은 지역별로는 영남 55곳, 해서 23곳, 호남 18곳이다. 이후 1918년의 조사에 의하면 전국 가축시장의 수는 모두 655개소인데, 이처럼 우시장의 수가 증가한 것은 개항 이후 일본으로의 우피(牛皮) 수출이 증가함에 따라 우시장 등의 가축시장도 크게 증가한 것이다. 지역별로는 경상북도가 91개소로 가장 많고, 강원도 67개소, 황해도 63개소, 전라남도 58개소, 충청남도 52개소, 경상남도 및 평안도 50개소, 경기도가 47개소였다. 한편, 우시장에서는 다른 시장에서와는 달리 여성의 모습이 보이지 않는다는 것이 특징적이다.

3) 시장의 주역들

(1) 개성상인

조선후기 상업자본을 많이 축적한 상인층으로 송상(松商), 경상(京商), 만상(灣商), 내상(萊商)을 들 수 있는데, 이들 4대 상인 중 전국적으로 상권을 장악한 것은 송상 즉, 개성상인이었다. 국내 상업계에 있어 개성상인의 위치는 조선초기부터 확고하여 서울 시전상인들과 견줄 정도였다.

중국 사절단들의 무역거래품이 너무 많아 정부가 처리하지 못할 경우 서울과 개성상인이 일차적으로 매수하였던 점이나 조선 후기 금속화폐의 통용이 서울과 함께 우선적으로 통용되었던 점을 통해서도 개성상인의 국내 상업계에서의 위치를 가늠할 수 있다.

개성사람들의 상당수는 조선왕조의 개창과 더불어 정계에서 소외되면서 고려왕조 이래의 상업전통을 이어 전업적 대상인으로서 전국을 무대로 활동했다. 성호 이익에 의하면 개성사람들이 상업에 많이 종사하게 된 이유로 첫째, 지리적으로 서울과 가까우면서 서쪽으로 중국무역과 연결될 수 있는 점 둘째, 조선왕조 건국 후 개성인들은 이에 불복하였으므로 등용에서 제외되었기 때문에 상업에 종사하게 된 점을 들고 있다. 이러한 이유로 개성상인은 비교적 국내의 어느 상인층보다 지식을 갖추고 있었기 때문에 상술이 뛰어났고, 자신들만의 독특한 경영방식을 개발해 갔으며 사개송도치부법(四介松都治簿法)이라는 독특한 복식부기를 발명하여 사용하였다. 이 치부법은 서양의 복식부기법과 비교해 보면 약 200년 정도 앞선 것이며 이를 통해 당시 개성상인의 거래 규모와 활동무대를 파악할 수 있다.

개성상인은 각 지방 상업중심지에 둔 송방(松房)이라는 지점을 통해 지방 생산품의 매점과 상품을 판매하였는데, 주요 취급상품은 인삼과 피물류였다. 개성상인은 인삼의 국내유통과 대청 · 대일무역에 적극적으로 개입하였고, 19세기에는 개성이 인삼의 주산지로 대두되기에 이른다.

개성상인의 또 다른 주요 상품인 피물류도 대중 무역에 수출되는 상품이었다. 이들은 관부에 조달되는 수달피를 중간에서 매점하여 중국에 수출하는 방식으로 부를 축적하였고, 정조대에 이르면 국내 수달피 시장은 개성상인이 완전히 장악하게 된다.

이와 같이 개성상인은 인삼무역 등으로 중국과 일본을 연결하는 국제간 중개무역을 이루는 매개였다는 점에서도 의미가 깊다.

⑵ 경강상인

경강(京江)은 광나루에서 양화진에 이르는 한강을 의미한다. 한강은 서울의 경제적 수요를 공급하는 중요한 운송로이자 전국 각지의 다양한 생활용품들이 집산되는 곳이었다. 특히 전국의 세곡(稅穀)과 공물이 이곳 한강으로 유입되었으며, 목재와 어물 거래도 활발하게 이루어졌다. 이들 물품을 취급하는 경강상인은 조선 초기부터 정부의 세곡을 운임해 오다가, 17세기 이후 상품 ·화폐 경제의 발전과 함께 곡물이 주요 상품이 되면서 차차 선박을 이용한 곡물도매상으로 발전하였다.

경강상인은 주교역(舟橋役)에 참여하면서 세곡운송권을 독점하여 많은 부를 축적하게 된다. 정조가 수원화성에 행차하는 경우가 잦아지면서 한강에서의 도강(渡江) 문제가 대두되었고 이에 대한 방안으로 배와 배를 연결시켜 만든 다리 즉, 주교(舟橋)를 가설하게 된다. 바로 이 주교의 가설에 경강상인들이 적극적으로 참여하였고 이에 대한 배려로 세곡의 운송 등에 참여하는 특권이 주어지게 된 것이다. 이처럼 경강은 서울로 집중되는 물화와 사람을 실어 나르는 운수업에서 발전하여 하나의 경제권을 형성했고, 각 포구마다 독자적 특징을 가지면서 발달했다. 마포와 서강은 관료들의 녹봉을 지급하는 광흥창이 있어 세곡이 집중되었으며, 한강 하구나 서해안에서 수확한 새우젓이나 절인 생선 등의 해산물 집산으로 특히 유명했다. 또 용산과 뚝섬의 경우는 건축자재나 관곽용으로 사용되는 목재와 땔감이 모여드는 곳이었다.

경강은 무엇보다도 미곡과 어염 · 목재유통의 중심지였다. 특히 곡물은 서울 수요량이 대부분 경강상인들에 의해 조달되었으며, 세곡과 소작료가 점차 금납화되면서 더욱 발전하게 된다. 이처럼 지역별 독자적인 분업체계는 18세기 중엽 이후 여객주인권의 발전과 포구시장권의 성장으로 경쟁적 영업체계로 변화되었다.

(3) 보부상

보부상(褓負商)은 보상과 부상을 합한 말로, 장돌뱅이 · 장돌림 · 장꾼 · 봇짐장수 · 등짐장수 · 황아장수 · 돌짐장수 등으로 불리기도 하였다. 이들은 5일마다 열리는 장을 순회하면서 상품을 매매하던 상인들로, 지방의 장시에서 상품유통의 주도적 역할을 하였으며, 도시의 시장과 농촌을 연결하는 매개체이기도 하였다.

보상과 부상은 서로 취급하는 물품이 달랐는데, 보상은 보따리장수 혹은 황아장수로 불렸으며, 대개 부피가 적고 가벼우며 값이 비싼 물건들 즉, 각종 직물 · 실 · 바늘 · 금은제품 · 문방구 · 유기그릇 · 갓 · 빗 · 종이 등이었다. 반면 부상은 등짐장수 또는 돌짐장수로 불렸으며, 비교적 양이 크고 값이 싼 일용 물품들 즉, 어물 · 소금 · 도자기 · 홍두깨 · 돗자리 등의 물품을 취급하였다. 보부상단의 기원과 활동내용에 대해서는 조선초 여진토벌 과정에서 부상을 입은 이성계를 보부상이 간호했다는 점, 임진왜란이나 병자호란 때 수천명의 보부상이 참가하여 공헌을 세웠다는 점이나 정조 때 수원 화성의 축조시 동원되어 장안문 완성에 크게 기여했다는 점 등의 설이 있다. 이처럼 조선초기부터 활동했던 보부상은 시장권이 확대되어 가는 18세기에 이르러 상인단체를 형성하여 조직적으로 활동하였으며, 보다 더 큰 전국적인 조직을 갖추게 된 것은 1883년 보부상 전담기구인 혜상공국(惠商公局)이 설치되면서이다. 이후 1885년에는 상리국(商理局)으로 개칭되었다가 1897년 황국중앙총상회에 소속, 2년 후인 1899년에는 상무사(商務社)로 이속되어 부상은 좌사(左社), 보상은 우사(右社)로 불렸다.

보부상 조직은 중앙과 지방으로 구분되어 조직되었으며 지방에 둔 임방(任房)은 임소(任所) · 도중(都中) · 도소(都所)라고도 불렸다. 보부상단은 각지를 돌아다니면서 행상을 해야 하는 특성상 도적의 피해나 맹수들의 공격 등의 위험에 노출되기 쉬웠고, 특히 행적이 일정하지 않고 생활이 불안정했으므로 상부상조하는 일종의 계의 형태를 띤 규약을 가짐으로써 공동체를 유지하였다. 이처럼 규율과 상호부조 등에 관한 필요성은 입의나 절목 등의 형태로 나타났다. 1851년에 작성된 『예산임방입의절목』에 의하면 행상중에 병이 나거나 사망하는 경우에 대비하여 규약을 정해놓았으며, 상도의를 지키지 않았거나 조직의 질서유지를 해치는 경우 등에 대한 벌칙을 다음과 같이 정하고 있다.

1. 부모에 불효하거나 형제간에 우애가 없는 자는 태 50대를 때린다.
2. 선생(조직의 우두머리나 임원)을 속이는 자는 태 40대를 때린다.
3. 시장에서 물건을 억지로 판매하는 자는 태 30대를 때린다.
4. 동료에게 나쁜 짓을 한 자는 태 30대를 때린다.
5. 술주정하거나 난동을 부린 자는 태 20대를 때린다.
6. 불의를 저지른 자는 태 30대를 때린다.
7. 언어가 공손하지 못한 자는 태 30대를 때린다.
8. 젊은 사람으로서 어른을 능멸한 자는 태 25대를 때린다.
9. 질병에 걸린 동료를 돌보지 않는 자는 태 25대를 때리고, 벌금 3전을 내게 한다.
10. 놀음 등 잡기를 한 자는 태 30대를 때리고, 벌금 1냥을 내게 한다.
11. 문상하지 않은 자는 태 15대를 때리고, 벌금 5전을 내게 한다.
12. 계모임에 참석하지 않은 자는 태 10대를 때리고, 벌금 1냥을 내게 한다.
13. 부고를 받고도 가보지 않은 자는 태 10대를 때리고, 벌금으로 부조로 낼 돈의 배를 내게 한다.
14. 모임에서 빈정대며 웃거나 잡담하는 자는 태 15대를 때린다.

또한 보부상의 조직적 단결력을 보여주는 것으로 사발통문을 들 수 있다.

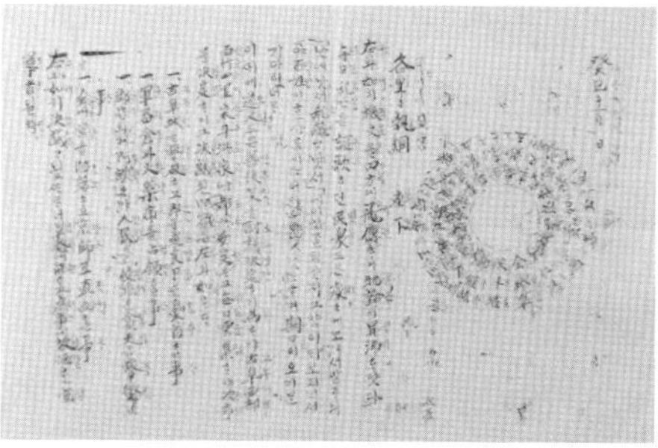
사발통문

사발통문은 팔도에 흩어져 있는 보부상들에게 연락이 필요할 때 보내는 통문으로, 발통(發通)한 사람이 누구인지 모르도록 성명을 사발모양대로 돌아가며 썼기 때문에 주모자를 알 수 없어 연대책임을 지게 되었다.

사발통문의 발행에는 많은 비용이 들었고 인력동원에 따른 여러 가지 번거로움이 있었기 때문에 변란이나 유사시에 보부상을 국역에 참여하게 할 경우, 큰 산송(山訟)이 일어나 시비가 크게 붙었을 경우, 보부상이 가솔을 잃었거나 가로채였을 때, 시장에서 보부상끼리 혹은 보부상과 관아간의 시비가 발생했을 때에 발행되었다.

한편, 보부상은 자신들의 친목을 도모하고 상권을 공고히 하기 위해 보부상 놀이를 하였는데, 충남지방의 보부상놀이와 경북 고령지방의 지신밟기가 대표적인 것이다. 또한 물건을 팔기 위해 부르는 '장타령'은 전국의 유명한 장터를 유사연상하여 부르는 노래로, 상업노동요로 유희적 성격을 지니고 있다. 대표적으로 강원도 장타령이 유명하다.

춘천이라 샘밭장/길이 질어 못 보고/신발이 젖어 못 보고
영 넘어라 영월장/홍천이라 구만리장/담배 많아 못 보고/길이 멀어 못 보고
어화지화 김화장/이귀저귀 양구장/놀기 좋아 못 보고/당귀 많아 못 보고
회회층층 회양장/한자 두자 삼척장/길이 험해 못 보고/배가 많아 못 보고
이강 저강 평강장/명유바꿔 원주장/강물 없어 못 보고/값이 싸서 못 보고
정들었다 정선장/횡성건설 횡성장/갈보 많아 못 보고/에누리 많아 못 보고
화목 많은 화천장/김 많은 강릉장/길이 막혀 못 보고/값이 싸서 못 보고
양식 팔아라 양양장/이통정통 통천장/살이 많아 못 보고/알 것 많아 못 보고

즉금 왔다 인제장/엄성듬옷 고성장/일 바빠서 못 보고/심심해서 못 보고

울퉁불퉁 울진장/이천저천 이천장/울화나서 못 보고/개천 많아 못 보고

안창곱창 평창장/철덕철덕 철원장/술국 좋아 못 보았네

4. 근대의 시장

1) 개항기

(1) 유통경로의 변화

개항기 시장의 특징은 새로운 상품의 등장과 상품 유통량의 급격한 팽창, 상품의 유통경로의 변화와 운송수단의 근대화 그리고 이들을 움직이는 상인층의 변화 등을 들 수 있다.

기존의 유통경로는 국가의 조세운송 경로, 사상(私商)들의 상업경로, 외국과의 무역경로 등이었다. 조선시대는 현물로 조세를 수납했기 때문에 쌀, 포, 지방 특산물을 한성으로 운반하였는데, 갑오개혁에 의한 조세의 금납화로 소멸된다. 사상들의 상업경로는 개항장 상권의 형성으로 커다란 변화를 겪게 되는데, 기존의 서울을 중심으로 지방도시를 연결했던 원격지 상업은 서울과 개항장을 중심으로 재편성되었고 이에 따라 상품의 수요 · 공급이 개항장을 중심으로 이루어지게 된다. 또한 외국과의 무역경로는 기존의 국경무역과 부산 왜관무역이 폐쇄되고 전혀 새로운 차원의 무역이 개시되었으며 상대국도 형식적으로 영국, 미국, 프랑스, 러시아, 일본, 중국 등으로 확대되어 간다. 이와 같은 개항기 상품 유통경로의 변화와 장시의 변화에 가장 큰 영향을 미친 요인은 증기선의 도입과 철도의 부설과 같은 교통수단의 혁신이다. 개항 전 해상운송의 수단은 재래선과 무동력선이었다. 상인에 의한 상업과 어업에 사용되었던 지토선은 국가의 세곡운반에도 큰 몫을 담당하였다. 개항 이후 새로운 운송수단으로 증기선이 등장하게 되면서 개항장 상권의 확대 · 발전에 크게 기여를 하였다.

국내 연안과 강운에 증기선을 도입하려는 움직임이 보이기 시작한 것은

1880년대 후반이었다. 1886년 대흥상회라는 기선회사를 설립하여 인천과 연안포구의 화물운송을 하였으며, 1890년경 이운사라는 회사를 설립하여 한강변 포구에서의 세곡운반을 하였다. 부산에서도 낙동강과 경상도 연안의 화물수송을 목적으로 기선회사·전철회사 등이 설립되었다. 그러나 자본의 영세성, 화물의 계절성, 운영의 외국인 의존 등으로 대체로 1~3년내에 폐업하게 되었고, 이후의 화물운송은 일본인 회사에 의해 운영되었다.

한편, 철도부설은 1899년 경인선을 필두로 경의선·경부선이 완성되었고 경원선·호남선 등은 모두 한일합방 이후에 완성되었다. 철도는 각 지역의 장시 또는 중심지역을 통과하였는데, 기존의 지역중심 시장권의 기능이 약화되거나 이동되는 등 연변의 장시와 도시의 시장권의 변화를 초래하였다. 그 대표적인 예로 충청북도의 경우를 보면, 기존의 상품유통의 중심지는 한강 수운을 이용한 충주였으나, 경부선 철도가 대전-조치원-천안으로 연결됨으로써 청주가 충청북도 제일의 화물집산지로 바뀌게 되었고, 시장권도 충주상권을 상회하게 되었다. 이처럼 기존 시장권의 중심이 철도부설로 인하여 이동되었을 뿐만 아니라, 경부선 주변에는 일본인 상인이 진출하게 되었고 일본 상품은 내륙시장에 적극적으로 진출하게 되었다.

(2) 시장의 상권과 공간의 변화

개항 이후 대외무역의 확대와 더불어 각 지역의 상권이 개항장을 중심으로 개편되면서, 개항장을 무대로 중개무역을 하는 개항장 객주가 새로운 상인층으로 등장했다. 일반상인들의 상품거래를 주선하고 대가를 받던 객주와는 달리 개항장에서의 객주는 위탁판매는 물론 도매업과 상품거래를 독점하는 방법으로 자본을 축적했다. 개항 초기 외국상인들은 국내 통상이 완전 허용되지 않았기 때문에 이들 객주에게 의존할 수밖에 없었다. 그러나 점차 청상과 일상들이 조선의 상거래 관행에 익숙해지자 객주의 간여를 배제하고 국내 상인들과 직접 거래하기 시작하면서 개항장 객주의 상권은 위축되어 갔다.

한편, 전통적 시장의 공간에도 여러 가지 변화가 생겨났다. 경강과 외곽시장 등의 유통망이 점차 붕괴되어 가는 반면, 수표교와 명동 일대에 중국인의 상가가 형성되었고, 진고개 일대에 일본인 점포와 수산시장이 세워지는 등 새로운 시장공간이 창출되었다.

(3) 근대적 상업관 태동

문호개방 이후 20년 동안 정치적 · 경제적 혼란을 거치면서 경제 분야에서 절실하게 필요성을 느낀 부분은 근대적 공업을 진흥시키는 것이었다. 외세의 침투로 인한 혼란을 극복하고 자율적이면서 근대적인 체제로 전환하기 위해서는 공업의 육성이 대단히 중요한 과제로 대두되었다.

더욱이 서구 자본주의 제품이 들어오기 시작하면서 면직물과 같은 생활필수품이 농촌 지역에까지 침투해 들어가고, 그 결과 막대한 자금이 해외로 유출되었다. 이러한 사정은 결국 생활필수품부터 국내 생산품으로 자급해야 한다는 문제의식을 가지게 하였고, 공업품을 생산하는 공장의 설립을 추진하기에 이른다. 실제로 1897년 대조선 저마 제사 회사가 설립되었는데, 이는 우리나라에서 생산되는 삼과 모시를 합사(合絲)하여 외국의 직조 공장으로 수출하기 위한 것이었다. 이러한 근대적 회사와 공장의 설립은 경제적으로 자본주의 서구 열강에 예속된 상태에서 벗어나려는 노력으로 매우 중요한 의미가 있다.

개항 이후 상당 기간 지나면서 외세와의 접촉이 잦아지자 점차 경제적 실리를 추구하려는 움직임도 나타나게 된다. 문호개방 이후 근대적 상공업관이 세워지고 상공업 장려책이 강조되면서 상업에 대한 인식도 바뀌어 간다. 상공업관의 변화는 새로운 상공업자 계층의 형성을 유발, 촉진시킬 수 있는 전제조건으로 작용할 수 있었다. 근대적 직업의식에 바탕을 둔 상공업자 계층의 형성을 가능하게 한 것이었다. 종래의 상업 구조를 개혁하고 자본주의적 경영 방식에 의한 각종 제조회사가 설립됨에 따라 새로운 경제 체제를 담당할 수 있는 경영자, 기술자 확보를 위해 노력을 기울였다.

2) 일제강점기

(1) 전통시장의 변화

1910년 국권을 잃고 일본의 식민지로 전락하게 되면서 한국의 모든 상권은 일제에 장악되었고 민족 자본의 성장이 억압받았다. 일본은 조선회사령, 토지조사령, 시장규칙 등을 제정하여 한국의 경제수탈을 시행하였는데, 그 중 1913년부터 1917년까지 5년간 산재해 있는 시장을 조사하여 이를 토대로 시장 설치 및 감독권을 장악하게 된다. 이 과정에서 바로 1914년 시장규칙이 제정되는데 명목상으로는 전통적이고 전근대적인 한국의 재래시장을 근대화한다는데 있었으나, 실제적인 목적은 전통적 한국 민족 상인의 정신을 계승하고 있던 재래 정기시장을 통제하려는데 있었다.

시장규칙은 제1호에서 제4호로 시장을 분류하고 있는데, 전통적인 시장인 동대문 시장, 남대문 시장, 약령시 등이 제1호에 속한다. 시장규칙이 발포되기 전까지는 시장의 설치와 변경을 총독부의 승인을 받도록 하였으나, 시장규칙 발포 이후에는 한국의 모든 시장을 제1호시장이라 규정하고 도지사의 허가 없이 시장을 개설할 수 없도록 억압하였다. 이는 시장이 자연발생적으로 증가하는 것을 막을 수 없게 되면서 부득이 허가에 의한 재래시장의 공영화를 유도하였던 것이다.

【표 1】 일제시기 전통시장 수의 변천상황

지역	1911	1916	1921	1926	1930	1935	1938
경기	110	115	101	101	114	103	102
충북	55	51	52	54	57	60	62
충남	83	90	90	86	87	87	88
전북	83	71	67	68	63	61	62
전남	125	119	116	113	117	121	119
경북	139	153	159	158	169	166	169
경남	107	146	138	141	134	140	144
황해	97	104	112	120	125	124	115

지역	1911	1916	1921	1926	1930	1935	1938
평남	82	110	118	129	141	143	143
평북	43	56	56	88	91	97	100
강원	73	93	97	103	132	141	148
함남	59	66	89	95	109	126	125
함북	28	36	44	45	52	71	81
계	1,084	1,210	1,239	1,301 (-48) 1,253	1,391 (-22) 1,369	1,440	1,458

* 1926년과 1930년의 ( )안의 숫자는 각도에 포함되어 있는 제2호, 제3호시장의 합을 적은 것으로 제1호시장의 수는 ( )안의 수를 뺀 나머지 수임.
* 자료출처 : 조병찬, 『한국시장경제사』, 동국대학교 출판부, 155P. 표5-Ⅳ-1에 의함.

제2호 시장은 공설 소매시장으로 그 효시는 1910년 부산 부평동에 설치한 일한시장이며, 1920년에는 서울의 명동 공설시장과 종로 공설시장이 설립된다. 그 밖에 제3호 시장은 수산, 청과시장과 제4호시장은 곡물 현물 거래시장이 있다.

(2) 상권수호 운동

미쓰코시 백화점

일본 상인들은 조선총독부가 마련한 제도적 장치와 지원에 힘입어 유통망과 서울 상권을 장악해 갔다. 1910년 강점 당시 일본 상인들은 주요 거점이었던 진고개는 혼마치(本町)로 이름이 바뀌고 일본인 상점이 즐비한 모습으로 탈바꿈하였다.

이 당시 근대 자본주의의 대표적 산물로 평가되는 백화점도 등장하게 되는데, 1906년 미쓰코시 백화점을 시초로, 조지아, 미나카이, 히로다, 동아, 화신 백화점 등 6개의 백화점이 있었다.

1920년대 이후에는 일본인의 거리는 점점 뻗어나가 지금의 충무로, 명동, 남대문로, 을지로 일대의 상권을 장악하였다. 서울의 남촌상가와 북촌상가의 치열한 상권경쟁은 이 시대의 대표적 상업활동의 모습이다. 북촌상가는 억압과 통제의 대상 속에서 민족계 상업자본을 형성하면서 상권을 확장하고 있었으며, 남촌의 일본인 상가는 정치적 · 행정적으로 일제의 비호와 특혜를 받으면서 상권을 확장시켰던 것이다.

조선인 상권은 나날이 쇠락해 갔지만, 자신들의 상업적 이익을 지키기 위한 상권수호 운동이 민족적 의식까지 반영되면서 폐점, 철시 운동을 통해 항일 운동에 적극적으로 동참하였다. 또한 1920년대부터 1930년대까지 전국적으로 발생한 경제자립운동인 물상장려운동은 외국 상품을 배척하고 토산품을 애용하자는 단순한 운동이 아니라, 국산품을 애용하여 민족 기업을 육성하자는데 목적이 있었다. 그러나 조선 물산운동은 초기에는 전국 각지에서 큰 반향을 일으켰지만, 조선인 자본이 취약한 상황에서는 큰 성과를 거두기 어려웠다.

5. 현대의 시장

광복 이후 상권에는 다양한 변화가 나타났다. 일제 강점기에 제1호, 제2호 등으로 분류하였던 시장규칙과는 달리 공설시장, 사설시장, 백화점 등으로 구분하게 된다. 공설시장은 일제 강점기에 설치한 제2호 공설시장을 중심으로 도매시장, 소매시장, 가축시장 등으로 세분화되었고, 사설시장은 전통적인 남대문 시장, 동대문 시장 등을 비롯하여 새로 설립된 사설시장도 포함되었다. 그러나 식민시장 체제를 극복하려는 노력은 한국전쟁의 발발로 인해 중단되었다. 유통체계가 원활하지 못하여 상품의 유입이 제한적이었기 때문에 구호품과 원조물자가 그 자리를 충원하였다.

1950년대 중반 이후 전쟁 복구가 어느 정도 이루어지면서 공설시장은 겨우 명맥을 유지했고, 남대문 · 동대문 시장을 비롯한 30여 개의 사설시장이 시장을 이끌게 된다. 이후 1960~70년대에 들어 인구증가와 경제개발로 폭발적인 성장을 맞게 된 시장은 새로운 형태의 슈퍼마켓이 등장하고 상가 붐이 일어났다. 또한 광복 이후 대부분 적산(敵產)으로 분류되어 민간에 불하되었고, 파행적 운영을 하였던 백화점도 이 시기에 이르면 직영 방식을 취하면서 양적으로나 질적으로 괄목할 만한 성과를 거두었다.

1980년 이후 세계화가 급속하게 진행되면서 유통시장이 개방되었다. 새로운 형태의 시장이 속속 등장했고, 상거래 방식에도 혁명적 변화가 일어났다. 시장에는 대형 할인점이 등장해 유통업계의 총아로 급부상했고, 편의점이 기존의 구멍가게를 밀어내고 골목골목까지 도심에 스며들었다. 또한 TV 홈쇼핑과 인터넷쇼핑몰이 등장해 21세기 한국의 시장을 풍미하고 있다.

【참고문헌】

강만길, 『한국 상업의 역사』, 세종대왕기념사업회, 2000.

국사편찬위원회 편, 『장시에서 마트까지 근현대 시장경제의 변천』, 두산동아, 2007.

김대길, 『시장을 열지 못하게 하라』, 가람기획, 2000.

박은숙, 『시장의 역사』, 역사비평사, 2008.

이재하 · 홍순완, 『한국의 시장』, 민음사, 1992.

정승모, 『시장의 사회사』, 웅진출판, 1992.

조병찬, 『한국시장경제사』, 동국대학교 출판부, 1992.

『한국의 시장상업사』, 신세계백화점 출판부, 1992.

제9장 여성의 삶과 역사

1. 고대 사회 여성
2. 고려시대 여성의 지위와 생활
3. 조선시대 여성의 규범과 삶
4. 여성 자각과 일제강점기 이중 억압의 삶
5. 현대 여성 지위 향상과 활동 다변화

제9장 여성의 삶과 역사

박미현

역사는 남성과 여성 모두를 아우른다. 우리가 주로 알고 있는 역사는 문헌 사료 생산자인 남성 관점으로 서술된 남성 중심 역사이다. 기존 역사 서술에서 가볍게 지나친 여성 경험이나 활동을 드러내고 여성 시각을 보여주는 새로운 역사 인식과 해석을 필요로 한다.

여성은 역사 속에서 생산 활동 현장에 서 있었으며, 공사 영역을 넘나들면서 주체적으로 활동하였다. 여성은 정치 경제 사회 문화 영역에서 역사적 격변기마다 참여와 역할 그리고 기여가 있었다. 역사적으로 여성의 지위는 시대적 상황 및 그 사회를 지배한 사상, 종교에 따라 남성과 대등하거나 상대적으로 격하되며 변화되었다. 결혼 풍속과 재산 상속권, 가계 계승권, 봉사권 등 변화상에서 극명하게 나타난다. 사적 영역으로 간주하는 일상 역시 공적 영역과 함께 주요한 역사 흐름이 관통되고 있음을 고려할 때 여성이 주도한 일상은 주요한 역사이다. 여성 눈으로 본 역사 이야기는 여성의 역사 주체성을 인식하고, 여성과 남성이 동반자적 관계를 지향하는 현대 양성평등 시대를 열어가는 지혜를 준다.

1. 고대 사회 여성

1) 선사 시대 여성

인류 초기 선사시대 삶은 논증의 어려움 때문에 확연히 밝혀내기 어려운 부분이 많다. 고고학적 유적, 유물과 함께 신화, 전설 등 구비전승 자료에서 여성 사회상과 삶의 모습을 추정할 수 있다. 선사시대는 도구에 따른 발전이 사회조직 변화를 초래하여 구석기 · 신석기 · 청동기 · 철기시대로 발전하고 있다.

구석기는 사냥과 채집으로 먹을거리를 해결하고 공동체적 생활을 영위하는 무리사회로 권력과 지배계급이 없는 평등사회였다. 각자 남편이나 아내가 정해진 것이 아니라 집단혼이며 족외혼으로 아버지가 누구인지 알 수 없어 자녀는 어머니 씨족원이 되고 혈통 계승도 어머니 중심으로 이뤄지는 모계사회 내지 모계와 부계 모두 존중하는 양계사회인 것으로 추정되고 있다.

신석기 때 농경이 시작됨으로써 종전 식량 채집 단계에서 생산 단계로 질적인 변화를 가져온 획기적인 전환이 이뤄졌다. 이 시대 특징은 농경 · 간석기 · 토기 · 의류 생활로 대표되는데 여성은 여러 수공업 생산자 역할을 하였다. 기원전 6천년 경 제작되기 시작한 토기 생산에 여성이 참여했다. 함북 서포항 유적에서 출토된 뼈바늘, 바늘통, 가락바퀴 및 궁산리 유적에서 삼 껍질로 만든 실을 꿴 뼈바늘귀 출토는 의복생활을 반영한 것으로 직조 담당자는 여성이다. 여신상도 다수 출토되고 있다.

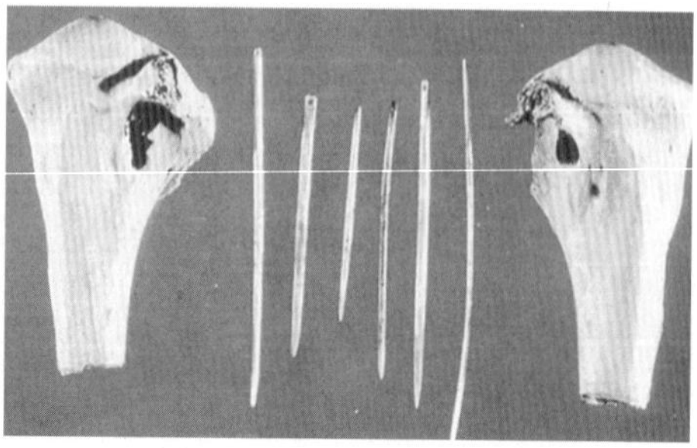

신석기 여성의 의복생활 담당을 보여주는 궁산리 유적의 뼈바늘과 바늘통. 여성이 생산한 포와 직조 활동은 고대부터 조선시대에 이르기까지 수취 대상이 된 국가 경제에 기여하였다.

서포항 3기층에서 출토된 작살모양의 골제입상(骨制立像)은 팔다리가 생략된 길쭉

한 몸 한가운데 1개의 중심점으로 7개의 구멍이 둥글게 나 있어 여성을 상징한 것으로 추정된다. 함북 청진 농포동 조개더미유적에서 출토된 토제인상은 허리가 잘록하고 둔부가 강조된 지모신앙을 반영한 여신상으로 짐작된다. 부산 동삼동 조개더미유적의 조가비얼굴과 강원 양양 오산리유적의 다정하고 풍요로운 이미지의 토제인면상은 신상(神像)으로 여겨진다.

여성의 농경 역할 기여 및 임신 출산 능력과 관련되어 다산과 풍요를 기원한 모신 숭배 관련 유물로 해석되고 있다.

신석기 후기 들어 관개 공사 규모가 커지고 노동집약적 농사가 되면서 신체적 힘의 우위에 있던 남성 중심 혈연관계가 확장된다. 남성을 형상화하거나 남성 성기가 돌출된 그림이 울산 반구대 암각화 등에서 발견됨으로써 남성 우위 사회로 서서히 전환되고 있음을 보여준다.

인류 최초 금속인 청동기가 수용되면서 기존 평등한 부족사회에서 중앙집권적인 최초 정치사회인 군장사회가 성립된다. 힘을 요하는 금속 제련과 제작을 남성이 담당하면서 여성은 청동 제작과 사용에서 소외되었다. 잦은 약탈과 정복전쟁으로 무력 가치가 부각되면서 여성의 사회적 지위에 변화가 오게 된다. 확대된 농경 활동에서 남성 역할이 증대되고 잉여생산물로 인해 재부가 축적됨으로써 부계로의 전환이 어느 정도 보편화됐을 것으로 추정된다. 여성은 종교 영역에서 활동을 지속하고 있다. 삼한에서는 정치적 통치자가 있는 국읍과 함께 청동방울과 북을 걸어 신성지를 표시하는 소도(蘇塗)라는 별읍이 있어 천군이 제사를 받들어 종교 상징과 비중이 중시되었는데, 여성은 이와 관련 맺고 있다.

2) 삼국 · 남북국시대의 여성

청동기 말부터 시작돼 철기를 사용하게 되면서 초기국가 형태가 성립되고 고구려 · 백제 · 신라가 고대국가 체제를 갖추는데 성공하여 삼국시대를 보게 된다. 고대국가 성립 발전과정에서 여성 존재와 활동은 다양하게 확인된다. 건국 관련 문헌 사료는 신화적 상징으로 전해주고 있다.

『삼국사기』「고구려본기」 제일 시조 동명성왕과 「백제본기」 제일 시조 온조왕조에 등장하는 소서노(召西奴)는 고구려와 백제 건국에 결정적 역할을 했다. 소서노는 졸본부여의 막강한 토착세력으로 추모와 재혼, 왕비가 되었는데 '나라를 창업하는데 잘 도와주었다'고 기록되어 있다. 제2대 고구려왕으로 유리가 되자 아들 비류, 온조와 남하하여 백제를 건국하여 국모로 추앙받았다. 추모왕 어머니 유화부인(柳花夫人)은 농업신이자 국모로 모셔졌다. 신라 건국신화에는 혁거세거서간(赫居世居西干)의 부인 알영부인(閼英夫人)이 왕과 함께 나라를 다스려 2성으로 추앙되었다. 신라 제2대 남해차차웅(南解次次雄)의 부인 운제부인(雲帝夫人)은 농경신으로 추앙받았다. 가야를 건국한 수로왕 비 허황옥(許黃玉)은 나라와 집안을 잘 다스려 천지와 일월과 음양이 잘 조화되었다는 칭송을 받았으며 아들에게 성을 물려주었다. 남해차차웅의 누나 아로(阿老)는 시조 혁거세 제사를 연중 주재하였다.

삼국은 고대국가 체제를 확립하면서 왕비족과 연합하여 왕권을 강화한 점은 정치영역에서의 여성 비중을 시사하고있다.

고구려는 176~291년 고국천왕에서 서천왕에 이르는 동안 절노부[연나부] 출신 왕비를 맞아들여 연합하였다. 백제는 346~478년 근초고왕에서 아신왕에 이르는 동안 진씨와 해씨가 왕비족으로 나타나고 있다. 신라는 514~653년 법흥왕에서 진덕여왕대까지 왕모와 왕비 대부분이 박씨로 왕비족으로 추정된다.

신라 왕과 왕비 출자 기록은 부계, 모계, 처계를 아우르고 있어 부계 모계 모두 존중되었다. 진흥왕대에는 여성을 화랑의 우두머리로 삼았으며, 여성에게 작위를 내리기도 하였다. 4세기 중반 고구려 고분 벽화에는 정치적 행사에 부부가 동반하고 있어 여성의 정치적 역할이 작지 않음을 보여준다.

– 인두세는 베 5필에 곡식 5석이다. 직업 없이 떠돌아다니는 사람은 3년에 1번씩 열 사람이 어울려서 세포 1필을 낸다. 〈隋書, 고구려〉

– 세는 포목, 명주실과 삼, 쌀을 내었는데, 풍흉에 따라 차등을 두어 받았다. 〈隋書, 백제〉

– 고구려 봉상왕 9년(300), 왕은 15세 이상 남녀를 징집하여 궁실을 수리하게 하였다. 이에 백성들은 굶주리고 부역에 시달려 도망하였다. 〈隋書, 고구려〉

여성이 생산한 포는 국가의 주요 세원으로 국가 유지에 중요한 경제 활동이었다. 고구려 덕흥리 고분 벽화 견우직녀도와 견우직녀 설화에서 여성의 길쌈이 강조되고 있다. 신라 유리왕 9년(32)에 왕이 6부를 정한 후 둘로 나누어 왕녀 두 사람으로 하여금 각각 부내 여자를 거느려 편을 짜게 한 『삼국사기』 기록에서도 직조는 비중있는 경제활동이었다.

공적 부역에서도 남녀를 가리지 않고 징발되었다. 고구려 봉상왕 때 궁실 수리에 남녀 모두 동원되었으며, 신라 선덕여왕 때 영묘사 장육존상 조소 때 남녀가 진흙을 다투어 운반했다는 기록이 있다. 고구려 연개소문은 남역여경(男役女耕)으로 16년 만에 천리장성을 쌓았다. 신라 민정문서인 〈신라장적〉에 여성을 연령에 따라 소여자, 추여자, 조여자, 정녀, 제모, 노모로 분류한 것도 여성에 대한 부역 의무를 입증해준다.

고구려의 독특한 서옥제는 여성 중심 결혼 문화를 반영하고 있다. 중국의 『삼국지』「위지」동이전에 따르면 신랑은 결혼하게 되면 신부집 뒤에 지은 사위막[壻屋]에서 살다가 자녀가 장성해야 신랑집으로 돌아갔다. 신랑이 결혼하고 처가에 들어가 사는 처가살이 혼속은 남귀여가혼(男歸女家婚), 서류부가혼(壻留婦家婚)으로 조선 전기까지 지속된다.

정절은 생전에 한정되었음을 「신라 진지왕과 도화랑」「백제 도미부인」 설화에서 엿볼 수 있다. 여성 일방적인 정절을 강요한 것이 아니라 부부간 두터운 신의가 중시되었다.

고대여성의 시가 활동을 찾아볼 수 있다. 고조선 때 백수광부 처가 강가에서 부른 것을 후세에 한시로 번역한 「공무도하가(公無渡河歌)」는 초기 고전 시가로 꼽힌다.

신라와 함께 남북국시대를 형성했던 발해는 남편의 축첩을 자매들이 서로 감시하고 용납하지 않았던 풍습이 있어 홍등가나 첩이 없었다. 『발해국지장편』에 '열 자매는 자기들의 지아비가 측실을 맞는 것을 용납하지 않았다. (중략) 어떤 지아비가 첩을 얻었는데도 아내가 이를 알지 못하면 여러 부인이 떼 지어 모여 매질을 하고 다투어 투기했다' 고 적혀 있어 사회상을 엿볼 수 있다.

2. 고려시대 여성의 지위와 생활

중세사회는 신분에 따른 계층 분화를 유지했던 사회로 계층별로 차별화된 문화가 두드러졌다. 삼국시대에 유입된 유교는 고려시대에 확산되었는데 광종 때 시작된 과거제도에 유교 경전이 시험과목으로 포함되었다.

유교적인 소양은 남성에게는 관료로서 출세를 보장하고 여성에게는 사회적인 역할을 위축시켜갔으나 사회 전반에서 고려 여성 위상에 대한 인식은 낮지 않았다. 정치, 종교 분야에서 공식 활동은 찾아지지 않지만 문화, 여가 활동은 개방적이고 활달했다는 점에서 조선의 여성과 대비를 이룬다.

1) 혼인, 상속제도와 고려 여성 지위

혼인 풍속이나 친족제도는 여성의 사회적, 경제적 지위와 밀접되어있다. 고려의 혼인 풍속은 서류부가혼, 남귀여가혼으로 부르는데 여성이 혼인을 하고도 친정에 계속 살다가 나중에 시집으로 가거나 분가하기도 하는 풍속이다. 당시 중국은 혼례를 남자 집에서 올리고 첫날부터 시집살이를 하는 친영제(親迎制)인 것과 차이를 보이고 있다. 재산 상속도 남녀 균분제이다. 혼인한 딸에게도 아들과 마찬가지로 재산 상속분이 주어졌다. 혼인한 여성의 노비는 그녀가 자손이 없어 죽었을 경우 일단 남편이 소유했다가 남편이 죽은 뒤 친정에 돌려줘야 할 정도로 철저했다. 『고려사』「손변전」을 보면 송사 처리에 능한 손변(孫抃)은 두 남매 중 딸에게 모든 재산을 상속해 일어난 사건을 명 판결로 끝냈는데 딸 아들을 차별하지 않는 고려재산상속 문화를 엿볼 수 있다. 『고려사』「나유전」에서도 어머니가 일찌기 재산을 나누어줄 때 외아들 나익희(羅益禧)에게 따로 노비 40구를 남겨주자 균분 분재관행에 어긋난다고 사양했다는 사실도 기록되어 있다.

여성은 제사를 모실 권리가 있었다[奉祀權]. 딸 아들 가리지않고 돌아가면서 제사를 모시는 윤회봉사와 특정제사를 각자 분담하는 분할봉사가 일반적인 관행이었다. 아들이 없어도 딸과 외손자가 그 역할을 충분히 할 수 있기 때문에 양자를 들이지 않았다. 공음에 대한 혜택도 아들과 딸에 차별이 없었다. 공문서에 기재하는 순서도 아들 먼저 쓰고 딸을 나중에 쓰는 선남후녀 방식이 아니라 출생 순서대로 기재하였다. 장성한 아들이 있어도 어머니가 호주가 되기도 하였다. 고려시대 친족제도는 처계나 모계 쪽이 부계 쪽 친척만큼 중시되었던 것이다. 친족의 멀고 가까움이 확연하게 드러나는 것이 상복제인데 고려에서는 친조부모나 외조부모, 장인 · 장모의 상복이 모두 1년으로 같았다. 중국은 친조부모 1년, 외조부모 5개월 장인장모는 3개월로 뚜렷한 차이를 보이고 있다.

고려는 일부일처제 사회임을 충렬왕 원년 2월 박유(朴褕)의 상소에서 확인할 수 있다.

> *우리나라는 본래 남자가 적고 여자가 많은데 지금 신분의 고하를 물론하고 처를 하나 두는 데 그치고 있으며 아들이 없는 자들까지도 감히 첩을 두려고 생각하지 않고 있습니다. 그런데 외국 사람들이 우리나라에 와서 인원수의 제한이 없이 장가를 드는데 이대로 두었다가는 사람들이 모두 북쪽으로 몰려가게 될까 두렵습니다. 청컨대 여러 신하들로 하여금 처와 첩을 두게 하되 그 관품에 따라서 그 수효를 줄여서 법을 만든다면, 원성은 줄어들고 인구는 번성할 뿐만 아니라 백성을 위하는 도리가 됩니다.*

이 상소문 내용이 알려지자 여성이 모두 박유에게 손가락질 하였으며 재상과 장군 가운데 아내를 무서워하는 이들이 많아 그 논의를 중지하고 실행하지 못하였다. 그러나 원나라 간섭기에 성리학 도입으로 동성혼 금지와 처첩과 적서 관념 강화, 가묘 설치, 친영제 실시 등이 주장되었다. 공양왕 때는 도당에서 고위 관리 부인 재혼 금지 소를 올리는 등 정절 관념도 남편 생전에서 사후로 확대되기에 이르렀다.

2) 여성의 일과 생활

고려는 상업이 발달하여 여성도 상업 활동에 종사했다. 개경에는 시전, 지방에는 장시가 있었는데 농민과 수공업자, 관리, 남녀노소가 함께 참여하였다. 지배계급 여성은 상업 및 무역활동에 종사했다. 『고려사』「후비전」의 충렬왕비 제국대장공주 편에는 '공주는 일찍이 잣과 인삼을 중국 강남으로 수출해 많은 이익을 얻었다' 고 하였다. 서민 여성은 농업과 직조 노동에 일상적으로 종사하였다. 여성의 직조 노동은 가족 의복 재료는 물론 국가에 세금을 납부하고 시장에서 쓰일 물품화폐인 삼베를 얻을 수 있었다. 국가에서는 농업과 길쌈을 가장 중요한 경제 활동 근간으로 장려해 국가 경제에 대한 기여도가 컸다. 여성은 평소 농업과 길쌈에 종사하는 것은 물론 연중 벌어지는 농사와 관련된 다양한 세시풍속과 가신 신앙 행위도 주관함으로써 가족 노동력의 재생산과 극대화, 가족간 유대 및 사회 통합 기능을 강화하는 등 사회 발전의 초석이었다.

고려가 475년간 존속되는 동안 문벌귀족사회에서 지방 관청에서의 무분별한 노동력 징발과 곡식 부족으로 여성들은 궁핍하고 고단한 생활을 해야 했다. 중국 북방에서 일어난 요(遼) · 금(金) · 원(元) 세 왕조를 상대로 정복 전쟁에 대응하는 과정에서 여성들의 전쟁 피해가 잦았다. 특히 13세기 몽고 침략과 대몽항쟁의 실패로 인한 원나라의 복속으로 남송(南宋) 투항 군인이나 원나라 군관과의 적극적인 통혼 정책 시행으로 주로 신분이 낮은 여성은 공녀(貢女)로서 고향을 떠나 중국으로 가 모국으로 돌아오지 못하고 이국에서 생을 마감했다. 출신 신분에 따라 고위관료의 처첩, 군인의 처, 남송 투항 군인의 처가 되는 등 원치 않은 결혼과 삶으로 수난을 당했다.

고려의 종교는 불교로 불교관은 여성의 의식과 생활, 지위에 영향을 주었다. 지배층 여성은 틈틈이 불경을 읽거나 중국의 여성 교훈서를 읽으며 교양을 쌓고 문학과 예술활동이 가능했다. 절에 가기도 하고 야외에 놀러나가기도 하며 국가 행사나 왕 행차를 자유롭게 구경하며 자신을 계발하며 생활의 여유를 즐겼다. 금강산은 전국적인 명소로 안팎에 모두 108개의 절이 있었는데 아래의 기록을 통해 고려 여성의 자유로운 산수 유람과 불교 생활을 만날 수 있다.

> *위로는 공향(公卿)으로부터 아래로는 사(士)ㆍ서인(庶人)에 이르기까지 아내와 자식을 데리고 다투어 가서 예배(禮拜)한다. 눈이 내리는 추운 겨울과 장마가 내려서 길이 막힐 때를 빼고는 산을 유람하는 무리들이 길에 늘어서 있다. 또한 과부와 처녀들이 따라가서 산 속에 며칠씩 머무르면서 추한 소문이 때때로 들리건만 사람들은 괴이쩍게 여길 줄을 모른다. 〈『신증동국여지승람(新增東國輿地勝覽)』권47, 「회양도호부」산천(山川)〉*

고려시대 묘지명에서도 여성의 삶을 살펴볼 수 있는데, 강릉군대부인 김씨(?~1148)는 딸과 아들의 차이를 두지 않고 출생 순서에 따라 행적을 기술하고 있으며 평소 불경을 읽는 등 적극적인 종교 생활을 하고 있음을 보여준다. 1192년 원주 여성 이일랑(李一娘)은 어려서 불교에 귀의했으며 노후에 아들이 아닌 딸과 같이 살았다. 불교에서는 여성에게 가족을 위한 신앙행위를 강조했으나 '대사'라는 칭호를 받은 여승도 있었다. 진혜대사(眞慧大師, 1255~1324)는 남편 김변과 사별한 뒤 61세인 1315년(충숙왕2) 출가해 법명을 성효(性曉)라 하고 통도사 등에서 수도생활을 하는 등 불도에 정진하다 70세에 입적하였다.

정치 일선에서 활동하는 길이 공식적으로 허용되지 않은 여성들은 외부

세계에 대한 관심이나 포부를 남편과 자식을 통해 이뤄보고자 했다. 고려 여성의 공적세계에 대한 관심을 보여주는 자료로 최루백의 아내 염경애(廉瓊愛, 1100~1146)의 묘지명에서 남편이 간관이 되자 천자 앞에서 시비를 논할 수 있는 강직함을 가지라고 강조하고 있다. 구휼기관인 제위보에서 백마랑(白馬郎)이라는 여성이 일한 것으로 확인돼 직업적 활동을 찾을 수 있다.

3. 조선시대 여성의 규범과 삶

조선시대는 유교를 이념으로 하는 정치체제이다. 국가적인 통일성을 확립하기 위해 유교적 · 성리학적 이념은 국가적, 권력적 차원에서 지속적으로 강화돼갔다. 성리학은 송(宋)대 주희에 의해 집대성된 새로운 유학에서는 공자에 의해 성립된 원래 유학에서는 하늘과 땅, 남과 여는 각각 자신의 원리를 가지고 서로 대등한 관계 맺음을 통해 생성한다는 것이었다. 그러나 성리학에서는 공간적으로 하늘은 높고, 땅은 낮은 위치에 있어 귀하고 천하다는 사회적인 존비개념으로 변화하며 남존여비, 삼종지도 등 여성은 남성 예속적 규범에 놓이게 되었다.

조선시대 건국 직후부터 국가적 공권력으로 성리학적 생활 질서를 일반인에 주입시키려 주자가례를 도입했지만 전래돼 온 서류부가혼 풍속은 일시에 바뀌지 않았다. 조선 중반까지 재산상속에 있어서 고려시대의 균분상속이 계승돼 실시됐으며 재산 소유권과 관리권은 부부 별산제로 자신의 재산에 대한 매매권 · 처분권을 갖도록 인정됐다.

그러나 1592년 7년간에 걸친 조일전쟁과 1627년, 1636년 두 차례에 걸쳐 발생한 조청전쟁 이후 양반 지배계층의 경제적 타격과 중인층 자본계층 형성 등 경제구조 재편, 양반-중인-양인-천민 사신분제 신분 질서 붕괴, 오랑캐에 패배했다는 충격은 성리학적 가치와 사회질서의 절대화라는 극단적인 반동을 초래하였다. 남성중심의 가부장적 권한 강화로 부계적인 가족질서 확립으로 여성 입지는 이전에 비해 급격히 위축되고 규제되었다.

1) 조선시대 성리학과 여성

조선시대는 문을 숭상하는 역사를 거치면서도 여성은 글을 배우면 오히려 규범에 누가 돼 공적, 사적 영역 모두에서 표현의 주체가 되는 것은 금기시 되었다. 여성의 글은 쓰일 만한 곳이 없었고 지식인이라고 해서 사회적으로 지위를 갖지 못했다. 여성 교육은 궁극적으로 봉제사와 접빈객을 주 임무로 하는 가정에서의 역할 양성에 그쳤다.

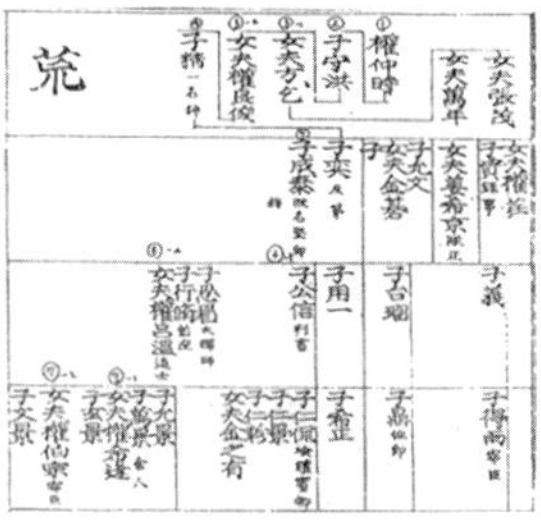

1476년 안동권씨 성화보

성리학 발전으로 종법 정신의 가족질서가 강조되었다. 종법이란 고대 중국 주나라 적장자 위주의 가계 계승과 이를 바탕으로 한 제사의례로 부계적 가족제도인 셈이다. 1435년(세종17) 숙신옹주의 혼인을 시집살이 문화인 친영의식으로 거행한 것이 친영제 시작인데 왕실에서 먼저 모범을 보여 일반에 따르도록 하였다. 일반인 관습은 쉽게 바뀌지 않아 조선후기가 되어 일반화 되었는데 시집살이는 결국 여성과 관련된 재산상속과 봉사권 등에 커다란 변화를 미쳤다. 조선 중기까지 사대부가에서는 윤회봉사와 분할봉사가 실행되었다. 윤회봉사는 순서를 정해 돌아가면서 제사를 지내는 방법이며 분할봉사는 특정제사를 분담하는 것으로 제사조 재산을 함께 상속받았다. 딸이나 외손도 제사를 받들 수 있어 외손봉사가 있었다.

재산 상속에 있어서도 조선 중기까지는 자녀 균분상속제가 이뤄졌는데 그 근거는 조선 통치 기반이 되는 『경국대전』에서 찾아볼 수 있다. 적처 소생일 경우 장자, 중자, 딸 구별 없이 모두 같은 양의 재산을 분배하도록 했다. 제사권 상속자인 승중자에 한해 1/5을 더 주도록 돼있다. 남녀 차별 보다는 오히려 서얼 차대 특징이 있어 양첩자녀에게는 적자녀의 1/7, 천첩 자녀에게는 1/10만을 분배한다는 규정이 있었다. 세종은 '부모가 죽은 후 한 어머니에게서 난 한 가족이면서 노비와 재산을 모두 가지려는 욕심에서 혼인한 여자에게 분재를 꺼리는 자를 엄히 다스리도록 하라' 고 하여 국가가 혼인한 여자의

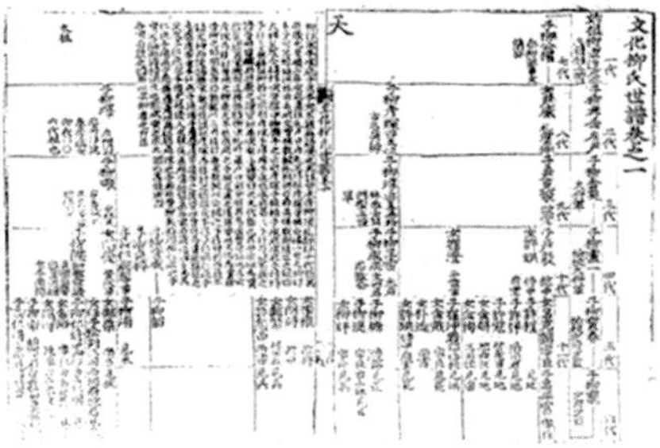

1565년 문화유씨 가정보

상속권을 보호해주고 있다.

서류부가혼, 자녀균분상속제, 자녀윤회 · 분할봉사 등의 가족제도 특징은 족보 편찬에 영향을 끼쳤다. 현전 족보 중 가장 오래된 1476년(성종7) 안동권씨의 『성화보(成化譜)』는 고려시대 여성과 남성의 동등한 지위가 조선 전기에 존속되었음을 보여준다. 약 9,000명의 인물이 등재된 이 족보는 조선 후기 족보체제와 달리 자녀 기재에 있어서 아들을 앞에 내세우지 않고 출생 순서에 따라 기재하고 있다. 외손도 편찬 당시까지 대를 이어 전부 기록되어 있으며 이름만을 기재하여 외손과 친손을 구분하지 않고 있다. 딸을 천시하여 여(女)자 밑에 바로 서(壻)라 쓰는 후기 족보와는 달리 여부(女夫)라 쓴 다음에 사위의 이름을 쓰고 있으며 딸이 재혼하였을 경우 후부(後夫)라 하여 재혼한 남편의 이름도 싣고 있다. 대를 잇는 사속(嗣續)을 중시하지 않아 자녀가 없는 사람은 이름 밑에 무후(無後)라고 기재하고 양자한 사실은 단 한 건도 찾아볼 수 없다. 1565년 작성된 문화유씨 『가정보(嘉靖譜)』에서도 마찬가지로 기재된 3,800여명 중 딸과 그 자손까지 상세하게 수록돼 있어 유씨는 1,400명에 불과하다.

2) 규범의 일상화와 경도된 열녀관

17세기 후반부터는 농업생산력의 비약적 발전과 화폐경제의 진전, 수공업 및 광업의 발달, 신분제 와해 등 사회경제적 변동이 발생됐다. 양반관료제 모순이 심화되는 위기상황 속에서 신분 및 계층 간 갈등과 모순에 대한 근본 치유가 아니라 극단적인 성리학적 절대가치로의 회귀를 통해 봉건지배체제의 유지 및 안정을 기하고 있다.

유교적 가치규범의 공고화를 위해 적장자로 이어지는 가계계승을 중시하고 동족마을 형성과 족보 작성 등 가부장적 사회체제를 확대 강화했다. 부계 혈통의 순수성 보장을 위해 내외법은 물론 정절 규범을 강요해 일상 생활행위 규제하고 여성 역시 자연스럽게 받아들여 순응하는 유교 이념의 내면화가 팽배됐다.

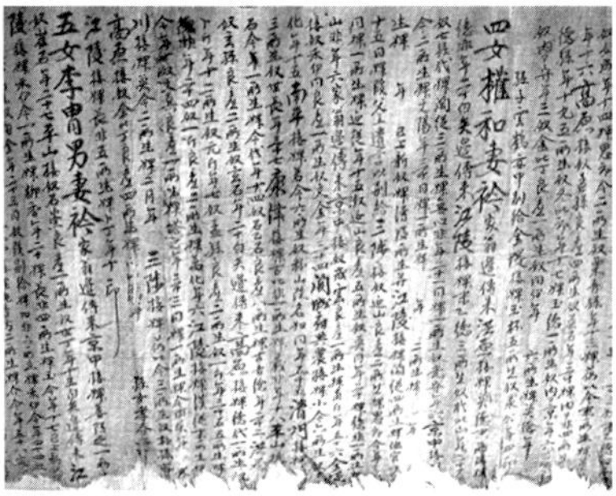

1541년 신사임당의 어머니 용인이씨 분재기

재산 상속은 제사상속과 밀접하게 연관되는데, 서류부가혼에서 시집살이를 당연시하는 친영제로 바뀌면서 여성은 더 이상 친정 근처에 살 수 없게 되면서 봉사 의무를 다하지 못하는 상황이 발생하면서 장자 중심의 제사 상속 관행이 일반화된다. 먼저 딸이 제사에서 제외되고 그 후 아들 중에서 장자만이 전담하게 된다. 18세기 이후 족보는 선남후녀 방식으로 기록되고 있으며, 딸에 대해 사위만 기록하는 형태로 변화함으로써 외손의 범위가 크게 축소되었다.

성리학적 지배 체제 공고화과정에서 여성 실제 삶과는 무관하게 열(烈)은 수호되어야할 절대 진리가 됐다. '충실열사도 그보다 더 할 수 없다' 는 무조건적으로 추구되어야하는 가치로 열녀를 미화하였다. 1617년(광해군9) 유교적 가치관 회복과 사회 기강을 잡기위해 역대 충신, 효자, 열녀의 행적과 찬양을 수록하여 편찬된 『동국신속삼강행실도』에는 효자는 98건, 충신은 54건인데 비해 열녀는 무려 436건이나 소개해놓고 있다. 그림속 자살하는 열녀는 고통없이 죽음을 선택하고 있다. 열녀를 바라보는 시각과 열행을 평가하는 기준도 시대에 따라 차이를 드러내는데, 조선 후기에 오면 열행의 판단 기준은 주로 여성의 자살 여부가 된다. 열녀로 정려를 받는데 따라 사회적인 인정 및 실질적인 경제적 시혜가 주어졌기에 가문 유지를 꾀하려 했던 몰락 사족의 이해가 얽혀 있다. 경도된 열녀관에 따라 순응하는 여성들에 의해 남편 사후에 뒤따라 자살하는 형태의 열녀가 양산되고 선양되었다. 1636년 청과의 전쟁 때 강화도에서는 한 집안 여성 4대가 절개 수호를 위해 자살했으나 정작 그 집안 남자들은 살아남았다. 1787년(정조 11) 과부 구씨는 수절하지 못했다는 이유로 시집 친척들이 합세해 가슴에 돌을 안겨 강물에 던져 죽임을 당했다.

3) 봉건체제 동요와 여성의 성장

조선후기 여성들은 양반가 여성을 제외하고는 대부분 노동에 종사, 생산구조의 근간을 이뤘다. 상당수 몰락양반 남성들은 정치나 학문에 연연해 실생활에 무능력했던 반면 여성들은 농사나 품팔이 등으로 생계를 책임졌다. 밭농사는 여성이 전담하다시피 했으며 생산한 면포는 군포로 사용돼 실질적인 국가수입의 중요한 근원이었다. 여성은 농업과 방직업 등에서 실질적인 생산의 주체였고 경제적인 기여를 했다. 조선 후기 여성의 노동참여 증가는 사회적인 지위의 확대에 기여하지는 못했다. 국가와 민의 관계에서 남성 가장이 경작권과 생산 전체 운영 및 처분권을 갖고 있었으며 여성은 가족원의 하나로 대 국가 관계로 설정되지 않았기 때문이다.

양반 지배체제의 모순으로 분열이 격화되는데 비해 경제적으로는 화폐경제와 수공업 발달로 부를 축적하는 부류가 생기면서 제주도의 김만덕과 같이 부를 축적하는 여성들이 나타났다. 18세기 이후 조선사회는 생산력 증가와 서민층 향상 생활 수준 향상으로 서민문화가 꽃을 피운 시기이고 사회 모순 시정을 추구하는 진보적 지식인들은 국학 진흥에도 지대한 관심을 보였다. 신분과 계급의식이 와해되고 비현실적인 학문을 바로잡기 위한 기풍이 전개되는 가운데 여성이 글 배우는 것을 금기시하는 사회적 통념에도 불구하고 소설책을 빌려주는 책방이 서울에서 성행했으며 여성 신변용품을 파는 방물장수 등이 일정하게 오가며 새 책을 빌려주었다. 전문적인 소설 낭독가나 판소리를 통해 소설을 접하는 등 여성 사이에서 독서 열풍이 불었다. 이 시기 여성요, 서사민요, 규방가사, 서민가사 등 여성풍속 시가창작이 집중되고 있다. 이들 풍속시가는 여성 성장과 교육, 시집살이, 가정생활 등 일상적인 삶의 모습을 드러내고 있다. 글쓰기 주제도 논설, 인물전, 발문, 묘지문, 행장기, 잠언, 제문, 상량문, 기행문 등 남성 전유물에 도전하는 등 일상의 엄격한 규범과 제한을 극복하려했다. 임윤지당(任允摯堂, 1721~1793)은 '내가 비록 여자의 몸이나 하늘로부터 받은 성품이야 남녀의 차별이 있지 않다' 고 하였으며 이 같은 사상은 다른 여성에게 영향을 끼쳤다. 김금원(金錦園, 1817~?)은 남장을 하고 여행한 뒤 시와 산문을 엮어 『호동서락기』를 남겼다. 18세기부터 단행본 저서를 남긴 여성 지성인은 20여명에 이르며 대표적 인물은 다음과 같다.

김호연재(?~?), 임윤지당(任允摯堂, 1721~1793), 신부용당(申芙蓉堂, 1732~1791), 혜경궁홍씨(惠慶宮洪氏, 1735~1815), 이사주당(李師朱堂, 1737~1821), 서영수합(徐令壽閤, 1753~1823), 이빙허각(李憑虛閣, 1759~1824), 김삼의당(金三宜堂, 1769~?), 강정일당(姜靜一堂, 1772~1832), 19C 김운초(金雲楚, ?~?), 홍원주(洪原周, ?~?), 김금원(金錦園, 1817~?), 박죽서(朴竹西, 1817년 직후 경~1851), 김경춘(金瓊春, ?~?), 남정일헌(南貞一軒, 1840~1922), 황정정당(黃情靜堂, ?~?), 김청한당(金淸閑堂, 1853~?), 강지재당(姜只在堂, 1863~1907) 등이 그 예이다.

18세기 후반 여성과 천주교의 만남은 남존여비라는 전근대적 의식과 윤리규범에서 탈피하게 했고 새로운 가치관과 근대적 의식을 지향하는 결과를 낳았다. 17세기 초 청나라를 다녀온 사절단에 의해 유입된 서학은 실학자들에 의해 학문적으로 탐구됐으며 1791년(정조15) 박해와 1801년(순조1) 박해를 전후해 천주교는 양반가 중심에서 중인과 여성이 주도세력으로 가세하며 민중 종교운동으로 전환되었다.

동학의 여성관 역시 인간평등사상에서 출발하는데 계급 타파 의식과 함께 여성의 인권에 대한 의식이 포함돼 있다. 최제우의 가화론(家和論)은 남녀평등사상을 함축하고 있다. 유교사회의 가부장제와 달리 양성 모두의 성심을 강조하였으며 1894년 동학농민전쟁이 일어났을 때 과부의 재가를 요구하며 사회 자각을 촉진하였다.

4. 여성 자각과 일제강점기 이중 억압의 삶

근대사회로의 발전과정에서 여성을 인간적 측면에서 이해하기 시작하면서 여성에 대한 의식과 가치관, 생활, 사회상에 이르기까지 두드러지게 변화됐다. 여성교육실시와 사회활동 참여, 다양한 직업 활동과 그로 인한 경제력 확보 등이 눈에 띄게 달라졌다. 그러나 한일강제병합으로 인한 식민통치로 이중억압을 받아 여성 근대의식 성장을 방해받고 변형된 가부장제로 고통과 수난을 겪었으나 여성은 힘을 착실히 다져갔다.

1) 근대 여성 교육관 태동과 남녀동등권 자각

1898년 9월 여성에 의한 최초 여권운동으로 '여권통문'이 독립신문과 황성신문에 발표되었다. 여성이 주장한 권리는 세 가지이다. 첫째 개화정치를 수행하는 민족 대열에 여자도 참여할 권리가 있다. 둘째 남자와 평등하게 직업을 가지고 일할 권리가 있다. 셋째 여자도 남자와 동등하게 교육을 받음으로써 독립된 인격을 가질 수 있다. 정치권, 직업권, 교육권이 분명하게 제시되었다. 최초의 여성 교육운동단체인 여학교설치찬양회는 양반부터 서민층 여성은 물론 남성, 외국여성, 기생도 참여해 창설했으며 정기 집회, 연설회, 토론회 등을 개최했다. 연설회 강사는 주로 독립협회 남성이 맡아 협력하였다. 여성의 첫 정치행동은 1898년 10월 여학교설치 찬양회에서 대궐 앞에서 전개한 관립 여학교 건립 요구 상소이다.

근대 시기에 일찌감치 자각한 여성은 '신여성'으로 불렸다. 사회적 인습과 통념을 깨기 위해 신교육을 받아 양장을 하고, 머리를 자르고 직장 생활을 하며 의료 법조 교육 등 다양한 영역에 걸쳐 선각자가 되었다. 남성과 같은 여성 동등권을 주장하며 스스로 실천을 감행했던 신여성들은 일부 여성의 자유연애를 주장하는 과정에서 사회적 냉대와 비난을 감수하기도 했다.

일제의 국권침탈에 맞서 여성이 분연히 일어섰다. 유교적 사회분위기가 짙은 강원지역에서는 춘천의 윤희순(1860~1935)이 구국 활동에 남녀 구분이 있을 수 없다며 의병운동을 전개했다. 1895~1896년 의병전쟁때 「안사람 의병가」「병정가」「왜놈 대장 보거라」 등의 의병가와 규탄문 등을 지어 선전활동을 하고 남장한 채 의병 출정을 했다. 1905년 의병운동 때 마을 여성과 단합하여 안사람의병단을 조직하여 군자금을 모금하고 무기 제조 및 훈련장터에서 열선의병전쟁에 참여하였다.

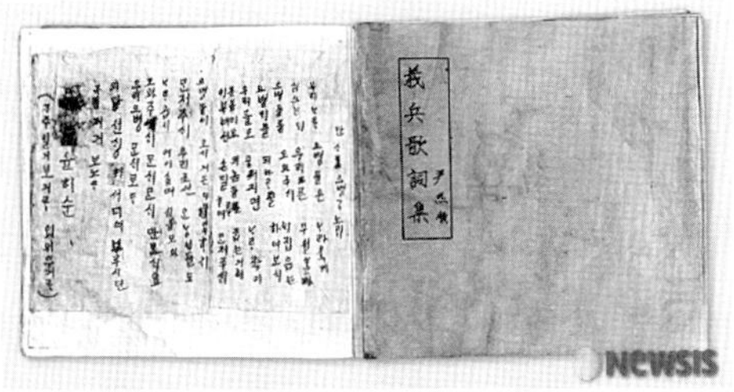

윤희순의 안사람 의병가 노래

조선이 일본의 보호국 처지로 전락한 것은 1,300만환의 국채 때문이라는 인식에서 비롯된 국채보상운동도 남녀가 동등하게 참여했다. 1907년 1월 대구에서 담배를 끊는 단연회를 조직한 남성중심으로 출발하였으나 여성 스스로 '나라 위하는 마음과 백성된 도리가 어찌 남녀가 다르겠느냐' 며 발기하여 전국 30여개에서 조직적으로 펼쳤다. 여성단체 국채보상운동의 여성 의연금 기탁 활동은 여성이 국민된 의무를 다하면 남녀동등권을 찾을 것이라는 양성 동등 의식이 바탕이 되고 있다.

2) 일제강점기 여성의 항일민족운동

1910년 이전 전통사회 구조에서는 각계각층 이해에 따라 주장, 방법, 방향이 일치하지 못한 채 민족운동이 전개됐다. 국권상실이라는 공동 운명에 직면하여 독립을 달성해야한다는 목표가 형성되면서 점차 계층간 구별과 이해를 초월해 동일한 목표로 전민족적운동으로 발전해 나간 것이 3 · 1독립운동이다. 모든 계층이 망라되어 성별도, 연령도, 직업의 귀천도 가리지 않았다. 여학생과 종교계 여성 등 의식있는 여성이 지역 3 · 1독립운동을 촉발시키기도 했으며 전지역에서 여성이 참여해 체포되어 순국하거나 고문을 당하기도 하였다. 3·1독립운동에서 여성이 적극적으로 참여한 결과 상해 임시정부가 출범될 때 남녀평등 조항이 포함되며 여성사 측면에서도 진일보하게 되었다.

3·1독립운동 이후 민족운동은 다양한 사회운동으로 표출되었다. 1920~30년대 여성운동은 민족운동의 일환으로 노동현장과 도시, 농촌, 어촌 등지에서 활발하게 전개되어 1923~1927년 200여개의 여성운동단체가 결성되었다. 1920년대 여성 노동자 쟁의가 활발하게 일어났다. 1920년대 10인 이하 여공 비율 35.1%, 15세 이하 유년공 중 여아 76%로 저임금, 장시간 노동, 비인간적 대우, 성적 폭력문제에 시달렸다. 미혼 여공이 많은 제사업과 기혼 여공이 많은 고무공업 등 제조업 여성근로자의 노동 운동이 활발했다.

1923년 7월 경성고무공장을 비롯한 4개 고무공장 여직공들의 임금 인하 반대와 인권모독 남성 감독 파면을 요구하기 시작한 파업은 아사동맹을 결성하여 밤샘 노숙을 하며 격렬히 투쟁했다. 1924년 인천신미 여공 300여명 파업, 1930년 조선방직 여공 파업, 1930년 8월 평양 10개 고무공장 노동자 1,800여명이 시작한 평양고무공장총파업은 3분의 2가 여성 노동자였다.

농민조합 여성부 운동으로 조혼제 금지, 강제결혼과 인신매매 등 봉건적 인습 철폐, 여성 억압 일체의 악법 폐지, 국고부담 탁아소와 무료 산파원의 설치, 농촌 여성에 대한 정치 사회적 차별 대우 철폐, 여성 위한 야학 설치, 일제 어용 여성단체 즉각 해체, 소작 쟁의, 수리조합 투쟁을 주요 운동 방향으로 설정해 움직였다. 어촌여성들의 쟁의도 있었다. 제주도 해녀 투쟁을 비롯 영일 창주면 해녀 납품가 인하 총파업 전개, 강릉여성들의 어시장 사용료 인상 항의 등 쟁의도 있었다. 1927년 민족, 사회주의 포괄하는 범민족 여성 단체로 근우회가 출범하여 교육에서의 성적 차별 철폐 및 여자의 보통교육 확장, 여성에 대한 사회적 법률적 정치적 차별 철폐, 농민 부인의 경제적 이익 옹호, 언론 출판 결사의 자유, 탁아소 제정 확립 등을 행동강령으로 제시하고 여성권익운동과 민족운동을 전개하였다.

3) 식민지 여성 시책과 여성의 수난

일제강점기는 여성에 있어 식민지민과 남성에 종속된 여성으로서 이중 억압이 가해진 시기였다. 조선 후기 가부장제 폐풍인 조혼과 축첩 등을 방치한 상태에서 국가 이데올로기를 가정에 주입하여 식민시책으로 유용하게 제도화함으로써 근대 여성 의식 성장을 차단했다.

일제는 전국민 조직화를 통한 국가의 가족 지배 방식으로, 가(家)제도 도입을 통한 호주제 시행으로 여성은 호주로서 지위를 가졌던 고려, 조선시대보다 더 후퇴하여 원칙적으로 호주로서의 지위에서 배제되었다. 여성 교육 또한 식민통치에 순응하고 체제에 적합한 양처현모 복종형 여성 양성이 교육목표가 되어 주부 역할 및 천황에 충성하는 2세 양육의 모성애를 중요 덕목으로 강조하는 어머니 양성이었다. 여자고등보통학교 주 31시간의 교육시간 중 재봉 수예 가사 등 주부 역할을 강조하는 과목이 수업시간의 절반에 달했다.

국가 공인 공창제도는 일제강점기 하 1916년 '조선대좌부창기취체규칙'으로 시발이 되었다. 일제 말기 중 · 일전쟁 발발로 전시체제하 병참기지화되면서 가부장제 유습은 여성을 더욱 억압하였다. 여성은 노동력 동원, 실제적인 생계 책임자, 튼튼한 군인 출산 양육 도구, 가족 징용 징병 때 박수로 환송해야 되는 강요된 삶이었다. 더욱이 일본군 위안소로 끌려가 성노예로 피해를 당하는 등 인간으로서의 존재를 상실해야되는 고통에 직면했다.

더욱이 일본은 군인들의 성 욕구를 채워 주기 위해 집단적 성행위 장소인 군대 위안소를 제도화하고 식민지와 점령지 젊은 여성을 전선으로 수송했다.

5. 현대 여성 지위 향상과 활동 다변화

1) 한국전쟁과 여성

1950년 6월 25일 발발하여 3년간 지속된 한국전쟁은 사회 전반에 커다란 영향을 미쳤다. 남북에서 150만 여명의 사망자와 360여 만 명의 부상자가 생겼으며 산업시설과 건물, 도로, 교량 등이 거의 파괴되는 등 국토가 초토화되었다. 남북한 대립이 고정되고 양정부가 각기 체제 경쟁에 힘을 기울이는 과정에서 독재정치가 극심하고 민주주의 시련에 봉착하게 되었다. 복구사업이 급속히 진행되면서 소비재 위주의 경공업에 치중하고 생산재 부문 공업 건설이 늦어지면서 외국 의존도가 높고 일부 재벌과의 결탁은 오히려 중소기업 성장 저지와 극심한 물가상승 등으로 생활을 어렵게 해 국민경제를 불안하게 만들었다.

여성들의 사회 경제적 상태 역시 매우 열악했다. 한국전쟁이후 상업에 종사하는 여성이 급격히 증가하고 배우자 없는 여성은 명실상부한 가장이 되었다. 여성의 다양한 경제 활동과 사회 접촉은 여성사회활동에 대한 긍정적인 인식의 변화를 가져왔다. 반면 매매춘이 전쟁 직후 더욱 집단화 되면서 상권까지 형성되었다. 기지촌 정착으로 1966년 전국 62개 기지촌에 3만여 명의 여성이 넘는 것으로 추산될 정도로 확대됐다. 정부는 1961년 법 제정으로 불법으로 규정하면서도 기지촌여성에 대한 관리 통제를 병행해 이중 시책의 모습이 벌어졌다.

국가는 전쟁 후에 나타난 가족해체 원인을 여성에게 찾았으며 새로운 가부장제 강화를 위해 각 여학교에 생활관을 설치해 부덕을 교육하는 등 변형된 현모양처론이 등장해 여성을 편견에 가두었다.

2) 여성이 주도한 법적, 제도적 지위 향상

미 점령기 여성 정치 활동과 법적 지위에 가장 커다란 변화는 여성에게도 남성과 동등하게 선거권이 주어졌다는 점으로 1948년 5월 10일 제헌의회 선거에서 남성과 동등하게 행사했다. 참정권 이외 여성의 법적지위는 일제강점기와 다를 바 없었다. 행정부서 내 여성관련 업무 전담 부서는 1946년 보건후생부 내 부녀국이 설치됐으나 이념에 따라 지원과 탄압이 극명한 부작용을 낳았다. 1950년대 여성의 법적 문제 해결과 관련되어 1952년 여성문제연구원이 설립되고 1956년에는 가정법률상담소가 창설되었다. 대한어머니회, 대한여성복지회 등 지위 향상을 위한 문화단체와 여기자클럽, 여성항공협회 등이 결성되었다. 1959년에는 이들을 망라한 한국여성단체협의회가 발족되며 가정과 사회에서 여성의 지위에 눈뜨기 시작하며 전근대적 가부장제 사회를 변화시킬 수 있는 가능성을 제시하였다. 축첩 관행에 반대함으로써 1953년 형법에 '간통쌍벌죄' 조항이 포함됨으로써 전근대적 가부장제사회를 변화시킬 수 있는 가능성을 열었다. 1947년 여성의 87% 미취학자로 해방이후 여전을 교육을 받지못했으나 1960년대 이후 여성교육제도는 정책적 평등이 이뤄졌다.

박정희 정부의 근대화 전략은 서구적 핵가족 형태에 유교적인 가족규범과 제도를 원리로 하는 가부장적 가족을 추구했다. 국가 주도로 출산 억제를 위한 가족계획사업이 실시되고 부계 혈통을 강조하고 여성 차별적인 호주제도가 가족법에 유지되며 가부장제 문화를 재생산했다. 여성평등권을 자각한 여성들은 불평등한 제도와 편견, 불합리한 사회환경에 맞서 법과 제도 개선 및 급속한 산업화에 희생된 여성노동자 현실개선, 여성인권운동을 활기차게 전개했다. 가족법 개정투쟁은 1973년 범여성가족법개정촉진회가 결성되면서 여성운동의 핵심이 되었다. 1980년대 민주화운동 분위기에서 탄생된 한국여성단체연합이 합세하면서 미풍양속과 전통이라는 반대 세력을 극복하고 1989년 대폭적인 가족법 개정을 이끌어냈다. 남성중심적 호주 승계순위와 호적편제, 부가입적혼은 여전히 남아있어 1990년대 이후 범시민 차원 운동으로 발전하여 호주제 폐지를 위한 시민연대가 결성돼 국민적 지지를 받아 2005년 2년간 유예기간을 거쳐 2007년 2월 폐지되기에 이르렀다.

호주제 폐지 운동

1990년대 들어 여성 일반 생활상과 관련된 법과 제도 개혁이 여성운동으로 전개되었다. 성폭력특별법 제정에 74개 여성단체와 사회단체가 연대하였으며 가정폭력방지법 제정 추진 범국민운동본부가 결성되었다. 1995년

양성평등 실현을 위한 국가 의무를 규정한 여성발전기본법 및 영유아보육법(1991), 성폭력특별법 제정(1993) 남녀고용평등법 개정(1995) 가정폭력방지법 제정(1997) 등 법적장치가 빠른 기간 내에 이뤄졌다. 중등학교에서 실업 · 가정과목이 통합되는 등 사회적 성역할에 대한 편견을 깨뜨리는 계기가 되었다. 1998년 대통령 직속 여성특별위원회, 2001년 여성부가 독립됐으며 2005년 여성가족부로 재편되었다. 여성의 정치세력화운동은 1991년 30년 만에 부활한 지방자치제도 실시를 기반으로 지방의회 여성 참여 확대와 여성 공천 비례 할당과 같은 정치제도 개혁운동 중심으로 전개되었다.

3) 민주화 과정에서 여성 역할

1970년대 노동운동은 섬유 · 의류전자 산업에서 절대 다수를 차지했던 여성 주도로 전개되었다. 장시간 노동에도 최저생계비에 미치지 못하는 저임금을 받으며 기계처럼 일하도록 강요받았다. 청계피복조조, 동일방직노조, 원풍모방노조, 반도상사노조, 큰트롤데이타노조, 삼성제약노조, YH무역노조는 여성노동자를 중심으로 구성된 노조로 노동조건 개선과 임금, 인사 남녀차별을 시정해갔다. 동일방직은 1972년 최초의 여성노조지부장이 선출되면서 민주노조가 성립되었다. 여성노동자들의 노동운동은 불순세력과 공산주의자 활동으로 매도되고 삼청교육대로 끌려가 순화교육이라는 미명하에 국가폭력에 노출됐으며 노동관계법 개악으로 침체를 겪기도 했다.

1987년 6월 민주항쟁 이후 대기업 중공업 노동자들이 대대적으로 참여한 것을 계기로 노동운동 주도권은 여성노동자에서 남성으로 이동했다. 1990년대 이후 경제의 글로벌화 전개 과정에서 여성노동자들의 고용은 더욱 불안정하게 됐다. 1997년 경제 위기극복과정에서 노동조합이 여성노동자 해고를 우선시하는 등 이해를 외면하자 1999년 1월 서울여성노동조합 등 독자적인 여성 노조가 등장하게 되었다.

4) 6.10항쟁 이후 여성 활동의 다변화

1990년대 여성운동은 비약적으로 성장하며 법과 제도 개혁과 여성의 정치세력화를 상당한 수준으로 성취하고, 문화운동 등이 다양해졌다. 직업에 있어서도 여성이 진출할 수 없는 분야는 더이상 없다고 할 정도로 사회 각 영역에서 여성적 리더십을 발휘하며 성과를 내고 있다.

민주화항쟁에 이어 1993년 문민정부 수립, 의회민주주의의 상대적 확산, 냉전적 세계질서의 종식, 지방자치제 실시 등의 변화는 성차별 관행 개선에 집중할 수 있는 사회적 환경을 유리하게 이끌었다. 여성의 일상생활 역시 서구문화와 첨단기기의 발달, 부부취업 증가 추세에 맞춰 의식주문화의 변화, 의례 가사와 육아 분담, 핵가족화, 독신여성가구 증가, 나아가 탈가족화되는 현상을 보이고 있다. 여성운동도 여성의 권리실현에 치중해 온 데서 벗어나 여성교육, 평화. 성매매, 종교내 여성인권, 통일운동, 탁아, 지역여성 등 생활과제에 주목하고 있다.

1980년대 들어 일상생활 속에서 페미니즘에 토대를 둔 대안문화를 만들고자 하는 여성운동이 움트기 시작해 온라인, 오프라인에서 여성소모임운동이 활발하게 펼쳐지고 있다. 여전히 현대 여성의 삶은 선진국에 비해 풍요롭지 않다. 2009년 여성권한척도(GEM)는 109개국 중 61위에 불과하다. 여성의 경제활동참여율은 산업화 이후 지속적으로 늘었으나 선진국에 비해 낮은 수치이고 비정규직이 대중을 이뤄 불안하다.

성매매 · 폭력 문제도 심각하지만 제대로 해결되고 있지 않으며 여성노인의 빈곤화, 여성능력향상에 대비되는 불리한 사회적 환경은 저출산율로 이어지는 등 과제가 놓여있다. 양성이 조화롭고 평등한 사회를 지향하는 변화는 앞으로도 계속될 것이다.

【참고문헌】

김경일, 『여성의 근대, 근대의 여성』, 푸른역사, 2004

박미현, 『강원여성사 연구』, 강원대 대학원 박사 학위 논문, 2008.

박용옥, 『여성:역사와 현재』, 국학자료원, 2001.

변태섭, 『한국사통론』, 삼영사, 2007.

부산역사교사모임, 『여성의 역사, 여성의 눈으로 보는 역사』, 2006.

이임하, 『여성, 전쟁을 넘어 일어서다』, 서해문집, 2004.

이혜순, 『조선후기 여성 지성사』, 이화여자대학교출판부, 2007.

정현백, 『여성사 다시 쓰기』, 당대, 2008.

차옥덕, 「소서노에 대한 기본 자료 검토」,『동아시아고대학』제5집, 동아시아고대학회, 2002.

한국여성연구소 여성사연구실, 『우리 여성의 역사』, 청년사, 2006.

한일여성공동역사교재편찬위원회, 『여성의 눈으로 본 한일 근현대사』, 한울아카데미, 2005.

제10장 우리그릇, 도자기

1. 흙이 불을 만나 그릇이 되다
2. 녹색의 신비, 고려청자
3. 조선의 멋, 분청사기와 백자
4. 숨 쉬는 그릇, 옹기(甕器)

제10장 우리그릇, 도자기

이미숙

1. 흙이 불을 만나 그릇이 되다

우리가 박물관이나 미술관에 가면 제일 많이 만날 수 있는 미술품 중의 하나가 도자기이다. 그것은 우리나라가 선사시대 이래로 이어져 내려온 빛나는 도자기 문화를 가지고 있는 나라이기도 하지만, 오랜 세월을 견뎌낼 수 있는 도자기의 특징 때문이기도 하다. 도자기는 나무나 금속 등 다른 재료에 비해서 충격에 약해 잘 깨지기 쉽지만 오랜 시간이 지나도 변하지 않는 장점을 가지고 있다. 그래서 도자기는 역사 편년(編年)의 중요한 사료가 되기도 한다.

흙을 빚어 그릇을 만들고 그것을 불에 구워 토기를 만들어 쓰던 신석기시대 이후로 인간은 흙그릇을 끊임없이 발달시켜 오늘날 우리가 도자기(陶磁器)라고 부르는 흙그릇을 완성시켰다. 흙과 불의 예술이라고도 불리워 지는 도자기는 흙으로 빚어서 1200도 이상의 고온에서 구워져 나온 제품들을 일컫는 말로 1200도 정도의 온도에서 구워져 나온 도기(陶器)와 1260도 이상의 온도에서 구워져 나온 자기(磁器)를 통칭하는 말이다.

우리나라는 신석기 시대 빗살무늬 토기가 삼국시대에는 조금 더 단단해진 경질토기로 발전했으며 고려시대에 이르러서는 자기문화를 꽃피웠다.

인간의 필요에 의해서 만들어 지기 시작한 흙그릇은 아름답고 견고한 그릇을 갖고 싶어 하는 인간의 열망과 함께 변화와 발전을 거듭하며 오늘에 이른다. 토기의 제작기법과 기술은 신석기시대 이래로 지구상의 모든 나라에서 동시다발적으로 발전하지만, 자기를 만들 수 있는 기술은 아무나 도달할 수 없는 과학적인 기술이었다.

우리나라는 중국에 이어 세계에서 두 번째로 자기를 생산할 수 있는 나라였다. 우리나라에서 자기의 제작은 9세기 말에서 10세기 초 무렵으로 통일신라시대까지 이어져 내려온 경질 토기 제작의 기반위에 중국 절강성(浙江省) 월주요(越州窯)로부터 유입된 청자 제작기술의 영향으로 시작되었다. 일본의 경우는 임진왜란 때 끌려간 조선의 사기장 이삼평(李參平)이 자기 생산에 적합한 백토광을 발견하면서 자기가 생산되기 시작한다. 우리나라의 도자기는 중국자기의 영향으로 시작되었으나 더욱 발전하여 우리나라 고유의 형태와 기법으로 독창적인 도자기를 제작하게 된다.

도자기를 분류하는 방법에는 여러 가지가 있다. 소성온도에 의해 분류하기도 하고 도자기의 색에 의해 구분 짓기도 하며 용도에 따라서 분류되기도 한다.

첫 번째로 소성온도에 따라서 토기 · 도기 · 석기 · 자기 등으로 나누어지며 그 특징은 【표 1】과 같다.

【표 】소성온도로 구분한 도자기의 특징

분류＼소성온도및특징	소성온도	특 징
토기 (Unglazed earthen ware)	600~800도	유약을 입히지 않은 것으로 흡수율 23% 이하이며, 화분 · 기와 · 토관 등이 있다.
도기 (Earthen ware)	1000~1200도	유약을 입혀 소성하며 흡수율 15%이하 이며, 세면기 · 내장용타일 등이 있다.
석기 (stone ware)	1200도 내외	시유 혹은 무유소성하며 흡수율 0.5~1%로 자기에는 못 미치나 강도와 내산성(耐酸性)이 크며, 찻잔 · 외장타일 등이 있다.
자기 (Porecelain)	1250~1350도	무유 혹은 시유하며 흡수율 0.5%로 도기나 석기보다 강도 및 내산성이 크다. 고급식기 및 공예품 등이 있다.
특수자기 (special porecelain)	1450도 내외	무유 혹은 시유하며 흡수율 0.5%이하로 이화학용(理化學用), 특수용품 등이 있다.
뉴세라믹 (New ceramics)	1600도 내외	무유소성하며 흡수율은 거의 0%에 가깝고 인공뼈 · 인조보석 · 우주왕복선의 단열재 등 신소재로 사용한다.

두 번째는 도자기의 빛깔에 따라 청자(靑磁) · 백자(白磁) · 색자(色磁) · 흑자(黑磁) 등으로 나누어진다. 우리가 고려청자니 조선백자니 하고 부르는 것은 빛깔에 따라 구분하는 것이다. 세 번째는 그 쓰이는 용도에 따라 생활도자 · 건축도자 · 조형도자 등으로 나누어지는데 일반적으로 가정에서 일상생활에 쓰이는 용기로서의 도자기는 생활도자에 속하며 지하철역의 도자벽화나 타일은 건축도자에 포함된다고 볼 수 있다.

현대에는 세계적으로 도자기가 일반화 되어 있으며 도자기 기술도 다른 산업과 마찬가지로 계속 진화하고 있다. 1400도 이상에서 소성되는 특수자기나 뉴세라믹이라고 불리워지는 도자기제품은 마모되지 않고 열에 강한 특성으로 로켓이나 우주왕복선의 부속품으로 사용되고 있다.

도자기는 어떻게 만들어지나

도자기는 일반적으로 흙을 재료로 하여 기물을 만든 후에 두 번의 불때는 과정(燒成)을 거쳐 완성되며 도자기 제작공정은 다음과 같이 이루어진다.

점토의 수비 ⇨ 성형 ⇨ 건조 ⇨ 초벌 소성 ⇨ 유약 입히기 ⇨ 재벌 소성

(1)점토의 수비(製土)

도자기를 제작하는 데 있어 흙은 중요한 기초재료이다. 흙을 정련하여 도자기를 만들 수 있는 재료로 만드는 작업을 수비라 한다.

(2)성형(成形)

흙으로 도자기를 만드는 공정을 성형이라 한다. 일반적으로 물레를 사용하여 그릇을 만들지만 그 밖에도 여러 가지 다양한 방법들이 있다.

(3)건조

흙으로 만들어진 기물은 직사광선이 없는 곳에서 서서히 말려야 하며, 이러한 공정을 건조라 한다. 기물이 전체적으로 고르게 마르지 않으면, 불속에서 일그러지거나 깨지는 요인이 되기도 한다.

(4)유약입히기(施釉)

유약(釉藥)은 기능적으로 도자기의 표면에 유리질의 막을 형성하여 물이나 다른 물질이 침투하지 못하도록 하며 기물의 표면에 여러 가지 아름다운 색을 주어 도자기가 아름다울 수 있는 역할을 하기도 한다. 초벌구이 된 도자기 위에 유약을 바르는 작업을 시유(施釉)라고 한다.

(5)가마 불때기(燒成)

가마에 불을 때서 도자기를 익히는 작업을 소성이라고 한다. 일반적으로 도자기는 두 번의 소성과정을 거친다. 800도 정도에서 1차 소성인 초벌구이를 한 후 그 기물위에 유약을 입혀 1250도 내외에서 2차 소성인 본 구이를 하면 도자기가 완성된다. 오늘날처럼 과학이

발달하지 않았던 조선시대에는 불의 온도를 사람이 육안으로 확인하였다. 가마의 불이 약하면 도자기가 설익고 유약이 녹지 않아서 도자기의 기능을 다 할 수 없으며, 불의 온도가 너무 높으면 온도를 견디지 못한 기물과 유약이 일그러지거나 바닥에 녹아 붙는 현상이 일어난다.

도자기 불때는 방법(산화소성과 환원소성은 무엇인가)

도자기의 소성방법에는 산화소성과 환원소성이 있다.
도자기를 굽는 가마(Kiln)안에서 불의 온도가 900도가 되는 시점에서부터 불은 공기의 영향을 받게 된다. 가마를 만들지 않고 노천에서 토기를 굽거나 가마에서 불을 때더라도 아궁이를 열어 놓고 공기가 충분히 들어가게 하면서 불을 때는 것을 산화소성이라고 한다. 산화소성을 하면 도자기의 점토 속에 들어있던 철분이 공기 중의 산소와 결합하여 붉게 되고 그릇도 철분의 함량에 따라 황색에서 다갈색, 적갈색으로 된다. 가마내부에 공기의 유입을 차단하고 소성하는 것을 환원소성이라고 한다. 환원소성을 하면 점토 속에 있던 철분성분의 함량에 따라 원래의 색인 푸르스름한 색으로 바뀌어 청색을 머금은 회색에서 짙은 회색으로 된다. 우리가 고려청자나 조선백자라고 부르는 도자기는 환원으로 소성된 도자기를 말하는 것이다.

박물관이나 미술관에 진열되어 있는 우리나라의 도자기는 대부분 청자상감동화모란무늬매병(靑磁象嵌銅畵牡丹文梅甁)과 같은 긴 이름을 가지고 있다. 청자상감구름학무늬매병(靑磁象嵌雲鶴紋梅甁) · 분청사기인화국화무늬병(粉靑沙器印花菊文甁) · 백자철화매화대나무무늬항아리(白磁鐵畵梅竹文壺)등과 같은 도자기의 긴 이름 속에는 그 도자기가 어떤 도자기이며, 어떻게 만들어 졌는가를 담고 있다.

〈그림 1〉 백자청화구름용무늬항아리, 18세기, 높이53.9cm, 국립중앙박물관

【그림 1】의 백자청화구름용무늬항아리(白磁靑畵雲龍文壺)와 같이 우리가 부르는 도자기의 이름을 살펴보면 다음과 같은 방법으로 지어져 있음을 알 수 있다.

어떤 종류의 도자기인가 → 백자(도자기의 표면색깔)
어떤 방법으로 만들어 졌나 → 청화(코발트안료)를 사용하여 그림을 그림
어떤 문양인가 → 구름과 용무늬
어떤 형태인가 → 항아리형태(壺)의 순으로 이름이 지어졌음을 알 수 있다.

2. 녹색의 신비, 고려청자(高麗靑磁)

우리나라에서 언제부터 자기를 생산했는지에 대해서는 학자마다 약간의 견해 차이가 있지만, 이미 통일신라 말기에 청자를 만들고 일부 백자(白磁)도 만들기 시작하여 고려에 와서 청자가 더욱 발전되었다. 통일신라기에 만들어진 회유도(灰釉陶)는 당말(唐末)·오대(五代)계통 청자의 영향을 받은 것으로 10세기경부터 이미 청자를 만들기 시작했다.

〈그림 2〉 청자 참외 모양 병(靑磁瓜形甁), 12세기, 높이22.7cm, 국보94호, 국립중앙박물관

17대 인종(仁宗)때부터 고려자기가 고려적으로 아름답게 세련되어 독특한 비색(翡色)의 청자를 완성하고, 18대 의종(毅宗)때에는 상감기법과 문양구성이 가장 뛰어났으며 청자(靑磁)·철채(鐵彩)·청자상감(靑磁象嵌)·진사채(辰砂彩)·연리문(練理文)·철채상감(鐵彩象嵌)·철유(鐵釉)·흑유(黑釉)·백자(白磁)·백자상감(白磁象嵌)·화금자기(畵金磁器) 등 다종다양한

자기가 매우 세련되었으며 청자기와도 만들었다.

11세기 전반 경 까지만 해도 고려의 도자기 기술은 중국에 미치지 못했을 뿐만 아니라 대량으로 생산되는 단계도 아니었다. 일반적으로 동기(銅器)가 사용되었으며 청자는 상류계층만이 사용한 것으로 생각된다. 고려자기는 11세기 중엽부터 발달하여 12세기에 최절정기의 귀족적이고 화려한 도자기를 제작하게 되었다. 고려시대의 도자기는 재료 또는 표면의 유색으로 구분하여 보면 청자(青磁) · 백자(白磁) · 흑유자(黑釉磁)철유자(鐵釉磁) · 토기(土器) 등이 만들어 졌다.

이 가운데에서 고려시대의 청자는 양적으로나 질적으로 단연 우위를 차지하므로 청자는 고려시대의 도자기를 대표한다고 할 수 있다. 고려의 청자는 양각 · 음각 · 투각 · 상형 · 상감 · 청화 · 동화 · 퇴화 등 다양한 기법으로 아름답고 세련되게 장식되었으며, 일상용품을 비롯해 기와나 타일 같은 건축자재까지 만들어졌다.

청자는 중국의 육조(六朝)시대부터 만들어지며 송대에 와서 그 전성기를 이룩했다. 고려의 청자는 송 청자의 영향으로 크게 발전하나 고려청자의 비색은 송나라의 청자와는 다른 푸른색을 띤다.

청자는 철분이 함유된 태토로 만들어지며 초벌구이된 기물 위에 2~3%의 철분이 함유된 유약을 발라 가마 내부에 산소의 유입을 막는 환원으로 소성하면 청자가 된다. 이 비취색은 태토와 유약 속에 포함되어 있는 산화제이철(Fe_2O_3)이 산화제일철(FeO)로 환원하면서 나타나는 색으로서 이러한 화학변화 이외에도 유약 속에 남아있는 기포의 크기나 밀도, 유약의 두께 등 여러 가지 조건이 잘 어우러질 때 비로소 나타나는 색이다.

고려의 비색청자는 청자의 종주국인 중국 송나라 사람들에게까지 중국의 청자를 능가하는 세련된 예술품으로 그 가치를 인정받았다.

『고려도경(高麗圖經)』은 송나라의 사신 서긍(徐兢,1091~1153)이 고려 인종 원년(1123)에 개경을 방문하고 귀국한 다음해에 자신의 견문과 감상을 그림과 함께 상세하게 기록한 사행보고서이다. 여기에서 서긍은 고려청자에

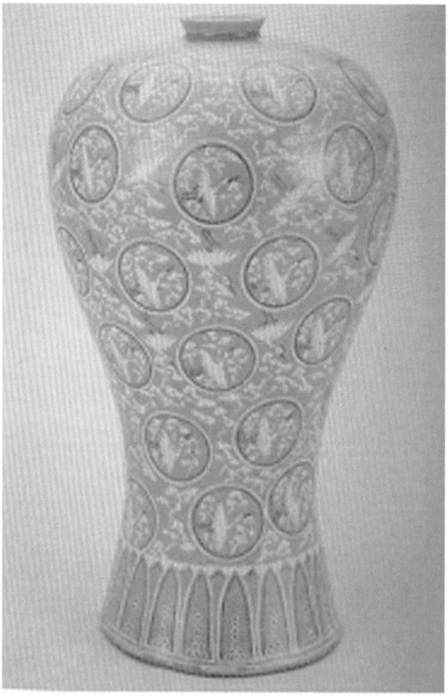
〈그림 3〉 청자상감구름학무늬매병(青瓷象嵌雲鶴紋梅瓶), 12세기 중엽, 높이41.7cm, 국보68호, 간송미술관

대해 "도기의 색이 푸른 것을 고려인들은 비색(翡色)이라고 부른다. 근년에 들어와 제작이 섬세해지고 광택이 더욱 아름다워졌다." 고 기록하고 있다. 또 남송시대의 태평노인이 저술한 『수중금(袖中錦)』에 "정요(定窯)의 백자, 절강(浙江)의 차, 고려의 비색청자(翡色青磁)는 모두 천하의 제일인데, 다른 곳에서는 따라하고자 하여도 도저히 따라 할 수가 없는 것이다."라고 기록하고 있다. 이러한 기록들은 고려 비색청자의 아름다움이 당시에도 뛰어난 예술품으로 평가받았던 사실을 뒷받침해주고 있다.

12세기 순청자의 푸른 색은 빙열(氷裂)없이 깊고 차분한 비색의 절정을 보인다. 그 대표적인 예가 【그림 2】의 인종 장릉(長陵)에서 출토된 국보 94호 청자참외모양병과 같은 순청자이다.

고려청자에 나타나는 상감기법은 나전칠기나 금속공예에서 보여지는 입사 기법을 조심스럽게 도자기 무늬에 도입한 것으로 보여진다. 성형된 기물이 반쯤 건조되었을 때 문양을 새기고 그 파인 부분에 흰 흙이나 붉은 흙을 메워서 청자 유약을 입혀 구우면 흰 흙은 백색으로 붉은 흙은 검은색으로 무늬를 나타나게 된다.

이러한 방법으로 제작된 도자기를 상감청자라고 한다. 상감기법은 물리적인 정교한 기술뿐만 아니라 높은 온도에서 원하는 무늬의 발색이 이루어져야 하는 것이므로 이와 같은 고도의 기술은 고려인들의 창의성이 십분 발휘된 것이라고 할 수 있다.

〈그림 4〉 청동물가풍경무늬정병(靑銅銀入絲蒲柳水禽文淨甁), 1010년, 높이 37.5cm, 국보92호, 국립중앙박물관

상감기법은 12세기 중엽 인종 말년 내지 의종 초년경에 음각청자에 극히 일부에만 백토로 약간씩 상감기법이 시도되기 시작하면서 발생하였다. 12세기 후반으로부터 13세기가 되면 그릇 전면에 흑백 상감이 사용되며 그 절정기를 이룬다.

【그림 3】은 국보 68호로 지정된 청자상감구름학무늬매병이고 【그림 4】는 고려시대의 대표적인 금속공예품인 청동물가풍경무늬정병이다. 이 작품은 고려시대 금속 정병 중에서도 가장 뛰어난 걸작으로 꼽힌다. 정병이란 불교용품의 하나로 신성한 물을 담거나 꽃병으로 사용하였다. 고려시대의 도자기 장인들은 고려시대 금속공예품에 사용되던 제작기법인 입사기법을 도자기에 응용하여 세계적인 고려의 상감청자를 만들어 내었다. 고려시대의 청자에 보여 지는 상감기법은 다른 나라에서는 찾아 볼 수 없는 고려만의 독특한 도자기 제작기법이다.

고려시대 청자에 장식되는 기법을 중심으로 살펴보면 【표 2】과 같이 분류된다.

【표 2】 청자의 종류와 특징

고려 청자의 종류	장식기법 및 특징
순청자(純靑磁)	아무런 무늬가 없는 청자를 말한다. 순청자는 고려시대 청자가 만들어지기 시작하면서부터 소멸할 때까지 가장 많이 만들어져 청자를 대표한다고 할 수 있다. 12세기 절정기의 순청자는 티끌 하나 없는 청초한 색, 즉 비색(翡色)이라 일컫는 푸른 빛과 단아한 형태를 추구했다.
음각청자(陰刻靑磁)	음각청자는 조각칼과 같은 도구로 그릇의 표면에 무늬를 새기는 기법의 청자이다. 청자를 제작하기 시작한 후 얼마 동안은 무늬 없는 청자 위주였으나 대략 11세기부터 그릇표면에 음각기법으로 무늬를 장식하였다. 식물문이나 동물문 그리고 상상 속의 동 · 식물 등에서 얻은 다양한 소재를 표현하였다.
양각청자(陽刻靑磁)	양각청자는 무늬 주변을 조각칼로 파내어 무늬가 도드라지게 만든 청자이다.
상감청자(象嵌靑磁)	성형된 기물이 반쯤 건조되었을 때 문양을 새기고 그 파인 부분에 흰 흙이나 붉은 흙을 메워서 긁어내는 기법으로 만들어진 청자이다.
철화청자(鐵畵靑磁)	산화철(Fe_2O_3) 성분의 안료로 문양을 그려서 구워낸 청자로 문양이 갈색을 띈다. 철회(鐵繪)청자라고도 한다.
동화청자(銅畵靑磁)	구리(CuO)가 주 성분인 안료를 사용하여 무늬를 그리고 청자 유약을 입혀서 구워낸 청자를 말한다.
금채청자(金彩靑磁)	상감청자의 유약 표면에 다시 금으로 무늬를 장식한 것을 금채청자라고 하며 화금청자(畵金靑磁)라고도 한다.

3. 조선의 멋, 분청사기(粉靑沙器)와 백자(白磁)

유교사회로 발전하는 조선의 중요한 의식규범의 하나가 의식용 기물이었기 때문에 도자기는 국가나 사대부의 관심 속에서 발전하였다. 고려 말과 조선 초기에는 전국적으로 퇴화된 조질 청자와 상감청자 종류를 생산하던 소규모의 가마들이 널리 흩어져 있었다. 이 중에서 상감청자의 기류들이 점차 변모하여 문양이 기면 전체로 확산되고 유약이 투명한 담청색으로 변하고 형태도 점차 변하여 새로운 모습을 나타내게 되는데 이를 분청사기(粉靑沙器)라고 한다. 15세기경까지는 이러한 분청사기 외에도 수요는 적으나 조선적으로 변모된 청자, 상감청자와 고려백자의 맥을 이은 백자가 있었으며, 이러한 종류들은 고려자기와 연관이 있었던 것이다.

또한 이 때는 고려자기와는 다른 원(元) · 명(明) 백자의 영향으로 조선백자가 새롭게 생산되고 있었다. 따라서 고려자기 계통의 도자기들과 새로운 조선 도자기 중에서 분청사기와 백자가 16세기까지 조선 도자기의 주류를 이루게 된다. 16세기 조선시대의 도자기는 크게 두 가지로 나누어 볼 수 있다. 하나는 분청사기 종류이고 다른 하나는 백자종류이다. 분청사기와 백자보다는 그 수효가 적었지만 청자 · 흑유자기 · 철유자기 등이 조금씩 생산되었다.

분청사기는 고려 말 퇴락한 상감청자에서 발생하여 16세기 중엽까지 제작되어 왕실에서 일반 서민에 이르기까지 폭넓게 사용되었는데 1480년대를 전후해서는 상감분청 · 인화분청에서 철화분청 · 선각분청 · 귀얄분청으로 분청사기의 주류가 바뀌었으며 도자기 전반적으로는 분청사기 중심에서 백자로 바뀌었다. 분청사기 중심에서 백자로 요구가 바뀜에 따라 백자는 발달을 거듭해가고 분청사기는 일반 서민용으로 제작되었다. 점차적으로 분청사기의 백자화가 촉진되어 인화분청은 급격히 소멸하고 귀얄분청이나 덤벙분청이 생산되다가 16세기 후반 경에는 백자에 대한 요구가 커짐에 따라 분청사기는 점차 소멸되어갔다.

1) 분청사기(粉靑沙器)

분청사기는 15~16세기 조선 전기에 걸쳐 약 150년간 만들어지던 그릇이다. '분청사기'란 '백토를 분장한 회청색의 사기'라는 의미이다. 분청사기란 용어는 일제 강점기 때 한국 미술사학자인 고유섭(1905~1944)선생에 의하여 처음 사용된다. 그는 한국의 유물, 유적을 다방면으로 연구하였으며 도자기 분야에서는 「고려도자와 이조도자」를 남겼다. 이 논문에서 일본이 '미시마(三島)'라고 불렀던 도자기를 '분청사기'라고 명명하였으며 지금까지 이 명칭이 통용되고 있다. 고려 말 강진과 부안 등의 지역에서 청자를 제조하던 장인들이 전국적으로 이동함으로써 청자 가마터가 전국에 걸쳐 분포하게 되었다. 이러한 상황이 조선으로 이어 졌으며 점차 자기수요의 증가와 국가의 도자기 사용 장려에 힘입어 전국의 가마터는 더욱 발전하게 되었다. 1432년(세종 14)에 편찬된 『세종실록』「지리지」에는 당시의 도자기 상황이 자세하게 수록되어 있다. 도자기 부분을 살펴보면 도기소·자기소가 324개소 분포되었는데 전국을 8도로 나누고 자기소와 도기소로 구분한 후 도자기의 품질에 따라 상·중·하로 구분하여 상세하게 기록하여 놓았다.

〈그림 5〉 분청사기 박지 모란덩쿨무늬항아리, 15세기, 높이 45.0cm, 국립중앙박물관

분청사기는 태토 위에 백토를 입히고 여러 가지 기법으로 문양을 나타내는데 분장의 기법과 문양을 살펴보면 다음과 같다.

인화분청사기(印花粉青沙器)는 문양을 양각한 여러 가지 모양의 도장으로 기물의 표면을 압인한 후 백토를 메워 넣는 기법으로 문양이 완성된다. 초기에는 국화문양이나 삼원문양과 같은 도장이 1줄 혹은 2줄 정도 넓은 간격으로 이어지거나 한 가지 문양의 인화문이 전체를 메우다가 15세기 중반 경에는 국화문양 · 원문양 · 점문양 등이 그릇의 기면 전체에 빼곡하게 찍혀 그릇 전체가 하얗게 백토 분장되었다. 초기의 인화분청은 상감분청과 함께 사용되었으며 15세기 중반 경에는 높은 완성도를 보이다가 후반에 급속히 쇠퇴했다. 특히 인화분청의 그릇 중에는 관사이름 · 생산지 이름 그리고 사기장의 이름을 문양과 함께 압인하거나 상감기법으로 새겨 넣었기 때문에 제작 시기 · 생산지 등의 특색을 비교 연구하는데 중요한 자료가 된다.

상감분청사기(象嵌粉青沙器)는 상감분청기법에 따라 선상감기법과 면상감 기법으로 나뉜다. 선상감기법은 퇴보한 상감청자의 문양에서 이어지며 인화분청기법과 함께 사용된다. 면상감기법은 상감분청사기의 특징으로 박지기법으로 이행된다. 면상감기법이 박지기법과 다른 점은 상감되어질 기면을 면으로 깎아낸 후 백토로 메꾸어 넣는 방법이다. 상감기법은 대략 15세기 중반까지 이어진다. 상감문양으로는 연화문양 · 당초문양 · 목단문양 · 초화문양 · 버들문양 · 물고기문양 · 용문양 등이 있으며 기형은 매병 · 주병 · 편병 · 소병 · 완 · 접시 · 호 등이 있다.

박지분청사기(剝地粉青沙器)는 【그림 5】와 같이 기면 전체에 백토를 바르고 시문하고자 하는 문양을 그린 후 문양 이외의 면에 칠하여진 백토를 긁어내는 기법으로 만든다. 백색으로 남아있는 문양과 짙은 색의 태토가 대비되어 문양이 두드러져 보이는 특색이 있다. 문양을 더욱 강조하기 위해서 긁어낸 태토에 산화철을 칠하여 흑갈색을 나타내기도 한다. 박지분청사기는 주로 선각기법과 함께 사용되기도 하며, 15세기 후반에 전라도 지방을 중심으로 널리 제작 된다. 박지기법에 사용되는 문양에는 모란문양 · 당초문양 · 연화문양 · 물고기문양 · 나뭇잎문양 등이 있다. 박지기법은 주로 주병 · 편병 등에 시문된다.

〈그림 6〉 분청사기 귀얄무늬 사발, 조선중기, 높이 6.7cm,국립중앙박물관

선각분청사기(線刻粉靑沙器)는 박지기법과 함께 사용되는 예가 많으며, 같은 15세기 후반에 전라도 지방을 중심으로 널리 제작된 것으로 보인다. 기면을 백토분장한 후 원하는 문양을 선각하여 나타내는데, 문양은 회화적인 사실 표현에서부터 추상화된 문양에 이르기까지 다양하게 표현된다. 모란·모란당초·연화·물고기·나뭇잎 등을 재구성하거나 간략화하여 동심어린 세계를 나타낸 문양이 많으며 기형으로는 주병·편병·호에 많이 시문되었다.

철화분청사기(鐵畵粉靑沙器)는 산화철로 문양을 그린 것으로 덤벙분청을 하거나 귀얄분청을 한 후에 산화철을 사용하여 그림을 그리면 소성시의 요변(窯變)에 의해 흑갈색이나 흑적색 또는 흑색으로 무늬가 나타난다.

문양은 모란문양·연화문양·연당초문양·모란당초문양·버들분양·물고기문양·새문양 등이 있고 주병·장군·합·호·완 등의 기형에 시문된다.

귀얄분청사기는 【그림 6】과 같이 귀얄 붓으로 백토를 칠하여 태토위에 거친 붓이 지나간 자국을 남기는 방법으로 제작되는데 짧은 시간에 많은 양의 그릇을 만들 수 있는 방법이다. 대체로 15세기 후반으로부터 16세기 전반에 걸쳐 전국적으로 제작되었으며 접시·대접의 경우는 포개어 구운 것이 일반적이다. 덤벙분청사기는 분장할 백토를 묽게 만든 후 기물을 담가서 백토를 입히는 것으로 붓 자국이 남지 않는 특징이 있다. 백토가 두껍게 입혀진 경우는 백자로 보이기도 한다. 15세기 후반에서 16세기에 걸쳐 남부 지방에서 주로 만들어졌고 많은 양이 일본에서 다완(茶碗)으로 애용되었다.

조선시대 초기에는 고려 후기 상감청자의 전통을 이은 상감분청사기를 비롯하여 인화 · 선각 · 박지(剝地) · 철화(鐵畵) · 귀얄 · 덤벙 등의 분청사기가 다양한 기법으로 제작되었으며 초기 백자의 제작도 이어졌다. 15세기 전반에는 상감분청사기와 인화분청사기가 주류를 이룬다. 15세기 후반에는 선각 · 박지 · 철화분청사기가 발전하며, 16세기 전반에는 귀얄 · 덤벙분청사기가 주류를 이루며 발전하였다.

2) 백자(白磁)

조선이 건국되는 14세기는 중국에서 청자문화가 백자로 이행되는 시기였으며, 우리나라에서도 고려시대의 청자문화가 조선의 개국과 함께 분청사기와 백자로 이행되는 시기였다. 조선시대의 유교이념은 국민의 정신 · 사상 · 정치 · 사회 · 생활 등에 큰 영향을 미쳤으며, 그에 따라 생활 자체였던 고려의 불교문화는 유교문화로 빠르게 대체되어 갔다. 이때 등장한 생활문화의 하나가 조선의 백자이다.

〈그림 7〉 백자철화포도무늬항아리, 17세기, 높이53.9cm, 이화여자대학교 박물관

절제와 순수의 미가 돋보이는 백자는 유교이념을 구현하고자 한 신 왕조와 사대부 층의 사상과 생활에 적합하여 조선 시대 전 기간에 걸쳐 만들어지고 사용되었다. 조선시대 백자는 15세기 후반 세조 · 성종 연간부터 급속히 발달하였다.

사옹원(司饔院) 분원(分院)인 관요가 설치되기 이전에 도자기는 지방 토산물로서 중앙에 공납하는 중요한 세원이었다. 그러나 조선왕실이 국내 · 외로 사용할 도자기의 수요가 증가함에 따라 국가가 필요로 하는 도자기를 직접 제작하는 관영 사기공장을 경기도 광주 일대에 설치하여 생산하였다.

분원은 설치 당초부터 사옹원에서 직접 관장하였고, 분원의 규모가 점차 커지고 어용 및 궁중에서의 도자기 수요량이 증가됨에 따라 중요시되어 직접 현지에서 작업을 관할하는 관청을 분원이라고 부르게 되었다. 19세기에 이르러서는 관요에서 사사로운 번조가 늘어나고 장인의 일탈이 관행화되었으며 영리를 추구하는 상인들이 분원 관요의 운영에 개입하였다. 따라서 1884년(고종 21)부터는 분원이 더 이상 국가의 산하기구로서 운영되지 않고 민영화되어 상인의 영리추구체제로 바뀌었다.

조선시대 백자의 특징은 도자기 표면에 나타나는 백색 자체와 여러 가지 무늬, 그리고 형태와 제작기법 등을 들 수 있으며 그 장식기법에 따라 【표 3】과 같이 분류된다.

〈표 3〉 백자의 종류와 특징

백자의 종류	장식기법 및 특징
순백자(純白磁)	아무런 문양이나 장식을 하지 않은 백자를 이른다. 달항아리라고 불리우는 조선시대의 백자대호가 이에 해당된다.
상감백자(象嵌白磁)	성형된 기물이 마르기 전에 문양을 새기고 자토를 이용하여 메꾸어 넣는 방식으로 만들어진 백자를 이른다.
청화백자(靑畵白磁)	초벌된 기물위에 코발트 계통의 청색 안료를 이용하여 그림을 그린 백자이다. 조선시대에는 코발트 안료를 페르시아에서 들어온 안료라는 의미로 회회청(回回靑)이라고 불렀다.
동화백자(銅畵白磁)	초벌된 기물위에 산화동(CuO_2) 안료를 이용하여 그림을 그린 후 환원소성으로 구워낸 백자를 말한다. 일본에서는 동을 진사(辰砂)라고 부르며, 중국에서는 유리홍(琉璃紅)이라고 부른다.
철화백자(鐵畵白磁)	초벌된 기물위에 산화철(Fe_2O_3)을 이용하여 그림을 그린 백자이다. 〈그림 7〉 참조.

4. 숨 쉬는 그릇, 옹기(甕器)

흙을 빚어 토기를 만들어 쓰던 신석기시대 이후로 인간은 끊임없이 흙그릇을 발전시켜 왔다. 고려시대 이후 조선시대를 거치면서 화려한 도자기가 제작되었지만 그것은 일반 서민들이 사용할 수 있는 그릇은 아니었다. 따라서 삼국시대 이래로 제작되었던 경질도기가 고려시대로 이어지면서 도자기로 발전하고, 다른 한편에서는 일반서민의 생활용기로 발전하여 오늘날 까지도 사랑받는 흙그릇이 만들어 졌는데 그것이 옹기문화이다.

옹기의 발생 시기는 명확하지는 않으나 옹기(甕器)의 '옹' 자에서 볼 수 있듯이 큰 항아리인 독의 종류가 삼국시대 질그릇 자료에서 찾아 볼 수 있다. 『삼국사기』에는 백제 다루왕(多婁王)때 '백성들이 술을 빚는 것을 금지한다.' 라는 기록이 있다. 또 신라 제31대 신문왕(神文王) 3년조의 기록에 의하면 신문왕이 김흠연의 딸을 왕비로 맞으려 받은 예물 중 술, 간장, 젓갈류를 보낸 기록이 있어 발효음식을 저장했던 도기의 사용을 짐작할 수 있다. 특히 옹기의 사용은 고구려 고분 벽화에 묘사된 그림 속에서 큰 항아리를 사용하는 장면을 통해 이해할 수 있다. 또한 질그릇 표면에 나타난 유리질은 삼국시대 질그릇에서 발견되는 것으로 미루어 큰 독에 유약이 입혀져 있는 것을 옹기라 한다면 바로 삼국시대 유물에서 찾아 볼 수 있겠다.

옹기는 가마 안으로 바람과 불길을 자연스럽게 주입시켜 구운 숨을 쉬는 그릇이다. 옹기는 크게 잿물을 입혀 구운 오지그릇과 그렇지 않은 질그릇으로 나누어진다. 질그릇은 약토(藥土) 잿물 없이 질흙(바탕흙)만으로 600~700도의 온도에서 번조(燔造)된다. 푸석푸석하고 윤기가 없는 질그릇은 검댕이(연기)를 입혀서 전체적으로 검은 회색(黑灰色)을 띤다.

옹기는 우리 산야에 흔한 유색토(찰흙)인 바탕 흙에 부엽토(腐葉土)인 약토(藥土)와 식물성 재를 물에 함께 개어서 잿물로 만들고 이것을 잘 건조된 그릇에 입힌 뒤 1200도 내외의 고온에서 구워낸 그릇이다.

위의 내용을 정리하면 아래의 〈표 4〉와 같다.

〈표 4〉 옹기 개념비교표

구분\종류	질그릇	오지그릇
바탕흙	찰흙(유색토)	찰흙(유색토)
유약	검댕이(연기)	잿물(약토+나무재)
소성방법	1회소성(산화 또는 환원소성)	1회소성(산화소성)
소성온도	600~800도	1000~1200도
두께	얇다	보통
무게	가볍다	보통
고려시대	도기	잡유
조선시대	질그릇	옹기(독)
생산지	전국	전국

오지그릇과 질그릇을 통칭하여 옹기라고 한다. 오지그릇은 가마 안에 바람(공기)과 불길을 자연스럽게 들어가게 해서 산화(酸化)소성으로 구워 낸 숨 쉬는 그릇이다. 독이 대표적인 오지그릇이다. 질그릇은 가마 안에 공기를 차단하여 환원소성으로 구워 낸 것으로 오지그릇과 마찬가지로 숨 쉬면서 습도를 조절하고 청정작용을 하는 그릇으로 시루, 밥통 등이 그 예이다. 숨 쉬는 그릇이라 불리어지는 까닭은 공기는 통과하면서 수분을 차단하는 옹기의 특성 때문이다.

도자기 보다 낮은 온도에서 구워지는 옹기는 소성 중에 녹은 유약이 옹기의 벽면을 타고 흘러내리면서 크고 작은 구멍들을 막아 미세한 기공으로 바뀌게 하며, 이 기공은 식품이 발효하는 동안 관여하는 미생물의 생육에 필요한 산소와 수분을 조절하는 통로로 작용한다. 발효 중에 내부 수분이 증발하면서 물에 녹아있는 소금기는 옹기 내부 기공에 남아 외부에서 들어올 수 있는 유해 미생물을 차단하는 효과가 있다. 옹기의 형태는 대체적으로 기온 차이에 따른 일조량에 큰 관계가 있으며 발효음식의 시기를 맞추기 위해서 추운 북쪽지방의 옹기는 새우 젓 독과 같이 입이 넓고 배가 없이 홀쭉하며 아래로 길게 빠진 형태이며 경상도 지방의 옹기는 입이 좁고 배가 불룩한 둥근형을 하고 있는 것이 특징이다. 충청남도와 강원도, 경기도 지방은 그 중간 형태를 형성하고 있다고 하겠다.

먹거리가 귀했던 옛날에는 된장이나 간장을 담그는 일이 그 집안의 중요한 행사 중의 하나였다. 따라서 손이 없는 좋은 날을 정하여 장 담그기를 하였으며 잘생기고 좋은 독을 골라 장 담그기를 하였다. 음력 정월 말(馬)날인 오일(午日)에 장을 담갔으며 지방에 따라서는 오일이 아니면 그믐 손 없는 날에 담가야 장맛이 변하지 않는다고 하였다. 장을 담그고 삼일까지는 외부인의 출입을 삼가 하였다. 특히 부정한 사람은 절대로 오지 못하게 하고 가족이 아닌 다른 사람이 손가락으로 장을 찍어 맛보지 못하게 하였다. 장 담그는 날에는 메주 한 덩이 · 붉은 고추 · 소금을 소반에 놓고 고사를 지냈으며, 장 담글 때 같이 넣기도 하고 숯을 띄우기도 하였다. 붉은 고추와 숯을 장독에 넣거나 이것을 청솔가지와 함께 매달기도 하였다. 장맛이 변하지 말라는 기원을 담아 왼새끼를 꼬아 붉은 고추와 숯을 끼워서 독의 어깨에 메어 놓기도 하였다. 또한 버선본을 종이로 만들어서 거꾸로 붙여 놓기도 하는데 이것은 장맛이 변했더라도 다시 제 맛으로 돌아오라고 붙이는 것이다.

1900년도 초에 외국에서 광명단(산화납)이 수입되면서 옹기 유약에 사용되었고 대추 빛과 같은 효과를 내기 위해서 산화철이나 망간과 같은 화공약품을 첨가하기도 하였다. 광명단을 첨가한 옹기 유약은 1100~200도의 소성온도를 600~900도 내외로 낮추었는데 이는 인건비와 연료를 줄여 생산단가를 낮출 수 있었다. 그 이후 일제 치하에서 광명단을 입힌 오지그릇이 늘어나게 되었다. 광명단 유약으로 광택이 나는 항아리는 소비자의 취향과 부합되면서 거의 모든 옹기점에서 광명단을 사용하였다. 광명단(鉛丹, PB_3O_4)은 납을 주성분으로 한 화공약품이다. 광명단을 옹기유약에 사용하면 옹기유약이 낮은 온도에서도 잘 녹게 하는 매용제의 역할을 하며 옹기의 표면이 붉은 색이 나고 표면이 유리알같이 매끈매끈하고 광택이 난다. 납을 산화하여 만들며 납 성분인 광명단은 안료나 도료 혹은 납유리를 만드는데 사용된다. 사람이 하루에 스스로 정화시킬 수 있는 납의 함량은 200mg를 넘지 않는다. 광명단 유약은 산이나 열에 약해서 김치를 담아 두거나 불에 오래 올려놓으면 납 성분이 음식물에 섞이게 되며, 간장이나 된장을 장기간 저장해 두면 산화납은 산에 약하기 때문에 음식물에 유해성분이 녹아들어간다.

우리나라 식품의 가장 큰 특징은 발효식품이 모든 식품의 기본을 이루고 있는 점이다. 사람이 식품을 갈무리 하는 방법과 조리하는 방법으로는 불에 굽거나 햇빛에 말리거나 연기에 그을리거나 물에 찌거나 삶고 데치는 것과 기름에 튀기고 지지기도 하는 등 대체로 열을 가하는 방법이 대부분이나 미생물을 이용한 발효 방법은 식품의 본질을 파괴하지 않고 그대로 유지하는 가장 발달된 조리 및 갈무리 방법이다. 우리나라는 예로부터 김치를 비롯한 된장이나 간장과 같은 발효식품이 발달한 나라이다. 우리나라가 발효식품의 종주국이라고 불릴 수 있을 만큼 저장식품이 발달 된 것도 옹기라는 우수한 저장기구가 있었기에 가능할 수 있었다.

도자기 관련 용어 해설

1. 흙이 불을 만나 그릇이 되다

편년(編年, 엮을 편, 해연)연대를 따라서 역사를 편찬함

무유(無釉, 없을 무, 잿물 유)도자기의 표면에 유약을 입히지 아니함

시유(施釉, 베풀 시, 잿물 유)도자기를 만들때 유약을 입히는 일(잿물치기, 유약치기)

2. 녹색의 신비, 고려청자

빙렬(氷裂, 얼음빙, 찢어질 렬)도자기의 표면에 가느다란 금이 가 있는 상태

3. 조선의 멋, 분청사기와 백자

요변(窯變,가마 요, 변할 변):가마 안에서 일어날 수 있는 여러 가지 상황

번조(燔造,구울 번, 지을 조):흙으로 만든 기물을 가마에 넣고 불을 때어 도자기로 완성하는 것을 이름

4. 숨쉬는 그릇, 옹기

오일(午日, 일곱째지지 오, 날 일):간지(干支)가 오(午)로 된 날

버선본:버선을 지을 때 감을 떠내기 위하여 놓은 종이 본

【참고문헌】

강경숙, 『한국도자사』, 일지사, 1991.
김영원, 『조선시대도자기』, 서울대학교출판부, 2003.
방병선, 『조선후기백자연구』, 일지사, 2001.
윤용이, 『한국도자사연구』, 문예출판사, 2001.
정양모, 『한국의 도자기』, 문예출판사, 1991.
이훈석 · 정양모 · 정명호, 『옹기』, 대원사, 1991.
국립중앙박물관, 『국립중앙박물관 』, 솔출판사, 2005.
연세대학교 박물관, 『고려 · 조선시대 질그릇과 사기그릇』, 연세대학교박물관, 2002.

【참고 사이트】

국립중앙박물관 http://www.museum.go.kr
국립광주박물관 http://gwangju.museum.go.kr
삼성미술관 http://leeum.samsungfoundation.org
호암미술관 http://hoam.samsungfoundation.org

제11장 한국인이 그린 그림

1. 우리 옛 그림의 종류
2. 선사시대의 암각화
3. 고구려의 벽화
4. 고려의 불화
5. 조선의 수묵화
6. 개화기 이후의 그림들

제11장 한국인이 그린 그림

황은영

1. 우리 옛 그림의 종류

우리가 어렵게 생각하는 많은 미술품들은 공통의 기능인 감상의 대상이기 이전에 고유의 용도를 가지고 있다. 도자기의 용도는 국, 밥, 반찬 등을 담는 그릇이고, 목제품은 가구, 그릇, 등잔 등 꾸밈의 도구이면서도 각각의 용도를 지니고 있다. 그렇다면 그림의 용도는 앞의 보기들과는 달리 생활필수품이라기보다는 꾸밈 즉, 감상을 위한 것이라 하겠다. 미술품들은 이렇게 용도가 달라도 각각이 유행한 시대의 분위기를 담고 있다. 이것을 사상이라 하는데, 이 때문에 보다 나은 감상을 하기 위해서는 작품이 유행한 시대의 변화상을 파악하고 있는 것이 좋다. 그렇기 때문에 작품의 미적인 측면도 중요하지만 어느 시대에 누구에 의해 그려진 작품인가 하는 측면도 함께 살펴야 더 나은 감상을 할 수 있다. 이 장에서는 이러한 점에 유의하여 그림의 종류를 살피고 각 시대별 대표 유행그림을 중심으로 살펴볼 것이다.

그림 감상을 위해서는 그림의 분류 방법을 알아두면 편리하다. 그림이 전시된 박물관이나 미술관에 가면 제목만 보아서는 이것이 무엇을 그린 그림인지 모를 정도로 그림과 제목이 연결되지 않는다. 이 장에서는 그림의 종류를 알아보고 시대별로 유행한 그림을 통해 '왜 그 시대에 이러한 그림이 그려졌을까' 라는 질문에 대한 답을 우리 역사 속에서 살펴보도록 하겠다.

〈그림의 종류〉

<table>
<tr><th>대분류</th><th colspan="2">중분류</th></tr>
<tr><td rowspan="4">재료와 기법에 의한 분류</td><td colspan="2">각화(刻畵)</td></tr>
<tr><td colspan="2">벽화</td></tr>
<tr><td colspan="2">견본화</td></tr>
<tr><td colspan="2">지본화</td></tr>
<tr><td rowspan="10">내용에 의한 분류</td><td rowspan="5">인물화</td><td>초상화</td></tr>
<tr><td>고사인물화</td></tr>
<tr><td>도석인물화</td></tr>
<tr><td>풍속화</td></tr>
<tr><td>기록화</td></tr>
<tr><td rowspan="2">산수화</td><td>관념산수화</td></tr>
<tr><td>진경산수화</td></tr>
<tr><td colspan="2">화조 · 영모화</td></tr>
<tr><td colspan="2">사군자화</td></tr>
<tr><td colspan="2">민화</td></tr>
<tr><td rowspan="5">형태상 분류</td><td colspan="2">축화(軸畵)</td></tr>
<tr><td colspan="2">권화(卷畵)</td></tr>
<tr><td colspan="2">선면화(扇面畵)</td></tr>
<tr><td colspan="2">병풍</td></tr>
<tr><td colspan="2">화책</td></tr>
</table>

우리 그림은 앞의 표와 같이 크게 세 가지 정도로 분류할 수 있다. 하나는 재료와 기법에 의한 분류로 각화, 벽화, 견본화, 지본화이다. 두 번째는 내용에 의한 분류로 인물화, 산수화, 화조 · 영모화(花鳥 · 翎毛畵), 사군자화, 민화 등으로 나눌 수 있다. 세 번째는 형태에 따른 분류로 축화(軸畵), 권화(卷

畵), 선면화(扇面畵), 병풍(屛風), 화책 등으로 나누어진다. 위에서 아래로 늘어뜨리는 것을 축, 궤(軌), 족(簇)이라 하였으며 옆으로 펴는 것을 권(卷)이라 하는데 이 장에서는 가장 세분화되어 있는 내용에 의한 분류를 살펴보자. 인물화(人物畵)는 인물을 중심으로 그린 그림으로 초상화가 대표적인데 이외에도 고사(古事)인물화, 도석(道釋)인물화, 풍속화, 기록화가 여기에 속한다.

초상화(肖像畵)는 인물을 사실대로 그리는 것으로 당시 사회와 문화를 반영하고 있다. 초상화는 선행을 권장하고, 악행을 징계한다는 교화적인 면이 강한 그림이다. 고사인물화는 경전이나 문학을 통해 옛 고사에 등장하는 인물을 주제로 하여 그린 그림으로 그 인물처럼 되고자 하는 소망을 표현하였다. 주제별로는 부귀영화와 오복을 누린 대표적인 인물, 산의 계곡에 발을 담근 모습을 그려 수신에 힘써야 한다는 의미를 가지고 있는 그림, 폭포를 바라보는 인물, 소나무 아래 비스듬히 굽거나 술을 마시는 인물, 졸고 있는 인물 등을 묘사하여 교훈적인 측면과 감상자의 자신을 되돌아보게 하는 상징적인 의미가 내재되어 있다. 도석인물화는 도교나 불교적인 인물을 소재로 그린 그림으로 신선도 · 나한도 · 산신도 등이 포함된다.

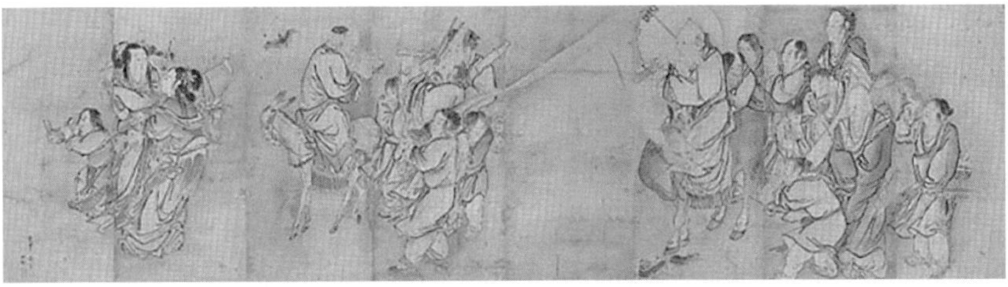

〈그림 1〉 군선도병(群仙圖屛), 김홍도, 1776년, 132.8×575.8㎝, 국보 제139호(문화재청 홈페이지)

풍속화는 조선후기 18~19세기 초반에 풍속화가 성행하였으며, 문인화가들이 많이 그렸다. 풍속화는 진경산수화와 함께 땅의 아름다움과 그 속에 살던 사람들의 생활모습을 직접 그림의 대상으로 삼은 조선후기의 새로운 동향이다. 이 시기의 풍속화는 당대의 사회상을 반영하고 있어 당시 사람들의 생활상을 알 수 있다.

기록화는 당시의 의식이나 절차를 표현한 그림으로 당대 최고의 화원이나 화가가 그렸다. 현대의 기록사진과 같은 역할을 하는 이 그림은 효용적인 기능을 가지는데, 전시 · 훈계 · 기능적인 측면과 더불어 아름다운 회화성을 지니고 있다. 궁중이나 관아와 관련된 대부분의 그림들이 여기에 속한다. 기록화는 크게 보아 의궤도(儀軌圖)와 계회도(契會圖)로 나누어 볼 수 있다. 의궤도는 궁중의 여러 의식 행사를 사진과 같이 사실적으로 묘사하는 것이고 계회도는 사대부들의 계회 모임을 그림으로 남기는 것인데 크게 세 부분으로 이루어져 있다. 위에는 모임의 제목이 있고 중간에는 계회 장면이 그려지고 아래에는 참석자들의 인적 사항을 써넣고 있다.

산수화는 삼국시대부터 본격적으로 그려진 것으로 추정되지만 남아있는 것은 없다. 다만 고분벽화나 산경문전(山景紋轉) 등을 통하여 알 수 있을 뿐이다. 산수화는 산과 언덕, 바다와 강, 풀과 나무, 구름과 안개를 소재로 한 자연의 경치를 그린 그림으로 당대의 자연관을 표현하고 있다. 우리나라에서는 일찍부터 그려졌으며 인물화와 더불어 회화의 근간을 이루고 있다.

고려시대에는 순수하게 감상을 위한 산수화가 그려지다가 조선시대에 와서 사대부와 화원들을 중심으로 산수를 전문적으로 그린 사람들이 많아 전성기를 이루었다.

관념산수화는 중국과 우리나라에서 오랫동안 그려진 주제로 특히 우리나라에서 발전하였다. 주제별로는 소상팔경도, 사시팔경도, 적벽도 등이 있다. 안평대군이 꿈속에서 노닐던 신비로운 도원경의 광경을 안견에게 부탁하여 사흘동안 그리게 한 안견의 몽유도원도도 관념산수화이다.

진경산수화는 이와 달리 조선시대 실학사상이 대두되면서 숙종 이후 영 · 정조 대에 문예와 그림이 보편화되어 당시 문인 사대부들을 중심으로 기행기록인 문학과 진경산수화가 유행하였다. 진경산수화는 조선 초기 관념적으로 산수를 그리는 것에 반동하여 등장했다.

화조 · 영모화는 새와 동물을 소재로 그린 그림의 총칭이다. 원래는 새 깃털의 의미로 새 그림만을 지칭하였으나 근세로 오면서 새 깃털과 동물털이라는 의미로 확대되었고, 현재는 화조화와 동물화의 의미를 포함하고 있다. 이 그림은 인간의 삶을 보호하고 도와주는 벽사(辟邪)와 길상(吉神)의 대상으로 즐겨 그려졌다.

동물화는 각종 동물들을 그린 그림인 만큼 개, 고양이, 소, 양, 말, 염소, 호랑이, 용 등이 주로 등장한다. 그림이 소재로 등장하는 동물들은 각각 의미가 있었다. 백로는 주로 열매와 함께 그려지는데 이것은 과거시험에 합격하라는 의미를 담고 있다. 또한 영화를 누리라는 상징적인 의미도 있다. 까치는 좋은 소식을 전한다라는 의미와 기쁨이 오랫동안 머물러 있으라는 뜻을 담고 있었으며, 고양이는 고희를 맞아 기쁘고 앞으로도 건강하라는 의미를 담고 그려졌다.

화조화(花鳥畵)는 꽃 · 새 · 들풀 · 풀벌레 · 애완동물 등을 소재로 한 그림으로, 소재는 민화에 이르기까지 계속적으로 그려졌다. 화조화에는 장수 · 복록(福祿) · 우수(偶數) · 범신(汎神) 등 각종 사상이 내포되어 있다.

화훼화(花卉畵)는 꽃과 풀을 소재로 그린 그림으로 조선시대에 들어와 활발하게 그려졌다. 꽃과 풀을 주요 소재로 하여 새 · 그릇 · 채소 · 벌레 등을 첨가하여 그린다. 우리나라 화훼화는 중국의 영향을 받았으나 소박하고 은은한 특징을 가지고 있다.

초충화(草蟲畵)는 풀, 도마뱀, 벌레, 별, 나비 등을 그린 그림이다. 간혹 드문 소재이긴 하지만 원숭이나 쥐도 그려졌다.

사군자화(四君子畵)는 매화(梅) · 난초(蘭) · 국화(菊) · 대나무(竹)를 소재로 하여 그린 묵화(墨畵)로 각기 봄, 여름, 가을, 겨울을 상징한다. 매 · 난 · 국 · 죽은 군자가 갖추어야 할 인품과 덕성에 부합하여 사군자라 하였다. 그래서 조선시대 유교가 성행하면서 군자를 최고의 이상으로 생각했던 사대부를 중심으로 애호되었던 그림의 소재였다.

고려시대에 들어와 송나라와의 빈번한 교류로 묵화의 전통이 전달되어, 사군자가 문인들 사이에서 그림의 소재로 사용되었음이 기록에 보이고 있다. 특히 조선시대에 사대부를 중심으로 사군자화가 유행하였으며, 조선 중기에 들어서면서 중국과는 다른 독특한 전통을 수립하였다.

민화(民畵)는 생활 풍습에 따라 제작된 대중적인 실용화이다. 민중의 신앙과 소원, 사회의 질서유지를 목적으로 한 교화, 주거 공간의 미화를 위한 장식, 민중의 미의식과 직결되는 작품들을 일반적으로 통칭하고 있다. 민화의 작가는 주로 한국회화사의 주류에서 벗어난 비전문적인 화공과 장인들로 대중들의 그림에 대한 욕구를 채워주는 역할을 하였다. 민화는 주제에 따라 크게 종교적 민화와 비종교적 민화로 나눌 수 있다. 종교적 민화는 한국 고유 신앙인 무속과 도교적인 내용을 소재로 하여 그린 그림, 불교적인 그림, 조상 숭배와 윤리도덕의 교화를 강조한 유교적인 그림을 들 수 있다. 한국 민화의 특성은 순수함 · 소박함 · 단순함 · 솔직함에 있으며, 같은 주제의 반복과 실용적인 특징을 가지고 있어 대중적이었다. 민화 안에는 기복(祈福), 벽사(辟邪), 솔직, 소박, 사랑, 강인성, 익살, 멋 등이 담겨져 있다.

2. 선사시대의 암각화

그림의 기원은 동굴벽화와 암각화이다. 동굴벽화는 구석기인들에 의해 그려졌으며, 암각화는 신석기인들에 의해 그려지기 시작하였다. 동굴벽화가 암각화로 바뀐 것은 신석기시대가 되면서 인간이 농경생활을 시작하였기 때문이다. 농사를 지을 수 있는 비옥한 땅은 강을 낀 들판이기 때문에 더 이상 동굴생활을 할 수 없게 만들었고 이 때문에 지상으로 나와 움집을 짓고 살게 되었다. 이러한 집들은 한데 모여서 마을을 형성하였다.

신석기인들의 정착생활은 미의식이 싹트게 했다. 신석기인들은 감상의 즐거움이 전혀 없이 다산과 풍요를 기원을 목적으로 그림을 그렸던 구석기인들과는 달리 그림 속에 미의식을 불어넣으려는 노력을 시작하였다. 바위에 그림을 새기면서 새긴 홈을 잘 다듬어 효과를 내려고 한다거나 그림 속에 문양을 삽입하고 있는 것이 그 한 예이다. 신석기인들의 이러한 모습으로 비로소 문화라는 개념이 성립하게 되었다. 이는 인류 역사에 있어서 획기적인 사건으로 '신석기 혁명'이라고 부른다.

〈그림 2〉 반구대 암각화의 상세도(부분)

암각화는 자연상태의 노천 바위에 선사시대 사람들이 자신들의 삶과 직접 · 간접적으로 관계되는 사람, 동물, 사냥, 전투, 종교의례 및 다양한 기하무늬들을 새기거나 물감으로 그린 것이다. 시기는 일반적으로 청동기 것으로 추정하고 있으나 최근 연구에 의하면 구석기부터 암각화가 그려지기 시작한 것으로 밝혀지고 있다.

암각화는 기하 · 추상적인 것과 사실적인 것으로 구분된다. 신석기 이후에 나타난 암각화는 추상적이고 기하학적인 문양이 나타나는 것이 특징인데 추상문양은 모방 · 사실과는 다른 원리, 즉 추상의 발견이라는 큰 의미를 지니고 있다. 사실적인 문양은 원시신앙 즉 샤머니즘(태양숭배), 애니미즘(자연물숭배), 토테미즘(동물숭배), 그리고 성숭배의 내용을 그대로 표현하고 있다.

암각화가 그려지던 시기에 가장 중요했던 문제는 생존, 즉 먹고 사는 문제가 가장 컸다. 그래서 동해안에서 볼 수 있는 거대한 고래와 육지에서 활기있게 살아가는 소나 사슴 등의 동물을 새겨 놓고 동물들이 많이 잡히기를 기원시 · 신성시했을 것이다. 그래서 어떤 학자는 암각화의 자리가 제단이라고 추정하기도 한다.

암각화의 조형적 의미를 찾아보면 원시 미술이 대부분 그러하듯이 이 그림 역시 오늘날의 조형적인 시각으로 보면 미적인 특성을 찾기가 어렵다. 그러나 원시 미술 자체의 순수미가 가득하다는 점에서 의미를 찾을 수 있다. 실제로 이 그림은 원시적인 감정 상태를 지극히 단순화시켜 대상의 특징만을 간략한 선으로 나타내기도 하고 형태를 음각으로 새겨서 표현하기도 했다.

투박한 바위에 새겨졌기 때문에 그린 이의 개성은 찾기가 어렵지만 그들이 나타내고자 하는 것은 진솔하게 표현된 그림으로 볼 수 있는 것이다.

암각화는 세계 여러 곳에서 나타나고 우리나라에서도 여러 곳에서 나타난다. 이로써 당시의 사고 단계가 세계 어디에서든 비슷했다는 것을 알 수 있다. 우리만의 특징을 찾기에는 아직 미미하지만 우리의 선조가 남긴 최초의 그림이라는 점, 그리고 순수성과 대범함이 그림 속에 살아 있다는 점에서 큰 의의를 찾을 수 있다.

〈반구대 암각화〉

반구대는 행정구역상 울산광역시 언양면 대곡리에 속하는 바위 절벽으로, 포은 정몽주(1337~1392)의 유배 행적과 관련있는 곳이다. 암각화를 보기 위해서는 반구대를 휘돌아 물길을 타고 1km 남짓 아래로 내려가야 한다. 그림은 약 70여m 높이의 절벽 아래쪽 강물과 가까운 곳에 그려져 있다. 그래서 연중 5~6개월 가량은 물속에 잠겨 있다.

암각화가 새겨진 바위는 윗부분이 약간 앞으로 튀어나와 있으며, 물의 흐름을 살짝 비껴서 있다. 바위 아래는 대여섯 명이 설 수 있는 공간이 형성되어 있다. 그림은 높이 2m, 폭 8m 정도의 평평한 바위 면에 296점이 새겨져 있다.

반구대 암각화는 기원전 1500~기원전 700년 사이에 만들어졌다고 한다. 지금은 강가에 위치하고 있지만 처음에는 바다와 가까운 곳에서 만들어졌는데 퇴적물이 쌓이면서 현재의 모습이 되었다. 이 반구대 암각화에는 대체로 세 가지 종류의 그림이 있다. 바다에 사는 갖가지 고래의 그림(귀신고래, 혹등고래, 북방긴수염고래, 범고래 등 10여종 58점)이 생태학적으로 정확하게 그려져 있고, 육지에 사는 갖가지 동물들과 사냥하는 사람들의 모습이 새겨져 있다. 이 그림은 이미 새겨진 것 위에 또 다른 그림이 새겨진 것으로 보아 오랜 시간에 걸쳐 제작되었을 것으로 짐작된다. 그리고 바다쪽에서 고래를 그리기 시작하여 육지 방향으로 가면서 육상 동물들을 그리고 있는 것으로 보아 고래잡이 어업에서 점차 육상 동물을 사냥해 가는 일련의 과정을 엿볼 수 있다.

고래와 포획하는 사람들, 동물들의 모습이 비교적 정확하게 묘사되어 있는 것을 보면 관찰력과 묘사력이 상당히 뛰어난 사람이 그린 것으로 볼 수 있다. 반고래 · 거북 · 물개 등 바다짐승과 호랑이 · 사슴 · 소 · 염소 · 돼지 · 표범 등 뭍짐승이 대부분이며, 사람과 몇 가지 도구도 그려져 있다. 그림들은 평면적으로 나열되거나 중첩되어 있어 오랜 시간에 걸쳐 제작되었다는 것을 알 수 있다.

3. 고구려의 벽화

삼국시대에는 또한 유교, 불교, 도교의 삼교가 전래되어 우리나라의 미술에 영향을 끼치게 되었다. 특히 불교와 도교가 이 시대미술에 크게 영향을 미쳤는데 불교의 발전과 함께 사상적 내용이 풍부해지고 기술이 고도화됨에 따라 높은 미의 감각을 엿볼 수 있는 작품들이 생겨났다.

고대에는 신분이나 지위가 높은 사람이 죽으면 죽은 자의 시중을 들던 사람들까지 함께 묻는 순장(殉葬)의 풍습이 있었다. 내세와 현세가 동일하다고 생각하여 내세에서도 생전과 꼭 같은 편안하고 즐거운 삶을 누리고자 하였기 때문이다. 그러나 시간이 지나면서 죽은 자의 세계와 살아있는 자의 세계가 다르다는 생각을 하기 시작하였다. 아울러 많은 인력을 순장하는 것은 노동력의 상실을 가져와 궁극에는 국력의 위축을 가져온다는 생각에 이를 금지하기에 이르렀다. 그러자 무덤 속에 실물대신 모형을 묻거나, 죽은 자의 영광을 기리고 내세의 삶을 형상화한 그림을 그리기 시작하였다.

벽화는 주로 삼국시대 고구려의 벽화가 그 대상이다. 그 이유는 벽화가 석실분(石室墳)의 묘제에서 가능하기 때문인데 이것은 중국의 묘제로 원래 벽화가 그려지지 않는 적석총(積石塚)의 문화를 가지고 있던 고구려는 안악3호분을 시작으로 중국의 한 대와 육조시대의 석실분 묘제가 도입되었고 벽화에도 자연히 중국적 요소가 많이 반영되었다. 그러나 벽화의 전통은 통일신라에 의해 계승

〈그림 3〉 안악3호분 벽화, 무덤주인의 초상
4~5세기, 고구려, 황해남도 안악군 오국리

되지 못하였는데 이는 신라의 묘제가 석실분이 아니었기 때문이다. 이 때문에 벽화는 대부분 고구려의 고분에서 보여지고 대략 3세기 말부터 7세기까지 지속적으로 만들어졌다. 7세기 이후의 벽화는 고구려를 계승한 발해의 묘제에서 찾아볼 수 있고, 고구려인의 후예로서 일본에 거주하였던 자의 무덤으로 추정되는 다카마쓰 고분(高松塚)을 통해 그 변화상을 알 수 있다.

물론 삼국시대에 벽화만 그려진 것은 아니다. 다만 모두 없어졌기 때문에 우리가 알 수 있는 삼국시대 그림이 벽화만 남은 것이다. 따라서 이 시기를 삼국시대가 아닌 고구려벽화의 시대라 부르는 것인데 기법적으로는 채색화라고 할 수 있다.

벽화는 벽면에는 현실세계를 묘사하고 있으며, 천정에는 영혼의 세계 즉 천상의 세계를 묘사하였다. 벽면에 그려진 벽화의 주제는 생활풍속, 장식무늬, 사신도로 구분된다. 생활풍속은 죽은 자가 살아 있을 때의 생활 가운데 기념할 만한 것과 풍요로운 생활모습을 그렸다. 장식무늬는 불교의 극락정토를 상징하는 연꽃무늬를 즐겨 그렸다. 이외에 동심원무늬, 보륜무늬, 구름무늬, 얽힌 용무늬, 인동무늬 등이 혼합적으로 쓰여지기도 하였다. 사신도(四神圖)는 사방의 방위신으로 무덤 안에 그려질 때는 방위나 방향에 맞추어 동 : 좌청룡, 서 : 우백호, 남 : 전 주작, 북 : 후 현무의 순서로 그려진다.

천정에 그려진 벽화는 천상의 세계를 의미하는데 주제는 하늘나라를 상징하는 것, 불교계통 벽화, 도교계통의 벽화로 구분된다. 하늘나라를 상징하는 것으로는 해와 달, 북두칠성 등의 별자리, 그리고 이들과 관련된 선인(仙人)이나 천인(天人), 상서러운 동물 등이 그려진다. 불교계통의 천정벽화는 죽은 자의 극락왕생을 기원하는 것으로 연꽃문, 여래와 불상, 비천(飛天)과 기악천(伎樂天) 등을 그렸다. 신선도교계통의 천정벽화는 용이나 기린(麒麟), 학 등을 탄 선인(仙人)과 불로초와 상서로운 새와 짐승들을 그려 신선이 노니는 이상향을 표현하고 있다.

고구려 고분벽화의 의미를 오늘날의 시각에서 찾아보면, 첫째는 당시의 생활상과 고구려인의 내세관을 가장 실감나게 전달해 줌으로써 당시의 풍습, 의복, 생활을 잘 볼 수 있다. 두 번째는 강한 채색화의 시원이 된다. 이때 이미 색채를 과학적으로 분석하여 적절하게 사용했음을 알 수 있다.

고구려 이후에도 벽화가 그려지지만 통일신라시대 이후에는 벽화보다는 비단에 그린 채색화가 많이 그려졌다. 고려시대에도 공민왕 무덤의 벽화, 수락암동 옛 무덤의 사신도, 수덕사 벽화 등이 보여주듯 벽화가 계승되고 있지만 재료적인 면에서 많이 전하고 있는 것은 역시 비단에 그린 채색화이다.

〈고구려 고분 벽화〉

고구려 고분 벽화는 전기, 중기, 후기의 3시기로 구분된다. 전기에는 주로 생활 중심의 그림이 주축이 되고 천장에만 그려지던 사신도가 중기를 지나면서 점차 벽면으로 내려오게 되고, 후기에는 고구려 사람만이 그릴 수 있는 독자적인 사신도가 풍미하게 된다.

▣ 전기(3세기 말-5세기 초)

전기는 중국 한 대와 육조시대 회화의 영향으로 출발하여 고구려적인 요소가 서서히 나타나기 시작하는 시기로, 두 방 무덤이나 여러 방 무덤이 많다. 주로 주인공의 초상, 사냥, 무용, 행렬 등 생전의 생활모습을 그린 생활풍속도가 주류를 이룬다. 즉 묘주(墓主)의 초상이 중심이 되고 불교적인 요소와 풍속화적인 요소의 생활도가 그려져 있다. 생활 풍속은 죽은 자의 생전의 공적(公的)생활 가운데 기념할만한 것과 사적(私的) 생활의 풍요로움을 무덤 안에 그림으로써 내세에도 이와 같은 삶이 재현되기를 바라는 마음에서 그려지는 것이다. 이들은 문헌에서는 찾아볼 수 없는 시각적인 자료로 당시의 풍물과 의식 세계를 생생히 보여주고 있다. 특히 복식의 표현이나 풍속의 표현 등은 우리의 옛 문화 전통을 살피는데 크게 도움이 된다.

○ 안악 3호분, 덕흥리 고분

▣ 중기(5세기 중엽-6세기 초)

중기에는 두방이나 외방무덤에 생활 풍속과 사신도, 혹은 생활 풍속과 장식무늬가 공존하기도 하고, 장식무늬만을 주제로 그림을 그리기도 하였다. 즉 전기의 인물중심에서 사신도와 인동당초무늬 등이 추가된다. 특히 무덤칸 위에 그려진 연꽃문은 죽은 자의 정토(淨土) 왕생(往生)을 기원하는 표현이다. 전기의 정지감에서 벗어나 힘차고 율동적이며, 생동감있는 표현을 함으로써 가장 고구려적인 전통을 지니고 있다.

○ 쌍영총(雙楹塚), 각저총(角抵塚), 무용총(舞踊塚)

▣ **후기(6세기 중엽–7세기 전반)**

후기에는 그림의 주제가 사신도로 변하여 나무와 구름, 별자리, 신선 등 도교적인 요소가 널방만 있는 외방무덤에 사신도만을 그렸다. 즉 기록적인 성격의 인물화나 풍속화가 자취를 감추고 대신 도교의 영향으로 사신도가 그려졌다. 그림의 색채가 화려하고 선명해지고 화려해졌으며 동감을 입체적으로 표현하였다. 그리고 인동문, 연화문, 구름문을 율동적으로 표현하였다. 사신의 표현에 있어서 평양지역은 세부묘사를 과감히 생략하고 색조의 조화와 동세(動勢) 표현을 중요하게 생각한 반면 집안지역에서는 색채의 강렬한 대비와 치밀한 세부묘사에 치중하였다.

○ 강서대묘, 강서중묘, 진파리 1호분, 통구사신총, 오회분

4. 고려의 불화

고려의 그림은 공민왕 무덤의 벽화와 수락암동 옛 무덤의 사신도, 부석사 조사당의 천왕상과 보살, 수덕사 벽화 등이 전해진다. 그 밖에 공민왕이 그린 것으로 전해지는 「천산대렵도(天山大獵圖)」가 있는데, 말을 탄 인물과 마른 나무, 풀 등 극도의 사실적인 필치는 웅대하고 품위있는 현세감을 느끼게 한다.

고려시대의 미술 중에서도 회화의 경우에는 인물과 산수는 물론이고 묵죽을 비롯한 문인화 계통의 그림 등이 귀족, 화원(畵圓), 선승(禪僧) 등에 의해 다양하게 제작되었다. 그러나 현재 이 시대 회화의 진면목을 보여주는 우수한 일반회화작품은 거의 남아 있지 않다.

지금 전해지는 작품으로서 고려시대 회화의 높은 수준을 보여주는 것은 불교 회화이다. 이 작품들 중에서도 1286년 제작된 「아미타여래입상」, 동경 천초사 소장의 「양류관음상」, 서구방이 1323년에 그린 「수월관음보살도」 등은 고려시대 불교회화의 높은 수준과 독특한 성격을 특히 잘 보여준다. 이러한 그림들은 한결같이 금빛과 채색이 찬란하고 의습과 문양이 정교하며 자태가 단아하여 고려적인 특색을 짙게 풍긴다.

불교회화를 용도에 따라 분류해보면 예배용 불화, 교화용 불화, 사원을 장식하는 장엄화로 나눌 수 있다. 예배의 대상이 되는 존상화(尊像畵)에는 여래화(如來畵), 보살화(菩薩畵), 나한조사도(羅漢祖師圖), 신중도(神衆圖) 등이 있다. 교화용 불화는 일반 대중에게 어려운 불교 교리를 알기 쉽게 전달해 주는 것으로 부처의 전생(前生)을 그린 본생도(本生圖), 불전도(佛傳圖), 내영도(來迎圖), 지옥도(地獄圖) 등이 있으며, 특히 불경에 나오는 교훈적인 장면을 그린 변상도(變相圖)가 있다. 사원을 장식하는 장엄화(莊嚴畵)로는 단청을 비롯하여 연꽃, 사자, 코끼리 등을 그린 그림이 있다. 양식에 따라서는 벽에 그림을 그린 벽화, 천정에 그림을 그린 천정화(天井畵), 벽에 거는 그림인 탱화(幀畵), 불경에 그림을 그린 경화(經畵) 등으로 나뉘어지고, 내용에 따라서는 현교화(顯敎畵)와 밀교화(密敎畵)로 크게 분류된다. 현교화는 설화도를 비롯한 법화경, 화엄경, 정토경 관계 그림, 그리고 선종 그림이 있다.

우리에게 남겨진 채색화 중 대다수를 차지하는 고려회화는 현재 약 130여 점이 전해 오고 있으며 대부분 일본에 남아 있다. 고려불화의 주제를 살펴보면 아미타여래불화, 관세음보살, 지장보살 등이 대부분이며 이외에 나한도, 미륵하생경변상도 등이 있다. 이는 고려 신앙이 현세구복적인 관음신앙, 수면장수와 극락왕생을 기원하는 아미타신앙, 사후 지옥에서 구원해주는 지장보살에 대한 신앙이 우세하였음을 보여주는 것이다.

고려불화의 특징으로는 그림의 구도, 색채, 묘선(描線), 문양을 들 수 있다. 구도는 협시를 동반한 예배도의 경우 화면을 상하 2단으로 나누어 상단에는 본존인 주인공을 강조하고 하단에는 대좌를 중심으로 협시를 배치하였다. 반면 수월관음도(水月觀音圖), 아미타내영도(阿鋼院來迎圖), 나한도 등에서는 비교적 자유로운 자세를 취하고 있다. 색채는 복채법(伏彩法)을 사용하여 밝고 은은하면서도 박락이나 변색이 거의 없다. 붉은색, 초록색, 군청색의 삼색이 기본적으로 사용되었으며, 여기에 금색이 조화되어 화려하고 고상한 분위기를 자아낸다. 안료사용법에서 색을 혼합하지 않고 원색을 사용하였다. 특히 육신부에 복채법을 사용하였다. 묘선은 얇은 먹선으로 윤곽을 잡고 그 선을 따라 다시 얇은 주선(朱線)을 그어 나타냈으며, 그 이중선 위에 붉은 색으로 엷게 바림을 하여 입체감을 나타내려 하였다. 묘선은 베일을 매우 투명하게 묘사해야 한다는 표현의지에 어울리게 매우 섬세하고 유연하다. 문양은 화려한 것이 특징인데, 연화당초원문(蓮花庸草圓文)은 고려불화에서만 사용되는 문양으로 고려 화가들에 의해 고안된 독창적인 문양이다. 이들 고려 불화들은 이미 북송대 곽약허의 『도화견문지』와 원대 탕후의 『화감』에서 화려하고 섬세하며 수준이 대단히 높은 것으로 평가 받고 있어 중국에까지 평판이 높았음을 알 수 있다. 실제로 고려의 수월관음상들은 문양이 있는 투명한 옷들을 걸치고 있으며 뛰어난 기교를 보여 주고 있어 이러한 명성이 헛된 것이 아니었음을 잘 보여주고 있다.

사실 불교회화는 고려시대를 지나 유교정신이 지배한 조선시대에도 이어진다. 현재 우리가 사찰에서 볼 수 있는 불교회화의 대부분이 이 시기의 그림이다. 조선시대에는 숭유억불정책으로 인하여 고려시대에 비해 불교가 쇠퇴했고, 조선을 아우르는 사상은 성리학이었지만 성리학은 생활철학이기 때문에 종교적인 역할은 여전히 불교가 담당하였다. 그래서 조선시대에도 채색화라 할 수 있는 불화가 그려졌고 현재 전해지는 조선 불화는 고려불화와 비교되지 않을만큼 많지만 조선시대에 유행한 그림은 불화라기보다는 수묵화라 할 수 있다. 따라서 조선 불화는 전기에 왕실의 호불정책으로 궁정적 취향의 세련된 작품이 조성된 고려 불화의 경향을 가지다가 임진왜란 이후인 후기에는 대체적으로 민중들의 기호와 취향에 맞는 대중적인 불교회화가

〈조선 전기 불화〉

① 명종대 문정왕후와 보우대사를 중심으로 불교부흥 운동이 일어났던 시기로 왕실의 비호 아래 불교미술이 크게 발전하였다. 따라서 궁정적 취향의 세련된 작품이 많이 조성되었다. 아울러 조선시대에서는 일반백성들의 발원에 의한 불화조성이 보편화되었다.

② 고려시대 본존과 권속이 아래 위로 엄격하게 배열되었던 2단 구도가 깨어지면서 권속들이 본존의 몸체부분까지 올라가는 소위 군도형식(群圖形式)이 성립되었다.

③ 인물의 형태는 고려에 비해 약간 수척해진 얼굴과 야윈듯한 길다란 몸매를 하고 있는 것이 특징이다.
④ 필선은 고려의 구불구불한 수법이 사라지고 단지 윤곽을 나타내기 위한 간명하고 단순한 선으로 바뀌었다. 화려하고 복잡한 문양이 훨씬 줄어들고 대신 다양한 색채로 그 기능을 대신하였다. 색채는 밝은 홍색과 녹색이 주조를 이루면서 다양한 색채의 조화를 보여준다.

〈조선 후기 불화〉

① 일반백성들이 대규모로 불화조성에 참여함으로서 불교회화의 규모가 대형화하는 추세를 보여준다.
② 주불전에는 상단탱화에서 하단탱화에 이르기까지 다양한 성격의 불화들이 한곳에 봉안되어 중심전각으로서의 면모를 보여준다.
③ 조선전기 후불화는 벽화의 제작이 주류였으나 후기에는 간편한 탱화를 후불벽에 걸어 예배하는 경향으로 바뀌었다.
④ 인물의 형태는 후기에 들면서 건장하면서도 원만한 형태를 취하고 있으며, 얼굴은 둥글거나 사각형적인 넙적한 모습을 하고 있다. 18세기 이후가 되면 인물이 점차 형식화되고 현실적인 모습으로 변모한다.
⑤ 장식적인 요소는 특히 채운(彩雲)의 빈번한 사용을 통하여 인물들이 구름사이에 서 있는 것 같은 모습이다. 이를 통하여 종교적 신비감을 더하고 있다.
⑥ 색채는 전기와 같으며, 녹색과 홍색이 주조색을 이루면서 황토색, 검정색, 금니, 하늘색, 흰색 등을 효과적으로 설채하여 문양을 대신한 장식효과를 더하고 있다.

발달하였다.

5. 조선의 수묵화

조선시대의 그림은 고려와 커다란 차이를 보인다. 고려시대의 그림이 주로 색채를 띠면서 불교적 예배나 기원의 뜻을 담고 있는데 반해, 조선의 그림은 양반 사대부들의 감상을 목적으로 그려지면서 소재가 다양해졌다.

조선은 불교를 이념적 기반으로 하였던 고려와 달리 성리학을 국시(國

是)·국학(國學)으로 삼았다. 이는 조선 개국의 주역들이 고려 말 원(元)의 만권당에 유학하여 성리학을 익힌 문인들의 계보를 잇는 성리학도들이었기 때문이다. 그런데 만권당의 학문 경향은 시문서화(詩文書畵) 등 예술을 필수 덕목으로 하는 학예겸수(學藝兼修)의 특징을 지니고 있었다. 시문은 예로부터 문사들이 닦아야 할 기본 교양이었으며, 성리학의 집대성자인 주자는 서화(書畵)를 재도지구(載道之具), 도학(道學)을 실어 전달해 주는 도구라 하여 높이 평가하였다. 따라서 성리학에서는 처음부터 예술을 중시할 수밖에 없었다. 또한 성리학은 고전 유학과 달리 대단히 사변적인 학문으로 우주의 이치를 깨닫기 위한 마음의 공부(工夫)를 기본으로 하고 있어 그림에서도 먹만으로 그리며 채색을 즐겨하지 않았고 철학적 깊이를 추구하는 산수화나 사군자 계열을 중시하였다.

국가 또한 개국 초부터 그림 그리는 일을 전담하는 도화서를 설치하고 화원을 양성하는 등, 역대 어느 왕조보다도 그림 육성에 적극적인 자세를 보였다. 작품의 경향은 성리학을 기본으로 하였던 중국의 명·청대 그림과 서로 비슷하였으며 그로부터 많은 영향을 받게 되었다.

〈조선 전기에 중국으로부터 전래된 화풍〉

⊙ 북송의 이성과 곽희 등에 의해서 이룩된 이곽파 또는 곽희파 화풍.

⊙ 산들을 구름기둥처럼 표현하는 운두준법(雲頭皴法).

- 산수는 거대하고 우람차게 표현하 고 사람은 개미처럼 작게 묘사함. 나뭇가지를 표현하는데 있어서 게의 발톱처럼 묘사하는 해조묘(蟹爪描)를 사용(안견의 몽유도원도와 사시팔경도).

⊙ 남송의 화원 마원과 하규가 형성한 마하파 화풍을 위시한 원체화풍.

- 양자강 이남 강남지역의 자연환경을 반영. 산들은 가라앉을 듯 나지막하고 물은 넘칠 듯이 그리는 잔산영수식(殘山剩水式) 산수화. 화변의 하단부 한쪽 구석에 중요한 표현 대상을 집중적으로 묘사하는 일각구도(一角構圖)여백을 중요시하여 이상적인 취향이 보이며, 자연을 향유하는 주인공을 표현함. 암벽은 부벽준(斧壁皴)을 사용하고, 소나무는 굴곡이 심하게 표현하였다(이상좌의 송하보월도).

⦿ 북송의 미불 · 미우인 부자에 의해 창시되고 원나라 고극공 등에 의해 발전된 미법산수 화풍.

– 미점(米點)을 구사하여 비온 뒤의 습윤한 자연의 모습을 묘사하는 등 안개 낀 자연의 독특한 분위기 묘사에 특출한 경지를 개척하였다(최숙장, 이장손, 서문보의 작품).

⦿ 절강성 출신인 대진을 중심으로 명나라 초기에 이룩된 절파화풍.

– 중경(中景)을 삽입하여 구성을 복잡하게 하고 거친 필치를 구사하여 그림 전체가 조방한 느낌을 준다(강희안의 고사관수도, 안견의 적벽도, 김시 · 김명국 · 이경윤의 작품).

조선시대 그림은 양식적 변천에 따라 전기(태조 1392~중종 약 1550), 중기(중종 약 1550~숙종 1700), 후기(약 1700~약 1850), 말기(약 1850~)으로 구분된다. 조선 전기에는 고려로부터 이어지던 불화의 전통은 약해지고 초상화, 기록화, 감상화가 유행하였다. 그리고 사대부의 교양중의 하나로 그림 감상취미와 사대부화가가 등장하였고, 도화서(圖畵署)의 설치로 화원제도(畵員制度)가 확립되었다.

조선 중기에는 임진왜란과 병자호란 등 난리를 격고 붕당정치에 접어들어 정치적으로 환란기였으나 특색 있는 한국적 화풍이 뚜렷하게 형성되었다. 산수화에 있어서는 명나라의 절파 화풍이 들어오면서 관념적인 산수에서 인간이 주제로 부상하는 산수 인물화가 등장하게 되고 자연에 대한 관조, 감상이 아니라 그 속에 살고 있는 인간의 모습과 이상이 부각되었다. 한편 사대부들은 각기 한 가지의 기예를 갖는 것이 일종의 교양으로 생각하였고 일본과 강화한 이후에는 통신사 수행 화가들이 막부 화단에 영향을 주기도 하였다.

조선 초기 강희안 등에 의해 수용되기 시작한 절파 화풍이 김시, 이경윤, 김명국 등에 의해 유행되고 이정근, 이정 등에 의해 조선 초기의 안견파 화풍이 추종되었다. 한편 이암, 김식, 조속 등에 의해 영모화, 화조화 부문에서

〈그림 4〉 총석정도, 정선, 1711년
(국립중앙박물관 홈페이지)

서정적인 한국화가 발전하였고 묵죽, 묵매, 묵포도 등에서 이정, 어몽룡, 황집중 등의 대가들이 꽃피웠다.

조선후기는 실학의 발전과 함께 가장 한국적이고 민족적인 화풍이 대두한 시기이다. 조선전기가 송원대 그림의 영향을 받은 것과 대조적으로 명, 청대의 영향을 받으면서도 가장 한국적인 미술로 소화하였다. 나아가 그림이 일반인과 보다 가까워지고 생활 주변의 것들이 그림의 소재로 채택되었다. 이로써 조선 중기 이래 유행했던 절파화풍이 쇠퇴하고 대신 남종화가 본격적으로 유행하였다(강세황, 이인상, 신위).

그리고 남종화법을 토대로 한반도에 실제로 존재하는 산천을 독특한 화풍으로 표현하는 진경산수가 크게 발전하였다. 상상에 의한 중국 산수를 토대로 한 것이 아닌 직접적인 시각 경험을 화폭에 담음으로써 짙은 생동감을 나타내었다(정선 일파). 또 조선 후기 사람들의 생활상과 애정을 해학적으로 다룬 풍속화가 김홍도와 신윤복 등에 의해 풍미되었다.

이 시기는 미술의 여러 분야 가운데서도 그림이 크게 성하였던 시기라고 할 수 있다. 정선, 강세황, 이인상, 심사정, 김홍도, 신윤복 등과 같은 뛰어난 화가들이 모두 후기에 배출된 것이다. 그림에서 이와 같은 성취는 영·정조대의 정치적 안정에 기인하는 것이며 사상적으로는 새로운 실학적 태도에 연유한 것이다.

이후의 그림은 19세기 후반의 그림으로 조선 후기에 보이던 여러 특징들이 사라지고 새로운 조형미를 추구하는 사조가 나타난다. 진경산수화와 풍속화가 퇴조하고 그 대신 중국의 청대 문인화풍이 풍미하며 서양 화법의 영향을 받은 그림들이 증가한다. 이 시기에는 추사 김정희를 중심으로 많은 작가들이 청대 문물을 좋아하고 적극 수용하는 모습을 통해 선진 문물에 대한 높은 관심을 볼 수 있다. 한편으로 서양의 수채화를 연상시키는 소위 이색화풍(異色畵風)이라 불리우는 작품들은 근대를 지향하는 당시 사회의 방향을 잘 말해 준다.

6. 개화기 이후의 그림들

우리 화단은 일제강점기를 지나 현대로 이어지면서 제 모습을 잃어 갔다. 국가가 없다 보니 고귀한 문화재들이 헐값으로 외국으로 흘러 나가고 식민지 치하에서 지배자가 된 일본인들은 주인을 잃은 문화재들을 가지고 나가 그들 마음대로 왜곡 · 변형시켰다. 또한 총독부에서도 조선 문화재를 조사, 관리한다면서 전국에 산재한 수많은 문화재를 일본으로 반출시키고 훼손시켰다. 창경궁도 동물원으로 만들었을 뿐만 아니라 일본의 국화인 벚꽃을 심어서 사람들의 구경거리로 만들었다. 이 모든 것이 우리 민족의 구심점을 망가뜨려 우리 민족을 분열시키고 기상을 없애려고 한 정책이다. 반출된 문화재들은 이루 헤아릴 수 없을 정도이다. 국립중앙박물관에 있는 〈경천사지10층석탑〉도 일본으로 반출되었다가 돌아오느라 여기저기 손상된 것을 10년에 걸친 보존처리 후에 전시한 것이다. 조선 전기의 대표 작가인 안견의 〈몽유도원도〉도 일본으로 반출되어 일본 천리대학 도서관에 소장되어 있다.

이 시기는 조선 말기의 산수화와 일본에서 들어온 채색화, 외국에서 들어온 서양화 등이 병존하는 상황이었다. 일본인들은 의도적으로 우리 한국화를 격하시키고 일본화풍을 장려하였다. 또한 일부 한국인 화가들도 스스로 일본으로 건너가서 일본화를 배워 오기도 했다. 이는 자생적으로 발전해 오던 우리 그림의 맥이 약해진 틈으로 왜색 문화가 비집고 들어오기 시작한 것

이상범(1897~1972)은 수려한 붓 자국을 통하여 우리나라의 산천을 정감있게 서정적으로 표현하였다. 그의 그림은 시골 어디에서도 볼 수 있는 평범한 야산이나 냇물, 그리고 그 땅에서 소박하게 살아가는 사람들을 독특한 필선으로 표현하였다.
변관식(1899~1976)은 겸재 정선의 진경 정신을 이어받아 우리나라 산천의 아름다움을 거칠고 힘 있는 필선으로 표현하였다.

을 보여준다. 하지만 비록 전보다 약해지기는 했지만 이 시기에도 우리의 전통을 이어간 작가가 있는데 바로 이상범과 변관식이다.

일제강점기를 지나면서 우리 그림은 새로운 전기를 맞이하여 다양한 양식이 수립된다. 이때 본격적으로 도입하게 된 서양화의 표현 양식이 큰 층을 이루는 가운데 우리 그림도 일제화풍을 털고 새로운 표현 양식을 모색하였다. 그 대표적 주자가 민화, 불교화, 무속화를 계승하여 현대화시켜 새롭게 표현한 박생광, 우리 한국의 화강암과 같은 질감으로 소박한 서민의 정경을 그린 박수근, 소를 통하여 작가의 내재된 감성을 표현한 이중섭과 동화 속 이야기와 같이 순진무구한 소시민의 생활상을 그린 장욱진, 우리의 정서를 서정적인 추상으로 표현한 김환기 등이다. 그들은 서양화 기법으로 그리기도 하고 짙은 채색으로 그리기도 하지만 그림에 내재된 감수성은 지극히 한국적이어서 우리 그림의 맥을 이어주었다.

【참고문헌】
김종수, 『우리 그림 여행』, 동녘, 2001.
박영대, 『우리가 정말 알아야 할 우리 그림 백가지』, 현암사, 2002.
박용숙, 『한국화 감상법』, 대원사, 1993.
한정희, 『옛 그림 감상법』, 대원사, 1997.

【참고웹사이트】
국립중앙박물관 http://www.museum.go.kr
국립광주박물관 http://gwangju.museum.go.kr
삼성미술관 http://leeum.samsungfoundation.org
호암미술관 http://hoam.samsungfoundation.org

제12장 민중문화

1. 민중문화의 의미
2. 장승과 솟대
3. 민화
4. 판소리, 민요, 농악
5. 탈춤(가면극)
6. 조선후기 민중문화의 문화사적인 의미

제12장 민중문화

최 승 엽

1. 민중문화의 의미

역사적으로 각 시기마다 그 당시의 사회상을 보여주는 독특한 문화가 성장 발달하게 마련이다. 한국문화사를 살펴보면, 고대사회 문화유산의 대부분은 거대한 규모의 고분과 부장품처럼 지배집단의 권위를 나타내는 화려한 위세품(威勢品)이거나, 불상, 탑 등과 같은 사상적 일원화를 위한 종교적 조형물들이다. 반면, 일반 민중들의 생활 모습을 보여주는 문화적 표현은 거의 전해져 오지 않는다. 그러다가 점차 근대사회로 접어들면서부터 일상생활과 관련된 문화내용(생활문화나 그림 등)이 등장하게 된다. 특히 조선후기에 이르러서야 지배층 문화와는 전혀 다른 차원에서 민중 나름의 문화내용들(민화나 장승, 탈춤 등)이 발생하여 오늘날까지도 전승되어지는 모습을 볼 수 있다. 그만큼 일반 민중들의 생활상을 보여주는 문화적 표현들은 지배층의 그것과 같이 화려하게 형상화되는 일이 드물기 때문에 대부분 주목받지 못하고 간과되기 마련이어서 오늘날까지 보존되어 전해지기가 쉽지않다.

점차 일반 민중들의 문화 내용에 주목하게 되는 이러한 역사적 흐름에 비추어본다면, 한국문화사를 학습하는 과정에서도 당연히 소수 지배층의 문화만을 집중 조명할것이 아니라 대다수 민중들의 일상 생활과 관련된 소박한 문화에도 주목하여 그 당시에 살았던 '모든 사람들' 의 생활 모습을 살펴볼 필요성이 있다. 즉 소수 지배층뿐만 아니라 일반 민중들까지 포괄하는 '모든 사람들' 의 문화를 살펴보아야만 진정한 의미의 한국문화사 교육이 이루어지는 것이라고 할 수 있다. 일찍이 손진태(1900-1960) 선생이 『조선민족사 개론』(1948)에서 '우리역사에서 지배층의 문화를 보더라도 피지배 민중과는 아무 관계도 없는 단순한 귀족계급만의 문화는 아니었고, 지배계급이 피지배계급을 토대로하여 성장된 것과 같이 그 문화도 민중을 토대로하여 성장된 것임을 인식해야한다' 라고 언급한 것도 바로 민중문화의 중요한 의미를 강조한 것으로 여겨진다.

우리 대부분의 보통 사람들은 화려한 금관이나 청자, 백자와 같은 소수 엘리트 중심의 지배층 문화 내용보다는 질그릇이나 장승, 솟대, 민화, 탈춤과 같은 일반 민중들의 소박한 문화 내용을 보면서 동질감과 친근감을 더 느끼게 마련이다. 이러한 친근감있는 민중문화에 중요한 의미를 부여함으로써 자신들이 역사의 한 주체자임을 인식하게 되고, 결국 자신들이 일상생활 속에서 남기게 되는 문화가 이 시대를 이끌어가게 된다는 주인의식과 책임의식을 갖게된다. 이것이 바로 우리가 민중문화에 관심을 가져야하는 이유이다.

한국 역사상 민중문화가 가장 크게 대두된 시기는 조선후기로 볼 수 있다. 조선후기로 접어들면서 서서히 사회변동 과정을 통해 민중들의 생활이 주목받기 시작했던 것이다. 특히 조선후기 사회의 변화는 문예부흥기라고 일컬어지는 영·정조 연간부터 살펴볼 필요가 있다. 이 시기에는 각종의 역사서와 지리서 등이 간행되는 등 국학과 실학이 크게 융성하였고, 애정소설·사설시조 등의 문학, 판소리 음악과 진경산수화 미술 등 주체적 의식이 싹튼 학문과 예술이 크게 융성하던 시기이다. 이 시기는 기존 신분질서가 서서히 해체되고, 자본주의의 싹이 트는 등 사회 변혁을 통한 근대의 준비단계로 평가되기도한다. 조선후기에 접어들어 농업생산력이 발전하고 서민의 생활수준이 향상되면서, 민중들의 의식이 성장하게 되었다. 조선후기에 다양한 형태의 민중문화가 대두된것은 이렇게 성장된 민중에 주목하는 시대적인 분위기를 반영하는 것이라고 볼 수 있다.

지금부터 위에서 언급한 민중문화의 의미를 되새기면서, 장승과 솟대, 민화, 판소리, 민요, 농악, 탈춤 등을 소개하고, 이러한 조선후기 민중문화의 문화사적인 의미에 대해서도 살펴보고자 한다.

2. 장승과 솟대

나무나 돌로 만들어진 장승과 솟대는 마을의 안녕과 풍요를 기원하는 신앙기제(信仰忌祭)였다. 장승은 나무나 돌을 험상궂게 깍아 천하대장군이나 지하여장군 등 글귀를 새긴 조형물이며, 솟대는 긴 장대나 돌기둥 위에 나무나 돌로 만든 새를 앉힌 조형물을 말한다. 이 장승과 솟대는 처음부터 함께 있었던 것이 아니라 각각 독립적으로 존재했다가 조선후기에 이르러 비로소 결합된 것으로 추정된다.

〈사진 1〉 장승과 솟대

장승은 재료에 따라 목장승(주로 중북부 지방), 석장승(주로 남부지방), 복합장승 등으로 분류되며, 홀로 서있는 경우도 있으나 남녀 한쌍이 함께 서있는 것이 일반적이다. 장승의 형태는 대개 무사, 장군, 역사(力士)를 표현했기 때문에 외형은 대체로 무서운편이다. 조선후기에 만들어진 장승은 무형식의 형식이라고 일컬을 만큼 귀신, 장군, 할아버지, 할머니, 선비, 문무관, 미륵 등 수없이 많은 얼굴을 하고 있으며, 표정 또한 천태만상이다. 장승의 시기적 변천과정을 보면, 초기에는 사모관대를 쓴 권위적인 모습의 장승이 만들어지다가 점차 민중의 모습, 그중에서도 할아버지, 할머니의 모습으로 바뀌어간다. 할아버지 할머니는 깊게 패인 이마의 주름처럼 인생의 모든 파란과 역경을 견뎌내고 꿋꿋하게 살아온 존재이며, 또 앞으로 다가올 죽음을 초연하게 받아들이고 준비하는 존재이기도 하다. 할아버지 할머니에게서 느끼는 정서는 당연히 강한 생명력과 인자하고 친근한 모습이다. 이러한 것들이 상징화되어 장승에 표현되어진 것이다. 남부지방의 석장승 중에는 길게 늘어진 수염이나, 이마의 주름, 이가 빠진 입가의 주름을 강조하여 할아버지 할머니를 표현한 것들이 있다. 또는 진도의 덕병리 장승에서 보듯 미륵신앙과 관련하여, 후천개벽된 평등사회에 대한 염원을 반영한 소년 장승이 만들어지기도한다. 장승의 기능은 외부의 흉액을 막아주고 마을의 풍어나 풍년, 화평 등을 불러주는 마을의 수호신 역할, 길가에 세워져 나그네에게 길을 안내해주는 이정표 혹은 경계표의 구실, 사찰의 경계표시나 호법신의 기능을 한 것으로 알려져 있다. 남원 실상사 입구에 세워진 석장승은 사찰 호법장승의 대표적인 예이다.

솟대는 농경문 청동기에 새겨진 솟대그림이 보여주는 바와같이 그 기원이 청동기시대까지 거슬러 올라간다고 여겨진다. 또한 다분히 제의적인 성격이 강하며, 농경 사회와 관련있음을 알 수 있다. 농경문 청동기의 한 면에는 머리에 깃털을 꽂고, 돌출된 성기를 드러낸 채 나신(裸身)의 모습으로 농경도구인 따비를 이용해 밭을 가는 남성의 모습이 새겨져 있고, 다른 한 면에는 긴 나뭇가지 위에 새가 앉아 있는 솟대의 형상이 새겨져 있다. 청동기를 제조하면서 농업생산력의 증대로 인한 유력 부족이 생겨났고, 이들이 청동 기술을 갖지못한 부족들을 흡수하여 최초의 초기국가가 생겨났다. 지배계급들은 정치와 종교를 통한 지배를 위해 자신을 신격화하여 천신신앙을 확립했다. 이에따라 천상과의 교류를 위한 매개체가 필요했고, 우주여행을 위한 우주나무와 하늘새로서의 솟대신앙이 생겨나게 되었다고 추정된다. 즉 농경기술의 확대를 위해 새는 천신의 사자로서, 때로는 천신 스스로가 변신하면서 농업을 전래하고 성공을 보장해주는 존재로 발전했다고 여겨진다.

솟대 역시 장승과 더불어 마을 수호신이었다. 아직까지 솟대신앙을 지키고 있는 마을에서는 음력 정월대보름에 동제(洞祭)를 치를 때 마을의 안녕과 풍년을 기원하기 위해 마을 입구에 솟대를 세우기도한다. 장대는 성역을 표시하는 구실을 하며, 장대 위의 새는 대체로 오리를 형상화한 것으로 보기도 하는데, 이 경우 오리의 다산성에 주목하여 농경사회에서 풍요를 상징하는 신앙대상물로 추측된다. 솟대를 동북아시아 샤머니즘 문화권 안에서 성스러운 나무와 물새의 결합으로 보아 솟대의 새는 하늘과 지상의 인간을 연결해주는 역할을 하는 신성한 중재자로 해석하기도 한다.

조선후기 이래 솟대 홀로 독립적인 신앙의 대상물로 세어진 경우는 매우 드물고, 장승과 솟대가 한짝이 되는 경우가 가장 일반적이다.

3. 민화

민화(民畵)는 보통 서민들의 일상 생활 공간을 꾸미고 장식하는 생활화이기 때문에 이해하기 쉽고, 친근하고 밝은 느낌을 갖는 그림이 대부분이다. 그림의 내용은 보통 서민들의 생활 정서를 쉽고 예쁘게 표현한 그림(병풍류의 새, 꽃, 물고기, 게, 풀벌레, 동물화, 까치호랑이, 잉어)이나 부귀, 장수, 벽사를 비는 세화(歲畵)와 민간신앙적 그림이 주를 이룬다.

또한 판매용 그림이기 때문에 주로 잘 팔리는 그림이 많이 그려지게 된다. 민화는 전문적인 도화서 궁중화원이나 사대부 출신의 화가들이 그린것이 아니어서 작자 미상의 것이 대부분일 뿐만 아니라 어떤 정형화된 틀에 구속되지 않고 풍부한 상상력을 발휘하여 자유분방한 조형세계를 표현하였다. 따라서 성리학적 이념 추구의 감상화가 아니고, 정통화로서의 규격화된 틀을 벗어난다는 점에서 양반 사대부층이 즐겨 그린 산수화와는 구별된다. 이러한 생활 장식그림인 민화는 근대 사회로 이행하는 과정에서 조선 후기 농업 생산력 발전이 만들어낸 부민층(富民層)의 성장과 밀접한 관련이 있다. 조선 후기 고전 소설이나 무가 중의 집안치례 묘사를 통해 볼 때, 집안의 각 방에는 마치 화랑에 들어선 듯 곳곳이 민화로 장식되어 있었음을 알 수 있다. 그만큼 조선후기 민중들은 집안을 각종 장식용 그림으로 치장하였기 때문에 민중문화로서 민화의 중요성이 강조될 수 있는 것이다.

민중들의 일상 생활 속에 장식되어 있던 조선 민화에는 보통 길상(吉祥), 벽사(辟邪), 고사(故事)의 세 기능이 작동하도록 상징화되어 표현되었다고 볼 수 있다.

첫째, 길상은 행복, 장수, 벼슬을 기원하는 것이다. 또한 사내아이를 많이 낳길 기원하는 상징성도 표현된다. 예컨대, 책거리 그림에 등장하는 고추와 오이는 생김새 그대로 남자를 상징한다. 또한 집안을 장식하는 병풍 화조도에서 새나 나비는 거의 대부분 쌍을 이루도록 그려지는데, 이는 부부화합과 행복을 상징하는 것이다.

둘째, 벽사는 귀신을 쫓기 위한 것이다. 처용, 호랑이, 닭 등이 대표적인 예이다. 특히 닭과 호랑이의 벽사력은 동북아시아 일대의 공통된 현상이다. 닭은 새벽을 알려서 사람을 일어나게하고, 닭소리로 인해 아침 저녁으로 문이 열고 닫히어서 질서, 안정을 유지한데서 사악한 기운을 쫓는 힘이 강하다는 믿음을 반영한 것이다. 호랑이는 양성을 상징하는 동물이며, 백수중에 가장 힘이 센 동물이라는 이유 때문이다. 또한 삼국지위지동이전에 따르면, 동이족에게서 숭배받은 동물은 호랑이, 곰, 이리였으며, 호랑이의 숭상이 특히 강하다.

민화에는 보통 새해를 맞이하여 잡귀로부터 가정을 보호하고자하는 소망이 담겨 있으며, 세시풍속적인 문배(門排)와 세화(歲畵)의 전통속에서 형성된 것으로 여겨진다. 우리나라에는 매년 새해를 맞이하여 그림을 대문에 붙이는 문배라는 세시풍속이 전한다. 이것은 집안에 온갖 잡귀가 접근하지 못하게 하고, 대신 모든 복을 집안에 불러들여 일년내내 가정이 풍요롭고 평안할 수 있도록 하는 서민들의 염원이 깃들어 있는 풍속이다.

문배에 주로 쓰인 그림은 처용도(處容圖), 작호도(鵲虎圖), 운룡도(雲龍圖), 신장도(神將圖) 등이다. 처용은 자기 부인을 겁탈한 역신을 너그러운 아량으로 용서하였으므로, 문 앞에 처용도를 붙여 놓으면 역신이 얼씬도 하지 않았다고 한다. 문배에 쓰인 용호도는 보통 대문 한쪽에 작호도, 다른 한쪽에 운룡도를 붙였다. 그런데 '까치호랑이그림'이라고 불리는 작호도에는 두려움의 대상인 호랑이를 까치와 함께 등장 시키고, 우스꽝스럽게 묘사하여 부패한 관리를 풍자한 해학적인 표현이 담겨있다.

〈사진 2〉 민화 (까치호랑이)

벽사의 상징으로 반드시 공포와 무서움의 대상으로만 호랑이를 표현한 것이 아니라 익살과 해학으로 악귀를 막아낸다는 역설적인 표현이 담겨있는 것이다. 문배의 풍속은 임금이 신하에게 새해를 송축하는 그림을 주는 세화로 확대되고, 이러한 궁중의 세화가 점차 민간에 확대되면서 민화로 발전하였다. 세화로 주로 그려진 그림은 십장생도(十長生圖), 수성도(壽星圖), 선녀도(仙女圖), 직일신장도(直日神將圖) 등이다.

셋째, 고사는 경전, 역사서, 소설 등에 나오는 옛 이야기로 교훈을 얻기 위한 것이다. 17세기 이후 신분질서가 헤이해지고, 양반 수가 급증함에 따라 양반문화가 사회 저변에 확대되어 민가에서도 고사 인물도가 장수, 출세 등의 염원과 연결되어 많이 그려지게 된 것이다.

한편 조선 후기에 유교문화가 생활화되고 사회 규범으로 정착하면서 문자도나 감모여재도와 같은 민화가 크게 유행하는 원동력이 되었다. 특히 문자도는 유교가 일반 생활속에 확산되는 과정에서 전국적으로 퍼져 나갔다. 제사 지낼 때 주로 사용되는 '효제충신예의염치(孝悌忠臣禮義廉恥)'가 적혀있는 문자도 병풍은 유교의 덕목 교육을 위한 것이다. 초창기 문자도에는 글자 안에 이들 덕목과 관련된 고사 인물도를 그려 넣었으나 전국적으로 민간에 확대되면서 유교적 상징뿐만 아니라 길상적인 혹은 기복적인 상징이 증가하는 양상을 보였다. 문자도와 더불어 제사와 관련된 민화 중에 감모여재도(感慕如在圖)가 있다. 이 그림은 사당이 그려져 있어 사당도라고도 한다. 사당을 세울 여유가 없는 일반 집에서 사당도를 족자로 걸어 놓고 제사를 지냈다. 또한 민화 중에는 책거리 병풍도 있는데, 책을 실제로 가까이 할 수 없었던 일반 민중들이 책꽂이에 책들이 가지런히 놓여있는 모습을 그림으로 그려 집안을 장식했던 것이다. 책거리는 궁중에서 학문에 대한 관심을 촉구하기 위해 제작된 것이지만, 점차 세간에 민화로 그려지면서부터 길상적인 상징이 대폭 확대되는 양상을 보였다.

4. 판소리, 민요, 농악

판소리는 부채를 든 창자(唱者) 한 명이 고수(鼓手) 한 명의 북 장단에 맞추어 긴 서사적 이야기를 구연하는 민속예술의 한 형태이다. 원래 판소리는 춘향가, 심청가, 흥보가, 수궁가, 적벽가, 가루지기타령(변강쇠타령), 배비장타령, 장끼타령, 옹고집타령, 왈자타령(무숙이타령), 매화타령, 신선타령(숙영낭자전)의 12마당이 있었을 것으로 추정된다. 조선 고종때 신재효는 그 당시까지 불리던 판소리 사설을 나름대로 개작하여 춘향가, 심청가, 수궁가, 흥보가, 적벽가, 가루지기타령(변강쇠타령) 등 6마당을 기록하였으나, 현재는 내용이 너무 외설적인 가루지기타령을 제외한 5마당만이 불리고 있다.

판소리는 다음과 같은 몇가지 특징이 있다. 첫째, 음악이면서 문학이라는 점이다. 국악에서 민속악의 한 악곡 명칭으로 판소리라는 용어를 사용하지만, 문학에서는 구비문학의 한 장르를 나타내는 용어로 사용한다. 원래 속성이 음악이면서 동시에 문학이기 때문에 국악과 문학에서 각기 하나의 장르로 인정한 것이다. 판소리는 크게 4가지로 구성된다. 소리인 창, 일상 어조로 하는 대화나 설명인 아니리, 판소리 창자가 창을 하면서 창의 내용을 동작으로 표현하는 발림(너름새), 그리고 창자와 창의 반주를 맡은 고수 사이에 감정의 일치를 볼 때 고수가 흥을 돋우기 위해 부르는 소리나 탄성인 추임새로 구성된다. 추임새는 청중의 입장에서도 행할 수 있다. 이중에서 창은 음악적 요소, 창의 내용인 사설은 문학적 요소, 특히 아니리는 산문으로된 요약 서술로 문학의 특징이며, 발림은 연극, 희곡에 근접한다. 이러한 구성요소 때문에 판소리는 음악이면서 문학, 연극의 성격을 지니는 종합예술로 평가된다.

〈사진 3〉 판소리 (문화재청 홈페이지)

둘째, 판소리는 서사문학이다. 판소리에서 음악성을 제거할 때 문학 가운데에서도 이야기 문학(서사문학)에 해당된다. 즉 판소리는 다분히 현실적인 사건을 다루며, 평범한 인물에 의해 얼마든지 있을 수 있는 이야기를 노래로 부르기 때문에 서사문학의 성격을 지닌다.

셋째, 돈을 벌기 위한 수단으로써의 흥행 예술이다. 판소리는 광대 계층에 의해 만들어지고 불리워졌다. 판소리 광대가 소리를 해서 살아가기 위해서는 전문적인 수련을 쌓아야 한다. 광대는 조선후기 신분 계층 중 천민에 속하고, 자기가 가진 독특한 재주를 팔아먹고 살아가는 존재이다. 판소리는 종래의 광대가 하던 줄타기, 땅재주보다 새로운 것을 추구하던 과정에서 만들어진 것이며, 광대의 노래 실력은 무당보다 사설이나 목청에서 월등히 뛰어나다고 볼 수 있다.

넷째, 구비문학이면서 기록문학적인 성격을 지니고 있다. 출발부터가 흥행성 예술이므로, 흥행 성공을 위해 줄거리를 복잡하고, 다채롭고 화려한 수식을 하고 현실 세계를 다루었다. 청중을 어떤 특별 계층으로 잡을 수 없어 아래로 서민층부터 위로 지배계층의 기호까지 두루 만족 시킬 수 있도록 전개하였다. 사대부 계층의 기호까지 첨가됨으로써 사대부의 문학적 수련이 가미되어 구비문학에서 기록문학으로 전이되었다. 고종때 신재효가 판소리 사설을 정리한 것이 그 대표적인 예이다. 판소리는 기록문학으로 전환되면서 판소리계 소설로 정착되었다.

다섯째, 공동작이라는 특징이 있다. 판소리는 판소리 광대에 의해 창안된 것이지만, 그 소재는 개인의 창작이 아닌 설화에서 찾을 수 있다. 창작 계층이 판소리 광대로 국한되나 실제는 설화에서 그 기원을 찾을 수 있다는 것이다. 또한 하층민의 의식과 사대부의 의식이 가미되어 당대 조선사회 민중 전체의 입장이 반영된 공동작이다.

여섯째, 조선후기의 새로운 사회상을 사실적으로 반영해주고 있다. 즉 당시의 사회 변화 양상이 상당히 짙게 나타난다. 예를들면, 흥보가에서 몰락양반으로서 흥보의 생활이 적나라하게 표현되고 있다. 판소리 사설이 가지는 주제는 표면에 드러나는 주제와 속에 숨은 이면적인 주제로 양분된다. 표면적 주제는 설명을 통한 서술방식이며 대체적으로 유식한 문자로 수식된다. 사대부의 기호나 이념을 겉으로 드러낸 것이다. 심청가에서는 효, 춘향가에서는 정절이 양반의 유교 윤리와 관련된 표면적 주제이다. 이면적인 주제는 판소리의 장면, 대화로 이루어지는 사건의 구체적인 전개에서 나타나고, 표기 방식은 상스러운 말로 구체화된다. 춘향전은 서민 계층이 좀처럼 이룰 수 없었던 욕구적인 사랑, 사랑하는 임과의 결합이 이면적 주제로 나타나고, 흥보가에서는 흥보의 생계를 위한 몸부림, 즉 당시에 곤란을 겪고 있던 서민 계층의 생활이 이면적 주제에 해당된다. 이는 표리부동한 성리학적 엄숙주의가 사회저변에서 무너지는 조선후기 사회의 본질을 보여주고 있다. 판소리는 현실 세계가 그려지다가 반전되는 대목에서는 환상의 세계로 접어드는 형태를 취한다. 흥보가에서 제비의 박씨 대목이나 심청가에서 심청이가 인당수에 빠졌다가 연꽃에 실려 환생하는 대목, 춘향가에서 이도령이 암행어사가 되어 구출하는 대목 등이 그 예이다.

판소리의 발생 시기는 정확히 알 수 없으나, 대개 18세기초(숙종말-영조초)부터 서민 청중들을 대상으로 서서히 부상했을 가능성이 크다. 판소리 발생 과정은 전라도 무속을 배경으로 한 무가를 시초로 점차 판소리가 형성되었을 것으로 본다. 이렇게 시작된 판소리의 발달은 조선후기 18세기 이래의 사회변동과 밀접한 관련이 있다. 판소리는 기본적으로 흥행예술이므로 흥행을 성공 시키기 위한 경제적 여건이 마련되어야 한다.

18세기 이래 조선후기 사회는 자본주의적인 생산양식의 출현(강경 상인, 개성 상인 등)으로 인한 부유한 서민층이 형성되기 시작했고, 민중 전체의 각성이 이루어졌다. 사회변동에 따라 재래 봉건사회의 종교적, 주술적, 초자연적 영웅 이야기보다는 흥미롭고 현실적이며, 범상인의 일상 생활을 그리는 문학이 요구되었다. 이러한 분위기 속에서 판소리의 명창이 됨으로써 생계를 유지하고, 사회의 인정을 받게 되어 수많은 명창이 활동하게 되었다.

판소리가 형성된 초창기, 영 · 정조 시기에는 판소리 12마당이 모두 불리었을 것이다. 이 시기에는 하한담, 최선달, 우춘대라는 광대가 활동했다. 특히 하한담, 최선달은 판소리 광대의 첫 장을 열었던 전설적인 인물로 알려져 있어서, 고종 연간에 활동했던 판소리 창자들이 공연에 앞서 광대의 계보를 나열할 때 첫 번째 꼽은것이 하한담, 최선달일 정도였다. 그 후 순조~고종 때까지 19세기에 판소리는 전성기를 맞았다.

19세기 전반기에 송흥록, 모흥갑 등의 8명창이 활약했다. 특히 송흥록은 전무후무한 음량을 지녔던 사람으로 알려져 있으며, 당대에 가왕(歌王)이라는 칭호를 들을 정도였다. 이 시기는 판소리 광대의 사회적 지위가 가장 높았던 것으로 알려져 있는데, 특히 대원군이 유난히 판소리를 좋아하여 국가로부터 송흥록은 선달, 모흥갑은 동지 등의 직첩을 제수받을 정도였다. 그 후 19세기 후반기의 8명창 중에서 박유전에 의해 보다 서민적인 감성에 충실한 서편제 소리가 등장하게 되었는데, 이로인해 판소리는 더욱 다양하고 강한 흥행성을 띤 예술로 발돋움하게 되었다. 고종때 신재효는 중인출신으로 판소리 광대를 적극 지원하면서 판소리 사설을 정리했다. 그러다가 개화

〈사진 4〉 상주 민요(문화재청 홈페이지)

후 서양의 문물이 도입되면서 각종 전통 예술이 뒷전으로 물러나 쇠잔기를 맞았다. 이 당시부터 현재까지 송만달, 정정열, 김소의, 박초월, 박동진 등의 명창이 널리 알려져 있다.

판소리는 거의 몰락 단계까지 이르었다가 정부의 정책적 지원으로 1964년부터 중요무형문화재 지정(제5호)이 시작되면서 소생되었다. 1970년대 이후 전통문화에 대한 인식의 변화와 함께 지식인, 학생 등에 의해 그 중요성이 재인식되면서 오늘에 이르렀으며, 2003년에는 유네스코 '인류구전 및 세계무형유산 걸작' 으로 선정되어 세계무형유산으로서 그 예술적, 역사적 가치를 인정받은 바 있다.

민요는 작사자, 작곡자가 따로 없이 민중들 사이에서 구전되어 전해오는 소박한 노래를 말한다. 따라서 민요는 민중의 생활을 노래한 것일 뿐만 아니라 노동과 불가분의 관계로 생산적인 노래라는 특징도 지닌다. 역사적으로는 상고시대의 공무도하가, 구지가, 고구려의 황조가, 백제의 정읍사, 신라의 서동요, 풍요, 헌화가, 처용가, 고려시대의 풍요, 가시리 등도 생각해 볼 수 있으나, 오늘날까지도 불리워지는 보다 민중성이 뚜렷한 민요는 조선후기에 나타난다. 조선후기 이후에는 전국에 직업적인 소리꾼이 생겨나서 음악적으로 매우 세련된 형태의 민요가 불린다. 창부타령, 성주풀이, 육자배기, 아리랑 등이 그 대표적인 예이다. 그러나 민요는 일제강점기에 극심한 탄압을 받았고, 지금은 외래 음악의 도입 등으로 직업적인 소리꾼만이 그 명맥을 유지하고, 민간에서는 널리 불리지 않고 있다.

농악은 세시풍속과 관련되어 민중의 생활 깊이 스며들어 공동체를 형성하면서 행하던 민속종합예술의 한 형태이다. 원래는 마을굿에서부터 비롯되어 지방마다 굿, 매구(매귀), 풍물, 두레 등으로 불린다. 농악이라는 명칭은 일제의 조선혼말살정책에서 비롯된 것이다. 일제는 조선총독부 주관으로 조선의 민속문화에 관한 조사사업을 통해 무속이 한국인의 삶을 지배하는 중요한 요소임을 발견하고 무속신앙을 철저히 탄압하기 시작했다. 특히 마을 공동체를 형성, 유지하는데 중요한 역할을 해온 마을굿을 제지했다.

〈사진 5〉 농악(문화재청 홈페이지)

그러나 1920-33년 산미증식계획을 실시하면서 농업장려운동의 하나로 두레굿만은 허용했다. 굿하는 단체들은 농악이라는 이름으로 공연신청을 해야만 허가를 받을 수 있었다. 광복 후에는 서구 문물에 밀려 급속히 근대화, 도시화되면서 전통적 삶의 양식이 파괴되면서 마을굿은 쇠퇴하게 되었다. 더욱이 1970년대부터 새마을운동으로 각 마을의 서낭당 등 당집이 부서졌고, 당을 중심으로 주민들을 단결시키고, 공동체의식을 심어줬던 마을굿이 사라졌다. 따라서 마을공동체에서 민간신앙의 하나로 행해지던 굿 행사와 관련된 농악은 농업에 관련된 음악으로만 국한하게 된 것이다.

오늘날에는 꽹과리, 징, 장구, 북의 네가지 타악기를 기본으로 하고, 여기에 태평소, 나발의 관악기 등이 곁들여지는 농민음악을 농악이라 부르게 되었다.

5. 탈춤(가면극)

탈춤은 탈을 쓰고, 춤추며, 말과 노래로 엮는 민속극의 한 형태이다. 판소리, 꼭두각시놀음, 무당 굿놀이 등과 더불어 민속극의 중요한 한 갈래이다. 탈춤의 지역적 분포는 크게 다음의 6가지로 나뉜다.

첫째, 하회별신굿놀이는 경북 안동 하회마을에서 별신굿을 행할 때 공연하던 가면극으로, 굿의 한 절차에 삽입되어 연극으로서의 독립성이 충분하지 않지만, 가면극의 기원에 암시를 주는 단서가 된다.

둘째, 야유(野遊, 들놀음)는 부산 근처의 가면극으로, 지신밟기 등의 농악놀이와 관련된다. 동래 지방의 동래야유, 부산 근처의 수영야유 등이 유명하다.

셋째, 오광대(五廣大)는 경남 해안지방에서 행해지며, 통영 오광대, 고성 오광대, 진주 오광대, 마산 오광대, 가산 오광대가 유명하다. 오광대라 불리는 이유는 다섯 명의 광대가 출연하기 때문이라는 설과, 과장(科場)이 다섯 과장으로 구성되어 있기 때문이라는 설이 있다.

넷째, 산대(山臺)놀이는 서울 및 서울 근처의 가면극으로, 송파산대놀이, 양주 별산대놀이가 유명하다. 양주 별산대놀이는 서울의 녹번동, 아현동, 노량진 등지에서 행해지던 산대놀이가 점차 양주지방으로 옮겨져 본래의 산대놀이와 구별하여 별산대놀이로 불려지게된 것이다.

다섯째 서해(西海) 탈춤은 황해도 일대의 가면극으로, 봉산탈춤, 해주탈춤, 강령탈춤, 은율탈춤, 북청사자놀음 등이 유명하다.

여섯째, 덧보기는 어느 지방에 정착되지 않고, 남사당패(유랑극단)가 공연하는 가면극을 일컫는다. 이밖에 동해안별신굿, 강릉 관노탈놀이, 제주 입춘굿 등이 있다.

탈춤의 유래(기원)에 대해서는 대체로 3가지 설이 있다. 첫째, 농경의식설로, 고대 이래로 농사가 잘되라고 농민이 거행하던 농경의식인 마을굿에서 비롯되었다는 것이다. 농경의식은 농민의 행사여서 가면극을 향유하는 계층이 민중으로 국한될 수 밖에 없었다는 것이다. 둘째는 기악(伎樂) 설로, 백제때 미마지라는 사람이 중국 남북조 시대의 오나라에서 기악을 배워 일본에 전파했는데, 그것이 우리나라 가면극의 기원이라고 보는 것이다.

〈사진 6〉 봉산 탈춤(문화재청 홈페이지)

기악은 원래 묵극(默劇, 무언극)이었는데, 양주 별산대나 봉산탈춤이 기악과 매우 흡사한점에 착안한 것이다. 그러나 기악은 원래 사원극으로 불교선전극이었다는 점에서 탈춤의 기원을 설명하기에 부족한 점이 있다. 셋째, 산대희(山臺戲) 설로, 원래 있었던 산대놀이에서 산대극이 생기고, 점차 지방으로 전파되면서 가면극이 생겼다는 것이다. 산대놀이는 산처럼 높은 무대에서 온갖 색의 비단으로 인물, 새, 짐승, 수레 등을 만들어 장식하고, 그 위에서 노래와 춤을 추면서 규식지희(規式之戲 : 줄타기, 방울놀이, 불놀이 등의 곡예)와 소학지희(笑謔之戲 : 일종의 코미디)를 하는 것이다. 이는 신라에서 시작되어 고려, 조선에 이르기까지 국가적 행사로 공연되다 영조 이후에 없어졌는데, 그 연희자들이 후에 민간에서의 산대극(가면극)을 시작했다고 보는 것이다. 그러나 산대놀이의 내용과 현존 탈춤의 내용과 거리가 멀다는 점에서 설명에 부족한 점이 있다. 특히 소학지희는 가면을 쓰지 않은 배우의 재담일 뿐만 아니라 현존 가면극 대사와 거리가 있다.

두레공동체를 중심으로한 농경사회의 탈춤은 18세기 이후 본격적으로 발전했다고 생각된다. 처음에 하회별신굿과 같이 마을굿과 혼합된 상태로 농촌에서 시작한 탈춤은 조선후기 상업자본의 민간 계층이 형성되면서 도시탈춤이 출현하게 되었다. 서민의 사회적, 문화적, 경제적 지위 상승으로 극자체에도 획기적인 발전이 있었다. 도시 탈춤은 낙동강, 서울 등지, 서울과 평양 사이의 길목에서 주로 행해졌는데, 이 지역은 상업 발달지로 상인과 서리 계층이 중심을 이룬 지역이기 때문이다. 상인 계층은 상업 확장이나 스스로의 오락과 예술을 위해, 또는 양반 계층에 대항하기 위해 가면극을 육성, 발전시켜 나갔다. 따라서 점차 마을굿에서 독립되어 나오고, 평민적 전형의 기능이 더욱 확대되어지고, 양반 계층을 비판하는 주제가 확대되어 관념적 사고보다 현실주의적 사고로 작품이 짜여져 나갔다.

공연 시기는 1년에 한번 가장 큰 명절에 공연하는 것을 원칙으로 하는데, 남쪽 지방은 정월 보름, 서울 이북은 오월 단오에 행한다. 마을굿과 관련된 탈춤일수록 공연일이 확고한 반면, 상인에 의해 발전된 오광대, 산대, 해서 탈춤은 공연 날짜의 융통성이 있다. 연희자는 마을 사람 중에서 좀 익숙하거나 어느정도의 수련을 거쳐서 전문화된 사람이 맡는다. 도시 가면극일수록 연희자가 전문적인 성격을 띤다. 직업적으로 전문화된 연희자는 사당패뿐이다. 연희자의 신분은 농촌 가면극의 경우 천민 혹은 상민(농민)이 주류이고, 도시 가면극의 경우 천민 혹은 상인이 주를 이룬다. 공연 장소는 특별하지 않고, 관중이 많이 모일 수 있는 공터면 된다. 이때 관중은 공연되는 빈 터에 원형으로 둘러 앉고, 무대 장치는 없다. 대개 농촌 가면극에서 악사는 농악대이며, 악기도 농악기이다. 또 반주는 악사들이 서서하고, 연희자와 함께 춤을 추기도 한다. 연기는 몸짓으로 하는데, 춤에 가깝다. 따라서 가면극을 탈춤이라고도 한다. 대사는 말이지만 노래에 가깝다. 연희자는 모두 가면을 쓴다. 공연 시간은 어두워지면 시작해서 한밤중, 새벽까지 계속되는데, 횃불을 밝혀 분위기를 돋우고, 가면의 효과를 높인다.

탈춤(가면극)은 우선 무대에 등장하는 배우도 관중과 마찬가지로 구경을 하러 왔다고 말함으로써 사건의 전개와 극의 진행을 용이하게 하고, 연희자가 관중에게 말을 걸어 자기의 생각을 나타내는 경우가 있고, 관중이 배우인 연희자를 공격해서 다투기도하고, 악사와 연희자가 대화를 나누기도 하는 등의 극적인 특성이 있다.

탈춤은 민중이 생활상의 필요에서 만들어낸 것이므로, 문자 기록에 의존하지 않고 민간전승된 특징이 있다. 가면을 쓰거나 인형을 사용한다는 측면에서 가장(假裝)한 배우가 등장하는 극의 요소가 나타난다. 또한 첨예한 갈등에서 생기는 행위를 여러 가지 수법을 사용하여 표현하는데, 대화와 몸짓이 주가 된다. 탈춤은 다른 민간전승에 부속되어 있지 않고, 그것 자체가 독립되어 공연된다.

특히 탈춤은 설화나 판소리, 민요, 각종 무가 등과 비교할 때 가장 민중적인 성격을 지니고 있다고 볼 수 있다. 조선후기 당시 사대부(양반) 계층은 탈춤의 공연자가 될 수 없고, 관중으로도 참여하지 않았다. 극의 내용이 민중의 생각과 관념, 주장을 극렬하게 드러내어 양반 계층을 공격하는 내용이 주를 이루고 있기 때문이다.

또한 연극의 행동성은 양반의 젊잖음과 체면유지에 걸맞지 않는다고 생각했고, 가면이나 인형의 가장적(假裝的)인 전환 역시 양반의 체면과 거리가 멀다고 생각했기 때문이다. 탈춤의 대사에서는 민중 생활에서의 반항적인 어법을 과장해서 표현하는데, 상대방을 무시하고 혼자 지껄이고, 상대방을 두고 자문자답하고, 겉으로는 복종하면서 돌아서서 욕하는 등의 표현 어법이 많은것도 양반의 참여를 어렵게 만든 요소이다.

탈춤에는 당시 민중들의 현실에 대한 비판 정신도 담겨있다. 우선 파계승에 대한 비판에는 노장과 목중이 등장한다.

노장은 스스로는 고승인척하나 사실은 대단히 색을 좋아하는 인물이다. 소무 혹은 각시로 표현되는 인물에게 유혹 당하고, 불도의 허망함을 폭로하면서 세속적인 것(색, 성욕)의 위대함을 강조한다. 목중은 중답지 않은 중으로, 호기심과 흥미(세속적인 것에 대한 인식)에 사로잡혀 그러한 대상은 반드시 소유하는 투쟁적 인물이다. 취발이는 상인의 전형을 보이는 인물이다. 노장, 목중, 취발이의 갈등은 결국 취발이의 승리로 끝나는데, 이는 초월적 관념에 대한 세속적 사고의 승리를 의미하며, 상인이 크게 대두된 조선후기 사회의 시대적 영향을 받은 것으로 풀이된다. 즉 이 시기에 화폐가치의 인식, 성의 구가, 여성의 사회참여 의식이 싹트는 것과 관련된다.

탈춤에는 타락한 양반에 대한 비판도 강하게 나타난다. 양반 가면은 생김새가 일그러져 있거나 불구자의 형상을 하는 경우가 많다. 양반끼리 다투다가 서로의 약점이 폭로되거나 양반과 하인의 갈등에서 양반의 약점, 비리, 외설이 폭로되면서 풍자가 극대화된다. 도시 가면극일수록 하인의 기능이 크고, 타락한 양반에 대한 비판이 극렬하다. 하인의 행동은 형식적으로는 복종하지만 실질적으로는 항거함으로써 양반을 똑똑한척하게 만들면서 궁극적으로는 바보를 만든다. 또한 탈춤에는 영감과 할미의 등장을 통해 남성 위주의 봉건가족제에서 오는 부조리를 비판하기도 한다.

탈춤(가면극)에 주로 등장하는 말뚝이는 양반의 무능력과 부패를 고발하고 기층민중의 입장에서 양반을 조롱하고 풍자하는 역할을 한다.

말뚝이: (가운데쯤 나와서)쉬이. (음악과 춤 멈춘다.) 양반 나오신다아! 양반이라고 하니까 노론(老論), 소론(少論), 호조(戶曹), 병조(兵曹), 옥당(玉堂)을 다 지내고 삼정승(三政丞), 육판서(六判書)를 다 지낸 퇴로 재상(退老宰相)으로 계신 양반인 줄 아지 마시오, 개잘량이라는 '양' 자에 개다리 소반이라는 '반' 자 쓰는 양반이 나오신단 말이오.

양반들: 야아, 이놈, 뭐야아!

말뚝이: 아, 이 양반들, 어찌 듣는지 모르갔소. 노론, 소론, 호조, 병조, 옥당을 다 지내고 삼정승, 육판서 다 지내고 퇴로 재상으로 계신 이 생원네 3형제분이 나오신다고 그리 하였소.

양반들: (합창) 〈이 생원이라네.〉 (굿거리 장단으로 모두 춤을 춘다. 도령은 때때로 형들의 면상을 치며 논다. 끝까지 그런 행동을 한다.)

말뚝이: 쉬이. (반주 그친다.) 여보, 구경하시는 양반들, 말씀 좀 들어 보시오. 짤따란 곰방대로 잡숫지 말고 저 연죽전(煙竹廛)으로 가서 돈이 없으면 내게 기별이래도 해서 양칠간죽(洋漆竿竹), 자문죽(自紋竹)을 한 발 가옷씩 되는 것을 사다가 육모깍지 희자죽(喜子竹) 오동수복(梧桐壽福) 연변죽을 사다가 이리저리 맞추어 가지고 저 재령(載寧) 나무리[平野名] 거이 낚시 걸 듯 죽 걸어 놓고 잡수시오.

양반들: 뭐야아!

말뚝이: 아, 이 양반들, 어찌 듣소. 양반 나오시는데 담배와 휜화를 금하라고 그리 하였소.

양반들: (합창) 〈휜화를 금하였다네.〉 (굿거리 장단으로 모두 춤을 춘다.)

말뚝이: 쉬이. (춤과 반주 그친다.) 여보, 악공들 말씀 들어시오. 오음 육률(五音六律) 다 버리고 저 버드나무 홀뚜기 뽑아다 불고 바가지 장단 좀 쳐 주오.

양반들: 야아, 이놈, 뭐야!

말뚝이: 아, 이 양반들, 어찌 듣소. 용두 해금(奚琴), 북, 장고, 피리, 젓때 한가락도 뽑지 말고 건 건드러지게 치라고 그리하였소.

양반들: 〈건 건드러지게 치라네.〉 (굿거리 장단으로 춤을 춘다.)

6. 조선후기 민중문화의 문화사적인 의미

앞에서 살펴본 장승과 솟대, 민화, 판소리, 민요, 농악, 탈춤 등으로 대표되는 조선후기 민중문화의 문화사적인 의미는 다음과 같이 정리될 수 있겠다.

첫째, 조선후기에 왜 이러한 민중문화가 크게 대두되었는지에 대한 역사적 배경을 살펴볼 필요가 있다. 장승과 솟대, 민화, 판소리, 민요, 농악, 탈춤 등은 조선후기 민중의 성장 속에서 등장하는 서민들만의 문화적 표현이라는 점에서 그 중요한 의미가 있다. 이는 조선후기의 사회변동 과정에서 성장된 민중 의식에 주목하는 시대적인 분위기를 반영하는 것이다. 조선후기에는 농업생산력이 발전하면서 서민들의 생활수준이 크게 향상되어 문화적 욕구가 증대되었다. 따라서 양반사대부 중심의 문화 독점현상이 깨지고 중인이나 서민출신의 문인들이 시회(詩會)를 조직해 모임을 가질 정도로 대중화가 진전되었다. 즉 장승과 솟대, 판소리, 민요, 농악, 탈춤, 민화 등이 민중의 생활공동체 속에 크게 유포된 조선후기는 이앙법의 보급, 농법의 개량, 농기구, 시비법 등 농업 경영상의 혁신적인 변화를 바탕으로한 농업생산력의 증가로 생긴 사회, 경제적인 변화 속에서 중세적 봉건사회가 개편되는 시기이다. 이러한 역사적 배경속에서 새롭게 '경영형 부농' 혹은 '서민지주' 로 성장한 부민층이 18세기 영 · 정조 연간 새로운 문화 예술의 지원자 겸 소비계층으로 등장하게 된 것이다. 이러한 생산력의 발달을 통한 민중들의 사회 경제적인 지위 향상은 전통적 신분질서가 와해되는 계기가 되었고, 많이 가진 자가 양반인 셈이 되었다. 또한 민중들의 경제적인 여유는 그들 나름의 문화 내용을 형성할 수 있는 바탕이 되었다. 영정조 시기에는 문화나 사상적인 측면에서도 활기를 보여주던 시기로, 이른바 실학이 중요한 역할을 하였다. 그에따라 봉건 지배층의 문화는 쇠퇴하고, 조선후기에는 민중의 사회 · 경제적 지위의 상승에 따른 민중의식의 성장으로 민중문화가 크게 대두되었던 것이다. 민화나 장승, 솟대, 탈춤 등은 그야말로 서민들만의 문화내용이며, 생산

활동에 직접 종사하지 않는 양반 사대부 지배 계층과는 전혀 관련이 없다.

둘째, 장승이나 솟대 등은 전문적인 조각가의 예술적 창의력이 발휘된 명품이 아니라 그저 그 마을에서 태어나고 자라고, 또 죽어서 묻히게 될 자기 삶의 터전에 애정을 가진 마을 사람들이 공동으로 정성들여 투박하게 제작한 신앙의 대상물이라는 점에서 민중문화의 대표적인 사례라고 할 수 있다. 또한 민화나 민요, 농악, 탈춤 등의 공연과 청중, 소비계층은 대부분 높은 학식과 덕망이 있고, 경제적인 부를 누리는 지배층이 아니고 마을의 소박한 민중들이라는 점이 주목된다. 따라서 장승과 솟대, 민화, 민요, 농악, 탈춤 등에 담긴 문화사적인 의미는 대단히 서민적이고 민중적인 미의식이 표현된 것이라고 볼 수 있다.

셋째, 조선후기 민중의 성장속에서 등장하는 공동체문화의 표현물이라는 점에서 장승과 솟대의 문화사적인 의미를 되짚어 볼 필요가 있다. 그러면 조선후기 사람들은 왜 마을입구에 장승과 솟대를 세웠을까? 조선후기 양란후 농토의 황폐화, 자연재해 발생으로 인한 심한 기근, 전염병 유행, 지배층의 수탈, 유이민들이 도적떼로 변신하여 마을을 약탈하는 등 전란의 후유증으로 부터 삶의 터전인 마을을 지키려는 한 방편으로 농민들은 장승과 솟대를 마을 입구에 세웠다. 마을 입구는 마을 사람들이 바깥 세상과 소통하는 길목이라는 좋은 의미도 있지만, 한편으로는 마을의 침입자들이나 질병, 부정한 것 등 온갖 잡귀의 통로이기도 하다. 마을 입구는 상징적으로 마을 안의 신성과 질서의 세계, 마을 밖의 부정과 무질서의 세계가 서로 구분되며 맞닿는 공간이었다. 따라서 마을을 파괴하고자 하는 마을 밖의 온갖 부정한 것들로 부터 마을을 지키기 위해 보다 강한 신성을 지닌 신앙의 대상물로서 장승과 솟대를 입구에 세웠던 것이다. 장승 솟대와 더불어 서낭당, 돌탑 등은 고단한 일상 생활에서 조선후기 민중들을 지켜준 버팀목이었으며, 마을 공동체의 소박한 신앙 대상물이었다. 따라서 오늘날의 잣대를 들이대며 미신으로 폄하할 문제는 아니다. 과거에 대학 기독교 관련 동아리에서 장승을 우상으로 간주하여 베어버린 일이나 박정희 정권 시절 근대화의 기치를 내걸고 서낭당, 장승 등을 미신이라하여 철거한 일은 이러한 문화사적인 의미를 제대로 평가하지 못한데서 비롯된 것이다. 오늘날 시골 마을에 서낭당이 다시 복원되고 해마다 장승과 솟대를 깎아 세우는 동제(洞祭)가 치러지는 것은 민중문화의 소중함이 새롭게 조명된 결과이다.

넷째, 장승과 솟대, 민화, 판소리, 민요, 농악, 탈춤 등은 새로운 민중 예술의 한 형태라는 점에서 중요한 의미가 있다. 민중 예술의 형태는 크게 두가지로 나누어 볼 수 있다. 우선 문화적 향유와 소비형태로서의 예술을 들 수 있다. 이는 어느정도 경제적인 여유가 생긴 후에 나타나는 문화적 욕구의 산물이다. 즉 자신의 신분 향상을 과시하거나 상류사회를 지향하기 위해 지배층의 제도화된 문화 예술을 흉내내는 것이다. 그러나 그것을 모방할때는 지배층 문화의 소통방식만 빌려오고 그 형식과 내용을 완전히 다른 것으로 바꾸어 놓는다. 일종의 장르 파괴현상이다. 상류 지배층들이 엄격한 운율에 따라 시조를 읊던 모습을 흉내내면서 기존의 정형화된 틀을 무시하고 한 장을 자유롭게 길게 늘여 읊조리는 사설시조의 등장이 그 대표적인 예이다. 또한 도화서 출신들이 그린 화원풍의 화조도가 점차 민간에 전해져 민화풍으로 변한 것 등이 그 예이다. 다음으로, 생산활동에서 이루어지는 노동문화를 들 수 있다. 이는 경제적 생산과정 속에서 이루어지는 공동체 문화의 소산이며, 지배층의 문화와는 전혀 다른 차원에서 독립적으로 발생한 것이다. 생산과정에서 나오는 협업(두레나 품앗이), 풍요 · 다산 · 액막이 · 수호신 등 농민들의 자연에 대한 감정과 정서가 소박한 신앙의 형태로 엮어지기 때문에 노동을 통한 생산활동에 직접적으로 종사하지 않는 사대부 지배층들은 전혀 경험할 수 없는 일반 민중들만의 문화 내용에 해당된다. 장승과 솟대, 민요, 노동요, 농악 등이 그 대표적인 예이다.

다섯째, 민화는 오늘날 우리에게 어떤 의미가 있는 것인가? 역사적으로 볼때, 민화는 19세기 기층문화를 대변하는 그림이다. 서민들의 일상 생활과 정서가 짙게 배어 있으며, 서민들의 시각에서 바라보는 세상이 다양한 표현방법으로 친근하게 그려져 집안을 장식하고 있다. 따라서 민화에는 지배층의 어떠한 사상적 의도나 권위, 위세가 전혀 반영되어 있지 않다. 17-19세기에 조선뿐만 아니라 중국, 일본, 베트남 등 동아시아 사회에서는 보편적으로 풍속화나 민화가 성행하는 공통점을 찾을 수 있다. 그만큼 이 시기에 동아시아에서는 일반 서민들의 위상이 높아지면서, 민중의 문화가 역사의 수면 위로 떠오르게 되었다는 점을 알 수 있다. 민화에는 그 이전까지 회화의 대상으로 여겨지지 않았던 민중들의 생활과 정서가 화폭에 담겨져 있어 성장된 민중의식을 반영하고 있다는 점에서 주목할 수 있으며, 전문적인 화가나 사대부의 손에서 독점되어 지배층의 의식을 표현해내던 회화가 서민을 대상으로 옮겨지게 되는 면모를 보이고 있다.

앞서 살펴본 판소리와 같이 한국의 민중문화는 외국인들에게도 지대한 관심의 대상이 되고 있다. 따라서 우리의 문화유산 가운데 지금까지 많이 알려져 있지 않던 민중문화는 앞으로 보다 많이 소개하여 세계화 할 수 있는 잠재적 가치가 충분한 분야중의 하나라고 여겨진다.

【참고문헌】

김기형 외, 『한국의 판소리 문화』, 박이정, 2003.
김두하, 『장승과 벅수』, 빛깔있는 책들 19, 대원사, 1997.
김영학, 『민화』, 빛깔있는 책들 147, 대원사, 2003.
김재철, 『조선연극사』, 동문선, 2003.
심우성, 『한국의 민속극』, 창작과 비평사, 1975.
이덕일 · 이희근, 『유물로 읽는 우리 역사』, 세종서적, 1999.
이두현, 『한국 가면극』, 서울대학교출판부, 1994.
이두현, 『한국의 탈춤』, 일지사, 1995.
이필영, 『솟대』, 빛깔있는 책들 15, 대원사, 1996.
전국역사교사모임, 『미술로 보는 우리 역사』, 푸른나무, 2006.
정병모, 「朝鮮民畵를 어떻게 볼 것인가?」, 『2005 국립춘천박물관 문화연수 전문과정』, 국립춘천박물관, 2005.
정병욱, 『한국의 판소리』, 집문당, 1996.
정병헌, 『판소리와 한국문화』, 역락, 2002.
채희완, 『탈춤』, 빛깔있는 책들 120, 대원사, 2003.

제13장 조선통신사와 한일문화교류

1. 조선통신사는 어떻게 시작했나
2. 부활하는 조선통신사
3. 조선통신사의 여정과 문화활동
4. 조선통신사의 역사적 의미

제13장 조선통신사와 한일문화교류

손승철

1. 조선통신사는 어떻게 시작했나

1392년 새로 건국한 조선왕조에게 일본과의 관계에서 가장 큰 문제는 왜구를 금압하는 일이었다. 『고려사(高麗史)』에는 1351년 왜구의 기록이 등장한 이래 1392년까지 총 495회의 침입기사가 나오며, 그 지역도 한반도 전역에 걸쳐있다. 그래서 고려에서는 도읍인 개경까지 위협을 받아 개경천도론이 주장되기도 했고, 왜구가 낙동강을 따라 대구 · 상주까지 출현하자 해인사의 팔만대장경을 더 깊은 산속으로 옮기자는 제안이 나오기도 했다. 왜구들은 조창(漕倉)을 습격하여 식량을 노략질을 하는 한편 사람을 납치하여 노예로 팔기도 했다.

이러한 왜구의 침략에 대해 고려에서는 선군(船軍)을 확충하고, 최무선(崔茂宣)으로 하여금 화약과 화포를 제조하는 등 적극적으로 대처하면서 박위(朴威)가 대마도를 정벌하고, 정몽주(鄭夢周) 등을 5차례나 사절로 보내 왜구 금지를 요청하기도 했다. 그러나 막부 장군에게는 왜구금압 능력이 없던 시기여서 그다지 효과가 없었다.

이즈음 한반도에는 이성계가 조선을 건국하고, 일본에는 아시카가 요시미츠[足利義滿]가 남북조(南北朝)를 통일하여 무로마치[室町]막부를 열게 된다. 당시 조선왕조(朝鮮王朝)와 무로마치막부에서는 왜구문제(倭寇問題)를 해결하기 위한 공동의 노력을 기울이게 되는데, 이 과정에서 조선통신사가 탄생되게 된다.

건국직후, 조선왕조에서는 무로마치막부에 승려 각추(覺鎚)를 보내 왜구를 단속해 줄 것을 요청했다. 이에 대해 장군 아시카가 요시미츠[足利義滿]는 승려 수윤(壽允)을 조선에 보내 '해적선을 금하고 조선피로인을 송환해서 인교를 다질 것을 염원한다' 는 서한을 전달해 왔다. 이렇게 건국초기부터 우호적이었던 양국은, 1404년 7월, 아시카가 요시미츠장군이 '일본국왕(日本國王) 원도의(源道義)' 라는 이름으로 조선국왕에게 사절을 파견함으로써, 드디어 정식의 선린우호관계가 성립되었다. 이때 일본으로부터 파견된 사절을 '일본국왕사(日本國王使)' 라고 한다.

당시 조선에서는 일본과의 관계를 동아시아 국제관계와 연계해서 해결한다는 방침을 세웠고, 그것은 일본도 마찬가지였다. 이 시기 동아시아세계에서 중국이 힘의 축이었는데, 조선과 일본은 각기 1403년과 1404년에 명의 책봉을 받은 후, 명의 책봉체제 안에서 상호간에 국가의 공식사절을 교환하므로서 정식의 외교관계를 성립시켰던 것이다. 이로써 조선은 중국에는 사대(事大), 일본에는 교린(交隣)이라는 외교정책의 기본틀을 확립하게 되었고, 조선국왕과 막부장군 사이에 대등한 교린관계가 성립했다.

『조선왕조실록』에서 교린(交隣)의 용례를 보면, 신(信)·도(道)·의(義)·예(禮)라는 유교적 실천규범을 전제로 했던 것을 알 수 있으며, 이를 바탕으로 '교린지신(交隣之信)' '교린지도(交隣之道)' '교린지의(交隣之義)' '교린지예(交隣之禮)' 의 개념을 체계화했다. 즉 교린이란 신의(信義)·도리(道理)·의리(義理)·예의(禮義)라는 유교적 가치기준을 전제로 하는 외교이며, 통신사는 이러한 이념을 실천하기 위해 파견한 사절이다.

그러나 당시 막부장군은 지방에 대한 통제력이 약해 왜구를 완전히 제압할 수 없었다. 이에 조선에서는 왜구의 우두머리들에게 외교와 군사의 양면정책(삼포개항, 대마도정벌 등)을 실시하여 통교제도를 완성시켰다.

신숙주의 『해동제국기(海東諸國紀)』에는 일본으로부터의 모든 왕래자를 4등급(일본국왕사, 여러추장의 사자, 구주절도사와 대마도주의 사자, 여러추장의 사자)으로 나누었고, 이들이 삼포로 입항한 후, 조선의 통제 하에 무역을 하면서, 그 우두머리들은 상경을 시켜 조선국왕을 알현하는 상경제도(上京制度)를 의무화했다. 이것은 중국의 기미정책보다도 훨씬 적극적인 것으로, 중국에 대해서는 사대정책을 쓰면서, 주변의 여진 · 왜인 · 유구 · 안남등에 대해서는 조선중심의 국제질서를 세우려는 대외정책으로 조선외교의 주체성을 엿볼 수 있는 대목이다.

삼포개항의 시작은 1407년 무질서하게 내왕하는 왜인들을 통제하기위해, 1407년부터 부산포(富[釜]山浦)와 내이포(乃而浦)[薺浦]를 항구로 지정하여 그 출입과 교역을 허가하면서부터이다. 그후 1419년 대마도 정벌에 의해 일시 폐쇄하였으나, 그들의 간청으로 1423년에 다시 두곳을 허락하고, 이어 염포(鹽浦)를 추가함으로써 삼포제도를 확립했다.

포소에는 왜관을 설치하여 각기 제포(진해)에 30호, 부산포(부산)에 20호, 염포(울산)에 10호의 항거왜인을 거주하게 하여, 도항왜인의 접대와 교역을 허가함으로써 통교질서를 세웠다. 이들 삼포 가운데 조선후기에는 부산포만이 남아 초량왜관으로 이어졌다.

그러면 당시 삼포를 통해 어떠한 물자의 교류가 이루어졌을까. 조선에서 일본으로 가져간 물품은 쌀이나 콩등 식량류와 섬유품이었다. 섬유품은 처음에는 모시와 마포, 명주였으나 15세기 후반부터는 면포로 바뀐다. 일본에서 면포를 선호한 것은 당시 일본에서는 목화재배가 이루어지지 않았으며, 조선면포가 감촉이 좋은 고급의류로서 선호되었기 때문이다.

반면 일본에서 조선으로 건너온 주 상품은 구리인데, 예를 들면 1428년에는 2만 8천근의 구리를 가져왔고, 1489년에는 2만근의 구리를 가져오고,

10만필의 면포를 가져갔다. 그 무렵 조선에서는 놋쇠로 만든 식기를 사용했고, 동전과 금속활자등 구리수요가 많았기 때문이다. 그 외에도 남방산 소목(蘇木)과 물소뿔 · 후추 등이 수입되었다.

조선전기 조선 국왕의 명의로 막부장군에게 파견된 사절은 총 17회이다. 그러나 그 명칭이 모두 통신사는 아니고, 초기에는 조선피로인을 송환해 준 것에 대해 감사하는 의미의 보빙사 · 회례사 등으로 불리다가 통신사의 명칭이 제대로 붙여진 것은 1428년부터이다. 그리고 통신사로서 교토[京都]에 도착하여 무로마치 장군의 접대를 받고, 국서를 교환하는 등 사절로서의 임무를 완수한 것은 1428년, 1439년, 1443년 등 단지 3회뿐이다.

〈조선전기 통신사일람표〉

회수	서기	사행명	정사	파견대상	사행목적	출처
1	1392		각추(승)	정리대장군	왜구금지요청	선린국보기, 상
2	1399	보빙사	최운사	일본대장군	보빙	실록.정종원/8.계해
3	1402		조관	일본대장군	화호, 피로인쇄환	실록.태종2/7임진
4	1404	보빙사	여의손	일본국왕	보빙	실록.태종4/7기사
5	1406	보빙사	윤명	일본국왕	보빙	실록.태종5/12무진
6	1410	회례사	양수	일본국왕	보빙, 장군조상부의	실록.태종10/2신축
7	1413	통신관	박분	일본국왕	사행도중 발병중지	실록.태종14/2을사
8	1420	회례사	송희경	일본국왕	회례, 대장경사급	노송당일본행록
9	1423	회례사	박희중	일본국왕	회례, 대장경하사	실록.세종4/12계묘
10	1424	회례사	박안신	일본국왕	회례, 불경사급	실록,세종5/12신해
11	1428	통신사	박서생	일본국왕	국왕사위, 치제	실록,세종10/12갑신
12	1432	회례사	이예	일본국왕	회례. 대장경하사	실록.세종14/7임오
13	1439	통신사	고득종	일본국왕	교빙, 수호	실록,세종21/7정사
14	1443	통신사	변효문	일본국왕	일본국왕 사위, 치제	실록,세종25/2정미
15	1460	통신사	송처검	일본국왕	보빙, 사행중조난	실록,세조5/8임신
16	1475	통신사	배맹후	일본국왕	수호, 일본내란 중지	실록,성종6/8정유
17	1590	통신사	황윤길	풍신수길	왜정탐문	김성일, 해사록

한편 이 기간 동안 일본에서는 총 71회의 〈일본국왕사〉가 파견되었다. 그

러나 이들 모두가 막부장군의 사절인지는 아직 밝혀지 있지 않고 거의 대부분이 막부장군의 사절로 위장한 거짓 사자, 즉 위사(僞使)로 알려져 있다.

이와같은 조선은 일본에 대하여 이원적인 교린정책을 썼다. 즉 조선국왕과 막부장군간에는 대등교린(對等交隣), 그리고 그외의 모든 통교자는 대마도주를 대변자로 하여 통교권을 부여하는데, 그 통교방식은 조선중심의 기미질서에 편입시켜 조빙응접의 형식을 취하는 기미교린(羈縻交隣)의 이원체제로 운영했던 것이다. 그러나 조선전기의 우호교린의 교류관계도 1592년 토요토미 히데요시[豊臣秀吉]의 조선침략으로 단절되고, 이후 7년간의 전쟁과 그로 인한 전쟁의 상처는 일본을 불구대천의 원수로 각인시켰다.

2. 부활하는 조선통신사

1598년부터 7년간에 걸친 임진왜란이 끝난 후, 조일양국은 강화교섭에 노력을 기울이고, 그 결과 1604년 조선에서는 도꾸가와[德川]막부의 강화에 대한 진의를 살피기 위해, 승려 유정(惟政)[송운대사(松雲大師) · 사명대사(四溟大師)]를 탐적사(探賊使)란 명칭으로 일본에 파견했다.

조선에서는 조선 나름대로 전쟁의 피해복구를 서둘러야 했고, 또 죄없이 끌려간 조선피로인을 쇄환시켜야 했으며, 북쪽 만주의 정세변동에도 대비하기 위해 일본과의 강화가 시급했다. 또 일본의 경우도 새로 막부를 세운 도쿠가와 정권이 그 정당성을 확보하고 조선침략에 대한 후유증도 없애기 위해 양국은 강화를 서둘렀으며, 무엇보다도 조선과의 통교에 생존권을 걸고 있었던 대마도가 앞장서 주선을 했기 때문이다.

사명대사 일행은 교토에 가서 강화를 원하는 것이 도쿠가와 막부의 뜻임을 확인하고 피로인 3천 여명을 데리고 돌아왔다. 사명대사 일행의 귀국후 조정에서는 연일 일본과의 강화문제를 논의한 결과, 조선정부에서는 강화를 위한 세가지 조건을 제시하였다. 즉 일본국왕 명의의 강화요청서, 임란당시 왕릉도굴범의 소환, 그리고 조선피로인의 송환이었다. 이에 대해 일본은 중국의 책봉을 받을 수 없었기 때문에 장군의 국서를 위조하고, 왕릉도굴범은 대마도의 잡범으로 대치하였으며, 이후 쇄환사편에 피로인들을 7천여명이상 쇄환시키게 된다. 물론 조선에서는 국서가 위조된 것이었고, 도굴범도 잡범이라는 사실을 알았지만, 조선의 요구가 형식적으로는 수용되었기 때문에 1607년 강화사를 파견하여 국교를 재개했다. 그러나 이때의 사절단의 명칭은 회답겸쇄환사(回答兼刷還使)였다. 일본국서에 대한 회답과 피로인을 쇄환한다는 의미이다. 당시 조선의 입장에서는 교린의 개념으로 볼 때, 일본을 믿을 수가 없었기 때문에 통신사의 명칭을 쓰지 않았다. 통신사의 명칭을 다시 쓰기 시작하는 것은 네 번째인 1636년부터이다.

조선후기 통신사의 파견목적은 기본적으로 막부장군의 습직이나 양국간의 긴급한 외교문제를 해결하기 위한 것이었다. 통신사의 편성과 인원은 각회마다 약간의 차이가 있지만, 대략 300명에서 500명이 넘는 대사절단이며 8개월에서 1년에 걸치는 대장정이었다. 이들은 서울에서 부산까지는 육로로, 그리고 부산에서 대마도를 거쳐, 오사까 까지는 해로로, 오사까에서는 다시 육로로 에도[江戸 : 東京]까지 왕래하였다.

〈조선후기 통신사 일람표〉

순번	서기	조선	일본	임 무	총인원 (오사카잔류인원)	일본기행문	비 고
1	1607	선조40	慶長12	강화, 국정탐색, 피로인쇄환	467	경섬 『해사록』	회답겸쇄환사
2	1617	광해군9	元和3	피로인쇄환, 오사카평정축하	428(78)	오윤겸 『동사상일록』 박재 『동사일기』 이경직 『부상록』	회답겸쇄환사
3	1624	인조2	寛永원	피로인쇄환, 장군습직축하	460	강홍중 『동사록』	회답겸쇄환사
4	1636	인조14	寛永13	태평축하	478	임광 『병자일본일기』 김세렴 『해사록』 황호 『동사록』	通信使 大君호칭 사용

순번	서기	조선	일본	임 무	총인원 (오사카잔류인원)	일본기행문	비 고
5	1643	인조21	寬永20	장군탄생축하	477	조경 『동사록』 신유 『해사록』 작자미상 『계미동사록』	日光山參詣
6	1655	효종6	明曆원	장군습직축하	485(100)	조경 『부상일기』 남용익 『부상록』	
7	1682	숙종8	天和2	장군습직축하	473	김지남 『동사일록』 홍우재 『동사록』	
8	1711	숙종37	正德원	장군습직축하	500(129)	조태억 『동사록』 김현문 『동사록』 임수간 『동사록』	아라이하쿠 세키개정 (大君→將軍)
9	1719	숙종45	享保4	장군습직축하	475(109)	홍치중 『해사일록』 신유한 『해유록』 정후교 『부상기행』 김흡 『부상록』	개정환원 (國王→大君)
10	1748	영조24	延享5	장군습직축하	475(83)	조명채 『봉사일본시문견록』 홍경해 『수사일록』 작자미상 『일본일기』	
11	1764	영조40	寶曆14	장군습직축하	477(106)	조엄 『해사일기』 오대령 『계미사행일기』 성대중 『일본록』	崔天淙被殺
12	1811	순조11	文化8	장군습직축하	328	유상필 『동사록』 김청산 『도유록』	對馬易地通信

이러한 통신사가 조선후기 한일관계에서 갖는 의미는 대단히 크다. 전쟁 상태를 종결하는 정치외교적인 의미뿐만 아니라, 통신사가 통과하는 객사에서의 한시문과 학술교류는 한일간의 문화상의 교류를 성대하게 했다. 물론 통신사가 한일관계의 전부는 아니었다. 조선에서는 부산에 왜관을 설치하여 한일간에 무역을 통하여 필요한 물자를 교류했으며, 또 대마도주에게는 별도로 100명에서 150명 규모의 역관사(譯官使)를 51회나 파견하여 한일관계에서 대마도의 입지를 세워주고, 한일간의 현안을 풀어갔다.

이러한 의미에서 조선은 매우 적극적이며, 주체적으로 한일관계를 전개했다고 볼 수 있다. 혹자는 조선전기와는 달리, 조선후기에는 일본에서는 장군의 사신이 오지 않고, 조선에서만 통신사가 파견되었다고 해서, 조선외교의 열세를 말하기도 하지만, 그것은 그렇지 않다. 왜냐하면 임진왜란 때 과거 일본국왕사의 상경로가 일본군의 진격로로 이용되었기 때문에, 조선에서는 일본인의 상경을 금지시켜서, 일본사신이 올 수가 없었다. 더구나 통신사파견의 비용은 부산에서부터는 모든 비용을 일본에서 부담하였는데, 그 비용이 막부의 1년 예산이었다고 한다.

그러면 정례화된 통신사의 목적 · 편성 · 행로에 관해 간단히 살펴보자.

조선후기 통신사는 원칙적으로 조선국왕이 일본장군에게 파견한 사절로, 이들은 조선국왕의 국서와 예물을 지참했으며, 모두 통신사의 명칭을 사용했다.(초기 3회는 회답겸쇄환사). 그리고 사절단의 삼사(正使 · 副使 · 書狀官)는 중앙의 관리로 임명했으며, 조선전기와는 달리 회례(回禮)나 보빙(報聘)의 의미가 아니라 막부장군의 습직이나 양국간의 긴급한 외교문제를 해결하기 위한 목적으로 파견되었으나 대부분이 장군습직의 축하였다. 그리고 통신사의 편성과 인원은 각회마다 약간의 차이가 있지만, 평균 400명에 이르는 대인원이었다. 통신사의 파견절차는 먼저 일본에서 새로운 막부장군의 승습이 결정되면, 대마도주는 막부의 명령을 받아, '관백승습고경차왜(關白承襲告慶差倭)' 를 조선에 파견하여 그 사실을 알려온다. 그리고 곧이어 통신사파견을 요청하는 '통신사청래차왜(通信使請來差倭)' 를 파견한다. 이에 따라 조선에서는 예조에서 논의한 뒤, 통신사파견을 결정하고, 이 사실을 부산의 초량왜관에 알려 대마도에 통보하도록 했다. 통신사가 서울을 출발하여 부산에 도착하면 다시 대마도에서 파견된 '신사영빙차왜(信使迎聘差倭)' 의 인도를 받아 대마도에 도착 한 후, 대마도주의 안내를 받아 장군이 있는 에도[江戶]까지 왕복한다. 이들이 임무를 마치고 대마도로 돌아오면 그곳에서 부산까지는 다시 대마도주가 임명하는 '신사송재판차왜(信使送裁判差倭)' 가 이를 호행하여 무사히 사행을 마치도록 안내하였다.

3. 조선통신사의 여정과 문화활동

통신사의 여정을 보면, 일행이 서울을 출발하여 부산까지 대략 2개월정도가 걸렸다. 통신사일행은 긴여행에 앞서 국왕으로부터 환송연을 받았으며, 그것이 끝나면 각기 집으로 돌아가 가족과 작별을 하였다. 긴여정이었고, 또 바다를 건너야하는 위험부담 때문에 죽음을 각오하는 이별이었다. 그래서 중도에 여러 차례 연회가 베풀어졌다. 처음에는 충주 · 안동 · 경주 · 부산의 4개소에서 베풀어졌으나, 민폐 때문에 후에는 부산 한곳에서만 베풀었다. 부산에 도착해서는 영가대에서 해신제(海神祭)를 지냈다. 해신제는 길일(吉日)을 선택하여 통신사일행이 일본으로 떠나는 바로 그날 거행했다.

영가대에서 해신제를 지낸 통신사는 국서를 받들고, 기선(騎船) 3척과 복선(卜船) 3척에 나누어 타고, 호위하는 대마도선단의 안내를 받아, 대마도의 사스나[佐須奈]에 도착한 후, 와니우라[鰐浦] - 니시도마리[西泊]을 거쳐 대마도주가 있는 이즈하라[嚴原]의 후주[府中]로 갔다. 그곳에서 대마도주의 영접을 받은 후, 다시 이데이안[以酊庵]의 長老 2인의 안내를 받아 이키[一岐] - 아이노시마[相島] - 지시마[地島]를 거쳐 시모노세키[下關]를 거쳐 세토나이가이[瀨戶內海]로 들어선다. 이어 나가시마[長島] - 가미노세키[上關] - 가마가리[浦刈] - 히비[日比] - 우시마[牛窓] - 무로쯔[室津] - 오오사카[大阪]에 이른 뒤 東 · 西本願寺에 묵었다.

그뒤 6척의 조선선과 몇명의 경비요원만을 남겨둔 채, 여러 다이묘[大名]이 제공한 배를 타고 요도우라[淀浦]에 상륙하여 육로로 교토[京都]로 향했다. 조선전기는 여기가 종점이었지만, 조선후기에는 1617년을 제외하고는 모두 에도까지 갔다. 오츠[大津]을 출발하여 1620년대 특별히 건설했던 '朝鮮人街道' 를 거쳐 히코네[彦根] - 나고야[名古屋] - 오카사기[岡崎] - 도모하시[豊橋] - 아라리세키쇼[新屋關所] - 시즈오카[靜岡] - 시미즈[淸水] - 미시마[三島] - 하코네세키쇼[箱根關所] - 오다와라[小田原] - 후지자와[藤

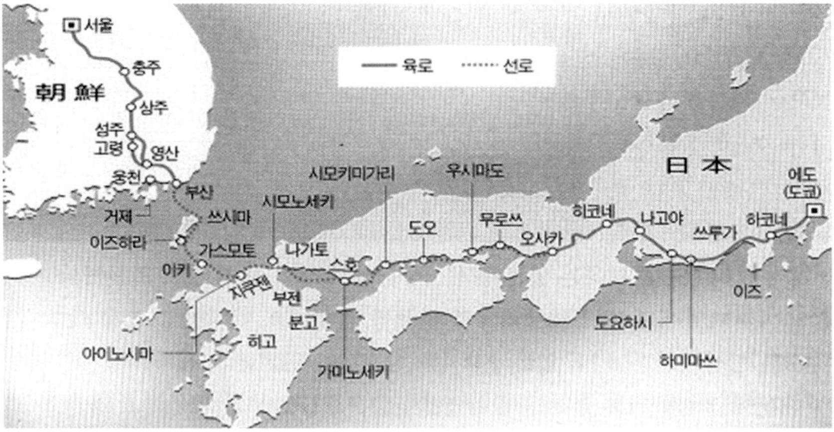

澤]를 지나면 드디어 목적지인 에도에 도착했다.

통신사가 통과하는 객사에서의 한시문과 학술의 필담창화(筆談唱和)는 문화상의 교류를 성대하게 했다.

에도에 체류하는 동안 1636년 · 1643년 · 1655년에 파견된 통신사는 도쿠가와 이에야스[德川家康]의 묘소인 니코[日光 東照宮]에 참배를 강요받기도 했다. 또 1636년부터는 바쿠후의 요청에 의하여 곡마단(曲馬團)의 공연이 있었는데, 1680년부터는 이를 위하여 마상재(馬上才)의 파견되었다. 막부로부터 길일(吉日)이 정해져 국서와 별폭이 전달되고는 며칠 뒤 장군의 회답서와 노고를 치하하는 선물을 받은 후, 왔던 길을 다시 되돌아서 귀로에 오르게 된다. 다이묘[大名]들의 접대는 갈 때와 마찬가지로 행해졌고, 대마도(對馬島)로부터는 차왜(差倭)가 동행하여 부산에 입항한 뒤 한성에 돌아왔다.

통신사 행렬의 장려함은 1636년 통신사를 직접 목격한 네덜란드 상관장 니콜라스의 기록에 상세히 묘사되어 있다.

" 먼저 무용과 피리 · 북의 주악이 행해지고, 그 후에 벼를 타작할 때 쓰는 것과 같은 큰 막대기를 가진 몇 사람이 두 명씩 지나가고, 그 양측에서 각각

금과 생사를 섞어 만든 망을 든 세 사람이 경호하고 있었다. 그 후에 약 30명의 젊은이가 말을 타고 뒤 따랐다. 그 뒤에는 5-60명이 붉은 우단을 친 가마를 메고 따라갔다. 그 안의 탁자 위에는 칠을 한 상자가 있었고, 거기에는 조선문자로 쓰여진 일본황제에게 보내는 서한이 들어 있었다. … 재차 여러종류의 악기를 연주하는 악대가 뒤따라 왔다. … 가마가 몇 대 지나가고, 검은 비단 옷을 입은 사절의 부관이 가마를 타고 지나갔다. 잠시 후 400명의 기사 … 약 15분이 지나자 200명의 호위병이 따르고, 일본 귀족일행이 가고, … 마지막으로 조선인의 화물과 선물을 운반하는 약 천 마리의 말 … 이들의 행렬이 전부 통과하는 데는 약 5시간이 걸렸다. "(『히라도네델란드상관일기(平戸オランダ商館日記)』)

당시 규슈의 히라도[平戸]에는 네덜란드 상관이 설치되어 있었는데, 상관장이던 니콜라스가 에도에 가던 중 만난 조선통신사의 행렬을 묘사한 것이다. 당시 네덜란드 사람들은 일본장군을 황제(Emperror)로 기록했다. 조선통신사를 안내, 호위하거나 짐을 나르기 위해 평균 3천여명이 동원되었다고 하는데, 이들을 합치면 통신사행렬은 총 4천여 명에 이르렀다. 한사람의 거리를 1미터만 잡더라도 4키로는 족히 될 것이고, 그 행렬이 통과하는데 5시간이나 걸렸다. 통신사의 비용도 상상을 초월한 금액이었다. 부산까지는 조선에서 부담하지만, 부산을 출항하여 다시 부산에 돌아 올 때까지 전액을 일본에서 부담한다. 기록에 의하면 통신사 접대비용이 100만냥이 들었는데, 이는 막부의 1년 예산이었다고 한다.

한 예로 1655년 통신사의 경우 총 485명이 파견되었는데, 그중 100명이 오사카에 남고, 385명이 에도를 방문했다. 당시 에도에서의 하루분의 식량이 쌀 20섬, 간장 1말, 식초 1말반, 된장 5말, 소금 3말, 기름 7말, 닭 100마리, 기러기 10마리, 비둘기 100마리, 농어 400마리, 도미 20마리, 정어리 50마리, 연어 10마리, 가다랭이 1,000마리, 전복 200근, 꼬치고기 500마리, 계란 400줄, 파 100단, 나물 150단, 무우 2,000개, 알토란 5말, 송이버

섯 100개, 두부 200모, 겨자 1말, 앵속 5근 그리고 후식으로 포도 300송이, 백설탕 5근, 양갱 50상자, 조청 20근, 콩과자 50근, 시루떡 100근이었다. 물론 일본인 수행원의 몫도 포함한 것이지만, 대단한 양이다.

뿐만아니라 조선인의 식성까지 고려하여 메뉴를 준비하도록 지시했다. 예를 들면 1748년 통신사의 경우, 대마도주는 통신사가 묵는 각 지역에 '조선인이 좋아하는 음식'을 적어 사전에 통보했다.

〈조선인이 좋아하는 것〉

一. 소, 멧돼지, 사슴, 돼지, 닭, 꿩, 오리, 계란, 도미, 전복, 대구, 청어, 방어, 삼치, 문어, 이세새우, 게, 대합, 그 외에도 새종류의 고기를 아주 좋아한다. 대체로 생선종류를 좋아한다. 소금에 절인 물고기나 강고기는 먹기는 해도 좋아하지 않는다.
一. 무, 실파종류, 미나리, 우엉, 표고버섯, 상추, 참마, 순무, 가지, 채소, 튀김, 청각채, 미역, 그 외에도 해조류, 야채, 건어물 종류를 좋아한다.
一. 수박, 감, 배, 귤, 향귤, 유자, 포도, 오이, 앞에 말한 수분이 많은 과실을 특히 좋아한다.
一. 국수, 메밀국수, 만두, 떡 종류, 양갱, 막대사탕, 용안육, 빙과, 사탕, 카스테라, 사탕절임, 꿀절임, 그 외에도 대체로 과자를 좋아한다.
一. 오래된 술, 소주, 그 외에도 대체로 술 종류를 좋아한다.

물으시는 바 글로 올립니다. 조선인에 따라서 싫어하는 것도 있겠지만, 위에 올린 것들은 대체로 좋아하는 것인 줄로 아뢰옵니다. 뜨거운 요리를 싫어하고 대개 미지근한 요리를 좋아합니다.

쓰시마 수호 타이라히라도 나오에몽(平田直右衛門)
스기무라 사부로 좌에몽(衫村三郎左衛門)

一. 학, 잉어, 자라, 이런 것은 조선인이 이전에는 좋아하지 않았으나 지금은 좋아하는 사람이 있는 줄로 알고 있습니다. 이상.

〈통신사의 식탁〉

통신사의 접대에 가장 문제가 된 것은 숙소의 준비였다. 후쿠오카[福岡] 현립도서관에 소장되어 있는 통신사가 묵었던 숙소의 그림을 보면, 삼사의 거실, 목욕탕, 화장실,등을 합친 건물이 24채와 부속건물로 동서 65칸, 남북 70칸을 새로지었는데, 동서 115미터, 남북 126미터에 달하는 거대한 건물을 새로 지었다. 또한 통신사가 통과하는 각 번의 역에서의 향응, 도중의 호위, 도로의 정비, 교량의 개축, 도로변에 나무를 심고, 모래를 깔고, 물을 뿌리는 일까지 상세하게 시달하여, 접대에 소홀함이 없도록 했다.

그렇다면 일본에서 이토록 막대한 비용을 들여가면서 통신사를 접대한 이유는 왜일까. 그것은 도쿠가와 막부의 정치적인 목적 때문이었다.

즉 도요토미 히데요시의 뒤를 이어 정권을 잡은 도꾸가와 막부는 집권 초기부터 이미 집권의 정당성을 국제관계를 통해 과시하려 했다. 또한 조선침략에 대한 보복의 두려움도 불식시켜 우호교린을 유지해야 하는 정치적인 목적을 가지고 있었다. 그러나 막부는 그것을 검증하는 방법으로 주변제국이 막부의 '무위' 에 복속하는 형태로 국제관계를 위장했고, 국민들에게는 조선통신사를 '복속사절' 로 인식시켰다.

한편 조선의 경우도 북방의 청(후금)에 대비하기 위해, 남쪽 일본과의 우호교린은 필수적이었다.

따라서 임란 후 서둘러 일본과 교린체제를 회복해 갔던 것이고, 통신사를 파견해 일본의 수도인 에도까지 왕래함으로써 일본국정을 탐색했던 것이다. 이와 같이 통신사는 비록 정치 · 외교적인 목적에서 이루어졌지만, 문화적으로도 상당한 의미를 갖는다.

당시 일본은 불교와 사무라이 문화가 주류를 이루고 있었기 때문에 이문화(異文化)였던 유교문화에 대한 관심이 높았다. 현재 통신사들이 남긴 기행문이 100여종 전해 오는데, 이 기행문들을 통해 당시의 정황을 소상히 살필 수가 있다. 유교문화에 대한 관심은 곧 조선유학의 집대성자인 '퇴계' 에 대한 관심으로 나타난다.

한 예로 1719년 통신사 기행문에는,

"오사카에 책이 많은 것은 실로 천하의 장관이다. 우리나라 선현들의 문집 중에 왜인이 가장 귀하게 여기고 존중하는 것은 『퇴계집(退溪集)』을 따를 만한 것이 없다. 집에서는 이것을 읽고, 서당에서는 이것을 강론한다. 여러 문인들이 필담을 할 때도, 그 질문에는 반드시 『퇴계집』의 말을 즐겨 인용하며 이것을 으뜸으로 여겼다."(신유한,『해유록(海遊錄)』)

라고 하여, 퇴계집에 심취해 있는 일본 지식인의 모습을 상상할 수가 있다.

당시 일본지식인들은 조선문화를 중국문화와 동등하다고 보았고, 심지어는 조선인들을 중국을 의미하는 당인(唐人)이라고 불렀다. 예를 들면 당대 최고지식인이었던 기노시타 쥰안[木下順庵]과 그의 제자로 대조선 외교에 성신(誠信)을 강조했던 아메노모리호슈[雨森芳州]는,

"막부에서는 조선사신을 객인이라고 부르고, 혹은 조선인이라 부른다. 그러나 일본 민속에서는 옛날부터 당신네 나라의 문물을 중국과 동등하게 여긴다. 그러므로 당신네를 당인(唐人)이라 부르기도 하며, 조선문물을 사모한다." (신유한『해유록』)

고 했다. 이러한 연유로 해서 조선에서는 당대 최고의 문인들을 통신사의 삼사로 선발했다.

"초사흘 임인, 식사 후, 유학자 10여명이 대청에 모였다. 나는 세 서기와 함께 나가 서로 인사하고 앉았다. 좌중의 사람들 중에는 각각 장단률과 절구를 베껴와서 나에게 주며 창화(唱和)를 요청했다. 즉시 모든 요청에 응하여 회답했다. 그가 부르면 나는 곧 화답하고, 혹 바꾸어서 장편이 되기도 했으며, 책상위에는 시문 화답한 종이가 수북히 쌓였다. 김세만이 옆에 앉아서

쉴 겨를이 없이 부지런히 먹을 갈았다.

하루중 만나는 사람은 대체로 3,4편을 얻었지만 혼자서 상대했고, 왼쪽에 응하고, 오른쪽에 답하고, 요청하는 사람들의 기대를 만족시키기 위해 독창성이 떠오르기를 기다리거나 윤색할 여유도 없었다. 다음날에도 십수명과 만나서 전날과 같이 창수했으며 한밤중이 되어서야 그쳤다."(신유한 『해유록』)

이상의 내용은 통신사가 통과하는 객사에서의 한시문과 학술의 필담창화에 관한 내용이다.

한편 일반서민들은 어떠했을까. 통신사의 기행문과 마찬가지로 현재 일본에는 통신사에 관한 많은 회화자료가 남겨져 있다. 예를 들면 풍속도화가로서 유명한 하가와 도에이[羽川藤永]의 〈조선인래조도〉가 코베의 시립박물관에 있다.

〈조선인래조도〉

이 그림은 도쿄의 니혼바시[日本橋]를 지나고 있는 통신사일행을 그리고 있다. 화면 중앙에서부터 좌측 뒤쪽에 후지산[富士山]과 에도성[江戸城]의 성곽이 보이고, 두부모를 잘라서 짜맞춘 듯이 이층집 지붕이 나란히 늘어서 있고, 그 사이를 통신사일행이 지나간다. 2층은 문을 닫아서 격자만이 눈에 띄지만, 1층에는 상가의 휘장 밑으로 에도의 시민들이 질서정연하게 앉아있다.

양손을 들고 만세를 부르는 사람, 술이나 차를 마시는 사람, 어린애에게 젖을 먹이는 아낙네의 모습도 보이지만, 사람들은 통신사 행렬에 넋을 잃고 보고 있다. 그러나 길 중앙에 무사 한사람과 개는 구경하는 사람들을 향하고 있다. 경비를 맡은 무사인지 봉을 들고 서 있는 사람과 개, 방수용 물통이 눈에 띄고, 통신사를 맞이하는 에도시민들의 꼼짝도 하지 않는 모습이 잘 표현되어 있다. 2~30년 만에 한번 오는 통신사의 장관을 놓치지 않으려는 서민들의 모습이다. 마치 지난번 88올림픽 때나 월드컵 경기 때 서울시민의 열광하는 모습과 조금도 다를 바가 없다. 그리고 이러한 모습은 '겨울연가' 를 보는 현대 일본인들의 모습과 크게 다르지 않을 것이다.

이러한 의미에서 통신사는 또 하나의 한류, 즉 〈조선시대의 한류〉로 표현하기도 한다. 동시대 일본인들은 조선통신사에 대한 두 가지 상반된 양상을 보이고 있다. 그 한 가지는 통신사를 통해 만나는 유교문화에의 관심으로 조선통신사와의 필담 창화는 대단한 인기를 누렸다. 그래서 조선에서는 문학적 소양이 높은 제술관을 반드시 임명했다.

한 예로 1711년 조선통신사가 일본에 갔을 때, 아라이 하쿠세키[新井白石]는 다음과 같이 기록했다.

> *"금년(1682)가을, 조선의 빙사가 왔다. 평생 동안 지은 시 백수를 적어서 삼학사에게 평을 청하고 그들에게 서문을 부탁하려고 아비루를 통해 9월 1일 객관에 찾아갔다. 제술관 성완, 서기관 이담령과 더불어 비장 홍세태라는 사람을 만나 시를 짓는 등 함께 시간을 보냈다. 그날 밤에 성완이 내 시집의 서를 써주었다."*

하쿠세키의 문집에 제술관이던 성완이 서문을 써 준 것을 크게 자랑하고 있다. 그러나 이와는 반대로 통신사를 '조공사절' 과 같이 보는 문인도 적지 않았다. 그 중에서도 1811년 쓰시마에서의 역지빙례에 직접 영향을 준 나카이 지쿠잔[中井竹山]이 지은 『초모위언〈草茅危言〉』이라는 책이 있다.

그는 이 책의 서문에서 "신공(神功)의 원정(遠征) 이래 삼한(三韓)이 우리에게 복속되어 조공을 바친 것은 역사적으로 오래된 일인데, 지금의 사정은 그와 다르다"고 하면서, 신공황후의 삼한 정벌 이래 속국이 된 조선과 대등하게 교류하는 것에 이의를 제기하고 있다. 이러한 제안은 당시 老中이던 마쓰타이라 사다노부[松平定信]에 의해 그대로 수용되었다.

그는 나카이 지쿠잔의 주장을 그대로 인용하여,

> *"이것을 아직도 중요시하는 사람들에게 말씀드리니, 원래 이 빙사가 이 나라에 오는 것은 전혀 아름다운 풍경이라고 볼 수 없다. 혹은 일본의 썩은 유학자들이 모두 나와서 계림 사람들과 창화하니 본의에도 어긋나고, 또한 길을 가면서 성쇠가 보여도 이로울 것은 없다. 언제나 성대하고 언제나 궁핍하지 않은 것은 고맙지만, 때로는 기아가 계속되지 않는다고 장담할 수 없다. 그렇다면 이 빙사는 아름다운 풍경이 될 수 없다. 하물며 순시 청도라는 깃발을 세우고 상상관 이란 자는 통역이나 하는 천한 사람이고, 귀한 몸이 아닌 삼사(三使) 등을 삼가(三家)분들과 함께 모시는 것은 예의가 아니다. 지금 그 예를 없앨 수 없다면, 힘을 들여서라도 또다시 정덕신례(正德新禮, 아라이 하쿠세키의 빙례개혁)와 같게 해야 한다. 따라서 이 빙례는 쓰시마에서 영접하면 끝날 일이다."*

라고 했다.

이러한 조선멸시관은 19세기에 이르러 밀려오는 외압에 의해 신국사상(神國思想)이 급속하게 확산되면서 대조선외교를 '막부장군'과 '조선국왕'의 대등한 관계에서, 일본의 '황제'와 조선 '국왕'의 상하관계로 전환시켜가면서, 조선침략을 정당화하는 소위 정한론의 대두를 가져왔다.

임란이후 다시 부활된 통신사는 1811년 대마도에서 행해진 역지통신을 마지막으로 단절된다. 그리고는 그 후에 4번이나 연기를 거듭하다가 1868년 명치유신(明治維新)을 알리는 일본측의 서계가 문제가 되어 260여년간의 교린관계는 붕괴된다. 일본에서는 명치유신 직후, 천황(天皇)의 집권사실과 명치 외무성에서 한일관계를 전담한다는 서계를 보내왔다. 그런데 서계의 양식이 이제까지와는 달리 일본천황이 한 단계 위에서 천황(天皇)대 조선국왕(朝鮮國王)의 외교를 할 것을 요구했다. 외교관례상 이것을 거부하는 것은 당연한 일이었다.

조선에서는 장군이 집권하건, 천황이 집권하건, 그것은 일본 국내의 사정이므로, 조선은 단지 일본의 최고집권자와 대등한 관계를 하면 된다고 주장했다. 이에 대해 결국 일본은 무력을 앞세워, 1872년 부산왜관을 점령했고, 이후 불행한 한일관계가 다시 반복되었다.

4. 조선통신사의 역사적 의미

조선시대 460여년간 걸쳐 조선통신사(朝鮮通信使)가 갖는 역사적인 의미는 매우 크다. 양국은 통신사를 통하여 외교적인 문제를 해결했고, 물자와 문화교류를 했으며 그 결과 선린우호관계를 계속할 수 있었다.

물론 중간에 도요토미 히데요시[豊臣秀吉]의 조선침략이라는 불행한 역사도 있었다. 그러나 조 · 일 양국은 통신사(通信使)를 통해 교린관계를 다시 회복했다. 이러한 의미에서 조선통신사는 조 · 일양국이 함께 연출한 성숙한 외교로 평가할 수 있다.

그러나 일본에서는 조선멸시관을 바탕으로 통신사에 대해 부정적인 견해를 가지고 있었으며, 조선후기에 이르러서는 '일본형화이의식'을 바탕으로 '어례'나 '조공사절'로 왜곡했다. 이러한 사상적 경향은 막부말기에 이르러 '정한론'이 되고, 결국 조선침략의 사상적 배경을 이루게 되었다.

20세기에 들어서도 통신사에 대한 역사적 평가는 제대로 이루어지지 않았다. 오히려 식민사관에 기초한 통신사 인식은 막부정권의 평화성을 입증한다는 미명아래 역이용했다.

다행히 1970년대 이후 '선린외교'와 '문화교류'의 통신사로 재평가하기 시작했지만, 아직도 '막부장군의 습직을 축하하는 단순한 경하사절'로 인식하고 있고, 일부 역사서에는 여전히 조공사절로 기술되고 있다.

현재 한국에서의 통신사연구는 일본에 비해 너무나 미흡하다. 통신사의 역사적 평가가 올바르게 되기 위해서는 무엇보다도 연구자의 저변을 확대해야 한다. 연구자의 증대를 통해 통신사의 역할과 기능, 양국의 정세와 통신사의 파견, 경제적 부담과 정치적 효과, 대중국관계와의 연관성, 문화교류, 민중에게 끼친 영향, 연행사와의 비교연구, 그 외의 각종사절과의 관계, 조선의 문화우월주의와 이적관, 일본의 대조선인식과 정책 등 많은 연구가 이루어져야 한다.

그러나 무엇보다도 통신사연구에 전제가 되어야 할 사항은 통신사가 양국의 상호합의에 의해 이루어진 다는 점이다. 다시말해 어느 한쪽의 일방적인 행위가 아니라, 그 시기 시기마다 양국의 합의에 의해 통신사가 왕래했다는 점이며, 상호간에 필요 충분조건에 의해 이루어졌다는 것이다. 이점이 전제가 되어 통신사에 대한 객관적인 연구가 진행될 때, 비로소 통신사에 대한 공정한 평가가 이루어질 것이다.

【참고문헌】

손승철, 2006, 『조선시대 한일관계사연구』, 경인문화사.

손승철, 2006, 『조선통신사, 일본과 통하다』, 동아시아.

나카오 히로시. 유종현 옮김, 2005, 『조선통신사이야기』, 한울.

미야케히데토시, 김세민외 옮김, 1996, 『조선통신사와 일본』, 지성의 샘.

한태문 외, 2007, 『조선통신사 옛길을 따라서』, 한울.

제14장 역사드라마 다시보기

1. 역사인식과 드라마
2. 역사드라마의 변천(2000년-2007년)
3. 사례로 본 역사드라마(사실과 허구사이)
4. 역사드라마, 얻은 것과 잃은 것

제14장 역사드라마 다시보기

이원희

드라마를 통해 역사를 배운다.

사람들이 역사를 가까이에서 접하게 되는 계기로는 역사드라마, 시대극을 표방하는 영화, 그리고 만화라고 할 수 있을 것이다. 아이들은 만화를 통해서 역사를 가까이 접하게 되고, 어른들은 사극이라고 일컬어지는 역사드라마를 통해 역사를 가까이 접하게 된다. 가까이에서 접하는 만큼 역사드라마는 사람들의 역사인식에 많은 영향을 끼친다.

일반적으로 드라마는 작가의 경험과 상상력에 의해 만들어진 창작품이라는 것을 알기에 얼마만큼 현실적인지 또는 진실한지에 대해서 많은 의문을 제기하지 않는다. 하지만 역사드라마는 일반적인 드라마와는 다른 시각으로 보는 경향이 있다. 즉 TV에서 방영되는 역사드라마의 많은 부분을 진실이라 생각하고 믿고 있는 것이다.

또한 역사드라마를 제작하는 사람들도 역사사실을 기반으로 하거나 역사 속에서 하나의 소재를 토대로 하여 역사드라마를 구성하므로 드라마 자체가 허구라고 할 수는 없다.

다만, 많은 사람들이 역사드라마를 통해서 역사에 대한 관심도 높이고, 드라마 속의 이야기에 대한 역사적 진실유무를 가려내고자 하는 경향이 있으므로 역사를 배우는 또 하나의 창(窓)이라고 할 수 있다.

1. 역사인식과 드라마

개인의 역사를 족보를 통해 이야기하듯이, 나라의 역사에 대해서는 국사 또는 세계사를 통해 배우고 이야기 한다. 학교에 들어가면서 역사를 배우지만, 역사는 먼 과거 이야기처럼 느껴지고 늘 어렵다고 여기는 것이 현실이다. 하지만 역사드라마와 더불어 역사적인 사실의 일부분을 소재로 하는 영화나 역사소설이 많이 등장하면서, 이를 통해 역사에 관심을 기울이는 사람들도 많아진 것이 사실이다.

역사는 어려운 것이라고 생각하면서도 역사드라마나 역사적인 사실을 소재로 다룬 영화, 역사소설에 관심을 갖는 이유는 무엇일까?

역사성을 가진 시대물 또는 역사드라마에 많은 관심을 갖는 이유중 하나는 현실정치에 대한 탈피이다. 근래의 정치상황을 다룬 드라마가 있기도 하지만 우리의 역사속에서 찬란한 시기를 그리는 것이 많은 이유는 역사속에서 재미와 민족의 자긍심을 찾기 위함이며 그런 시대와 영웅을 꿈꾸기 때문이기도 하다.

또한 현대 드라마에 등장하는 소재가 반복되기 때문이기도 하다. 사랑이야기에는 70년대나 80년대나 현재나 신데렐라 이야기가 빠지지 않고 등장한다. 역경을 이겨내는 여자주인공이 백마탄 왕자를 만나는 이야기는 어릴적 읽었던 동화의 느낌을 주지 못하면서도 현대 드라마에 늘 등장한다. 근래에는 이른바 '막장드라마' 라는 것이 등장하였다. 불륜은 기본이고 한 형제가 한 자매와 겹사돈을 맺거나 죽은 주인공이 또는 죽었다고 생각하는 주인공이 죽기 이전과는 전혀 다른 모습으로 등장해서 복수를 하는 내용들이 주로 그려지고 있다.

막장드라마는 순간의 재미는 주겠지만 곧 다른 곳에 시선을 빼앗기게 된다. 즉, 소재의 빈곤과 현실정치에서는 느낄수 없는 찬란한 민족의 자긍심, 역사가 주는 웅장함을 느끼고자 하는 열망들이 역사드라마에 대한 관심으로 옮겨가고 이것이 역사드라마나 역사소설, 역사소재를 기반으로 하는 영화에 대한 열풍을 가져오게 된 것이다.

하지만 현대극과 달리 역사드라마는 사실 여부 즉 고증문제가 거론된다. 고증문제가 거론될 때 마다 드라마 제작자들은 '역사드라마도 드라마 일뿐이므로 역사 사실로서가 아니라 단순한 드라마로서 봐 달라' 고 주문한다. 그러나 역사드라마가 방영되는 방송사 및 역사드라마 홈페이지의 시청자 의견을 적는 곳에는 방영되는 드라마 내용 중 역사적 사실과 다른 것을 지적하거나 관련 역사사실에 대해 토론하는 이들이 있다. 이는 단순히 드라마로서만 볼 수 없음을 보여주는 것이다.

이에 역사드라마는 역사인식을 가져야 한다. 역사인식이란 역사를 보는 시각인 사관(史觀)도 포함하면서, 역사적인 사실을 포괄하는 것이다. 즉, 역사를 바라보는 시각없이 역사적인 사실을 외면한 채 역사드라마를 만든다면 역사에 대한 관심을 높인다는 좋은 제작의도를 가지고 있다 하더라도 역사를 왜곡하고 있다는 비판을 벗어날 수 없을 것이다.

그러므로 역사드라마는 최소한 역사적 사실을 바탕으로 작가의 상상력이 포함되어 있다는 것을 시청자들이 볼 수 있도록 표시해야 한다.

2. 역사드라마의 변천(2000년~2007년)

역사를 소재로 한 드라마 및 영화, 소설은 전부터 있었다. 하지만 2000년부터 2007년까지로 한정해서 방영된 역사드라마를 살펴보면 대략 다음과 같다.

〈표 1 방송사별 방영 역사드라마〉

방송사	방영연대 및 제목
KBS	태조왕건(2001), 태양인 이제마(2002), 장희빈(2002-2003), 제국의 아침(2002-2003), 무인시대(2003-2004), 불멸의 이순신(2004-2005), 해신(2004-2005), 황진이(2006), 대조영(2006-2007), 한성별곡(2007, 퓨전사극), 사육신(2007, 북한 조선 중앙텔레비젼 제작), 대왕세종(2007-2008)
MBC	허준(1999-2000), 상도(2001-2002), 어사 박문수(2002-2003), 다모(2003), 대장금(2004), 신돈(2005-2006), 주몽(2006)
SBS	태왕사신기(2007), 이산(2007-2008), 여인천하(2001-2002), 왕의 여자(2003-2004), 장길산(2004), 서동요(2005-2006), 연개소문(2006-2007), 왕과 나(2007-2008)

〈표 1〉을 살펴보면 KBS에서 동시기 가장 많은 역사드라마를 방영하였고, 통일신라부터 조선시대에 이르기까지 여러시대에 대한 역사드라마를 방영하였음을 알 수 있다. 또한 장보고의 이야기를 다룬 해신을 통해 다른 방송사에는 현재까지 다루지 않은 시대인 통일신라를 다루기도 하였다.

MBC의 경우 주몽과 태왕사신기를 통해 고구려를 다루고 있는데 태왕사신기는 판타지의 성격이 강해 역사드라마라 보기보다는 퓨전사극이라고 보는 것이 더 어울릴 것이다. MBC는 고려시대의 신돈부터 조선시대까지를 다루고 있으며, 주몽이외에는 왕 위주의 주인공보다는 개별 직종이나 인물을 주로 다루었음을 알 수 있다.

SBS의 경우 서동요를 통해 두 방송사에서는 다루지 않았던 백제의 모습을 드러내고자 하였고, 궁궐 중심의 생활을 소재로 하고 있음을 알 수 있다.

2000년에서 2007년까지 3개 방송사에서 방영된 역사드라마를 한국사의 전개과정 속에서 시대순으로 정리하면 대략 다음과 같다.

〈표 2 시대별 방영 역사드라마〉

시대	방영드라마
고조선	없음
고구려	주몽, 연개소문, 대조영, 태왕사신기(판타지)
백제	서동요
신라	없음
가야	없음
통일신라	해신
발해	대조영(대조영의 일생을 그려내는 부분에서는 고구려와 발해가 겹치고 있다)
고려	태조왕건, 제국의 아침, 무인시대, 신돈
조선	왕과 나, 대장금, 이산, 대왕세종, 불멸의 이순신, 장희빈, 태양인 이제마, 여인천하, 왕의 여자, 상도, 장길산, 허준, 어사박문수

역사드라마의 주제를 시대순으로 살펴보니 역사적인 기록이 거의 없기 때문이겠지만 고조선을 주제로 한 역사드라마는 없으며 의외로 신라에 대해서도 방영된 드라마가 없음을 알 수 있다. 또한 역사를 주제로 하는 다큐 및 역사스페셜 등에서 그 실체를 살펴보고자 했던 가야에 대한 드라마도 없음을 알 수 있다.

고려와 조선을 다룬 드라마의 소재는 대부분이 왕이나 궁궐의 생활을 다루고 있다. 왕을 중심으로 하는 내용을 많이 다루고 있는 것은 난세를 극복하는 영웅 및 시대가 원하는 인물상을 그려내기 위함이라 할 수 있다. 특히 불멸의 이순신이나 태조왕건, 대왕세종, 이산 등은 나라를 새로 개창하는 왕이거나 시대를 대표하는 영웅으로써 현 시대에 그러한 영웅이 출현하기를 바라는 마음을 역사드라마를 통해 나타내는 것임을 알 수 있다.

물론 정치적인 논리에 의한 것도 배제할 수는 없지만 역사드라마가 시대를 반영하는 것은 사실이다. 또한 왕 중심에서 특정 인물 및 개별 직종을 택해 이를 역사드라마로 만든 것도 볼 수 있는데 상도, 장길산, 허준, 대장금 등이 그러한 유형이라고 할 수 있다.

〈표 1〉과 〈표 2〉를 통해 역사드라마의 변천을 살펴보는 과정에서 눈에 띄는 것은 2006년을 즈음해서 고구려, 발해를 소재로 하는 드라마가 세 방송사 모두에 집중되어 있는 것이다. 이는 중국의 고구려사 왜곡실태가 국내에 알려진 것과 관련있는 것으로, 역사드라마가 시대적인 흐름을 반영하고 있음을 보여주는 것이다. 동북공정이라는 것을 통해 중국의 고구려사 왜곡 실태가 국내에 알려진 것은 2003년 하반기였다. 학계는 2003년 말경부터 고구려사 왜곡실태에 대한 학술회의를 여러 차례 개최하였고, 고구려사를 중국사로 편입하려는 논리의 허구 등을 알렸다. 정부에서는 정치적인 대응이나 국민들의 감정적인 대응을 자제하고 학술적인 연구를 통하여 그 실태를 알리며 중립적인 입장을 취하고자 하였다.

이런 상황에서 3개 방송사는 경쟁적으로 고구려의 위대함을 보여주는 드라마를 만들었고, 시청자들은 높은 관심으로 그 기대에 부응해 주었다. 즉, 중국의 역사왜곡에 대한 대응이 드라마 제작배경이 되었다면, 중국의 역사왜곡에 대한 국민적인 반감은 시청률이라는 결과물로 나타난 것이다. 드라마의 제작의도를 보면 이는 더 쉽게 볼 수 있다.

MBC 〈주몽〉의 제작진은 '우리 민족이 가장 아름다웠던 시간', '우리 민족이 세계의 중심이었던 시간' 그 시간을 주몽을 통해 찾고자 했다. 즉, 중국제국을 무릎꿇리고 두려움없이 세계와 맞선 거대한 고구려를 만나고자 한 것이다. 또한 그 속에서 거대한 영웅인 주몽을 부각시킨다. 혼자몸으로 수천만 대군을 상대해 고조선의 빼앗긴 하늘을 되찾고 고구려의 하늘을 연 개국의 영웅 주몽을 만나는 것에 그 기획의도를 두고 있다. 물론 소서노를 통한 사랑이야기도 빼놓지 않으면서 말이다.

SBS 〈연개소문〉의 경우, 고구려는 우리 민족의 저력과 웅지를 가장 잘 대변했던 초강대국이었다. 광활한 대륙으로 영토를 넓혔던 광개토대왕, 수나라를 무너뜨린 을지문덕, 당태종 이세민을 무릎꿇린 연개소문. 이들이 있었기에 고구려는 중국에 당당히 맞설 수 있었다. 그러나 신라가 당나라의 힘을 빌려 삼한을 축소통일한 이후, 고구려의 영웅들에 관한 역사는 왜곡하고 폄

하되어 사라졌다.

특히 연개소문은 중국이 쓴 역사에 의해 철저하게 부정적으로 그려졌으며 우리의 역사서도 그들의 왜곡된 역사를 그대로 수용하는 어리석음을 범하고 있다라고 전제하며, 연개소문을 통해 민족의 정체성을 확인하고 묻혀 있던 고구려의 역사를 되살리겠다고 그 기획의도를 밝히고 있다. 또한 연개소문의 제작진은 홈페이지에 자문단의 역사기행이란 코너를 만들어서 동북공정의 허상에 대해 밝히고 고구려에 대해 알리는 작업도 하고 있다.

KBS 〈대조영〉에서도 당태종 이세민이 직접 이끈 30만 대군은 안시성 양만춘 장군 앞에 무릎 꿇는다. 대제국 고구려의 위용이 휘날린지 20년 후인 668년, 내부분열로 인해 고구려는 멸망한다. 하지만 패망한 그늘 속에서 고구려 청년이 분연히 일어나 고구려 유민을 구해내고 흩어진 군대를 규합, 처절한 투쟁을 통해 고구려의 전통성을 잇는 새나라를 건설한다. 대조영 그리고 발해... 당나라 마저 인정한 동북아의 최강국이 되어 평화와 공존으로 세계와 교류하였다고 이야기하며, 대조영과 발해를 그리는 일은 찬란한 한민족의 역사를 복원하는 일임과 동시에 우리에게 역사적 통찰력과 민족의 미래에 대한 새로운 비젼을 제시하는 작업이라고 밝히고 있다.

즉 드라마를 제작한 방송사 모두가 거대하고 찬란했던 역사의 기준을 중국 왕조와의 대결에서 찾은 셈이다. 또한 주몽, 연개소문, 대조영 등 드라마의 주인공이 영웅인 이유도 중국 왕조를 굴복시켰기 때문이라고 설명했다. 이는 온전히 역사적 사실을 복원하는 것에 관심을 두었다기 보다는 중국 왕조와의 대결에 초점을 맞추어 드라마를 제작한 것이다.

방송3사가 드라마를 통해 고구려에 대한 자긍심을 고취하는데 기여했을지 모르지만 중국 왕조와의 대결을 지나치게 강조함으로써 감정적 대응을 했다는 평을 면하기 어렵다. 더욱이 고구려의 우위성을 강조하기 위해서 역사적 상황 자체를 윤색하거나 왜곡했다면 심각한 문제가 아닐 수 없다.

그럼에도 불구하고 이들의 방영이 의미가 있는 것은 우리의 찬란한 역사를 더 많은 사람들이 인식할 수 있는 기회를 제공했기 때문이다.

3. 사례로 본 역사드라마(사실과 허구사이)

역사드라마는 역사적인 사실을 기초로 한 역사성을 지닌 것이어야 하므로 이를 제작하는 이들은 역사에 대한 인식을 지니고 있어야 한다. 역사 속의 사실을 왜곡하는 것은 역사 속에는 없는 가상의 것을 만들어내는 것보다 더 심한 잘못이기 때문이다. 하지만 역사드라마의 경우 시청률을 의식하고 재미를 부여하기 위하여 역사적인 사실을 잘못 기록하거나 허구의 인물을 만들어내기도 한다. 여기서는 실지로 방영된 역사드라마 속에 담긴 허구의 모습을 살펴보기로 한다.

모든 역사드라마를 다 살피지는 못하였고, 〈주몽〉, 〈연개소문〉, 〈대조영〉, 〈태조왕건〉, 〈해신〉, 〈여인천하〉 등의 드라마만을 한정하여 그 사실관계를 파악해보고자 하는데 주로 〈주몽〉과 〈대조영〉에 집중되어 있음을 밝힌다.

〈주몽〉은 무엇이 잘못 되었을까?

* 전체 줄거리부터 실제 역사와 다르게 설정했다.

〈주몽〉의 주된 줄거리는 2100년간 북방의 대륙을 지배했던 고조선이 한나라의 철기에 무너지자, 주몽이 고조선의 옛 땅을 회복하여 고구려를 건국한다는 것이다. 제작진은 주몽을 B.C 108년 고조선 멸망 직후에 유민의 영웅인 해모수의 아들로 태어났으며 아버지를 배신한 금와의 아들로 자라, 빼앗긴 고조선의 하늘을 되찾고 고구려를 건국해 한민족에게 가장 벅찬 역사를 안겨주는 인물로 설정했다. 하지만 이 줄거리는 고구려가 서기 1세기경에 고대국가로 발돋움했다는 학계의 통설과는 차이가 있다. 또한 고구려를 건국한 이들이 고조선을 계승한 근거는 현존하는 자료에서는 찾아볼 수 없으므로 역사적 사실과 차이가 있다.

즉 드라마 〈주몽〉은 고구려의 건국과정을 고조선의 부흥으로 만들기 위해서 기원전 1세기 후반에 활동했다는 주몽의 출생시점을 고조선 멸망직후로 소급하는 결과를 가져왔다. 또한 주몽이 고조선 옛 땅을 수복한 것을 강조하기 위해 요동지역까지 정벌한 것처럼 드라마에서 그려냈지만 고구려 건국지는 고조선의 주변부인 압록강 중상류 일대이며, 요동지역으로 진출한 것은 4세기 이후이므로 이는 역사사실의 왜곡이라 할 수 있다.

*드라마 소품의 문제점

불교가 수용되지도 않은 시기에 석등(石燈)이 등장하거나 부여나 고구려지역에는 없었을 다리 달린 술잔을 사용하는 장면 등은 드라마를 좀 더 화려하게 만들기 위한 장치라고 보아넘길수도 있다. 그러나 그 시기 존재하지 않았던 말까지 철갑을 두른 철기군(鐵騎軍)으로 상정한 것은 쉽게 지나칠 수 없다.

*유화부인은 주몽이 왕이 된 뒤에 죽었다.

드라마 〈주몽〉에서 유화의 인기는 대단했다. 실지로 유화부인은 주몽의 잉태부터 시작하여 부인의 죽음이 분명하게 나타나는 몇몇 사람 가운데 하나로서, 부여의 왕자가 주몽을 죽이려하자 이를 눈치채고 주몽에게 여러 사람들이 장차 너를 죽일 것이므로 멀리가서 뜻을 이루라고 격려했다. 실지로 왕의 어머니 유화가 동부여에서 죽자, 그 왕 금와가 태후의 예로서 장사지내고 신묘를 세웠다는 기록도 있다. 그러나 드라마에서는 유화부인이 고구려가 건국되기 전 금와왕의 칼에 죽는다.

이것은 역사적 사실을 왜곡한 것으로 드라마의 극적인 장면을 위해 역사에 나온 인물을 14년이나 일찍 죽게 한 것이다.

*송양은 나쁜 사람이 아니고 주몽과 사돈간이다.

드라마에 보면 송양은 주인공을 납치하고 한나라와 결탁하는 아주 비열한 인물로 그려진다. 그러나 역사속의 송양은 그렇지 않다. 주몽이 비류수 가운데로 채소잎이 떠내려오는 것을 보고 상류에 사람이 있는 것을 알게 되자, 사냥하며 찾아가서 비류국에 이르렀다. 그 나라 왕 송양이 나와 보고는 여러 대에 걸쳐서 왕 노릇을 하였으나 땅이 좁아서 두 왕을 용납하기엔 부족하므로 부하가 될 것을 이야기하였으나, 주몽이 이를 분하게 여겨 서로 활을 쏘아 겨루었는데 송양이 당해내지 못하고 송양이 나라를 들어 항복해왔다. 즉 주몽에게 패한 송양은 사실상 고구려의 초기 세를 불리는데 결정적인 기여를 한 셈이다. 또 주몽이 죽고 부여에서 예씨부인과 사이에서 낳은 유류(유리)가 고구려로 와 2대 왕이 된 다음해에 송양의 딸을 맞이하여 왕비로 삼았다. 즉 주몽과 송양은 사돈사이가 된 것이다.

또한 주몽이 송양을 만난 것은 고구려를 세운 뒤이고 고구려를 세우고 일어난 사건 가운데 가장 대형사실이다. 그런데 송양을 고구려가 세우기도 전에 등장하여 그것도 온갖 악역을 다하게 만든 것은 역사를 배우는 학생들에게 큰 혼란을 심어줄 것이다. 꼭 필요하다면 가공의 인물을 만들어 등장시켜야지 몇 년 뒤에 등장하는 인물을 데려다가 역사적 사실과 전혀 다른 악역을 시키는 것은 역사왜곡이라고 할 수 있다,

*부여는 황제 칭호를 쓰지 않았다.

부여에 관한 기록은 고구려보다 많이 부족하다. 그런 면에서 부여에 대해 표현하는 것은 자유스러웠을 것이다. 하지만 부여는 황제라는 칭호를 쓰지 않았다. 황제라는 칭호는 진나라 시황제가 BC 221년 중국을 통일하고 처음 사용하였으므로 진시황제 이전에는 비록 천자와 제후의 관계가 형성되었어도 왕이라고 불렀다. 그러므로 부여를 보여주면서 황제, 황상 같은 호칭을 쓰는 것은 잘못된 것이다.

*부여의 돌성

드라마에서 부여궁은 웅장한 돌성이다.

하지만 부여는 목책(木柵)을 둥글게 쌓아 성을 만들었다고 역사서에 기록되어 있다. 또한 지금까지 부여가 쌓은 돌성은 발견되지 않았고 백제는 초기에 주로 목책을 사용하였으며 6세기 이후에야 고구려의 영향을 받아 돌성을 쌓기 시작한다. 사소하게 여기는 부분이나 역사 드라마는 다른 드라마와는 달리 당시의 시대상을 표현해 주어야 한다. 이를 통해 시청자들이 "아 그 시대는 저렇게 살았구나"하는 시대상을 볼 수 있어야 한다. 또한 세트장은 관광객들이 많이 찾아가는 곳이고 생활에서 역사를 접하게 되므로 더 신중을 기해야 할 것이다.

*고구려가 건국되기 전 현도를 없앤 기록이 없다.

드라마 주몽은 고구려가 건국되기 전의 일을 주로 다루었기 때문에 역사에서 고구려가 건국된 뒤 일어난 사실들을 많이 끌어다 썼다. 그 대표적인 것이 현도를 쳐부순 것이다. 드라마에서는 통쾌한 일이지만 이것은 역사를 왜곡한 것이다.

고구려가 영토를 넓히기 위해서는 필연적으로 한나라의 현도 · 요동군과 부딪칠 수밖에 없었고 이런 상황은 오랫동안 계속된다. 그런데 드라마 주몽에서는 마치 고구려를 세우기 전에 현도를 부수고, 고구려를 세우고 주몽이 죽기 직전 요동과 한나라 원군을 한꺼번에 쳐부수는 전과를 올리면서 끝이 난다. 하지만 이 두 가지 전쟁은 역사 기록에는 없는 사실이다.

*세발까마귀(三足烏)는 고구려 국기나 상징이 아니었다.

주몽에는 마치 세발까마귀가 고구려의 국기처럼 따라 다닌다. 드라마에 상징적인 문양이 등장하는 것은 이해하지만 이것이 마치 국기처럼 쓰이는 것은 도가 지나친 것이다. 그렇다면 역사 속에 세발까마귀는 어떤 모습으로 등장하고 있을까? 삼국사기 고구려본기 대무신왕편에 나오는 까마귀에 대한 기록은 다음과 같다.

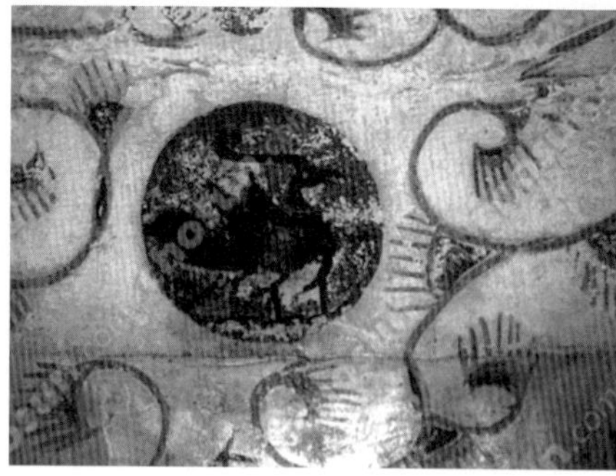

"3년 겨울 10월에 부여왕 대소가 사신을 보내 붉은 까마귀를 보내왔는데 머리는 하나인데 몸이 둘이었다. 처음에 부여 사람이 이 까마귀를 얻어 왕에게 바쳤는데 어떤 사람이 말하였다. 까마귀는 검은 것입니다. 지금 변해서 붉은 색이 되었고, 또 머리 하나에 몸이 둘이니 두 나라를 아우를 징조입니다. 왕께서 고구려를 겸하여 차지할 것입니다. 대소가 기뻐하여 그것을 보내고 아울러 그 어떤 사람의 말로 알려주었다. 왕은 여러 신하들과 의논하니 대답하였다. 검은 것은 북방의 색인데 지금 변해서 남방의 색이 되었습니다. 또 붉은 까마귀는 상서로운 물건인데 부여왕이 얻어서는 가지지 않고 우리에게 보내었으니 양국의 존망은 아직 알 수 없습니다."

이것이 까마귀에 대한 삼국사기의 기록이다. 즉, 이 새가 국기를 상징한다든가 상서로운 것이라는 내용은 찾아보기 힘들다. 세발 까마귀는 고구려 벽화에 나타난다. 고구려 벽화 가운데 세발까마귀가 가장 먼저 나타난 것은 광개토태왕 무렵인 408년에 축조된 평안도 덕흥리무덤 안칸 동쪽 천정에 그려진 것이다. 고구려 벽화에 그려진 세발까마귀는 해 속에 그려져 있다.

세발까마귀가 우리에게 일반화 된 것은 1993년 조선일보의 "아! 고구려" 전시회에서 상징로고를 세발까마귀로 사용하면서부터이다.

그리고 최근 드라마에서는 세발까마귀가 고구려의 국기나 상징처럼 쓰이고 있는 것이다.

그럼 〈대조영〉은 어떠한 문제점이 있을까?

*발해 건국 이전 시대에 대한 주인공과 그의 활동지역 문제

드라마에서 주인공 대조영은 평양에서뿐 아니라 검모잠이 활동하는 한성의 안승국 모두에서 중요한 역할을 하고 있다. 아버지 걸걸중상(대중상)은 양만춘과의 관계에서나 활약할 정도였고 고구려 멸망 전후에 있어서는 오로지 대조영이 시대의 중심에 있었던 것으로 표현되고 있다.

그러나 고구려 멸망부터 발해 건국까지는 대조영이 아닌 그 아버지 걸걸중상이 역사의 주인공이었다고 보아야 한다. 발해 건국 과정에 대해서는 『구당서(舊唐書)』와 『신당서(新唐書)』가 자세하다. 그런데 『구당서』는 대조영이 발해 건국의 주체인 것으로 묘사하고 있다. 그러나 발해사람 장건장(張建章)의 『발해국기(渤海國記)』를 참고하여 보충한 『신당서』는 『구당서』보다 자세히 발해 건국 과정을 기록하고 있는데 걸걸중상을 발해 건국 직전까지 주도한 사람으로 기록하고 있다. 걸걸중상이 죽은 시점을 분명히 하고 그 이후에 대조영이 주도한 것으로 적고 있기 때문이다.

측천무후는 발해 건국을 저지하기 위해 이들의 지도자인 걸사비우와 걸걸중상에게 각각 허국공(許國公)과 진국공(震國公)을 주면서 회유하고 있다. 이는 당시 발해건국에서 가장 핵심적인 사람은 대조영이 아닌 걸걸중상이었음을 의미한다. 즉, 대조영의 시대는 드라마에서 보는 것처럼 건국이전부터가 아니라, 아버지가 죽고 난 이후부터라고 보는 것이 합리적이다. 주인공을 부각시키기 위해 그 시대마저 앞당기는 것은 우리가 하는 또다른 역사왜곡이다.

*걸사비우의 위상문제

드라마에서는 대조영의 의형제이자 부하로서 걸사비우가 등장한다. 그러나 『신당서』를 통해 볼 때 이는 잘못된 구성이다. 건국과정에 대해 자세히 전하는 『신당서』에 이진충의 반란 직후 더 큰 문제 즉 발해건국 내지 고구려

복국에 대한 보고를 받고 측천무후가 발해 건국 만류의 대상자로 걸사비우와 걸걸중상에게 회유책을 내놓았던 점이 기록되고 있다. 이는 걸사비우가 걸걸중상과 나이도 비슷하거나 같은 반열에 있었음을 보여주는 것이다. 즉 걸사비우는 걸걸중상과 동시대 인물이므로, 걸걸중상의 아들인 대조영과 의형제 내지 부하로 등장하는 것은 역사사실과 부합되는 것이다.

*기록상에 나오는 인물이지만 드라마에서는 다른 역할을 하거나 아예 기록에 없는 사람을 등장시킨 것.

기록에 나오는 인물이지만 역할이 다른 것은 작가의 몫으로 볼 수도 있지만 가공의 인물을 통해서 할 수 있는 역할을 역사상의 인물로 그려내는 것은 문제의 소지가 될 수 있다. 드라마에서 대조영의 의형제이자 부하장수로,

사람들에게 재미를 주었던 흑수돌은 역사기록에는 나오지 않는 사람이다. 또한 당나라 장수 설인귀의 부장으로 늘 함께하며 웃음을 주었던 홍패 역시 역사기록에는 없다. 거란부족 추장의 딸이며 대조영의 연인으로 등장하는 초린도, 대단한 책사로 대조영이 발해를 건국하는 과정에 깊게 참여해 많은 도움을 주는 미모사도, 대조영이 항당운동을 거쳐 발해를 건국하는 과정에서 함께하는 금란도 대조영이라는 드라마의 전개에서는 주된 역할을 하였지만 이들 모두 역사 기록에서는 보이지 않는 인물들이다. 가공의 인물을 가져다 쓰는 것은 작가의 상상력에서 비롯되기는 하나 드라마의 전개상 비중의 강한 이들을 시청자들은 실제로 존재했던 인물들로 여길 가능성이 크다.

고려를 개창한 태조왕건은 무엇이 문제였을까?

*역사관의 문제

〈태조왕건〉의 제작진은 기획의도를 다음과 같이 밝히고 있다.

"후삼국 시대의 분열되고 흩어졌던 민심을 모아 민족 천년의 정기와 자존을 세움은 물론 오늘날의 코리아로 불리는 대고려 제국을 건설한 태조 왕건을 통해 그 해답의 일말을 찾고자 한다" 즉 〈태조 왕건〉의 제작진은 왕건에게서 우리 민족의 염원이자 숙제인 통일의 해답을 찾겠다는 것이며 그 해답의 키워드로 왕건의 화합론을 들고 있다. 그러면서 "우리 민족의 한 핏줄인 발해의 망국민들을 받아들였으며, 천년의 명맥을 유지해 온 신라를 평화적으로 이양받았고 후백제의 시조 견훤의 항복을 받은 것" 등을 화합론의 증거로 들고 있다. 그러면서 왕건은 "전쟁의 와중에서도 서경(평양)을 두어 끝없이 옛 고구려의 영토 회복을 모색하였는데 이는 대륙으로 향하는 우리 민족의 북벌에 대한 거대한 웅지를 잘 보여주는 일이 아닐 수 없다"고 주장하고 있다. 그러나 사실도 과연 그러할까? 궁예나 견훤이 통일 제국 건설에 실패한 반면 왕건이 성공한 이유는 무엇 때문일까? 〈태조 왕건〉 제작진의 주장대로 궁예나 견훤이 왕건보다 화합적 자질이 부족했기 때문일까?

평가의 기준은 화합 자체가 아니라 화합의 대상과 내용에 있다. 당시 의미 있는 화합의 대상은 지방을 장악하고 있는 호족들이었다. 궁예 · 견훤과 왕건의 가장 큰 차이는 지방 호족에 대한 시각 차이이다. 궁예가 신하였던 왕건에게 쫓겨난 이유는 그의 이해할 수 없는 행동들 때문만이 아니라 호족들과의 화합에서 실패했기 때문이다.

궁예나 견훤은 각 지방 호족들의 세력을 억제하는 강력한 중앙집권국가를 수립하고자 한 반면 왕건은 각 지방 호족들을 화합의 대상으로 삼아 호족연합 국가를 건설하는데 성공한 것이다. 왕건이 즐겨 쓴 연합방법은 정략결혼이었다. 즉, 왕건이 거느렸던 29명의 왕비는 호족들과 화합의 길을 택한데 따른 필연적 산물로 왕건은 전국의 20여 호족들과 혼인관계를 맺었다.

왕건은 정략결혼을 통해 호족들과 화합했지만 실제 통치력이 미치는 지역은 한정되어 있었던 것이다.

〈태조 왕건〉의 역사관이 문제가 되는 것은 이 부분으로 호족들과 화합의 길을 택한 왕건과 옛 고구려의 영토 회복은 양립될 수 없는 노선이라는 점이다. 즉 옛 영토의 회복 같은 정책은 궁예나 견훤이 추구했던 강력한 왕권 국가에서나 가능한 일이었다. 전국 각지의 장인에게 고개를 숙여야했던 왕건에게는 거의 불가능한 것이다. 따라서 태조 왕건의 화합론을 강조하려면 그 화합의 결과 고토 회복은 불가능해졌다는 한계를 동시에 지적해야 균형잡힌 평가가 될 것이다.

여인천하의 문제점

*원자가 후궁 소생 왕자들과 시험을 치르게 하는 것

원자가 후궁 소생의 왕자들과 같은 조건에서 시험을 치른다는 것은 상상할 수도 없는 일이었다. 『홍길동전』에서 홍길동이 호부호형(呼父呼兄)하지 못하는 슬픔을 토로하고 있는 것에서 보여지듯이 조선시대 적서(嫡庶)구별은 매우 엄격했다. 이런 상황에서 후궁 소생의 왕자와 정비(正妃) 소생의 원자가 비교대상이 된다는 것은 있을 수 없는 일이다.

*윤원형의 고문

윤원형의 고문은 조선의 수사(搜査)체제를 우습게 본 창작이다.

조선은 고문이 용인되기는 하였으나 법률적 규제아래 시행되었고, 고문이전에 각 혐의자의 진술을 받는다. 진술의 합리성이 없거나 다르면 대질신문을 하고, 대질신문에서 허위가 밝혀짐에도 사실대로 말하지 않으면 고문을 가하는 것이다. 이 경우 왕비의 형제인 윤씨 형제가 '중전이 회임한 아기씨가 남자인지 여자인지 어떻게 알고 역모를 꾸미겠소' 라고 한마디 하면 무혐의로 끝나는 사건일 뿐이다.

그럼에도 〈여인천하〉는 김안로가 왕비의 면전에서 "중전을 교태전에서 밀어내겠다"고 위협하고 삼사(三司)는 왕비를 폐하라고 추정한다. 이런 장면들은 〈여인천하〉를 역사드라마가 아니라 별나라에서나 있을 수 있는 공상 드라마로 만들고 있다.

해신의 문제점

해신 제작진의 기획의도는 "21세기 동북아 중심 국가 건설의 주역이 될 젊은 세대에게 미지의 세계에 대한 도전의식과 희망을 심어 주기 위한 계기를 마련하고자 한다"는 것이었고, 역사적 사실을 왜곡하지 않는 선에서 새로운 인물들로 재구성하게 될 것이다라고 하였다. 하지만 실제 드라마는 정화라는 여인을 가운데 두고 장보고와 염장의 애정갈등을 주로 다루었을 뿐 정작 장보고의 웅건한 기상과 역동적인 해상활동은 부수적으로 취급하였다.

그 결과 드라마 제작진들이 장보고의 삶을 통해 시청자들에게 전달하고자 했던 도전의식과 미래에 대한 희망의 메시지는 거의 들리지 않게 되었다.

*역사상의 실존인물을 실제와 다른 사람으로 왜곡.

설대인 곧 설평(薛平)은 당나라 강주 출신으로 당나라 장수 설인귀의 증손이다. 그는 신라인 노비 매매의 금단(禁斷)을 주청했던 인물이다. 그럼에도 드라마에서는 설평을 장보고의 후견인이며 신라인의 노비매매를 적극적으로 반대하는 양주에 거주하는 재당신라상인으로 설정하였다. 춘태랑 역시 일본출신의 상인이었음에도 드라마에서는 재당 신라상단의 행두(行頭)로 등장시켰다.

*드라마에서는 염장이 장보고를 암살한 직후 김양이 보낸 사람들의 공격을 받아 비참하게 죽는 것으로 되어 있다. 그러나 『속일본후기』에 의하면 염장은 장보고를 암살하고 이어서 일어난 이창진(李昌珍)의 반란을 평정한 후 장보고의 화물을 회수하기 위해 일본에 사신을 보내는 등 상당기간 동안 청해진을 장악하고 있었다.

4. 역사드라마, 얻은 것과 잃은 것

역사 드라마 열풍은 여러가지 이유들이 복합적으로 작용해 일어난 현상이다. 또한 문화콘텐츠로서의 역사드라마는 역사라는 단어자체가 주는 어려움과 까다로움으로 인하여 역사에 선뜻 다가가기 어려운 사람들에게 드라마를 통해 쉽게 역사를 접할 수 있는 기회를 제공하고 있다. 드라마를 통해 역사를 배운다고 하는 말이 많이 등장하는 것은 많은 사람들이 역사드라마를 통해 역사에 한발 더 다가가기 때문일 것이다.

또한 드라마를 보면서 민족의 자긍심을 깨우치기도 한다. 대표적인 것이 고구려와 발해를 다룬 역사드라마일 것이다. 태왕사신기의 경우에는 수출을 목적으로 하여 만들어져서 중국과 일본에 수출되기도 하였다.

고구려를 다룬 드라마가 중국의 동북공정과 맞물려 방영된 것은 정치적으로 민감한 상황을 보다 쉽게 대응할 수 있는 경우를 가져오기도 하고 많은 사람들에게 관심을 불러 일으키는 계기가 되기도 하였다.

다른 드라마보다 역사드라마가 높은 시청률을 보이는 것은 역사를 쉽게 알 수 있다는 장점도 있거니와 시대가 필요로 하는 인물을 통해 대리만족을 하는 경우도 있기 때문이라 할 수 있다. 이러한 역사드라마는 역사소설을 바탕으로 하기도 하며 이는 역사소설에 대한 관심을 불러오기도 한다.

또한 시대를 다루는 영화들이 인기를 얻는 것도 어려운 역사에 쉽게 다가가는 계기를 만들기 때문일 것이다. 그러나 최근 방영되고 있는 역사 드라마들이 순기능만 하는 것은 아니다. 역사 드라마가 역사에 대한 관심을 고조시킨다는 것은 큰 장점이지만 역사관을 오도할 역기능의 우려가 있기 때문이다.

반만년 역사를 자랑하면서도 정작 국사는 선택과목으로 취급받는 우리 역사 교육의 현실에서 역사 드라마가 역사 교사의 기능을 하고 있는 것이다. 또한 일반 국민들은 역사 드라마의 내용을 역사적으로 실제했던 사실로 받아들이고 드라마의 해석을 역사적 사실에 대한 정답으로 받아들이고 있다.

역사드라마나 소설의 성격에 대해서는 이미 많은 문학가와 역사학자가 다

각도로 검토한바 있다. 대체로 문학가들이 역사적 사실성보다 작가 의식이나 문학적 상상력을 중시한 반면, 역사학자들은 역사적 사실에 대한 엄밀한 고증을 요구하며 지나친 상상력에 따른 폐해를 경고했다.

역사드라마는 비록 역사를 소재로 하지만, 어디까지나 드라마이지 역사 그 자체는 아니므로, 역사드라마가 그 시대의 총체적인 역사상을 제대로 묘사하고 주제의식만 바람직하다면, 작가의 상상력과 허구적 요소는 풍부하면 할수록 좋다는 입장이다. 물론 역사드라마도 어디까지나 드라마이므로 작가의 상상력이나 허구적 요소는 얼마든지 동원될 수 있고 또 허용되어야 한다. 그렇지만 역사드라마의 배경이 되는 시대의 총체적인 역사성과 완전히 어긋나는 상상력이나 허구적 요소까지 용납될 수 있는 것은 아니다. 작가의 상상력과 허구적 요소는 그 시대의 역사상을 더욱 풍부하게 그려내기 위해 필요하지만 역사상 자체를 왜곡한다면 아무리 뛰어난 상상력이라 하더라도 역사드라마에는 독(毒)이 될 것이다.

역사드라마에는 최소한 두가지가 전제되어야 한다. 하나는 사관(史觀)이고 다른 하나는 사료 해석 능력이다. 이 두가지 중에서 한가지라도 결여되면 그 역사물은 역사의 진실에서 멀어진다. 역사의 진실에서 멀어진 역사물은 이롭지 못한 것이 아니라 해가 된다는 점에서 그 책임은 결코 적지 않다. 최소한 사관과 사료 해석능력을 갖추고 있을 때 작가의 상상력이 적어도 유해한 것은 되지않을 것이다.

역사는 한 사회를 살아갔던 사람들의 삶의 총체이자 그 사회를 주도했던 사람들의 행위에 대한 평가여서 잘못된 역사 해석은 후세 사람들의 가치관 형성에 해를 끼칠 수 있기 때문이다.

특히 일반인을 상대로 하는 소설이나 드라마, 특히 미디어 시대에 엄청난 영향력을 갖고 있는 역사 드라마의 경우 이러한 문제는 매우 심각하다.

역사 드라마는 역사에 대해 전공하지 않은 많은 사람들을 주 시청대상으로 삼는다. 이들은 드라마 속의 이야기를 역사적 사실인 것처럼 혼동할 우려가 높고 자칫하면 왜곡된 역사를 진실인양 인식하고 유포할 가능성도 크다.

실지로 학생들이 선생님의 이야기보다는 역사 드라마에 나오는 내용이 사실이라 여기고 선생님이 거짓말을 한다고 이야기하는 현실은 역사드라마의 진실 여부의 중요성을 일깨워주는 것이다.

또한 역사드라마의 진실여부에 대한 토론의 장에서 그냥 드라마로 보라는 의견이나 역사사실에 어긋나는 것을 지적하는 의견에 근거자료를 제시하라고 하는 것을 통해서 보면 역사드라마의 역할이 중요함을 깨달을 수 있다.

그렇기 때문에 역사물을 기술하거나 제작하는 사람들은 올바른 사관과 정확한 사료 해석 능력을 갖추는 것이 더욱 필요한 것이다.

역사드라마는 허구적 상상력이 얼마든지 허용되지만 주인공이 살던 시대에 대한 통찰력의 기초 위에서만 그 허구성이 역사적 진실성을 획득할 수 있다.

"본 드라마는 역사적인 사실을 각색하여 제작되었습니다."라는 문구가 드라마 시작할 때마다 나오면 좋을 것이다. 그로인해 역사드라마가 역사 사실 그대로 임을 믿지 않도록 말이다.

【참고문헌】

권덕영, 「역사와 역사소설 그리고 사극」, 『고구려사연구』

서길수, 「역사와 고구려 드라마 주몽」, 『고구려사연구』

최혜진, 「〈주몽〉 신화와 드라마적 성격」

하효숙, 「역사, 젠더, 그리고 텔레비전 역사드라마 – 대장금을 중심으로」

한규철, 「역사와 발해드라마 대조영」, 『고구려사연구』

여호규, 「고구려 드라마 열풍의 허와 실」, 『한국사 시민강좌』, 2007년 2호, 41집.

이덕일, 『역사에게 길을 묻다』, 이학사, 2002.

kbs, mbc, sbs 홈페이지.

제15장 강원의 역사와 문화

1. 강원의 역사
2. 강원의 인물
3. 강원의 문화유산
4. 강원의 민속과 축제

제15장 강원의 역사와 문화

김흥술

1. 강원의 역사

강원도는 남북이 길고 동서가 짧다. 동쪽은 해안선으로 동해와 접해 있고, 경상북도 · 충청북도 · 경기도 · 황해도 · 함경남도와 접해 있다. 태백산맥을 사이에 두고 높은 산과 깊은 골짜기가 둘러싸고 있어 전체 면적의 약 82%가 산지이다. 한강과 낙동강이 강원도에서 발원하고 금강산 · 설악산 · 오대산 · 태백산 · 치악산 등 유명한 산들이 있다.

동서의 길이는 150km, 남북은 243km, 해안선은 314km이고, 전체 면적은 16,874㎢로 전국토의 16.8%를 차지할 만큼 넓은 지역이다. 강원도의 상징물로는 도내에 서식하는 반달곰을 모티브로 한 반비를 비롯하여 철쭉, 잣나무, 두루미, 반달곰 등이 있다.

강원지역은 고대로부터 현재에 이르기까지 다른 지역에 비하여 변경 즉, 지방이라는 의식이 강하다. '변경'은 군사적 요충이 되는 곳이다. 더불어 정치적으로도 그 중요성이 높은 지역이라고 할 것이다.

강원도 지도

일찍부터 인류가 살아 온 터전이었던 강원지역은 고조선시대에는 예맥으로 불리기도 했다. 고대국가로서의 면모를 갖추게 되어 중앙정부의 권력이 지방에 까지 영향을 미치게 되는 삼국시대부터 영서지역이 백제의 영향력 아래에 놓이기도 하였으나, 고구려의 세력이 강하였던 3~5세기경 강원도 전체가 고구려의 영향을 받았고, 신라의 세력이 강성하였던 6세기경부터는 신라의 영향을 받게 되었다. 지방행정구역으로서 강원도의 영역 파악이 가능하게 되었던 시기는 신라가 삼국을 통일한 이후 새로운 지방행정조직인 9주를 설치한 685년(신문왕5)경 부터이다.

당시 전국에 설치된 9주는 삭주 · 명주 · 한주 · 웅주 · 상주 · 전주 · 무주 · 강주 · 양주 등이었는데, 강원지역은 태백산맥을 중심으로 영서의 삭주와 영동의 명주로 구획되어 21개 속군 51개 속현을 관할하였으며, 특별행정구역인 북원경이 삭주 관내에 설치되어 있었다. 삭주와 명주는 현재의 강원도 지역과 경상북도 충청북도 함경남도의 일부지역까지를 포함하고 있었다.

신라의 9주제 아래서 삭주와 명주의 강원지역 지방행정제도는 고려시대에 들어와 많은 변화가 있었다. 고려 초기 왕권은 제한적이었고, 지방은 여전히 호족들의 지배 아래 놓여 있었다. 지방관의 파견은 고려의 왕권이 확립되는 성종 때 이르러 가능하게 되는데, 983년(성종2) 중앙관제를 정비하고, 전국을 12목으로 편성하여 지방관을 파견함으로써 직접 통치할 수 있게 되었다. 12목에 행정장관을 파견한 것은 지방 호족세력을 통제하는 동시에 지역의 핵심을 확보하기 위한 목적으로 설치되었다. 더불어 국경지대인 동북계와 서북계에는 군사상의 필요에 의해 주진사가 파견됨으로써, 고려초기의 지방행정은 행정적인 12목과 군정적인 양계의 이원체제로 성립되었다.

전국을 12목으로 편성하여 통치하였던 983년의 지방행정제도 개편은 주로 남도 지역에 해당되는 개편으로, 군정지역인 동북계 지역의 강원도 지역과 서북계 지역의 평안도 지역과는 관계가 없었던 개편이었고, 동북계의 명주는 하서부로 개편되었다. 이러한 이원적 지방제도는 995년(성종14) 당의 제도를 차용한 외관직의 절도사 체제로의 재편과 10도제로 전환되었다. 행정체제인 12목이 군사적 통치조직을 중심으로 하는 절도사 체제로 개편됨에 따라 종래의 12목 지역에 12절도사가 설치되었으며, 그 밖의 지역에는 총 80명의 외관이 파견되었다.

강원도 지역은 교주 · 춘주 · 동주 · 명주 · 척주 등에 5명의 단련사와 고주(고성) · 연주(삭주) 등에 2명의 방어사 등 모두 7명의 외관이 파견되었다. 이어 전국의 행정구역을 10도로 나누는 개편을 단행하였다. 이 때 설치된 10도는 관내 · 중원 · 하남 · 강남 · 해양 · 영동 · 영남 · 산남 · 삭방 · 패서도 등으로 128주 449현 7진이 소속되었는데, 7주 62현을 관할하였던 삭방도는 대체적으로 현재의 강원도에 해당된다. 10도제는 12목 체제의 주를 중심으로 하는 체제에서 주를 포함하는 광역 지방제도로의 전환으로, 고려의 집권체제가 정비 강화되었으나 지방행정제도로서의 도제(道制)로 정착되지는 못하였다. 995년에 개편된 절도사 체제는 1005년(목종8)에 이르러 남도에는 12절도사 4도호부만을, 동 · 북계에는 방어사(防禦使) · 진장(鎭將)만을 남겨두는 등 전국의 관찰사 · 도단련사 · 단련사 · 자사를 폐지함으로써 절도사체제는 점차 민정적인 체제로 바뀌었다.

고려시대 5도 양계의 지방행정체계는 수차례 변경되어 대체로 현종 대에 완비되었다. 강원도 지역은 대체로 태백산맥 동쪽인 영동지방의 대부분 지역과 함경남도 정평(定平)이남 지역이 동계에 포함되었으며, 양광도에 포함되어 있던 영서 남부지역 일부를 제외한 영서지방은 교주도에 포함되었다.

강원도의 대부분이 포함되었던 동계와 교주도의 행정조직은 동계는 1도호부 9군 8현 10진의 주현과 17속현으로, 교주도는 3군의 주현과 25속현 등 1도호부 12군 8현 10진의 주현과 39속현으로 구성되어 있었다.

고려중기부터 5도 양계에는 5도의 안찰사와 양계의 병마사가 파견되어 관할 군현을 통치하였으며, 민정적인 5도와 군사적인 양계의 이원체제는 고려말까지 지속되었다.

1392년 7월 17일 개성 수창궁에서 즉위하여 새로운 왕조를 개창한 태조 이성계는 정치적인 안정을 위해 국호를 그대로 고려라 하고, 모든 법제를 고려의 것을 그대로 계승한다는 교서를 반포하였다. 이후 정치가 어느 정도 안정되자, 정치적으로는 왕조교체에 따른 수도의 이전과 경제개혁을 위한 과전법의 실시로 인해 경기도의 행정구역이 조정됨에 따라 경기도와 인접한 다른 지역의 행정구역도 재조정해야 될 필요성이 대두되었다.

이에 따라 1394년(태조3) 6월 도평의사사에서 행정구역의 일부 개편을 건의하면서 강릉도와 교주도를 합하여 강원도로 고칠 것을 청한 후, 그 다음해인 1395년 영동의 강릉도와 영서의 교주도를 합하여 '강원도' 로 합도 함으로써 강원도라는 도명이 공식적인 행정구역으로 확정되었다. 강원도명이 확정된 이후 강원도의 행정구역은 1399년(정종1) 원주의 속현인 영춘과 충청도 충주의 관할인 영월을 맞바꾸었다. 1434년(세종16)에는 가평을 경기도로 이속하는 한편, 강무의 지대와 요역에 대한 이중부담으로 인한 폐단이 심하였던 철원과 안협을 강원도로 이속하는 등 몇 차례 이동이 있었으나, 그 이후에는 큰 변화 없이 유지되었다

한편, 과전법 실시에 따른 행정구역의 재조정 외에도 각 지역의 역사적인 전통을 고려하면서 산천지세에 따른 합리적인 조정을 기준으로 하는 행정구역의 전국적인 조정은 장기간에 걸쳐 서서히 진행되어 1413년에는 강원도를 비롯한 전라도 · 경상도 · 충청도 · 황해도 · 평안도 · 영길(함경)도 · 경기도의 8도체제로 완성되었다. 1830년(순조30)경의 강원도는 동서 300리, 남북 800리에 달하였으며, 관할구역은 감영이 소재하고 있는 원주를 기준으로 동쪽으로는 강릉의 해안까지 310리, 서쪽은 경기도 지평까지 70리, 서북쪽은 황해도 토산까지 525리, 남쪽은 충청도 제천까지 50리, 북쪽은 함경도 안변까지 597리의 거리였다.

소관 군현은 1454년(단종2)에 편찬된 『세종실록지리지』에 1대도호부(강릉) 1목(원주) 4도호부(회양 · 양양 · 춘천 · 삼척) 7군(평해 · 통천 · 정선 · 고성 · 간성 · 영월 · 평창) 11현(금성 · 울진 · 흡곡 · 이천 · 평강 · 금화 · 낭천 · 홍천 · 양구 · 인제 · 횡성) 등 24개 군현이었으나, 1474년(성종5)에 반포한 『경국대전』에는 1434년 강원도로 이속된 철원과 안협이 도호부와 현으로 편제되어 1대도호부 1목 5도호부 7군 12현의 26군현체제로 확정되었다. 즉, 각 군현의 편제는 정3품 대도호부사가 관할하는 강릉대도호부, 정3품 원주목사가 관할하는 원주목을 비롯하여, 종3품의 5 도호부사, 종4품의 7 군수, 종5품의 3 현령, 종6품의 9 현감이 각각 배치되었다.

강원도 26개 군현 중에서 읍격이 승격된 군현은 영월군과 이천현 이었다. 영월군은 1698년(숙종24) 노산군을 단종으로 추봉하고, 영월에 소재하고 있는 묘의 능호를 장릉으로 결정하게 되면서 종3품 도호부사가 관할하는 영월부로 승격되었으며, 현재 북 강원도인 이천현은 임진왜란 당시 세자였던 광해군이 이천으로 피난하여 머물면서 유망한 백성들을 위무하였던 인연으로 1608년(선조41) 정3품 도호부사가 관할하는 이천부로 승격되었다.

강원지역의 행정체제는 1895년(고종32) 8도제를 폐지하고 23부제를 실시할 때까지 부 · 목 · 군 · 현의 읍격이 승격 강등되는 변화는 있었으나 26개 군현체제는 그대로 유지되었다. 23부제는 실시 1년 2개월만인 1896년 8월 4일 칙령 제36호로 폐지되고 13도제로 바뀌었는데 이 때부터 춘천이 강원도청 소재지가 되었다. 8도제를 근간으로 강원의 현대행정체제는 현대의 분단 상황이라는 큰 변화를 맞았다.

〈표 1〉 울릉도의 변천

울릉도와 강원관련 약사(略史)
512년(지증왕 13) 신라장군 이사부에 의한 우산국 정벌(울릉도가 최초로 문헌에 등장)
930년(고려태조 13) 조공한 우릉도(芋陵島)주민에게 작위를 하사

1018년(현종 9) 여진족의 침입을 받고 농업을 폐하게 되어 이원구를 보내어 농기구 하사
1032년(덕종 1) 우릉성주가 아들을 보내어 조공함
1157년(의종 11) 우릉도 주민을 이주시킬 계획으로 명주도 감창사 김유립을 보내 조사
1379년(우왕 15) 왜구가 무릉도(武陵島) 주민들을 괴롭혔음
1417년(태종 17) 김인우를 안무사로 파견하여 주민들을 귀환시킴
1614년(광해군 6) 대마도주에게 울릉도에 왜인 왕래를 금하는 서계를 보냄
1693년(숙종19) 울릉도에서 조 · 일 간 외교 분쟁 발생 안용복 1차 도일
1694년(숙종 20) 삼척첨사 장한상 울릉도 수토
1696년(숙종 22) 안용복 2차 도일 일본 백기주(伯耆州) 태수와 담판하여 울릉도가 조선영토임을 인정받았고, 일본인의 출어. 벌채금지서계를 받음
1882년(고종 19) 이규원을 검찰, 전석규 도장에 임명. 울릉도 개척령 반포, 수토정책 철훼
1883년 울릉도 주민이주 시작(16호 54명)
1895년(고종 32) 삼척영장 겸임 도장제에서 전임도장을 임명하고 도장을 도감으로 개칭
1900년(광무 4) 울도군으로 개칭하고 강원도에 편입, 행정구역을 남면과 북면으로 나눔
1906년(광무 10) 울도군을 경상도에 편입

1945년 이후의 변화는 1946년 춘천이 시로 승격된 이래 1986년 삼척시 승격까지 7개 시가 만들어졌다. 전쟁 후인 1954년 수복지구의 편입, 1960년대 이후 인구팽창 및 광산지구 행정수요 등으로 인한 개편이 진행되었고 1963년 울진군이 경상북도로 편입되는 등의 변화가 있었다. 1995년 1월 1일 도농통합행정구역 개편으로 현재 강원도는 7시 11군으로 편제되었다.

고대로부터 강원지역의 행정적 변천상은 대체로 〈표2〉와 같다.

〈표 2〉 강원지역 행정체계의 변화

부족국가 시대	삼국시대	통일신라시대	고려시대	조선시대	대한민국
		9주5소경	12목 양계	8도제	16개 시.도
예(동예), 맥	고구려에서 신라영역으로	삭주 명주 북원경	동부 동계 서부 교주도	강원도 26 부 · 군 · 현	강원도 18시 · 군

2. 강원의 인물

오늘날 강원도와 관련 있었던 역사인물을 통해 지역의 문화적 배경을 살펴볼 수 있다. 강원지역의 역사적 인물들과 그들이 지녔던 정치 · 문화적 위상을 통해 지역의 역사 문화적 위치를 가늠해 볼 수 있을 것이다. 먼저 신라시대 화랑들은 오대산 · 경포호 · 한송정 · 영랑호와 같은 명승을 찾아 수양하기 위하여 수려한 자연이 있는 강원 지역에 내왕하였고, 진흥왕의 순력의 사실이 있다. 신라에서 고려에 이르는 동안 대표적 인물로, 이사부, 김주원, 범일, 궁예, 왕순식, 신숭겸, 이자현, 이승휴, 원충갑, 원천석, 최영 등이 있다.

조선시대는 유학 이념으로 통치되었다. 한국유학사 속에서 강원유학의 맥은 지역적인 특성과 인물에 대한 이해를 토대로 고려 말 유학의 학맥을 확인하는 작업으로부터 시작된다. 강원지역은 산자수명한 자연경관과 조선조까지의 중요한 교통수단인 강을 이용한 교통의 편리함으로 유교문화의 주역이었던 많은 선비들이 은거하여 학문연구에 종사하였던 곳이다.

특히 서울에 인접한 춘천 · 원주지역은 벼슬자리에서 물러난 학자들의 일시적 은거지라는 이유로 중앙의 학풍에 많은 영향을 받았던 지역이라 할 수 있다. 강원지역의 유학이 발달되어 온 지형적인 조건에 따라 권역을 구분하여 살펴보면 크게 지리적인 조건에 의하여 3권역으로 나뉘어 학문적 전통이 형성된 것으로 판단된다. 강원지역 권역을 우선 남한강의 원주를 중심으로 한 지역과 북한강의 춘천을 중심으로 한 지역, 그리고 영동의 강릉을 중심을 한 지역 등이다. 강원감영이 있었던 원주를 중심으로 한 지역은 예로부터 서울과 가까우면서도 치악산을 배경으로 사대부들의 낙향이 잦았던 지역이기 때문에 일찍부터 중앙문화가 강원지역 어느 곳보다도 빠르게 유입된 곳이다. 또한 남한강을 중심으로 형성되는 중원문화권의 중심지로서 삼국시대부터 중앙지역과 문화교류의 요충지 역할을 해 왔던 곳이다.

조선시대의 인물로 원호, 최응현, 엄흥도, 김시습, 최수성, 신사임당, 정종영, 양사언, 이이, 이달, 한백겸, 한준겸, 김응하, 허난설헌, 허균, 남구만, 조엄, 등의 인물을 들 수 있다. 근대인물로는 홍재학, 민긍호, 유인석, 이소응, 윤희순, 남궁억 등이 있다.

강원지역의 역사인물을 통해 강원문화의 역사적 배경과 그 수준을 미루어 짐작할 수 있다. 시대별 지역의 인물들은 변경이고 지방이라는 물리적 환경을 넘어 중앙에 필적하는 역량을 견지하였고, 독특한 문화적 배경을 만들어 온 주역이었다. 현재 강원도가 강원의 얼 선양사업 대상으로 선정한 인물을 살펴보면, 이승휴, 원천석, 김시습, 신사임당, 허초희, 허균, 허목, 남구만, 김병연, 유인석, 윤희순, 남궁억, 한용운, 김동명, 이효석, 김유정, 박수근, 박인환, 등이다. 이들 중 1900년 이전에 출생한 인물들을 살펴본다.

① **동안거사 이승휴(1224~1300)** 고려후기 문인으로 호는 동안거사, 가리(嘉利) 이씨의 시조이다. 어려서 아버지를 잃고 학문에 힘써 1252년(고종 39) 과거에 급제하였으나 홀어머니가 살고 있는 삼척 두타산 구동에서 10여 년 동안 몸소 농사를 지으면서 어머니를 봉양하였다. 1280년(충열왕6) 국왕의 실정과 측근들의 전횡을 간언하다 파직되어 삼척 구동으로 돌아와 은거하면서 『제왕운기』 등을 저술하였다.

② **운곡 원천석 (1330~?)** 고려 말 조선 초기 유학자로 호는 운곡이다. 진사시에 합격하였으나, 고려 말 정치의 문란함을 보고 더 이상 과거에 응시하지 않았다. 치악산에 들어가 농사를 지으면서 부모를 봉양하며, 이색 · 이

숭인 · 길재 등과 사귀면서 학문에 힘썼다. 그의 절의는 후세에 귀감이 되어, 원주에서 칠봉서원을 건립하여 사표로 봉안하고 제향 하였다.

③ **매월당 김시습(1434~1493)** 조선 초기 학자이자 문인, 생육신의 한 사람으로 본관은 강릉이다. 타고난 천재로 세상에 나서 8개월에 글을 알았고, 5세 때는 중용 · 대학을 읽는 등 5세 신동으로 널리 알려져 있다. 21세 때 수양대군이 왕위를 찬탈하자 출가하여 평생 동안 관직에 나가지 않는 등 절개를 지키면서 우리나라 최초의 한문소설인 금오신화를 비롯하여 십현담요해, 탕유관동록, 탕유관서록, 탕유호남록 등 탁월한 저술을 남겼다. 진영을 모신 사당 청간사가 강릉에 있고, 1999년 9월의 문화인물로 선정되었다.

④ **신사임당(1504~1551)** 조선중기 여류문인, 서화가이며 대학자인 율곡 이이를 길러낸 대표적인 현모양처이다. 천성이 온아하고 지조가 높았으며, 어려서부터 효성이 지극하고 명민하여 시문에 뛰어났을 뿐만 아니라 서에 침공 · 자수에 이르기까지 일가를 이루어 사후 조정에서는 정경부인을 증직하였다. 강릉 오죽헌에는 사임당의 유품인 당서(唐書)병풍을 비롯해서 산수도 · 노안도 · 연로도 · 매화도 · 포도도 · 초충도 · 자수병풍 등이 율곡의 유품과 함께 보존되어 있다. 1992년 5월의 문화인물로 선정되었다. 특히 신사임당은 2009년 6월에 발행된 5만원권 신권화폐의 도안 인물로 선정되어 그의 초상, 묵포도도, 초충도수병의 가지그림 등이 화폐도안에 사용되었다. 5천원권의 율곡 이이와 함께 모자가 현행화폐의 도안인물로 나란히 선정된 특별한 경우이다.

강릉 오죽헌

⑤ **난설헌 허초희(1563~1589)** 조선중기 강릉출신 여류시인으로, 본명은 초희이며, 호는 난설헌, 경번이다. 성리학자인 허엽의 딸이며, 허균의 누나이다. 삼당시인 중의 한 사람인 손곡 이달에게 한시를 배워 뛰어난 시적

재능을 발휘하였으며, 8세에 광한전 백옥루 상량문을 지었다. 결혼 후의 형편과 친정에 겹친 고뇌를 시작(詩作)으로 달래어 섬세한 필치로 여인의 특유한 감상을 노래, 애상적인 시풍의 독특한 시세계를 이룩하였으며, 27세의 젊은 나이로 요절하였다. 후에 중국에서 시집 난설헌집이 간행되어 격찬을 받았으며, 1711년 일본에서도 간행되어 널리 애송되었다. 동생 허균과 함께 2001년 9월의 문화인물로 선정되었고, 2007년 허균허난설헌 유적공원이 강릉시 초당동에 조성되었다.

⑥ **교산 허균** (1569~1618) 조선중기 문신, 개혁사상가로 호는 교산이다. 아버지는 삼척부사를 지낸 허엽이며, 어머니는 예조판서 김광철의 딸이다. 명나라 사신 주지번을 영접하는 종사관이 되어 글재주와 넓은 학식으로 이름을 떨쳤다. 1618년 8월 남대문에 격문을 붙인 사건에 연루되어 역모로 사형 당하였다. 그의 소설 홍길동전은 사회제도의 모순을 비판한 조선시대의 대표적 한글소설이다. 당시 선비사회에서 이단시할 만큼 다방면에 이해를 가졌던 인물로, 하층민의 입장에서 정치와 학문을 피력했던 시대의 선각자였다.

⑦ **미수 허목**(1595~1682) 조선후기 문신, 삼척부사 재직 시 목민관으로 명망이 높았다. 경기 연천출신으로, 호는 미수, 본관은 양천이다. 1624년(인조2) 광주에 살면서 독서와 글씨에 전념하여 독특한 전서를 완성, 동방의 제1인자라는 평가를 받고 있다. 평생 과거를 보지 않고 초야에 묻혀 살다가 56세 때 처음으로 참봉에 천거된 후 81세에 이르러 좌의정에 오르게 되는데, 과거에 합격하지 않고 좌의정까지 오른 것은 전무후무한 예에 속한다. 1660년 10월부터 2년 동안 삼척부사로 재직하면서 향약을 만들어 주민교화에 힘쓰고 척주지를 편찬하였고, 삼척에 조수(潮水)가 들어 주민들의 피해가 심해지자 '퇴조비'를 세워 진정시켰다고 한다. 척주동해비로 불리는 이 비는 전서체의 독특한 필치로 이름이 높다.

⑧ **약천 남구만**(1629~1711) 조선후기 숙종 때의 명신, 호는 약천, 본관은 의령이다. 1656년(효종7) 별시문과에 급제하여 여러 벼슬을 거쳐 1687년(숙

종13) 영의정에 올랐으며, 1707년(숙종33) 봉조하(奉朝賀)가 되었다. 1689년(숙종15) 숙종이 장희빈 소생 아들로 세자를 삼으려 하자, 이를 반대하다가 실각하여 1690년 조정의 부름을 받을 때까지 동해시 망상동 심곡마을에서 귀양살이를 하였다. 그가 지은 시조로 "동창이 밝았느냐 ~"라는 시조는 그가 이곳에 머물면서 지은 것으로 알려져 있다. 지금도 이곳에는 시조에 나오는 '재 너머' 와 '사래 긴 밭' 을 비롯하여 그가 마셨던 우물물인 '약천' 이 소재하고 있다.

⑨ **난고 김병연(1807~1863)** 조선후기 방랑시인, 호는 난고, 별호는 김삿갓, 경기도 양주출신, 본관은 안동이다. 1811년(순조11) 홍경래의 난 때 조부인 선천부사 김익순이 홍경래에게 항복한 죄로 폐족 되었으며, 어머니는 자식들과 영월로 옮겨 살았다. 김병연이 20세 되던 해 향시에서 홍경래에게 항복한 선천부사 김익순을 조롱하는 시제로 장원급제하였으나 자신의 내력을 어머니에게 듣고 조부를 욕되게 한 죄인이라는 자책과 폐족에 따른 멸시 등으로 처자를 둔 채 전국을 방랑하였다. 조부를 욕되게 하였으므로 하늘을 볼 수 없다 하여 삿갓을 쓰고 방랑하면서 재치 있는 시구와 해학으로 세상을 풍자하는 많은 시를 남겼다.

⑩ **의암 유인석(1842~1915)** 춘천 출신 구한말 의병장, 유학자이며 호는 의암, 본관은 고흥이다. 유중곤의 아들로 14세 때 유중선의 양자로 들어가 당대의 거유이자 위정척사의 대표적 사상가인 화서 이항로의 문하에서 가르침을 받았다. 1893년(고종30) 제천으로 옮겨가 후학을 양성하고 있던 중, 1895년 을미사변과 단발령을 계기로 문인사우들과 함께 거의하여 호좌의병진(제천의병)의 대장에 추대되었다. 1907년 고종의 퇴위와 정미 7조약 그리고 군대해산으로 더 이상 국내에서의 활동이 어렵게 되자, 1908년 블라디보스톡으로 망명하여 1910년 6월 13도 의군을 결성하여 총재에 추대되었다. 그 후 러시아의 탄압으로 13도 의군이 와해되자, 1914년 서간도로 망명, 1915년 1월 29일(음) 서간도에서 74세를 일기로 순국하였다. 2000년 1월의 독립운동가로 선정되었다.

⑪ **윤희순** (1860~1935) 여성 독립운동가로, 16세 때 춘천 남면의 유제원과 결혼하였다. 1895년(고종 32) 춘천의병이 춘천 · 가평일대에서 전투할 때 '안사람 의병가', '병정의 노래' 등 의병가를 지어 사기를 진작시키고, 식사와 세탁 등 뒷바라지를 하면서 적극 도왔다. 1907년 정미의병이 일어나자 춘천 가정리 항골(恒谷)에서 시아버지인 유홍석을 비롯한 의병 6백 여 명이 전투를 벌일 때, 군자금을 모금하여 무기제조장을 설치하게 하였다. 경술국치 다음 해인 1911년 가족과 함께 만주로 망명하여 항일투쟁을 계속하였으나, 시아버지와 남편이 순국하고 1935년 7월 아들 유돈상 마저 순국하면서 3대에 걸친 의병활동을 뒷바라지해 오던 그도 76세로 일생을 마쳤다. 유해는 정부의 후원으로 봉환되어, 1994년 10월 20일 춘천의 선영에 남편 유제원과 합장되었다.

⑫ **한서 남궁억**(1863~1939) 무궁화 보급운동을 전개하고 황성신문을 창간한 독립운동가, 교육자, 호는 한서이다. 1884년 영어학교인 동문학을 수료하고 어전통역관으로 관직을 시작했고, 1896년 7월 서재필, 이상재 등과 독립협회를 창립하였다. 1898년 9월 황성신문을 창건, 사장에 취임하여 일제의 한국침략 야욕을 폭로하고 옥고를 치렀다. 1906년 2월 양양군수로 부임하여 그 다음 해 7월 동헌 뒷산에 현산학교를 설립하고 구국교육을 실시하였다. 1910년 배화학당 교사로 재직하면서 애국심 함양과 여권신장에 온 힘을 기울였다. 1918년 고향인 홍천군 서면 모곡리로 낙향하여 교회를 짓고 학교를 설립하여 무궁화 보급운동을 전개하면서 동사략, 조선이야기 등 국사책을 직접 저술하여 교육시키는 등 민족정신 고취에 힘썼다. 1933년 독립운동 비밀결사인 십자당을 조직하여 활동하다가 투옥되어 8개월간 일경의 고문을 받고 그 여독으로 순국하였다. 2000년 1월의 문화인물로 선정되었다.

⑬ **만해 한용운**(1897~1944) 충남 홍성 출신의 승려, 시인, 독립운동가로 민족대표 33인 중의 한 사람이다. 법명은 용운, 법호는 만해, 본관은 청주이다. 1905년 백담사에서 득도하여 수계를 받고 승려로서의 자질을 연마하였으며, 1907년 고성 건봉사에서 선 수업에 정진하였다. 1910년 백담사에

서 조선불교유신론을 집필하고, 1919년 3.1운동 때에는 민족대표로 독립만세를 선창하여 체포되었다. 옥중에서 조선독립이유서를 집필하여 조선독립의 당위성을 만방에 알렸다. 1925년 10월 백담사에서 님의 침묵을 탈고하여 우리 문학사의 새로운 전환점을 마련한 민족시인이다. 1933년 서울 성북동 심우장에서 조선일보에 흑풍, 철혈미인, 박명 등의 장편소설을 연재하였다. 1944년 6월 입적하여 망우리 공동묘지에 안장되었다. 1991년 3월의 문화인물로 선정되었다.

3. 강원의 문화유산

1) 문화재란?

문화재란 민족문화유산의 결집체로서 유형적, 무형적, 동물 · 식물 · 광물 등 천연적인 것도 포함하며 학술상, 예술상, 관상상 인류문화의 발전 보존을 위한 가치를 지닌 모든 것을 말한다. 문화재는 내용상 유형문화재, 무형문화재, 기념물, 민속자료로 분류된다.

유형문화재는 건조물 · 전적 · 서적 · 고문서 · 회화 · 조각 · 공예품 등 유형의 문화적 소산으로 역사적 · 예술적 가치가 큰 것 또는 이에 준하는 고고자료를 말하며 국보 · 보물 · 사적 · 유형문화재로 지정된다.

무형문화재는 연극 · 음악 · 무용 · 공예 · 기술 등 무형의 문화적 소산으로서 역사적 · 예술적 또는 학술적 가치가 큰 것으로 중요무형문화재 · 무형문화재로 지정된다.

기념물은 사지 · 패총 · 고분 · 성지 · 궁지 · 요지 · 유물 포함층 등의 사적지로서 역사상 · 학술상 가치가 큰 것과 경승지로서 예술적 · 경관적 가치가 큰 것 그리고 동물의 서식지 · 번식지 · 도래지, 식물의 자생지, 광물, 동굴, 지질, 생물학적 생성물 및 특별한 자연현상으로서 역사적 · 경관적 · 학술적 가치가 큰 것이며 사적 · 사적및명승 · 천연기념물 · 기념물로 지정된다.

민속자료는 의식주 · 생업 · 신앙 · 연중행사 등 풍속 · 관습과 이에 사용되는 의복 · 기구 · 가옥 등 국민생활의 추이를 이해함에 없어서는 안 될 것을 말하며 중요민속자료 · 민속자료로 지정된다.

국가지정문화재는 2011년 7월 현재 국보, 보물, 사적, 사적 및 명승, 명승, 천연기념물, 중요무형문화재, 중요민속자료 분야에 총 3,349건이 지정 관리되고 있다.

시 · 도지정문화재는 시 · 도지사가 그 관할구역 안에 있는 문화재로서 국가가 지정하지 않은 문화재 중 보존가치가 있다고 인정된 것을 시 · 도지정문화재, 향토문화 보존상 필요하다고 인정되는 것을 문화재자료로 지정할 수 있다고 문화재보호법에 규정되어 있으며 총 7,351건이 지정 관리되고 있다.

지정문화재 외에 근 · 현대시기에 형성된 건조물 또는 기념이 될 만한 시설물 형태의 문화재중 보존가치가 큰 것 등록문화재로 관리하고 있는데 472건이 등록되어 있다.

비지정문화재로 동산문화재, 매장문화재, 해외유출문화재 등이 있다. 동산문화재는 국외 수출, 반출 금지 규정이 준용되는 지정되지 아니한 문화재 중, 동산에 속하는 문화재로 전적 · 서적 · 판목 · 회화 · 조각 · 공예품 · 고고자료 및 민속자료로서 역사상 · 예술상 보존가치가 있는 문화재이다. 매장문화재는 토지 · 해저 또는 건조물 등에 포장된 문화재를 말한다. 한국은 역사적으로 중국 · 일본과 교역, 외국의 침략 · 내란, 또 일제강점기 등을 통해 많은 문화재가 해외로 유출되었다. 특히 일본은 임진왜란과 일제강점기를 통해 도서 · 공예 · 도자기 등 수많은 문화재를 약탈해갔다. 이러한 해외유출문화재에 대한 반환운동이 최근 민간차원에서 꾸준히 진행되고 있다.

강원도에는 나전장, 강릉농악, 강릉단오제의 3건의 중요무형문화재가 있고, 도지정 무형문화재로 정선아리랑을 비롯한 민요 3건, 평창 둔전평 농악 등 농악 3건, 삼척 기줄다리기 등 놀이분야 5건, 횡성 전통도공 등 공예분야 8건, 전통 활쏘기 등 모두 20건이 지정 관리되고 있다. 정부는 무형문화재의 예 · 기능보유자로 인정받은 사람들에게 전승비를 지급하고 있고, 전수

장학생에게는 장학금, 가르치는 사람에게는 전수교육비를 지급하고 있으며, 인간문화재로 지정된 사람들이 그 기(技)와 예(藝)를 연마하고 후계자의 양성과 교육을 행할 수 있도록 전수회관을 연차적으로 건립하고 있다.

강원지역은 현대사에서 전쟁의 피해로 많은 유산들이 소실되는 불행한 역사가 있었지만 현재 도내 각 시군에 소재하고 있는 문화유산은 〈표3〉과 같다.

〈표 3〉 강원도내 시군별 문화재 현황(2011년 7월)

구분	총계	국가지정문화재								강원도지정문화재					문화재자료	등록문화재
		계	국보	보물	중요무형문화재	사적	명승	천연기념물	중요민속자료	계	유형문화재	무형문화재	기념물	민속자료		
합계	567	150	8	59	3	16	13	40	11	257	154	20	79	4	125	35
춘천	37	7		4		1	1		1	17	5		12		10	3
원주	62	13	1	4	1	4		3		31	23	5	3		13	5
강릉	118	30	1	16	2	3	2	5	1	55	37	3	15		32	1
동해	17	3		2			1			8	5		3		4	2
태백	13	4					1	2	1	4	1		2	1	1	4
속초	18	3		1		1		1		9	8	1			6	
삼척	43	12		1		1	1	5	4	19	8	1	9	1	8	4
홍천	35	12		11				1		11	5		6		10	2
횡성	19	1						1		13	10	2	1		3	2
영월	37	11		1		2	4	4		16	10	1	5		10	
평창	49	12	4	3		1		3	1	31	26	3	2		6	
정선	19	7		1				5	1	10	3	1	5	1	2	
철원	21	4	1	1				2		8	1	1	6		1	8
화천	10	1		1						5	2		2	1	1	3
양구	7	1						1		3	1	1	1		3	
인제	10	4		3				1		3	1		2		3	
고성	15	5		2		1			2	4	1	1	2		5	1
양양	33	16	1	8		2	3	2		10	7		3		7	
도내	4							4		0						

강원도내에 소재하는 국가지정문화재 150건 중 60건, 강원도 유형문화재 154건 중 102여건이 불교관련 문화재이고, 고려시대에서 조선시대에 이르는 유교관련 문화재가 상당한 비중을 차지하고 있으므로 불교·유교문화유산 분야로 한정하여 살펴본다.

2) 불교문화유산

삼국시대에 전래된 불교는 오랫동안 우리민족의 대표적 종교로서 숭배되었고, 조선시대에 탄압을 받기도 하였으나, 우리문화사에 많은 영향을 끼치고 있다. 자장율사가 당나라 청량산에서 문수보살을 친견하고 석가모니불의 진신사리와 가사를 가지고 643년(선덕여왕12)에 귀국한 뒤 오대산 상원사, 태백산 정암사, 영취산 통도사, 설악산 봉정암, 사자산 흥녕사(법흥사:영월)에 진신사리를 봉안한 우리나라 5대 적멸보궁 중 4곳이 강원도에 있다.

오대산 월정사

그런 만큼 사상적으로나 유물현황의 비중에 있어서도 강원지역 불교는 대단히 중요한 역사성을 가지고 있다. 자장에 의하여 시작된 신라의 오대산신앙은 오대산을 백두산의 큰 줄기라 하여 그 신성성을 강조하고, 오대의 각방에 관음방, 지장방, 미타방, 나한당을 설치하고 중대는 진여원을 그대로 활용하되, 각각에 신앙결사로서 원통사(圓通社), 금강사(金剛社), 수정사(水精社), 백련사(白蓮社), 화엄사(華嚴社)를 결성하도록 하였다.

신라의 삼국통일 후 당나라에서 화엄경을 연구하던 의상은 당의 침략의도를 듣고 671년에 귀국하여 국가의 위기를 구하였다. 신라로 돌아온 의상은 온 나라에 화엄불교를 널리 펴기 위하여 태백산에 부석사를 짓고 해동화엄종의 시조가 되었으며, 지리산 화엄사, 가야산 해인사, 금정산 범어사 등지에서도 화엄의 도리를 전하였다. 또한 낙산사에 신라 관음신앙의 터전을 열었으며, 많은 제자와 문도를 길러 화엄사상과 관음신앙을 정착시켰다.

8세기 전반기의 신라불교는 의상의 화엄종과 더불어 삼라만상이 마음에서 비롯된다는 유식학 분야에서 승려들의 활동이 활발하였다. 진표(眞表)는 백제출신으로 8세기 전반까지 활약한 법상종 승려인데 그의 행적은 백제지역으로부터 강원도 강릉지역까지 미치고 있다.

9세기에 접어들면서 전래된 선불교는 신라 불교계에 새로운 기운을 불어넣었다. 선이 신라에서 유행하게 된 것은 남종선을 중국의 지장으로부터 배운 도의(道義)와 홍섭(洪涉)이 821년과 826년에 각각 귀국한 이후의 일이다. 설악산 진전사에서 도의는 깨달음을 제자 염거(廉巨)에게 다시 보조국사 체징(體澄)에게로 전하였다. 그리하여 체징이 장흥 가지산에 보림사를 세우고 그 법을 전하니, 신라 하대 선문구산 가운데 가장 먼저 나오는 가지산파의 출발이다. 이후 왕건에 의해 고려가 건국되면서 불교는 단연 선종우위의 전통을 세우게 되었으며, 도의선사의 진전사는 바로 한국선종의 요람이라 할 수 있다.

관동지방에서 범일(梵日)은 강릉 굴산사에 자리를 잡고 40여 년 간 선풍을 진작하였으며, 그의 제자 개청(開淸)이 사굴산파를 형성하였다. 사굴산문은 양양을 비롯하여 평창 · 춘천 · 홍천 일대 뿐만 아니라, 남쪽으로 봉화 · 삼척 · 울진까지도 그 세력권에 들어 있었다. 사굴산문은 라말 여초에 강릉 및 영동지역 일대에서 명주호족의 뒷받침을 받으며 막강한 산문의 하나로 지방 세력을 구축하였다. 굴산사는 고려말조선초에 소실되어 현재는 사지만 남아있는데, 사지에는 부도와 당간지주 등의 문화재가 있다. 범일국사는 850년(문성왕12)에 강릉의 신복사도 창건하였다고 한다. 현재 사찰은 존재하지 않고 사지에 보살좌상과 3층 석탑이 있다. 한편 사자산파가 선풍을 떨쳤는데, 사자산파는 847년에 중국 선풍을 이어받고 귀국한 도윤(道允)의 제자 절중(折中)이 스승을 계승하여 개창한 것이다. 영월 흥녕사에 중심을 둔 사자산파는 종홍(宗弘) 등에 의하여 계승되었다.

고려시대에는 지광국사가 머물던 원주의 법천사와 진공대사가 있던 흥법사, 원공국사가 있던 거돈사 등과 낭원대사가 머물던 보현사가 신라 말 창건된 이래 고려시대에 까지 번창하였다. 조선시대에는 불교탄압정책에 의하여 많은 사찰들이 어려움을 겪었지만, 양양의 낙산사, 평창의 월정사, 상원사, 건봉사 등은 왕실의 절대적인 지원 아래 발전하였다.

3) 유교문화유산

현재에도 한국사회 전반에 유교문화의 유풍이 뿌리 깊게 내재해 있다. 고려, 조선을 거치면서 중앙의 교육기관으로 '성균관'이 지방에는 향교가 관학으로 존재했다. 강원지역의 유교문화도 향교를 중심으로 경전 연구와 교육이 이루어 졌다. 유학사에 많은 영향을 남긴 학자들이 대체로 향리에 은거하면서 '향교'와 '서원' 등의 교육기관과 밀접하게 관련하여 깊이 있은 교육과 학문적인 성취를 이루었다. 유교문화유산이라 하면 관아, 향교, 서원, 효열비각, 누정, 등의 유적을 들 수 있겠으나 여기서는 향교와 서원을 중심으로 살펴본다.

향교는 기본적으로 두 가지의 기능을 가지고 있다. 그 첫째 기능이 문묘가 있으므로 '제사'이고, 또 하나는 향교가 지방의 관학이므로 '교육'이다. 제사에는 봄 · 가을의 제전과 삭망분향 · 고유제 · 위안제 · 서원제 등이 있다.

강원지역 향교의 배향인물은 공자 · 안자 · 증자 · 자사 · 맹자의 중국 5성은 어느 향교나 같고, 이 밖에 10철 6현의 중국인물을 봉안한데도 있다. 춘천향교의 경우는 공자를 비롯한 5성과 20현이라 하여 우리나라의 18현에 주자 · 정자(程子)를 봉안하고 있다. 강릉향교에는 5성 · 10철 · 6현에 동무(東廡)에 58위 · 서무(西廡)에 57위를 모시고 있으며, 동 · 서무 115위에 우리나라의 18현이 포함되어 있다. 현재 향교에 배향된 신위 중 5성위와 우리나라의 18현은 모두 배향하고 있으나 나머지 중국의 현철들은 향교에 따라 다르게 배향하고 있다.

향교의 교육은 오늘날의 중등교육기관이라고 할 수 있다. 향교보다 낮은 초급의 교육기관으로는 '서당'이 있고 고급과정으로는 중앙에 '성균관'이 있음으로 향교의 교육기관으로서의 성격은 지방의 국립중등교육기관이라 할 수 있다. 향교에서 교육을 받는 대부분의 교생들은 사마시에 응시할 준비 과정에 있는 사람들이었고 이것은 거의 제도화되어 있었다.

조선시대의 선비라면 누구나 그 목표를 과거에 두었고 과거시험을 보기 위해 반드시 향교에 입교 하여야 하므로 강원지역의 선비들도 일반적으로 향교의 교육과정을 받도록 되어있었다. 향교의 교육기능은 학교교육과 사회교육이며, 입학연령은 16세로 되어 있었다.

향교 운영은 재정적 실권이 지방관부에 책임이 있었던 탓에 운영이나 감독도 자연히 수령에 달려 있었다. 따라서 수령이 교육에 관심이 있으면 향교교육은 흥성하여 문풍이 일고, 수령이 관심 없으면 향교교육도 쇠퇴하고 문풍도 진작되지 않았다. 그러므로 지방수령들에게는 '수령7사' 중에 '수명학교(修明學校)'가 들어 있어 수령의 책무 중 향교의 유학교육과 사회교육도 중요한 관심사였던 것이다. 풍속이 순후하고 습속이 아름답다는 언급은 유교적인 생활의 규범이 보편화되었음을 대변하는 말이다. 강원지역 각 고을이 이와 비슷한 상황이었다.

강릉향교

향교는 전국에 234개소가 있는데 강원지역은 18개 시 · 군에서 속초시와 태백시를 제외하고는 1읍 1향교를 두고 있어 16개 향교가 있다. 또한 춘천은 일찍부터 "풍속이 순후하고 습속이 아름다웠으며, 선비가 시서를 외웠다"는 기록을 보아 춘천은 유학의 고장이었음을 알 수 있는데, 조선시대의 각 고을은 향교를 중심으로 유학적 문풍을 진작시키기 위해 노력하였다.

중앙의 성균관을 비롯하여 지방 각 고을에 설치되었던 향교가 관학 교육기관이었다면 서원(書院)은 조선중기부터 각지에 설치된 사립교육기관을 말한다. 강원지역의 서원은 대략 9개소가 확인되는데, 가장 먼저 설립된 서원은 강릉의 오봉서원으로 우리나라 서원의 효시인 백운동서원보다 14년 후인 1556년에 설립되어 비교적 일찍 설립되었음을 알 수 있다. 강원도내에 소재했던 서원은 강릉에 오봉서원 · 송담서원, 원주에 칠봉서원 · 도천서원, 춘천에 문암서원 · 도포서원, 동해에 용산서원 · 경행서원, 양양에 동명서원 등이다. 이들 서원은 모두 서원철폐령으로 철폐되었다가 일부 묘우를 복원하여 연1회 제향을 행하고 있다.

4. 강원의 민속과 축제

강원도는 전국인구의 3%에 불과하지만 국토면적의 1/6을 상회하는 넓은 지역으로서 평야지역 · 산간지역 · 해안지역으로 구분되고 농촌 · 산촌 · 어촌의 다양한 민속문화 전통이 전승되고 있다. 주거생활도 바람이 심한 영동지역에서는 겹집이 영서지역에서는 홑집 구조가 많고 산간지역에 굴피집, 귀틀집, 겨릅집, 돌집 등 특수가옥이 존재했던 것과 비슷한 양상이다.

민속신앙에 있어서는 마을신앙으로 동신제, 가정신앙, 풍수지리 등이 있다. 동신제는 마을의 역사적 지리적 특성에 따라 서낭제 · 산신제 · 기우제 · 장승제 · 솟대제 · 천제 · 단군제 · 용수제 · 무후사제 등이 있다.

민요분야에 있어서는 아리랑계민요 · 산악민요 · 해안 민요권으로 살펴 볼 수 있다. 강원도지역 민요는 농업노동요가 많은 부분을 차지하며 어업요도 있고 생업활동과 관련하여 생성되고 전승되었다. 강원도 민요에 자진 아라리, 긴 아라리, 엮음 아라리의 세 가지 아라리가 있는데 영동지역에서는 자진 아라리, 영서지역에서는 긴 아라리와 엮음 아라리가 주로 불리었다. 특히 한국 아리랑 가운데 정선아리랑은 세계에서 가장 많은 량의 가사를 가진 노래이다.

세시풍속, 통과의례, 의식주생활 등 다양한 무형의 유산을 포함하는 인간

생활의 변화상을 반영한 모든 민속적 부분들이 강원도의 자연환경을 바탕으로 한 독특한 양상을 띠고 있다. 이러한 민속 문화의 기반위에 축제가 생겨난 것이다. 전통축제가 아닌 이벤트 중심의 현대적 축제에서도 많은 부분이 민속을 바탕으로 한 경우가 많다.

축제는 예술적 요소가 포함된 제의라고 한다. 본래 성스러운 종교적 제의에서 출발했으나 유희성을 강하게 지니게 되어 오늘날에는 종교적인 신성성이 많이 사라졌다. 그러나 축제라는 말 자체가 곧 제의와 놀이를 포괄하고 있는 것을 감안한다면 종교적 요소를 완전히 떼어서 생각할 수는 없다. 축제의 기본적 형태인 제천의례는 파종과 추수시기에 하늘에 제사지낸 후 많은 사람들이 모여 음주가무하며 즐기는 것이 관례였다. 단순히 술 마시고 노래하는 것이 아니라 반드시 하늘에 제사를 지냈다는 데서 축제가 신성한 종교행사였음을 말해준다.

축제가 언제부터 발생하였는가의 시기를 명확하게 추적하여 밝힌다는 것은 사실상 어렵지만, 축제가 종합예술이라는 측면에서 민속예술의 시원이라고 할 제천의례를 보통 우리 축제의 시원으로 본다. 고대 부족국가 중에 부여의 영고, 고구려의 동맹, 동예의 무천과 마한의 5월과 10월의 제천의례는 모두 종합예술의 성격을 띤 고대 한국적 축제였다. 고대사회에서부터 축제가 시행되었던 것이다.

농경사회에서 파종과 추수기인 5월, 10월과 같이 시기가 일정하게 정해져 있다는 것은 바로 세시의례와 직결된다는 것을 의미한다. 흔히 세시풍속으로 일컬어지는 세시의례는 음력 정월부터 섣달까지 같은 시기에 반복하여 거행되는 주기전승의 의례적인 행위라고 정의를 할 수 있는데 계절에 따라 주기적으로 행해지므로 계절제인 제천의례는 세시의례가 그렇듯이 농경의례의 하나였다.

우리사회는 해방 후 급속한 경제발전을 추진하면서 많은 것을 이룩했지만 동시에 많은 것을 잃었다. 대도시로 모든 것이 집중되고 그 결과 각 지역이 오랜 역사 속에서 일구어온 독자적인 생활과 민속 문화는 사라지고 있다. 각

지역의 문화는 과거에서 전해져 오는 것만이 아니다. 각 지역에 사는 주민들이 자기들 나름대로 새로 만들고 계발하는 문화도 주목해야 한다. 자기들의 공동체적인 결속을 다지고 정체성을 확인하기 위해 각 지역의 주민들은 다양한 방식으로 문화적 활동을 전개하고 있다. 이런 활동들이 지역주민의 문화적 정서와 조화되는 것이다. 민속이 곧 무형유산으로 전승된다고 단정할 수 없겠으나 현재 도내에 지정된 무형문화재는 〈표 4〉와 같다.

〈표 4〉 강원도의 무형문화재(2011년)

지정별	지정번호	문화재명칭	지역범위(보유자거주지)	지정일자
중요 무형 문화재	10	나전장	전국일원(원주)	1966.06.29
	11-4	강릉농악	강원전역(강릉)	1985.12.01
	13	강릉단오제	강원전역(강릉)	1967.01.16
강원도 무형 문화재	1	정선아리랑	정선군 일원	1971.12.16
	2	삼척기줄다리기	삼척시 일원	1971.12.16
	3	강릉농악(해제)	강원도 일원	1984.06.02
	4	횡성회다지소리	횡성군 일원	1985.01.01
	5	강릉학산오독떼기	강릉시 일원	1988.05.18
	6	전통자기도공	강원도 일원(횡성)	1989.05.01
	7	양구돌산령지게놀이	양구군 일원	1999.07.31
	8	전통활쏘기	평창군 일원	2000.07.01
	9	철원상노리지경다지기	철원군 일원	2000.07.01
	10	강릉사천하평답교놀이	강릉시 일원	2003.03.21
	11	칠정제장	강원도 일원(원주)	2003.03.21
	12	칠장	강원도 일원(원주)	2003.03.21
	13	나전칠기장	강원도 일원(원주)	2003.03.21
	14	방짜수저장	강원도 일원(강릉)	2003.04.25
	15	평창 둔전평 농악	평창군 일원	2003.04.25
	16	각자장	강원도 일원(고성)	2004.05.21
	17	생칠장	강원도 일원(원주)	2005.07.01
	18	원주 매지농악	원주시 일원	2006.01.06
	19	평창 황병산사냥놀이	평창군 일원	2007.02.23
	20	속초 도문농요	속초시 일원	2007.02.23

강원도는 지역축제가 경쟁력 있는 관광축제로 발전되도록 전문가들을 참여시켜 기존 행사프로그램을 각색, 조정하고 외국인의 관심을 끌 수 있는 이벤트 행사를 추가하는 한편 각 지역의 현지 민간업계의 협조로 행사기간 동안 특산품 할인판매를 실시하는 등 특색 있는 지역축제로 개발하고 있다.

강릉단오제 야경

도시화나 산업화가 이루어진 지역에서는 공동체의 고유성과 전통성이 존재하지 않을 뿐 아니라, 제의로서의 특징을 갖출 사회적 여건이 사라졌기 때문에 농업이 근본이었던 농경사회라는 사회적 여건을 기반으로 하는 전통축제와 구별된다. 그렇다면 제의를 대신할 지역축제의 또 다른 축이 무엇인지가 지역의 축제문화를 성공시킬 수 있는 요소인 동시에 현재 도시와 농촌의 지역축제를 분석함으로써 찾아볼 수 있다. 전통적 공동체 의식에 기반을 두지 않은 축제문화의 경우, 삶의 장을 연결할 대동적인 놀이를 새로이 개발해야 할 것이다.

그래야만 축제가 제의의 성격과 함께 놀이의 일면을 지닌 축제 본래의 원뜻을 충족시킬 수 있을 것이다. 이런 뜻에서 강원지역 축제문화의 관광 상품화는 어떤 면에서 필요불가결한 것이라 할 수 있다.

볼거리, 먹을거리가 풍성하고 정신적이고 문화적으로 체험하고 느낄 수 있는 내용이 충실하다면, 강원지역의 축제문화는 그 주체, 그 지역의 새로운 삶의 모습으로 나타날 것이기 때문이다. 지역공동체와 관련하여 축제는 지역민의 정서적 안정과 불만 해소의 통로이다. 축제문화는 개인적으로도 정신문화적 삶에 대한 심기일전의 계기로 기능하고 있다. 사회적으로는 지역사회 구성원간의 동질성을 공유하고 고향에 대한 회기 본능을 자극하여 지역사회에 활력을 불어 넣어주는 공동체 문화이다.

현대사회가 '나'를 중심으로 하는 개인적 성격이 강하지만 축제를 통해 '우리'를 느끼게 하는 것이다.

강원지역에서 개최되는 축제는 강원도의 통계자료를 바탕으로 살펴보면 〈표5〉와 같이 2011년 말 18개 시군에서 총 137개 축제로 평균 7건 정도이다.

이들 축제 중 30년 이상 된 축제는 10여 건에 불과하고 대부분 1990년대 이후에 만들어진 축제로 관광확대, 특산물 판매, 등의 산업적 이벤트 축제가 증가되어 왔다. 실제로 읍 · 면 · 동 단위 마을축제까지 포함하면 각 시군별로 20여개 이상의 축제를 개최하고 있다.

〈표 5〉 강원지역 축제현황

시군	대표축제명	개최시기(기간)	내용	기타축제(개최월)
춘천	춘천국제마임축제	6월초(8일)	마임극단공연	의암제(4),인형극제(8), 등 11개
원주	한지문화제	9월(5일)	한지체험, 작품전	따뚜(8), 감영제(10), 등 10개
강릉	강릉단오제	단오전후(8일)	제례, 굿, 놀이	망월제(1), 율곡제(10) 등 14개
동해	동해무릉제	10월 (3일)	풍년제, 민속경기	수평선(8), 오징어(9) 등 7개
태백	태백제	10월 (5일)	천제, 단군.산신제	눈축제(1), 철쭉제(6) 등 6개
속초	설악문화제	10월 (5일)	통일대제.삼신제	불축제(2),음악대향연(8)등12개
삼척	삼척정월대보름제	3월 (2일)	제례, 기줄다리기	유채꽃축제(4) 등 6개
홍천	한서문화제	10월 (3일)	남궁억선생기념	최승희춤축제(10) 등 7개
횡성	태기문화제	3월 (2일)	태기제, 국악한마당	횡성한우축제(10), 등4개
영월	단종문화제	4월 (3일)	단종대왕제향	김삿갓문화큰잔치(9) 등 8개
평창	효석문화제	9월 (10일)	메밀꽃과 함께 축제	노성제.불교문화축전(10) 등 6개
정선	정선아리랑제	10월 (4일)	아리랑 축전	아우라지뗏목축제(7~8), 등 9개
철원	태봉제	10월 (3일)	태봉국정도기념제례	한탄강레포츠축제(7~8) 등 5개
화천	비목문화제	6월 (3일)	위령제, 추모공연	얼음나라산천어축제(1), 등 4개
양구	양록제	10월 (4일)	양록제례, 민속경기	도솔산전적문화제(6) 등 9개
인제	합강문화제	10월 (3일)	박인환문학제	열목어(1), 빙어(1~2), 등 8개
고성	수성문화제	9월 (3일)	제례, 민속체육경기	명태축제(2) 등 7개
양양	현산문화제	6월 (3일)	성황제, 민속경기	송이축제(9), 연어축제(10) 등 4개

강원지역은 한국사의 궤적 속에 일정 부분을 점유하고 있다. 그 속에서 역사인물을 낳았으며 독특한 문화를 축적해 왔다.

현재도 그렇고, 미래에도 그럴 것이다. 강원문화는 산지가 많은 지형적 영향으로 동해에서 내륙으로 다양한 문화전통을 가지고 있다. 그러나 그 때문에 개인적으로 뛰어난 재능을 가진 사람이 주변 네트워크의 부재로 그 능력을 발휘하지 못하는 측면이 현재에도 나타나고 있다. 국토 면적의 17%에 이르지만 인구가 적어 작은 지역으로 취급받는 불합리가 계속되는 측면도 있는데, 이것이 강원도가 안고 있는 과제인 것이다.

이는 영서권, 영동권 등의 연대와 협력이 유일한 대안일 것이다. 강원도는 통일한국의 전초기지이며 강원의 미래는 한반도의 미래와 닿아있다. 또한, 지구의 평화와 미래를 염려하는 인류 앞에 강원도는 나침반과 같은 역할을 하게 될 중요한 지역인 것이다.

또한 근래 세계인의 주요 관심사항이 된 지구의 기후 환경의 빠른 변화 속에 강원도는 국가의 미래에 대한 대안이기도 하다. 강원도는 인문적 자산, 산과 바다 그리고 호수가 있는 자연환경을 다 함께 가꾸고 지키는 노력을 통하여 자연과 인간이 조화되는 미래의 땅으로 가치를 높이고 있다.

강원도는 부동의 자산인 자연과 역사, 우리가 만든 변화 가능한 기술과 아이디어의 결합으로 미래를 모색하는 시대를 맞고 있는 것이다.

【참고문헌】

강원도, 『강원도문화재대관』, 2006.
강원도, 『강원도사』, 1995.
강원도민속학회, 『강원도 축제의 이해』, 국학자료원, 2006.
강원일보사, 『강원도 600년』, 강원문화총서19, 2007.
강원일보사, 『강원의 인물』, 강원문화총서03, 2007.
김의숙, 『강원도민속문화론』, 집문당, 1995.
동아시아사연구회, 『한국문화사』, 도서출판 동사, 2001.
최승순, 『강원문화론집』, 강원대학교출판부, 2002.

【참고 웹사이트】

강원도청 홈페이지 (http://www.provin.gangwon.kr)

한국의 역사와 문화

지은이 · 한국사교양교재편찬위원회
펴낸이 · 김헌영(金憲榮)
펴낸곳 · 강원대학교 출판부
24341 춘천시 강원대학길1
☎ (033) 250-7356
등 록 · 춘천시 제28호
발행일 · 2010년 2월 28일 초판
2011년 8월 25일 2쇄
2014년 8월 20일 3쇄
2016년 2월 20일 4쇄
2019년 2월 28일 5쇄
2021년 2월 28일 6쇄

ISBN 978-89-7157-274-0

값 15,000원